# 사회책임투자

이 저서는 2017년 정부(교육부)의 재원으로 한국연구재단의 지원을 받아 수행된 연구임(NRF-2017S1A6A4A01021955)
This work was supported by the National Research Foundation of Korea Grant funded by the Korean Government (NRF-2017S1A6A4A01021955)

# 사회책임투자

# SRI

Socially Responsible Investments

김창수 지음

연세대학교 대학출판문화원

**사회책임투자** Socially Responsible Investments

**지은이** 김창수
**펴낸곳** 연세대학교 대학출판문화원
**주 소** 서울특별시 서대문구 연세로 50
http://press.yonsei.ac.kr
e-mail: ysup@yonsei.ac.kr
**전 화** 02)2123-3380~2
**팩 스** 02)2123-8673
**등 록** 1955년 10월 13일 제9-60호
**인 쇄** 네오프린텍(주)

2019년 7월 10일 1판 1쇄 발행
ISBN 978-89-6850-297-2 (93320)

값 22,000원

# 머리말

1989년 말 베를린 장벽의 붕괴는 자본주의와 사회주의 중 인간의 이기적 본성에 근거한 자본주의가 더 현실 적용에 있어 우월하다는 역사적 교훈을 준 사건이다. 그러나 자본주의는 가진 사람은 더 가지게 만들고, 가난한 사람은 더 가난하게 만드는 치명적 단점을 가지고 있다. 일찍이 아리스토텔레스가 간파한 바와 같이 인간은 같이 살아야 하는 사회적 존재이기 때문에 이러한 문제를 방치한다면 건강하고 균형 잡힌 공동체를 이루기 어렵다.

사회책임투자는 금융 분야에서 이러한 문제점을 극복하고자 하는 시도의 하나이다. 금융은 자원배분의 효율성을 높이고 사회의 풍요를 달성할 수 있게 하는 중요한 수단이다. 그러나 역사적으로, 금융은 가진 자들이 더 많은 것을 가지도록 작동하여 가진 자와 못 가진 자의 차이를 더욱 심화시키는 역효과를 발생시키는 경우가 대부분이었다. 이러한 반성에 근거하여 다양한 차원의 공공선을 달성함에 있어 금융을 활용하고자 하는 움직임이 사회책임투자로 나타난 것이다.

사회책임투자의 규모는 사회책임투자의 정의를 어떻게 내리는가에 따라 달라지기는 하나 Global Sustainable Investment Review(GSIR)가 발표한 가장 최근의 자료를 보면 전 세계적으로 매 4달러마다 1달러는 사회적 목적을 달성하려는 투자에 쓰이고 있다. 가장 활발한 지역은 미국과 유럽이다. 그러나 한국에서는 사회책임투자가 거의 이루어지지 않고 있고, 그나마 법적 강제를 할 수 있는 국민연금이 1퍼센트 정도의 자금을 사회책임투자에 배분하고 있다. 저조한 사회책임투자 현상을 설명하기 위해서는 사회, 문화, 역사적 차원에서 여러 가지 요인을 찾을 수 있겠으나, 무엇보다도 한국 사회의 매우 낮은 수준의 사회적 자본이 주요 원인 중의 하나라고 할 수 있다.

이 책은 이러한 문제의식에 기초하여 다음의 몇 가지 목적을 달성하고자 집필되었다. 첫째, 사회책임투자에 대한 전반적 교육에 일조하고자 한다. 교육은 느리지만 가장 확실하게 현상을 바꿀 수 있는 기제이다. 각국의 사회책임투자 발전과정을 보면 처음에는 그 규모가 미미하지만 시간이 갈수록 인식이 깨이고 사회책임투자의 규모가 증가하는 것을 볼 수 있다. 더구나 전 지구가 점점 더 하나의 공동체로 작동하는 상황에서 사회책임투자에 대한 교육과 실행을 통한 사회의 발전은 그 의미가 매우 크다.

둘째, 사회책임투자가 실제로 나타나기 위해서는 그 효과에 대한 확신이 필요한데, 이를 위해 현재까지 이 분야에서 발표된 논문들을 종합 분석하여 사회책임투자의 효과를 정리한다. 기존의 연구 결과를 크게 대별해 볼 때 사회책임투자가 사회에 끼치는 영향은 긍정적 효과, 부정적 효과, 무효과가 모두 존재한다. 그러나 종합적으로 볼 때 사회책임투자를 함으로써 최소한 수익률에 있어 피해는 보지 않는다는 것이 평균적인 결과이다. 따라서 사회책임투자를 장려하는 것이 수익률을 희생하지 않으면서도 사회를 좀 더 나은 방향으로 유도할 수 있는 방안이다. 또한 상황에 따라 효과의 방향과 정도가 달라지는 경우도 존재한다. 다양한 상황에서의 사회책임투자 효과 분석은 향후 사회책임투자 정책 방향을 설정할 때 중요한 시사점을 제공할 것이다.

셋째, 사회책임투자를 증진시키기 위해서는 다양한 개선 노력을 경주해야 하는데, 무엇보다도 사회 전반에 걸쳐 사회책임투자의 긍정적 효과를 인식시키는 작업이 필요하다. 이는 사회 전체적으로 공동체 의식을 함양하고 사회책임투자 실천 의지를 강화하여 사회책임투자의 규모를 증가시키고 공공의 선을 증진하는 데 기여할 것이다. 사회책임투자 서비스 공급자의 관점에서는 다양한 사회책임투자 상품을 개발하고 이를 홍보하는 데 있어 본서의 내용이 중요한 지침의 역할을 할 수 있다. 특히 최근까지 진행된 연구에 근거한 메타분석의 결과는 실증자료에 기반을 둔 시사점 도출과 금융상품 개발에 도움을 줄 것이다. 정부의 관점에서는 사회책임투자를 증진시키기 위한 법적, 제도적 장치를 마련하고 현재의 장애 요인을 개선할 때 본서의 내용이 다양한 지향점을 제시할 것이다. 사회책임투자의 속성상 정부의 환경 조성이 매우 중요한데, 방대한 기존 연구들의 자료를 정리한 본서의 내용이 탁상공론이 아닌 사실에 근거한 정책 개발에 도움을 줄 것이다.

이 책이 나오기까지 도움을 주신 많은 분들과 기관들이 있었다. 저자가 연구년을 보내면서 방대한 자료를 수집하고 정리할 수 있도록 지원해 준 워싱턴 대학 도서관, 책의 출판을 맡아 준 연세대학교 대학출판문화원, 연구비를 지원해 준 한국연구재단에게 감사의 뜻을 표한다. 원고를 꼼꼼히 읽으면서 세 차례에 걸친 교정을 해 주시고, 책의 디자인을 조언해 주신 유수연 선생님께 감사한 마음을 전한다. 무엇보다도 현재의 저자가 있을 수 있도록 해 주신 부모님, 항상 저자가 학문에 열중할 수 있도록 환경을 만들어주는 아내에게 깊은 사랑과 감사를 보낸다.

2019년 6월

여름으로 가는 길목

현운재에서

# Contents

## CHAPTER 04 사회책임투자 관련 기관 및 제도



## CHAPTER 05 사회적 거래소

## CHAPTER 06 사회책임투자 지수



## CHAPTER 07 사회책임투자의 효과



## CHAPTER 08 각국의 사회책임투자성과

## CHAPTER 11 사회책임투자의 미래

Socially Responsible Investments

CHAPTER 01

# 사회책임투자의 개념

제1장

# 사회책임투자의 개념

사회책임투자(Socially Responsible Investments; SRI)는 투자를 할 때 수익률과 위험만 고려하는 전통적 투자와는 달리 사회를 좀 더 좋아지게 하는 다양한 측면을 의사결정과정에 반영하는 것이다. 이는 사회적으로 책임 있는 행동을 장려하기 위하여 Etzioni(2000)가 '제3의 길(the third way)' 정치라고 주창한 부드럽고 유연한 접근방법의 하나이며, 엄격하고 공식적인 정부의 개입과는 상대되는 개념이다.

사회책임투자는 학문적으로나 실무적으로 그 주제나 범위가 명확히 확정된 분야가 아니다. 그러나 우리가 흔히 접하는 전통적 투자와 비교할 때는 분명히 다른 요소가 있는데 이것을 '사회책임'이라는 용어에 함축시켜 놓은 것이다. 비록 사회책임투자가 명확히 정의된 분야는 아니라 할지라도 이에 대한 개념상 이해는 꼭 필요한 전제이고, 이것이 이후의 논의에 대한 범위의 설정 및 효과적인 의사 소통을 가능하게 해 줄 것이므로 우선 사회책임투자의 정의와 이의 발전과정을 살펴본다.

## 1 사회책임투자의 정의

사회책임투자가 전통적 투자와는 분명히 다른 것은 누구나 인정하는 것으로 보이는데 이를 강령적으로 표현하기 위해 매우 다양한 용어들이 사용되어 왔다. 가장 많이 사용되는 용어는 사회적 책임을 고려하는 투자라는 뜻의 'socially responsible investments' 또는 'socially responsible investing'이고(Judd 1990, Miller 1991, Ward 1991, Harrington 1992, Brill & Reder 1993, Domini 2001, Camejo 2002, Sparkes 2002), 다음으로 윤리적인 투자라는 의미를 가지는 'ethical investments' 또는 'ethical investing'이 많이 쓰인다(Simon 등 1972, Domini & Kinder 1986, Sparkes 1995, Lang 1996). 이외에도 여러 문헌에 다양한 용어들이 쓰이고 있는데, 예를 들어, '사회적 투자(social investing)'(Powers 1971, Kinder 등 1993, Lowry 1993), '책임투자(responsible investing)'(Sullivan & Mac-kenzie 2006), '자연적 투자(natural investing)'(Brill 등 1999), '가치기준투자(values-based investing)'(Fehrenbacher 2001), '경제적 목표 투자(economically targeted investing; ETI)'(Melton & Keenan 1994, Munnell & Sundén 2005) 등이다.

이외에도, 환경, 사회, 지배구조를 고려(environmental, social and go-vernance considerations)한다는 의미의 'ESG investing', 사회적, 환경적, 윤리적 고려(social, environmental, and ethical considerations)를 한다는 뜻의 'SEE Investing', '주제투자(themed investing)', '영향력 투자(impact investing)', '이중 핵심 투자(double bottomline investing)', '삼중 핵심 투자(triple bottomline investing)', '임무투자(mission investing)', '공동체투자(community investing)' 등 매우 다양한 용어가 사회책임투자 개념을 표현하기 위해 쓰이고 있다. 이하에서는 사회책임투자를 표현하기 위해 가장 많이 쓰이는 'socially responsible investments(SRI)'를 사용한다.

사회책임투자의 용어적 측면에서는 이와 같이 매우 다양한 용어들이 사용되고 있지만, 그 정의에 있어서는 어느 정도 의견의 일치가 이루어지는 것으로 보인다. 예를 들어, Sandberg 등(2009)은 매우 다양한 용어가 사용되고 있음에도 불구하고 사회책임투자의 정의적(definitional) 측면에서는 상당한 정도의 동의가 이루어지고 있다고 주장한다. 즉 사회책임투자는 윤리적, 사회적, 또는 환경적 요인과 같이 특정한 비재무적 관심사를 투자 과정에 포함시키는 것을 의미한다. 예를 들어, Domini(2001)는 SRI를 투자의사결정 과정에 중요하다고 생각하는 개인적 또는 윤리적 관심사를 포함시키는 것이라고 정의하고 있고, Kinder 등(1993)은 투자과정에서 정치적 목적들을 실현하는 것이라고 정의하고 있다. 또한, Brill & Reder(1993)는 SRI라는 용어는 간단히 말해 자금 운용과 투자 의사결정이 재무적이고 윤리적인 기준에 따라 만들어지는 것이라고 정의하고 있다.

한편, 학술적 연구에서의 예를 들면, Cowton(1994)이 SRI는 투자 포트폴리오를 선정하고 운용하는데 있어 윤리적이고 사회적 기준을 활용하는 것이라고 정의하고 있다. 이들의 정의에서 보는 바와 같이 비록 비재무적인 것이 무엇이냐에 대한 이견들이 있을 수 있으나 SRI는 전통적 투자와 달리 재무적이고 경제적인 것 이상의 무엇인가를 함께 고려해야 한다는 의미에서는 서로 정의상 동의하는 것으로 보인다.

Sandberg 등(2009)은 전략적 차원(strategic dimension)에서의 SRI, 즉 어떻게 비재무적 요인을 투자 과정에 통합시킬 것인가의 문제도 논의한다. 다시 말해 투자전략(investment strategies)으로서의 SRI는 무엇을 그 안에 포함시키는가의 문제이다. 이에 대해서도 다양한 의견이 존재하지만 일반적으로 SRI는 부정적 또는 긍정 선별전략(screening), 주주행동주의(shareholder activism), 지역사회투자(community investment) 등을 포함시킨다(Domini & Kinder 1986, Judd 1990, Miller 1991, Brill & Reder 1993, Lowry 1993, Brill 등 1999, Domini 2001). 이 책에서는 이러한 전통을 따라 사회책임투자의 형태에 선별전략, 주주행동주의, 지역사회투자를 포함시킨다.

## 2 사회책임투자의 발전 과정

윤리적 투자의 개념은 유대교, 기독교, 이슬람교의 전통에 이미 그 원형이 나타난다. 특히 유대교에는 돈을 윤리적으로 쓰는 방법에 대한 많은 가르침이 존재한다. 예를 들어, 중세에 가장 영향력을 끼친 토라(Torah)[1] 연구자이자 랍비인 Maimonides가 지은 Mishneh Torah의 '가난한 사람들에 대한 선물의 규칙(Laws of Gifts to the Poor)' 10:7은 다음과 같이 적고 있다. "올바른 나눔에는 우월함에 따라 8가지 등급이 있다. 가장 높은 등급은 가난한 사람에게 선물을 주거나 돈을 빌려주어, 또는 동업을 하여, 또는 그의 일자리를 찾아 주어 그의 손을 강하게 하고 그들이 스스로 자립할 수 있노록 하는 것이다."

중세 기독교 시기에는 구약성경에 근거하여 대부를 하거나 투자를 하는데 있어 윤리적 제한이 있었다. 예를 들면, 출애굽기 22:25에는 "네가 만일 너와 함께한 나의 백성 중 가난한 자에게 돈을 꾸이거든 너는 그에게 채주 같이 하지 말며 변리를 받지 말 것이며" 라고 언급되어 있고, 신명기 23:19에는 "네가 형제에게 꾸어 주거든 이자를 받지 말지니 곧 돈의 이자, 식물의 이자, 이자를 낼 만한 모든 것의 이자를 받지 말 것이라" 라고 명시되어 있다.

카톨릭 교회는 1139년에 고리대금업에 대한 전반적 금지를 명하였고 이는 19세기까지 유지되었다. 영국에서도 고리대금업에 대한 규제가 있었는

1 토라는 구약성서의 첫 다섯 편으로 창세기 · 출애굽기 · 레위기 · 민수기 · 신명기를 말하며, 모세오경 또는 모세율법이라고도 한다. 유대교의 가장 중요한 문서로 인식되며, 히브리어로 '가르침' 혹은 '법'이라는 의미이다.

데, 헨리 8세(1491–1547) 재임 시기에는 10% 이상의 이자를 부과하는 경우 고리대금업으로 규정하였다. 이후 대출에 대한 지나친 이자를 금지하는 반고리대금업법(The Act Against Usury)이라고 불리는 법이 1571년부터 1624년까지 집행되었다(Glaeser & Scheinkman 1998, Lewison 1999).

17세기에는 퀘이커(Quaker) 교도들이 북미 지역에 정착했을 때 무기와 노예 거래로부터 이익을 얻는 것을 거부하여 사회책임투자와 유사한 개념이 등장했다. 이후 감리교회의 창시자인 웨슬리(John Wesley 1703–1791)는 '돈의 사용(The Use of Money)' 이라는 설교에서, 요즘 사회책임투자의 기준과 매우 흡사한 개념을 언급하고 있다. 첫째, 내기나 매우 불리한 대출이나, 또는 불공정한 거래를 통해 이웃에게 물질적으로 해를 끼치지 말라고 권고한다. 둘째, 술을 판매하면 본인은 금전적 이익을 얻지만 이로 인해 이웃의 몸을 망치게 되니 이러한 행위를 하지 말라고 권고한다. 셋째, 직간접적으로 이웃의 무절제를 이용하는 사업을 함으로써 이웃의 영혼에 해를 끼치지 말라고 권고한다.

그는 또한 너무 힘들거나 너무 긴 노동을 함으로써 심신이 약해지는 것을 피하라고 충고하면서 당시 초창기였던 화학산업을 절대적으로 건강을 해치는 산업으로 지목한다. 그리고 강과 시내를 오염시키는 가죽 산업을 피할 것과 뇌물공여와 같은 행위를 함으로써 돈을 버는 사업을 피할 것을 강조한다. 궁극적으로는 단순하게 살면서 지나치게 물질을 많이 소유하지 말 것을 권고하고 있다. 사회책임투자의 목적이 지속가능한 사회를 지향하는 것이라면 300여년 전 웨슬리의 권고는 오늘날에도 그대로 적용될 수 있는 원칙들이다.

이러한 정신적 전통에 따라 1920년대 영국의 감리교회는 술, 담배, 무기, 도박과 같은 죄악(sin) 산업에 투자하는 것을 기피했고, 이 과정에서 종교적 전통에 근거하여 부정 선별(negative screening)을 실천하는 첫 번째 뮤추얼펀드로 1928년 Pioneer Fund가 나타났다(Kinder 등 1992, 1993). 이슬람 전통에서도 윤리적 투자의 원형을 찾을 수 있다. 코란과 그 해석에 따르면, 이슬람 투자자들은 돼지 생산, 외설물, 도박에 관련된 기업이나 이자에 근거한 금융기관에 투자하는 것을 피해야 한다. 그러나 요즘의 사회책임투자 개념과 직접적 연관이 있는 활동들은 대체로 미국에서는 1960년대 후반과 1970년대에 나타났고, 1980년대에는 유럽으로 퍼져 나갔다(Boxenhaum & Gond 2006).

MacLeod(2014)는 투자자 지배구조 네트워크(investor governance networks; IGNs)라는 개념을 이용하여 SRI 활동의 발전 과정을 태동기, 전환기, 확장기의 3단계로 설명하고 있다. IGN은 전세계적인 공공성 분야에서 활동하며, 초국가적인 토론의 장을 마련하고, 기업이 어떤 역할을 해야 하는지를 제시하는 전세계적인 지배구조체계를 의미한다. 정부 또는 공공부문이 모든 이해관계자에세 중요하지만 어떤 이유로 정책을 집행하는데 소극적인 상황에서는 정부나 공공기관이 아닌 민중이 중요한 역할을 하게 되고 이런 과정에서 SRI 활동이 정치적 성격을 띠게 된다. 구체적으로 이들의 활동은 정보공유, 감시감독, 기업활동의 공개, 특정 현안에 대한 직접적 개입 등 매우 다양하다. 이러한 설명은 Polanyi(1944)의 예측과도 일관성이 있는데, Polanyi는 사회적, 환경적 비용과 같이 자본주의의 부정적 외부 효과가 너무 지나치면 사람들은 시장을 지속가능한 형태로 만들기 위하여 시장경제를 사회 안으로 다시 편입시키고, 필요한 법과 제도, 기구들을 고안해 낼 것이라고 예측하였다.

### 태동기(1970년대 초 ~ 1980년대 말)

미국에서는 1960년대 베트남전쟁 이후의 혼란과 점증하는 환경보호 의식이 사회적책임 활동의 태동을 이끌었다. 반전 또는 반인종차별 운동과 같은 일련의 사회적 캠페인이 투자자들로 하여금 자신들의 투자가 미치는 사회적 영향을 인식하도록 하였다. 베트남전과 군국주의에 반대하는 투자자들을 위해 최초의 현대적 SRI 펀드인 Pax World Fund가 미국에서 1971년 설립되었는데, 이 펀드는 무기 관련 업체에 대한 투자를 회피하였다. 이 때는 또한 기업의 영향력이 점점 증가하면서 이에 대한 감시 감독의 필요성이 증대되었는데 종교적 믿음에 근거한 주주 활동이 그 역할을 맡기 시작했다. 중요한 예로 1969년 미국의 전국교회위원회(National Council of Churches of Christ; NCC)가 기업정보센터(Corporate Information Center; CIC)를 개설한 것을 들 수 있다. 이 조직은 기업의 무기 생산 및 판매, 환경오염, 개도국에서의 문제가 있는 기업 활동 등에 대해 감시 감독을 하고 보고서를 발간했다.

1971년에는 CIC가 다른 NCC 기반 조직인 '투자의 사회적 책임성에 대한 종교간위원회(Interfaith Committee on Social Responsibility in Investments)'와 공식적으로 합병하면서 '종교간기업책임센터(Interfaith Center on Corporate Responsibility; ICCR)'가 만들어졌다. 이에는 원래의 6개 개신교 조직에 추가하여 새로운 카톨릭 조직과 병원이 회원으로 참여하였는데 최초로 출현한 IGN이라고 할 수 있다. ICCR은 종교적 가르침과 도덕에 기반하여 문제가 있다고 인식되는 기업에 반대하는 활동을 펼쳤는데 이러한 활동은 주주행동주의(shareholder activism)의 출현에 중요한 영향을 끼쳤다.

ICCR은 창립 초기부터 정치적 경제적 목표가 뚜렷하였는데 특히 다국적 기업의 활동이 주요 감시 감독 대상이었다. 예를 들어 성공회 주교가 General Motors(GM)의 정기주주총회에 참석하여 남아프리카공화국의 인종차별 상황에 대한 우려를 표명하면서 GM이 남아프리카공화국에서의 활동을 중단해야 한다고 촉구하였고 이를 위한 주주결의안을 최초로 제출하였다(Robinson 2002). 사실상 1980년대는 남아프리카공화국의 인종차별 제도인 apartheid가 사회적 책임 투자자들이 저항하는 주요 초점이 되었다. 미국과 유럽의 SRI 투자자들은 남아프리카공화국에서 사업을 하는 기업들이 그 국가에서의 영업을 철수하여 다른 국가로 옮기도록 압박을 가했다. 또한 뮤추얼펀드가 남아프리카공화국의 기업이나 남아프리카공화국에 지부를 두고 영업을 하고 있는 서방 국가의 주식을 투자 포트폴리오에서 제외하도록 강력히 권고했다. 이러한 운동은 대체로 성공적이었는데, 예를 들어, 캘리포니아주는 1986년 주의 연금 펀드가 남아프리카공화국에서 활동하는 기업들에 대한 투자를 철수하도록 법을 개정하였는데 그 금액이 60억 달러에 달했다(Sparkes, 2002, p.54).

ICCR은 국내 및 국제 NGO들과 같은 외부 조직과의 연계를 매우 중요시했다. 예를 들어, 옥스팜(Oxfam)과[2] 같은 주요 NGO 동맹과 연합하여 개도국에서 지적 재산권을 보호하면서도 사람들의 약에 대한 접근성을 증진시키도록 제약회사들에게 영향력을 행사했다(Baue & Rheannon 2008). 또한 제3세계에서 영아용 조제분유로 인해 영아들이 영양 불균형 또는 영양결핍을 겪고, 이로 인해 사망하는 사례가 발생했음에도 불구하고, 네슬레와 같은 유명 식품회사가 영아용 조제분유가 모유를 대체할 수 있는 우수한 상품이라고 과장 왜곡 선전하는 행태를 계속하자 이를 억제하기 위한 캠페인을 벌였다. 1980년대에는 방사능을 투사한 음식과 유해 쓰레기의 위험성을 알리는 데 지대한 기여를 하였다. 이와 같이 ICCR은 사회책임투자의 초창기와 1970년대 1980년대를 거쳐 가장 이정표적인 활

2 옥스팜 인터내셔널(Oxfam International)의 줄임말로 14개 기구의 연합체이다. 100여 개국에서 3,000여 개의 제휴 협력사와 함께 활동하고 있으며, 빈곤과 불공정 무역에 대항하는 대표적인 기구이다.

동을 한 기구이다.

ICCR이 활동을 시작한 1960, 70년대는 종교가 지금보다 영향력이 큰 때였고 따라서 종교단체들이 종교적인 가르침을 사회에 구현하기 위해 기업들의 비윤리적 활동을 감시감독하고 반대의 목소리를 낸 것이다. ICCR은 개인들이 사회에 유익한 영향을 미칠 수 있다는 신념 하에 활동하는 가장 대표적인 IGN의 하나인데, 주로 환경과 인권 주제에 대한 개인들의 영향력을 높이기 위하여 국내외적으로 광범위한 네트워크를 구성하여 유지하고 있다. 창의적인 방식으로 정보를 사용하고 공유하며, 정교한 활동 전략을 구사하고, 목표로 하는 집단이 이해하기 쉽도록 사안을 잘 정리하여 제시하는 역량을 가지고 있다. 처음에는 종교에 기반을 둔 사람과 조직이 활동을 하였으나 현재는 종교를 초월하여 사회책임투자자를 포함한 다양한 배경의 사람들이 함께 활동하고 있다.

### 전환기(1980년대 말 ~ 1990년대 말)

이 기간에는 이전의 신념과 도덕에 기반한 사회책임 활동 또는 연대가 발전하여 사회책임투자 활동이 더욱 다양화 되었고, 투자전문가의 전문성과 기법이 활용되었다. 당시 가장 세계적으로 떠들썩한 뉴스를 꼽자면, 1986년 4월 25일 전 소련연방(현재는 우크라이나)에 있는 체르노빌 원전이 폭발한 사건이 있다. 이는 유럽의 각 지역으로 방사성 물질을 퍼뜨렸고, 이로 인해 암으로 사망하는 사람의 수가 수 천명에 달했다.

또한, 1989년 3월에는 미국 역사상 최악의 환경 재난이 일어났는데, 다국적 정유회사인 Exxon의 대형 유조선 Valdez호가 알래스카 해변에 좌초되어 1,100만 갤론이라는 엄청난 양의 기름을 유출시켰다. 당시 많은 사람들이 미래의 또 다른 기름유출 사고 예방을 위한 법안과 규범이 만들어져야 함을 강조하였으나 조지 부시(George H. W. Bush) 행정부는 경제에 미칠 영향을 우려하여 법안 제출에 미온적이었고 그러다 보니 Exxon의 집행부도 사건의 해결 및 장래 유사 사건 방지 대책에 적극적으로 나서지 않았다. 이러한 상황은 정부와 공공부문의 역할을 기대하기보다는 많은 사람들이 스스로 환경적 지속가능성을 담보할 수 있는 조직을 만들고자 하는 유인을 제공하였다. 결국 사건이 발생한 몇 달 후 주요 투자자, 환경단체, 종교조직, 연금신탁기관, 공공이해집단이 모여 환경책임경제단체인 Coalition for Environmentally Responsible Economies(CERES)를 결성하였다.

특기할 사항은 사회책임활동에 Exxon의 주주들을 포함한 금융권의 활동이 부각된 점인데, 이유는 기름유출로 인해 Exxon의 주주들이 실제로 막대한 손해를 입었기 때문이다. CERES는 회원들의 투자자본 규모를 지렛대 삼아 기업들이 환경적 책임을 다하도록 압박하였는데 이 과정에서 발데즈 원칙(Valdez Principles)을 제시하였다. 이는 공공부문이 아닌 민간의 자발적 환경 행위 기준으로, 기업이 10가지 원칙을 지키고 이를 보고하도록 유도하였다. 환경관련 단체들은 이러한 주주행동주의에 대해 처음에는 이해 부족으로 미온적이었으나 이후 여러 이해관계자 집단이 단체행동을 하는 것의 영향력과 강점에 대해 공감하면서 적극적으로 참여하게 된다.

CERES는 점진적으로 주제와 활동의 폭을 넓히면서 1990년대 중반부터 기업환경보고의 전 세계적 규범을 제정하고자 노력하였다. 그 결과로 1997년 Global Reporting Initiative(GRI)가 제정되었는데 이는 현재 1,300개 이상의 기업이 환경, 사회, 경제 성과를 보고하는 명실상부한 국제 기준이 되었다. CERES의 또 다른 성공사례는 상장기업들로 하여금 환경 위험에 대한 보고를 의무화 시킨 것이다. 미국 증권거래위원회를 지속적으로 설득하여 2010년 기업들이 지구온난화 관련 사항을 중요한 위험 요인의 하나로 투자자들에게 의무적으로 보고하도록 만들었다.

CERES는 1990년대 이후 현재까지 기후변화를 중심으로 하면서도 다양한 분야로 주제를 확장하여 광범위한 활동을 하고 있다. 투자자, 시민사회, 기업들을 아우르는 조직으로 대표적인 범세계적 사회책임투자 활동 조직으로 발전하였다. 어찌 보면 결성 당시 세계적으로 물의를 일으킨 사건과 이에 대한 정부와 기업의 미온적 대처가 조직을 만드는 계기로 작용했으나 좀 더 근본적으로 보면 참여자들이 기업의 장기적 지속가능성이 경제적 성과를 위해 중요하다는 인식을 공유했기 때문에 결성이 가능해진 것이다.

CERES는 사회책임투자 활동의 초창기 주역인 ICCR과는 조금 다른 측면이 있다. ICCR이 종교적 신념이나 도덕에 근거한 것에 비해 CERES는 실질적인 사회적 영향 및 그 책임에 근거하였다. 또한, ICCR은 여러 가지 주제를 다루었으나 CERES는 주로 환경적 문제로 주제를 좁히면서 참여 주체는 더욱 다양화 시켰다. 특히 환경문제에 대해 적대적 접근방식에서 실용적 접근방식으로 전환하여 기업의 참여와 대화를 이끌어 내고 기업과의 협조가 만들어 내는 이점을 강조한다. 그리하여 환경문제를 해결하기 위해 투자자들과 기업들을 설득하는 혁신적 지배구조체제를 선보인 사회책임투자 전환기의 가장 중요한 조직이 되었다.

### 확장기(2000년대 초 이후)

2000년대 초 이후에는 IGN의 수와 주제에 있어 점점 더 다양한 기구들이 출현하였고, 투자자들과 SRI 활동가들이 활동하는 방식이 점점 정교화되면서 고도의 전문 지식을 활용하는 형태로 발전하였다. 여전히 가장 중요한 주제는 환경이었고 기후변화 주제에 대해 많은 공공적 성격의 기구들이 만들어졌다. 2001년에 발족되고 유럽 기반인 '기후변화에 관한 기관투자자 그룹(Institutional Investors Group on Climate Change; IIGCC)', 2003년에 발족되고 미국 기반인 '기후위험에 대한 투자자 네트워크(Investor Network on Climate Risk; INCR)', 2005년에 발족되고 호주와 뉴질랜드 기반인 '기후변화에 관한 투자자 그룹(Investor Group on Climate Change; IGCC)' 등이 그 예이다. 2007년에는 기후변화에 대한 인식을 확장시킨 공로를 인정 받아 '기후변화에 대한 UN 정부간 패널(Intergovernmental Panel on Climate Change; IPPC)'과 미국 클린턴 행정부에서 부통령을 지낸 Al Gore가 노벨평화상을 수상하였다.

이러한 조직들 중 그 범위가 범세계적이고 가장 의욕적인 기구는 2000년 발족한 '탄소정보공개프로젝트(Carbon Disclosure Project; CDP)'인데 지금도 지역 사무소와 현지 파트너가 전 세계적으로 퍼져 있는 가장 중요한 국제적 조직 중의 하나이다(CDP, https://data.cdp.net/browse?category=States+and+Regions, 2018). 이는 기관투자자들의 협의체로 전세계적으로 대기업들의 온실가스 배출에 대한 행태를 변화시키려는 의도로 발족되었다. 기업, 도시, 국가, 지역들이 그들의 환경 영향을 관리할 수 있도록 돕는 세계적으로 유일한 보고 체계이고, 투자자와 구매자들에게는 그들의 재무의사결정에 사용할 수 있는 환경 정보를 제공한다. 원래 4.5조 달러 규모의 자산을 운영하는 35개의 회원으로 시작하였으나 2019년 현재 100조 달러 이상을 운영하는 827개 회원으로 성장하여 막강한 영향력을 가지고 있다. 2019년 기준으로 120개 이상의 국가와 지역, 620여 개의 도시가 CDP에 자신들의 환경정보를 공개하고 이를 통해 자신들의 환경 영향을 관리하고 있다. 115개의 공급망 회원은 3.3조 달러 이상의 구매력을 가지고 있고, 7,000개 이상의 기업들이 CDP의 기후변화, 물, 숲, 공급망에 대한 설문에 응답하고 있다.[3] 매년 전세계적으로 가장 큰 기업들로 하여금 그들의 탄소배출 및 기후변화에 대한 정책을 공개하도록 하고 공동 서명을 하며, 연차보고서와 CDP 웹사이트에 해당 사항들을 공개한다.

환경 이외의 주제에 대해서도 중요한 조직들이 발족되었는데 'Pharma Futures'와 'Pharmaceutical Shareowners Forum(PSF)'은 약품에 대한 공정한 접근권을 그 주요 목표로 삼고 있다. PharmaFutures는 전세계에서 가장 큰 연금기금이 2004년에 발족하였는데 저소득층에게 특정 약품의 접근을 보장하면서도 수익성을 유지할 수 있다는 점을 투자자들과 업계 관계자들에게 인식시키고 있다. PSF는 PharmaFutures보다는 덜 조직화되어 있으며 신흥시장의 공공보건 위기와 관련된 도전과 이것이 장기적으로 주주가치에 미치는 영향에 대해 계몽활동을 전개하고 있다.

어떤 IGN 조직들은 특정 국가의 인권상황에 대해 개입하고 있다. 예를 들어, '미얀마에 대한 기관투자자 그룹(Institutional Investor Group on Myanmar)'은 8개의 기관투자자들에 의해 2001년에 발족되었는데, 인권에 대한 개선이 이루어지도록 미얀마에서 사업을 하는 기업들에게 압력을 가하고 있다. '수단투자철회TF(Sudan Divestment Task Force)'는 2006년에 발족되었는데 당시 정권이 다르푸르 지역 주민들에게 자행한 학살을 이유로 수단에서 영업을 하고 있는 기업들에 대한 주주들의 개입을 조직화하고 이들 기업들로부터 투자를 철회하는 등의 활동을 전개하였다. 이는 주주참여활동을 이끌어 냈는데 그 결과 미국에서의 입법을 지원하고 미국 대부분의 주와 대학들이 참여하는 조직이 만들어졌다.

또 다른 IGN은 특정 사회조직의 이념을 대변하기도 한다. 예를 들어 영국에서는 종교집단들이 2005년 '교회투자자그룹(Church Investors

3 CDP 웹사이트, https://www.cdp.net/fr/info/about-us, 2019. 2. 13. 접속.

Group)'을 조직하였는데 기업에 대해 투자할 때 정치적, 도덕적, 윤리적 측면을 고려하도록 계몽활동을 펼치고 있다. 미국에서는 2005년 주로 대학생, 교수, 동문들로 이루어진 사회활동가들이 '책임기금연대(Responsible Endowments Coalition)'를 발족했는데, 대학의 기금들이 사회책임투자 원칙을 제정하고 이를 따르게 함으로써 대학의 기금들도 책임 있는 투자자의 역할을 하도록 계도하고 있다.

이와 같이 최근까지 포함하는 확장기에는 매우 다양한 목적을 가진 조직들이 발족되어 해당 기구가 추구하는 매우 구체적인 목표를 달성하기 위해 노력하고 있다. 또한 투자를 함에 있어 경제적 측면뿐만 아니라 사회 정치적 측면의 위험이 실질적으로 투자의 성과를 결정짓는 매우 중요한 요소임을 알리고 있으며, 이를 달성하기 위한 활동에 전문성과 법적인 정합성을 함께 고려하는 특징을 보이고 있다.

## 엑슨(Exxon)[4]

1989년 3월 24일 자정을 넘긴 시각, 세계적 석유회사인 Exxon의 초대형 유조선 Valdez호가 알래스카 남쪽 해안에 위치한 Prince William 해협의 Bligh 암초에 좌초되면서 4,090만 리터의 기름이 유출된다. 이는 미국 역사상 최대의 기름유출 사고이며 1,900킬로미터의 청정 해안 지역을 오염시켰다. 당시의 피해는 돈으로 환산하기에는 너무 큰 규모였는데 사건이 터진 후 피해지역의 생태계 복원 작업을 위해 구성된 기름유출처리위원회(Exxon Valdez Oil Spill Trustee Council, EVOSTC)에 따르면,

4 https://www.scientificamerican.com/article/exxon-valdez-20-years-later-oil-spill-prevention/(2017. 2. 17 접속)

그림 1-1 Exxon Valdez호와 유출된 기름 모습

바다 조류 25만 마리가 떼죽음을 당했고, 다음 해인 1990년까지 사고 지역에 서식하는 36종의 범고래 무리 중 14종이 사라졌으며, 죽은 동물의 사체 수로 확인된 것만 해달 1,000마리, 흰머리독수리 151마리 등 생태계에 대한 피해가 천문학적이었다. 기름 유출 이후 상당한 시간이 지나서도 영향력이 계속 남아서 2003년 추정치로 볼 때 75,700리터의 기름이 해안 모래 속에 깊이 스며들어 오리와 다른 해안동물들이 지속적으로 독성에 노출되었다. 사람들에게도 경제, 사회, 문화적 영향이 엄청났는데 우선 어업과 관광 산업이 직격탄을 맞았고, 해양 먹이 사슬의 중요 고리이면서 지역 주민들의 중요 식재료인 청어 등 어류와 조개류는 근 30년이 지난 지금도 아직 원래 수준을 회복하지 못하고 있다.

동 사건은 천문학적 복구 비용과 법적 분쟁을 초래하였다. 1991년 Exxon은 우선 사건 이후 10년간에 걸쳐 9억 달러의 손해배상을 할 것에 합의했으나, 1994년 수천 명의 알래스카 주민들이 Exxon을 상대로 집단소송을 내면서 50억 달러를 추가로 지급하도록 요구 받았다. 이에 대해 Exxon

이 상고하는 등 20년간의 법정 공방 끝에 미국 대법원이 5억 달러를 추가 지급하도록 판시하면서 종결되었다. 회사측의 추정에 따르면 피해보상, 복구비용, 정착비와 벌금을 모두 합하여 38억 달러 이상의 비용이 발생했고 이 사건으로 인해 Exxon은 125년이 넘는 역사 중 가장 어려운 시기를 보내게 된다.

이 사건도 역시 사람의 실수가 주요 원인 중의 하나였다. 국가수송안전위원회(National Transportation Safety Board)의 분석에 따르면 빙산을 피한 후 배를 정규선박항로로 돌리라고 한 선장의 지시가 조타수에게 전달되지 않았다. 또한 선장이 출발 전 술집에서 목격 되었다는 진술이 있었는데 사고 후 선장에 대한 혈액검사를 실시한 결과 이것이 사실로 드러났다. 그만큼 Exxon뿐 아니라 국제해운관련 기업들의 선원들에 대한 감독이 부실했다는 것이다.

이 사건 이후 다양한 조치들이 취해졌다. 우선 너무 엄청난 규모의 환

그림 1-2 Skimmer

경 재앙에 놀란 미국 의회는 바로 다음 해인 1990년 '원유오염방지법(Oil Pollution Act)'을 제정하여 감시활동을 늘리고, 벌금을 무겁게 부과하며, 회사로 하여금 긴급사태에 대한 대책을 마련하도록 의무화하고, 새로운 관련 연구프로그램들을 창출하도록 하였다.

유조선의 설계 및 구조에 있어서도 이중선각 유조선--기름 저장고와 선체 외부를 분리하여 이중 구조로 된 유조선--에 대한 국제적 요구가 증가하였고, 유엔은 2010년까지 단일 선체인 유조선을 전세계적으로 점차 퇴역 시키는 것을 의무화하였다. 유조선의 위치 추적 및 경고 시스템도 위성 GPS 기술의 발달로 인해 초 단위로 확인이 가능하게 되었다.

그림 1-3 Prince William 해협에서 같은 사고를 반복하지 않기 위하여 두 대의 배가 유조선을 유도하는 장면

전세계적으로 기름 유출로 인한 피해가 빈번해지자 재앙에 대처하는 기술도 꾸준히 발전하였는데 Valdez호의 기름유출이 기폭제가 되어 상당한 진전을 이루게 되었다. 〈그림 1-2〉에 보여지는 'Skimmer'라고 불리는 기름 재흡수 장치는 바닷물 표면의 기름과 물을 흡수하여 물과 원유를 분리한다. 요즘은 그 성능이 1980년대보다 10배 이상 높아져서 72시간 안에 114만 리터의 기름을 회수할 수 있다. 또한 원유를 매우 작은 입자로 만드는 기술이 개발되어 기름 띠로 인한 연안지역의

피해를 많이 줄일 수 있게 되었다.

무엇보다 눈에 띄는 것은 기름 유출 사고 재발 방지를 위한 관련 산업 종사자들의 의식 개선이다. 국제해운 관련 기관, 회사, 조직들은 장비와 기술에 대한 투자뿐만 아니라 인력과 이들의 업무 수행 방식에 대한 개선에도 투자를 하고 있다. 항해 기술 등 선원 교육을 강화하고, 항해 전에는 선원들이 충분한 휴식을 취하게 하며, 탑승 인원에 숙련된 선원들이 필수적으로 포함되도록 하고 있다. 또한 사고의 위험이 높은 지역은 〈그림 1-3〉에서 보는 바와 같이 유조선을 안전하게 유도하는 조치를 취하고 있다.

CHAPTER

02

# 사회책임투자의 형태

제2장

# 사회책임투자의 형태

사회책임투자는 다양한 형태로 수행되는데 크게 대별하면 세 가지 형태로 정리할 수 있다. 하나는 선별방식인데 이에는 바람직하지 않은 증권을 제외하는 부정 선별(negative screening)과 바람직한 증권이나 해당 분야에서 가장 모범적인 기업을 선정하는 긍정 선별(positive screening), 그리고 이 두 가지를 모두 고려하는 종합 선별이 있다. 두 번째 구성요소는 주주행동주의(shareholder advocacy)로 기업의 주주로서 해당 기업이 이윤추구뿐만 아니라 바람직한 세계 시민으로서의 역할을 할 수 있도록 의견을 제시하고 이를 관철하고자 다양한 활동을 펼치는 것이다. 이에는 기업을 바람직한 방향으로 변화시키기 위해 의결권으로 대결하거나, 기업의 경영진과 긴밀하게 대화를 하거나, 소액주주 결의안을 제출하거나, 캠페인을 벌이는 등의 활동이 포함된다. 세 번째 요소는 지역사회투자(community investment)로 투자자들이 지역사회에 도움이 되는 사업이나 활동에 투자를 하는 것이다. 미소금융(microfinance), 저소득층 주택보급, 청정기술 개발, 버려진 땅 개발 등에 대한 투자 활동이 이에 해당한다.

## 1 선별방식

### 1) 긍정 선별

긍정 선별방식은 청정기술, 훌륭한 인권 보장, 다양한 노동력 구성 등 환경, 사회, 지배구조(environmental, social and governance; ESG) 관점에서 잘 하고 있는 기업이나 또는 동종 산업이나 분야에서 최고의 ESG 성과를 시현하는 기업들을 선별하여 투자하는 것을 말한다. 초기에는 다양한 ESG 주제 중 해당 투자자나 기관이 관심을 가지고 있는 어느 한 분야에 집중하여 기업들을 선별했다. 소비자 권익 보호 단체는 제품의 안전성이나 가격에 초점을 맞추었고, 환경주의자들은 환경에 도움이 되는 기업의 영업행위를 찾아내고 장려하였으며, 노동운동가들이나 노동조합은 노동자 권리를 기준으로 모범적인 기업들을 투자대상으로 선별하였다.

### 2) 부정 선별

부정 선별방식은 사회적으로 바람직하지 않은 회사를 투자 대상에서 제외하는 것이다. 예를 들면 담배, 술, 도박, 인권침해, 동물실험, 환경파괴, 원자력 발전 등 사회적으로 문제의 소지가 있는 기업들이 제외의 대상이다. 개인들은 이러한 회사들의 주식에 투자를 하지 않는 것이고, 뮤추얼펀드는 포트폴리오를 구성할 때 ESG 요인을 고려하여 ESG 성과가 좋지 않은 기업은 포트폴리오에서 제외하는 것이다.

구체적 예를 들면, '도미니사회주식펀드(Domini Social Equity Fund; DSEFX)'는 주류 생산회사는 당연히 투자대상에서 제외시키고, 주류 소매판매로부터의 수익이 해당 기업 총 수익의 15% 이상인 기업도 제외시킨다.

이 과정에서 위의 조건을 만족시키는 음식점 체인과 편의점들이 제외된다. 또한, 증류 옥수수 에탄올과 같이 술 생산에 사용되는 원료나 반제품을 공급하는 회사도 제외되고, 보리나 포도와 같이 가공되지 않은 농산물의 공급자는 만일 주류 생산자에게 판매하는 양이 회사 매출의 15% 이상이면 제외시킨다(Domini 2001). '캘버트사회펀드(Calvert Social Funds)'는 무기 생산이 많은 회사를 포트폴리오에서 제외시키는데, 구체적으로 무기 계약이 연 매출의 10% 이상인 회사가 이에 해당된다. 미국 방위청과의 무기판매계약에 있어 전체 시장규모의 상위 85%를 구성하는 회사들도 제외되는데 이 기준을 적용함으로써 상위 40개의 회사들이 제외된다. 또는 핵무기 계약의 상위 90%를 구성하는 업자들도 제외된다.

〈표 2-1〉은 긍정 선별과 부정 선별의 구체적 예를 보이고 있다. 주요 주제는 기업의 사회적 성과라고도 불리는 노사관계(건전한 노동조합과의 관계, 종업원 역량강화, 종업원 이익 참여, 훌륭한 작업장 환경), 종업원 다양성(소수자 고용, 여성과 장애인 고용), 비즈니스 활동(연구개발, 질 보장, 제품 안전성), 소비자 보호 및 제품, 환경보존에 대한 인지 및 활동(리사이클링에 적극적으로 참여, 쓰레기 감량, 환경적 청정화, 재생에너지, 바이오테크놀로지), 기업지배구조 및 주주행동주의(이사회 독립성, 이사 선임과정의 투명성, 감사의 독립성, 경영자 보상, 의결권), 이해관계자에 대한 기업의 신속한 대응 등이다(Sauer 1997, Renneboog 등 2008a). 이뿐만 아니라 지역사회 참여(스폰서 활동, 자선 활동, 교육 프로그램) 등 다양한 주제가 고려 대상인데 〈표 2-1〉는 각 분류의 구체적 선별 기준의 예를 제시하고 있다.

**표 2-1 SRI 선별의 예**

| 긍정 선별 | 부정 선별 |
|---|---|
| **노사관계**<br>• 여성과 소수자에 대한 균등한 기회 제공<br>• 경영진과 종업원의 다양성<br>• 훌륭한 고용관행<br>• 종업원지수제 및 이익공유<br>• 종업원 건강과 안전<br>• 종업원과 가족에 대한 혜택<br>• 교육과 훈련 프로그램<br>• 의료 서비스, 보육 서비스, 노인 서비스 | **차별적 노사관계**<br>• 경영진과 종업원의 다양성 결여<br>• 과도한 경영진 보상<br>• 인권 위반 실적<br>• 부당한 국제 노동력 활용<br>• 지나친 구조조정 |
| **소비자 관계**<br>• 제품의 안전성과 질<br>• 재활용을 고려한 제품, 보승, R&D<br>• 공급자의 행동 규정<br>• 좋은 인권 옹호 실적 | **소비자 관계**<br>• 저질, 재활용 불가 제품<br>• 과도한 쓰레기를 남기는 제품<br>• 폭력성 제품 및 비디오 게임<br>• 많은 소송 |
| **환경적 실적**<br>• CERES 원칙에 참여, 공해 방지 조치<br>• 재생 에너지 지원 재활용 프로그램<br>• 지속가능 농업 및 식량 생산 | **나쁜 환경적 실적**<br>• 물, 공기, 토양을 오염시키는 기업<br>• 유해물질 및 쓰레기 배출<br>• 농업 화학 제품 생산 및 수출<br>• 원자력 발전<br>• 원자탄 또는 생화학 무기 생산<br>• 개인 무기 생산 |
| **긍정적 요인**<br>• 금연 작업장 및 식당<br>• 기업의 개방성, 시민의식<br>• 지역사회 개발 및 참여, 기부 | **부정적 요인**<br>• 억압적 정부와의 비즈니스 활동<br>• 비윤리적 사업 관행<br>• 방위 및 무기 관련 계약<br>• 술, 담배, 도박, 동물실험 |
| **기타**<br>• 주주제안에 대한 긍정적 반응<br>• 수용할 수 있는 가격의 주택 공급<br>• 병원, 학교, 대중 교통, 공원 개발,<br>• 버려진 공간 재활용 | **기타**<br>• 주주제안에 대한 부정적 반응<br>• 부적절한 광고<br>• 대중 매체 폭력<br>• 정치적 헌금 |

자료: Hutton 등(1998) 참조.

### 3) 종합 선별

부정 선별과 긍정 선별 방법은 각기 따로 사용되는 것이 아니고 대부분의 투자자나 펀드는 둘을 함께 적용하는 것이 일반적이다. 이유는 한 기업이 어떤 사회적 측면에서는 우수한 성과를 보이고 있으나 다른 분야에서는 매우 열등할 수도 있기 때문이다. 따라서 ESG의 전반을 고려하는 전체적 관점을 가지고 기업을 평가하는 것이 합리적이며 현장에서도 이러한 방향으로 선별방식이 발전되어 왔다.

지역과 문화에 따라서 경향의 차이가 있을 수 있는데 예를 들어 미국은 기업 활동과 이에 대한 주주들의 감시감독이 발달하여 주주행동주의(shareholder activism)가 강하고 상대적으로 부정 선별(negative screening) 경향이 더 강하다. 부정 선별이 더 강한 또 다른 이유는 사회책임투자 발달과정의 초기에 종교단체가 중심이 되어 반인륜적이거나 반인권적인 국가에 대한 투자를 거부하는 형태로 사회책임투자가 시작된 영향도 있는 것으로 보인다. 반면에 유럽은 상대적으로 긍정 선별(positive screening)이 더 많이 활용되는데 각 산업이나 분야에서 최고의 ESG 성과를 달성하거나 높은 점수를 받은 기업들을 포트폴리오에 포함시키는 경향이 강하다.

사회적 책임 투자의 발달 단계에 따라서도 긍정 선별과 부정 선별의 사용 빈도가 차이 나기도 했다. 초기에는 기업의 사회적 책임이라는 개념 자체가 정확히 정의되는 것이 아니고 활동 정도를 계량화하기도 어렵기 때문에 주류 판매, 성인물 판매, 담배 판매, 인권침해, 환경오염 등의 문제가 상대적으로 명확히 드러나는 산업이나 기업을 제외하는 부정 선별이 주로 사용되었다(Owen 1990; Kinder 등 1992, 1993). 그러나 현재는 사회책임투자 분야의 경험과 지식이 많이 축적되어 있기 때문에 부정 선별과 함께 긍정 선별도 중심적 역할을 하고 있다.

투자자들은 기업의 사회적 책임을 감시 감독하는 조직이나 기관들로부터 다양한 정보를 입수하여 기업을 평가하는데 이렇게 함으로써 정보에 근거한 의사결정이 이루어질 수 있다. 즉, 기업의 사회적 책임 활동을 감시 감독하는 단체와 조직들은 바람직한 파트너가 될 수 있는데, 이러한 단체들은 특정 주제에 대해 매우 깊은 이해를 가지고 있어 훌륭한 정보를 제공할 수 있다. 투자자들은 이러한 정보들을 취합하여 기업이 여러 이해관계자들에게 미치는 영향을 판단하고 이에 근거하여 투자 대상을 선별할 수 있다. 사회적 책임 활동을 감시 감독하는 단체와 조직들이 특히 중요한 이유는 Hill 등(2007)이 언급한 바와 같이, 사회책임투자에 대한 정확한 이해를 하고 있는 투자자가 드물기 때문이다. 단지 모호한 아이디어를 가지고 있을 뿐이며, 따라서 ESG 점수와 같은 것에 의존하여 긍정 또는 부정 선별을 한다. 예를 들면, 최소 ESG 점수를 받은 기업은 제외하고, 최대 점수를 받은 기업은 포함시키는 형태이다.

이러한 투자자들의 행태는 사실상 합리적이라고도 할 수 있다. 왜냐하면 사회책임투자를 하기 위해 기업의 여러 가지 자료를 수집하고, 상황을 검토하고, 이에 근거한 투자의사결정을 한다는 것이 쉬운 작업이 아닐 수 있기 때문이다. 또한, 사회적 책임이라는 개념 자체도 정형화되어 있는 것이 아니기 때문에 일반적으로 받아들여지는 사회적 투자라는 것도 존재하지 않는다. 가령, 원자력 에너지는 현재의 재생에너지에 대한 기술 수준과 경제성으로 볼 때 사용이 불가피한 측면이 있고, 관련 기업들은 나름대로 사회에 에너지를 경제적으로 공급하는 데 일조를 한다고 볼 수도 있다. 원자력 에너지를 전면적으로 거부하면 에너지 비용이 상승하고 기업의 채산성이 떨어질 것이며, 기업이 어려움을 겪으면 실업 문제가 발생하고, 사회의 부가 불평등하게 되는 등 사안 자체가 단순하지 않은 경우가 많다. 이러한 상황에서 사회책임투자 점수를 산정하는 분야에서 전문성을 가지고

ESG 점수를 제공하는 기관들의 자료를 이용하는 것은 투자자들의 비용을 줄이기 때문에 경제적으로나 실질적으로 의미가 있다.

이러한 기관들은 기업이 정부에 제출하는 공식자료, 연차보고서, 언론의 보도, 제3의 자료제공자로부터의 정보 등 다양한 자료원에 근거하여 많은 세부 주제를 정하고, 각 세부주주에 대한 점수를 산출하며, 이를 종합하여 최종 ESG 점수를 발표한다. 이러한 기관들은 공적기관도 있고 사적기관도 있는데 공적기관은 자료를 무상으로 제공하지만 사적기관은 자료를 구매해야 하는 경우도 있다. 예를 들어, US SIF의 보고서는 2년에 한 번씩 발간되는데, 주요 요약 사항은 공개적으로 접근이 가능하지만 전체 보고서는 구매를 해야 한다.

## 2 주주행동주의

주식을 보유한다는 것은 회사에 ESG에 대한 문제제기를 할 수 있는 채널을 확보한다는 것이다. 〈그림 2-1〉 에서 보는 바와 같이 주주들은 다양한 방법으로 회사에 의사를 표명하고 회사를 자신들이 바라는 방향으로 변화시킬 수 있다. 예를 들어, 회사에 주주결의안을 제출하여 주요 주제에 대해 주주들의 주의를 환기시켜 원하는 방향으로 표결을 이끌어 낼 수도 있고, 자신들의 의결권이나 위임장을 적극적으로 행사할 수도 있다. 회사 경영진과의 정기적 또는 비정기적 회합을 마련하여 회사와 주주간의 소통의 장을 마련하고 경영진과의 대화를 시도할 수도 있다. 회사가 ESG 활동을 개선하도록 하기 위해 관련 연구보고서나 산업 분석 보고서를 발간할 수도 있고, 주주들의 모임에 참여하며 필요한 경우 편지나 이메일로 회사의 ESG 활동을 개선시키기 위한 캠페인을 벌일 수도 있다. 또한 정부, 규제기관과 함께 일하면서 공공정책 설정에 참여할 수도 있고 의회에

그림 2-1 주주행동주의 활동

서 ESG 관련 투자 주제를 증언하거나 보고할 수도 있다. 이와 같이 회사의 주주로서의 적극적인 활동을 포괄하는 것이 주주행동주의(shareholder advocacy)이다.

### 1) 주주제안서 제출 및 경영진과의 대화

회사에 권고적인 주주결의안(shareholder resolutions) 또는 주주제안서를 제출하면 회사는 이를 주주 투표에 상정하게 되는데, 이러한 활동을 통해 주주들은 중요한 주제들에 대한 경영진들의 관심을 이끌어 내고, 미디어의 관심을 불러일으킬 수도 있으며, 일반 대중을 교육시키는 역할을 할 수도 있다. 더구나, 경영진들은 제출된 의안에 대해 주주 투표를 하지 않고 대화와 협상을 제안할 수도 있는데 이 경우 경영진과의 대화가 잘 진행되면 의안을 철회할 수도 있다.

미국에서는 1934년 증권거래법 14a-8 조항에 근거하여 증권거래위원회가 제정한 지침에 따라 주주제안사항을 위임장(proxy statement)에 포함시키도록 규정하고 있다. 이에 의하면 주주제안서 마감 일자 기준 과거 1년 동안 최소 2,000달러 이상 또는 1% 이상의 주식을 지속적으로 보유한 주주는 주주제안을 할 자격이 있다. 주주제안서 내용은 500자 이내로 제한되며 개인적이거나 기업의 통상적인 경영에 관련된 사항이 아닌 다수가 공감할 수 있는 공적인 성격의 회사 운영과 정책에 대한 것이어야 한다. 예를 들면, 회사의 정치적 기부와 활동에 대한 공시와 감시 강화를 요구할 수 있고, 최근의 주주제안은 기후변화, 차별 없는 고용기회, 인권, 지속가능보고서 등을 다루고 있다. 추가적으로 주주들은 회사의 지배구조와 그 실태, 특히 이사의 선임, 경영진 보상, 주주들에 대한 대응성에 대해 질의하는 주주제안을 제출하기도 한다. 주주들이 관심을 많이 가지고 있는 대표적 주주제안 주제들을 좀 더 구체적으로 살펴본다.

### 2) 이사회의 독립성 확보

미국의 투자자들은 오랜 기간 동안 기업의 CEO와 이사회 의장을 분리할 것을 주장해 왔다. 이는 이사회가 CEO에 대한 실질적인 견제 역할을 할 수 있도록 하기 위함인데 이를 위해서는 이사회 의장의 독립성이 매우 중요하다. 당연히 동일 회사의 전·현직 경영자는 자격이 없다. 이사회 의장과 CEO의 분리는 여타 선진국에서는 대부분 지켜지는 관행인데 이에 대한 미국 기업들의 반응은 상당히 미온적이었다. 그러나 최근 몇 년간 의미 있는 진전을 이룬 것으로 평가되는데 이는 상당 부분 주주행동주의의 공이 크다. 경영자 구직 기업인 Spencer Stuart에 따르면 2016년 S&P 500에 속한 기업 중 48%가 CEO와 이사회 의장을 분리한 것으로 나타났는데, 이는 2005년의 29%에 비하면 상당한 발전이다. 이 기업들 중 29%는 이사회 의장이 독립성을 확보한 것으로 평가되는데 이는 2005년의 9%

에 비하면 세 배 이상의 개선이 이루어진 것이다. 2007년 이후 이사회 의장에 전 · 현직 최고경영자가 임명될 수 없도록 요구하는 주주제안은 지속적으로 25%가 넘는 주주들의 지지를 받아 왔다.

### 3) 경영진 보상의 적절성 검토

2006년부터 2010년까지 기관과 개인투자자로 이루어진 투자자 조직들은 미국 기업들에 대해 경영자 보상에 대한 자문 투표제를 도입할 것을 요구했다. 이 제도는 영국 기업들의 지배구조에서는 일반적으로 받아들여지는 제도인데 미국에서는 동 제도가 없었다. 주주들이 재무적 성과와 관련 없는 막대한 액수의 경영자 보상에 대해 이사회에 자신들의 목소리를 낼 수 있는 공식적 장치를 요구한 것이다. 기업의 입장에서는 이들이 운영하는 자산을 다 합하면 1조 달러 이상이 되기 때문에 이들의 주주제안을 마냥 무시하기가 어려운 상황이었다. 또한 2010년에 제정된 Dodd-Frank 금융개혁법은 상장기업으로 하여금 최소 3년에 한 번은 경영자 보상에 대한 자문 투표를 받도록 요구하고 있다. 비록 투표에서 문제가 되는 회사는 많지 않지만 투표에서 부결이 될 수 있는 가능성 때문에 많은 기업들이 경영진 보상 패키지가 적절한지 미리 검토하고 있다. 대체로 반대표가 35% 이상 나오는 경우는 설사 부결이 되지는 않는다 할지라도 경영자 보상을 상세히 다시 검토하여 투자자들과 의견을 나누어야 하는 것으로 평가된다.

### 4) 정치적 목적의 지출 검토

주주들은 효과적으로 영향력을 발휘하기 위해 다양한 연대를 구성하여 활동하는 경우가 많다. 예를 들어, 연기금, 노동조합, 환경단체, 지속가능 투자기관의 경영자 등이 투자자 연합을 결성하고 자신들이 주주로 있는 기업에 대해 정치적 지출과 로비 비용에 대한 공시 및 감시감독을 요구하는 것이다. 이들은 이러한 비용들이 기업과 주주들의 이익을 증진시키고, 기업의 명성을 훼손하지 않아야 하며, 이러한 목표를 달성하기 위해 적절한 감시 감독이 이루어져야 한다고 주장한다.

이러한 활동이 활발한 곳은 미국인데 정치적 자금 지출에 대한 캠페인이 '정치적 책임 센터(Center for Political Accountability; CPA)'와 같은 조직의 자문을 받으며 이루어진다. 2004년 주주 캠페인이 시작된 이후 CPA와 그 협력자들은 여러 기업들을 설득하여 기업자금을 사용하는 정치적인 지출에 대해 공시를 강화하고 이사회의 감시감독을 받도록 유도하고 있다. 이 캠페인은 주주들의 압도적 지원을 바탕으로 매우 효과적으로 진행되고 있다.

로비에 대한 주주제안의 예로는, '미국 연방, 주, 구, 시의 공무원 연합(American Federation of Federal, State, County and Municipal Employees; AFSCME)'과 '월든자산운용(Walden Asset Management)'이 주도한 것을 들 수 있는데 50개 이상의 주주제안을 시도했다. 2016년에는 로비와 관련된 거의 절반 가까이의 주주제안이 온실가스를 삭감하는 규제에 반대한 기업이나 또는 온실가스를 줄이는 법안에 반대하는 조직에 회비를 내거나 이사회 멤버로 일하는 기업들을 목표로 하였다.

참고로, 2016년 시즌에는 로비와 관련된 20건 이상의 주주제안이 철회되었는데, 해당 기업들이 상당한 정도의 약속을 하였기 때문이다. 예를 들면, Zevin Asset Management는 Walmart에 제출한 주주제안을 철회하였는데 이는 Walmart가 매년 연방 정부에 대한 로비를 공시하는 것에 동의했기 때문이다. 2015년에는 Zevin이 제출한 유사한 주주제안에 대응하여 각 주 별로 로비자금을 공개하기로 한 바 있다. 또 다른 예로, 뉴욕주 재정국은 코카콜라, Raytheon, Waste Management, Union Pacific 그리고 Centerpoint Energy에 대한 주주제안을 철회하였는데, 이 기업들이 모든 직 · 간접적 정치적 목적의 지출액과 입법활동에 대한 로비자금을 공개적으로 보고하기로 동의했기 때문이다.

### 5) 성차별 금지

미국에서는 1990년대 중반부터 성차별금지에 대해 200건 이상의 주주제안이 제출되었는데 이 중 150건이 철회되었다. 예를 들어, 2016년 공공연금과 지속가능 투자 및 책임투자 기업들로 구성된 주주집단은 기업으로 하여금 종업원을 성에 근거하여 차별하지 않을 것을 약속하라는 취지의 주주제안을 철회했나. 이유는 기업들이 이러한 약속을 포함시키도록 비차별 정책을 확대하겠다고 동의했기 때문이다. 이 주제에 대한 주주제안이 성공을 거둔 것은 주주총회에서의 높은 지지 때문이었다. 실제로 2014-2016 기간 동안 이 주제는 평균적으로 30% 이상 주주들의 동의를 얻었다. 중요한 성과가 2015년에 있었는데 ExxonMobil이 드디어 성차별 금지 원칙을 포함하도록 회사의 공정고용정책을 수정하는 것에 동의했기 때문이다. 이 회사는 2001년부터 매년 뉴욕주재정국이나 다른 주주들로부터 주주제안을 받아왔다.

### 6) CSR 활동 장려

주주들은 기업이 영업을 함에 있어 환경에 대한 영향뿐만 아니라 노동과 지역사회 주제를 포함하는 광범위한 지속가능성 이슈를 검토할 것을 요구해왔다. 이러한 주장에 대해 해당 회사들과의 논의가 잘 이루어져서 2010-2014에 걸쳐 제출된 주주제안들은 다수 철회가 되었다. 그러나 2015-2016 기간에는 절반 이상의 주주제안들이 철회되지 않고 표결로 이어졌는데, 이유는 주주들이 선언적 문구를 삽입하는 등 상징적 차원에서 더 나아가 실제 행동을 하도록 기업에 요구했기 때문이다. 이러한 제안에 대해 주주들의 표결 이후 동의를 한 기업들도 있었는데 이유는 주주들의 높은 지지 때문이었다. 예를 들어 Clarcor는 지속가능보고 주주제안이 2016년에 61%의 매우 높은 지지를 받았다.

## 3 지역사회투자

지역사회투자(community investment)는 사회책임투자의 한 형태로 공공 또는 사적 투자자금이 직접적으로 지역사회에 기반한 조직에 투자되도록 하는 것이다. 저개발지역 또는 낙후 지역의 개인이나 조직들은 위험도가 높다고 인식되기 때문에 전통적인 금융기관에서는 자금조달을 할 수 없다. 지역사회투자는 이러한 장애를 극복할 수 있도록 해주는 중요한 기제이며, 지역사회투자기관은 투자자들의 자금을 저소득 또는 저개발 지역에 거주하는 개인이나 조직에게 자금 및 신용 공여 등의 형태로 연결해 준다. 필요한 경우 훈련 및 교육 형태의 지원을 동시에 수행하여 이들이 사업에 성공하고 차입한 자금을 무사히 상환할 수 있도록 지원한다. 기본 취지는 개인과 기관들에게 자신, 가족, 지역사회를 위해 스스로 삶의 질을 개선시킬 수 있는 도구와 기술을 제공하는 것이다. 실제로, 지역사회투자로 인해 전 세계적으로 수백만 명의 사람들의 삶이 바뀌었다.

### 1) 지역사회투자 활동

투자자들은 주식에 투자하기보다는 직접적으로 지역개발금융기관에 투자함으로써 좀 더 높은 수준의 사회적 영향력이 창출되도록 할 수 있다. 즉 유통시장에서 사회적 투자를 수행하는 기업의 주식을 구입하면 이 자금은 주식의 이전 주인에게 전달되고 사회적 효과를 달성하지 못할 수도 있지만 지역개발금융기관에 투자된 자금은 직접적으로 해당 지역사회에 투자되기 때문에 저개발 지역과 주민들의 삶의 향상에 직접적으로 도움이 될 수 있다. 예를 들어, 1984년 Trillium Asset Management의 설립자인 Joan Bavaria가 Chuck Matthei를 US SIF 회의에 초청했다. Chuck Matthei는 지역사회가 토지 신탁을 설립하고 유지하도록 조언하는 기관인 Institute for Community Economics(ICE)의 경영자이다. Trillium Asset Management는 사회책임투자 대상을 찾고 있었는데 이들의 만남 이후 Trillium의 고객들은 ICE에 대한 투자를 시작하였다. 이는 대출자금을 가지고 있는 비영리 조직이 직접적으로 SRI 경영자를 만난 최초의 예라고 볼 수 있다.

지역사회투자는 〈그림 2-2〉에서 보는 바와 같이 매우 다양한 분야에 영향을 미칠 수 있는데 자금 공급이 필요한 중요한 예를 들면 다음과 같다. 우선 한 지역사회가 정상적으로 작동하기 위한 필수 서비스를 들 수 있다. 이에는 건강한 지역사회 개발, 음식에 대한 접근 및 영양 관리, 보건, 교육, 영유아 돌봄 서비스, 교통수단, 일자리 창출, 저소득층을 위한 저렴한 주택 공급 등이 포함된다. 필수적 요소가 갖추어지면 다음 단계로는 지역사회의 경제력을 증진시킬 수 있는 경제개발 활동이 필요하다. 이에는 양질의 일자리 창출, 미소금융(microfinance)을 활용한 소규모 사업 개발, 중소기업 지원, 적정 이자율을 부과하는 소비자 대출, 사회적 · 경제적 인

그림 2-2 지역사회 투자 분야

프라 개발이 포함된다. 마지막으로 지역사회가 지속 가능하도록 하는 활동이 필요하다. 단순히 외연을 늘리는 경제적 성장에 급급한 것이 아니라 똑똑한 성장, 환경친화적인 성장을 담보할 수 있는 지역 투자 활동이 필요하다. 예를 들면, 청정기술을 개발하기 위한 투자라든지 버려진 땅을 개발하는 투자 등을 수행하여 지역사회의 지속가능성을 확보하는 것이다.

### 2) 지역사회투자 재원

이러한 활동을 수행하기 위해서는 재원이 필요한데, 지역사회투자에 관심이 있는 개인이나 조직이 투자할 수 있는 자산과 활동들이 〈표 2-2〉에 나타나 있다. 매우 다양한 옵션들이 있는데 가장 접근이 쉬운 것은 지역개발은행이나 신용협동조합 등을 활용하는 것이다. 최근에는 채권과 같은 고정수입 자산이나 사모펀드, 부동산 투자와 같은 대체투자 형태도 활용이 늘

**표 2-2 자산의 종류와 투자자 타입에 따른 지역사회투자 옵션**

| 자산 | 투자상품 | 소매(개인) | 공인받은 개인 | 기관 |
|---|---|---|---|---|
| 단기자산 | CDFI 은행이나 신협에 예금하거나 양도성예금증서(CD)에 투자 | ○ | ○ | ○ |
| 고정수입 | Calvert Foundation 채권 | ○ | ○ | ○ |
| | CDFI 대출 펀드나 유사한 펀드에 직접 대출 | | ○ | ○ |
| | 지역개발 속성이 강한 SRI 뮤추얼펀드 | ○ | ○ | ○ |
| | 지역사회재투자법에 근거한 주택공급 등 필요한 활동 자금 마련을 위한 정부채권 또는 채권 펀드 | ○ | ○ | ○ |
| | 국제적인 중소기업 자금 지원기관에 대한 투자 | | ○ | ○ |
| 사모투자펀드, 부동산 등 대체투자 | 사기업에 대한 부채 및 지분 투자 | | ○ | |
| | 지역개발 벤처캐피탈 펀드에 지분 투자 | | ○ | ○ |
| | 특수 목적 부동산 개발 펀드에 지분 투자 | | ○ | ○ |
| | 특수 목적 산림, 농지 보존 기관에 대한 지분 투자 | | ○ | ○ |

고 있다. 돈이 많지 않은 개인들은 당연히 선택의 폭이 좁다. 하지만 이들도 나름대로 지역개발에 기여할 수 있는 다양한 투자 기회들이 존재한다.

소매투자자들은 대부분 개인들이며 이들은 통상 공인되지 않은 투자자이다. 이들은 순자산이 백만 달러 미만인 사람들이며 일반적으로 손실에 민감하다. 따라서 정부는 이러한 개인들로부터 받은 자금을 운영하는 기관들에게 안정성을 위한 일정한 제한을 가하고 있다. 그러나 개인들은 원한다면 지역개발은행, 신용협동조합, 대출 펀드, 저가주택공급자 또는 미소금융기관에 직접 자금을 예치하거나 투자할 수 있다.

공인 받은 개인투자자는 순자산이 백만 달러 이상인 부유한 개인이나 가족, 재단이나 기금 등을 의미한다. 공인을 받기 위해서는 증권거래위원회에서 요구하는 규정들을 충족시켜야 한다. 이들은 개인투자자들보다 손실에 덜 민감하기 때문에 투자의 유연성과 투자할 대상의 폭이 더 넓다.

기관투자자는 기업, 뮤추얼펀드, 헤지펀드, 금융기관 등을 일컫는다. 이들은 전문성을 바탕으로 투자하며 투자안의 선택도 훨씬 폭이 넓다. 기관투자자들이 지역개발투자를 위해 가장 많이 활용하는 자산은 채권과 같은 고정수입 자산이다.

### 3) 지역개발금융기관

지역개발금융기관(Community Development Financial Institutes; CDFI)에는 은행, 신용협동조합, 대출펀드, 모험자본 등 다양한 형태가 존재한다.

#### (1) 지역개발은행

지역개발은행(Community Development Bank; CDB)은 저소득 또는 중간 소득 이하의 가구가 사는 지역에서 가난한 사람이나 저개발 지역 주민들을 대상으로 상업은행(commercial banking) 업무를 제공하는 금융기관이다. 미국에서는 CDB를 설립하기 위해서는 미재무부(U.S. Department of the Treasury)의 지역개발 담당 부서인 지역개발금융기관펀드(Community Development Financial Institutions Fund)의 인가를 받아야 한다. 그러나 인가를 받은 CDB의 수는 그리 많지 않고 비인가 CDB가 많은데 이 기관들은 지역사회의 경제개발을 지원하거나, 은행서비스를 받지 못하는 특정 지역사회를 돕기 위한 목적으로 활동한다. 예를 들어, 소수자 예금기관(Minority Depository Institutions; MDIs) 또는 소수자 은행(Minority Banks)은 사회 경제적으로 약자인 소수자 지역사회에서 은행업무를 수행한다.

잘 알려진 지역개발은행으로는 1973년 시카고 지역에 설립된 'ShoreBank'

를 들 수 있다. 이 CDB는 시카고의 남쪽과 서쪽 지역, 클리블랜드(Cleveland), 디트로이트(Detroit)에 지점을 두고 있었다. 각 지점은 자기자본 투자, 비영리기관에 대한 관계금융(related financing), 기술지원, 컨설팅, 환경과 관련된 업무 등의 서비스를 제공한다. 특히 ShoreBank는 1990년대에 환경보호를 은행의 주된 목표로 설정하고 환경보호를 위한 다양한 자금지원을 수행하였다. 2010년 8월 20일 FDIC에 의해 폐점이 되었다가 후에 Urban Partnership Bank로 다시 활동을 시작했다.

### (2) 지역개발신용협동조합

지역개발신용협동조합(Community Development Credit Union; CDCU)은 저소득 및 중소득 개인이나 지역사회에 대한 금융서비스를 제공하기 위한 목적으로 활동하는 신용협동조합이다. CDCU는 안전성을 주요 기준으로 하는 전통적 금융 서비스에 대한 접근이 제한된 사람들에게 금융서비스를 제공하는 것에 특화되어 있다. CDCU는 다음과 같은 특징을 가진다.

- 비영리 면세 기관이지만 자선기관은 아니다.
- 회원들이 주인이고 회원에 의해 운영되는데 한 사람이 한 개의 의결권을 가진다.
- 정부에 의해 규제 되고 보험으로 완전히 보호되는 금융기관이다.

CDCU가 수행하는 업무는 다음과 같다.

- 신용정보가 불완전하거나, 제한적이거나, 아예 없는 회원들에게 공정하게 평가된 대출을 제공한다.
- 저축을 하고 자산을 형성하기 위한 안전한 기관의 역할을 한다.
- 합리적인 가격에 거래를 할 수 있는 장소를 제공한다.

- 회원들에게 금융교육과 자문 서비스를 제공한다.
- 회원들이 높은 비용을 부과하는 약탈적 부채로부터 벗어나고, 각자 자신의 금융상황을 적절히 관리하며, 경제적 복지를 달성할 수 있도록 금융상품, 서비스, 그리고 각종 지원을 제공한다.

### (3) 지역개발대출펀드

지역개발대출펀드(Community Development Loan Funds; CDLF)는 가난한 사람들이나 사회적으로 소외된 사람들이 사는 지역에서 이들이 감당할 수 있는 조건의 대출 및 관련 서비스를 제공하는 사적 대출 펀드이다. 저소득지역의 일자리를 창출하고 이를 유지하고, 소자본 사업, 여성과 사회적 소수자가 소유하는 기업을 늘리며, 지역의 가난한 사람들이 재정적으로 감당할 수 있는 주택을 공급하는데 일조한다. 또한 교육이나 의료 서비스가 부족한 지역에서 유아원, 지역학교(charter school), 공공 보건소 등의 지역사회시설 건립을 지원한다.[5]

미국에서는 90% 이상의 CDLF가 비영리조직이고 이사회에 의해 운영되며, 연방정부가 규제하는 지역개발은행이나 지역개발협동조합과는 달리 일반적으로 규제가 없다. 그러나 CDFI 펀드로부터 자금 지원을 받는 CDLF는 지역투자영향시스템(Community Investment Impact System; CIIS)을 통해 미국 재무성에 자료를 제출해야 한다. CDLF의 투자는 해당 CDLF가 직접 투자하거나, 또는 투자자들 사이에 위험을 분담하는 투자 컨소시엄을 통해 이루어진다. CDLF의 타인자본 투자는 일반적으로 3~10년 만기의 고정금리 조건으로 이루어지는데 금리는 대개 1% – 4.5%

5 저소득 지역에서 공적 자금을 받아 교사 · 부모 · 지역 단체 등이 설립한 학교

정도이다.

### (4) 지역개발벤처캐피탈

지역개발벤처캐피탈(Community Development Venture Capital; CDVC)은 일반적인 벤처캐피탈(Venture Capital; VC)과 유사하나 자금을 지원하는 사업이 경제적 이익뿐만 아니라 저소득 지역사회의 고용창출 등 사회적 성과도 동시에 달성하고자 하는 목적을 가진다. 일반적으로 사회적 사업가가 특정 사회적 목적을 달성하기 위하여 새로운 상품을 개발하거나 새 공장을 짓는 사업을 시도하는 경우 이러한 활동을 지원하기 위한 자금원은 매우 제한적이다. 특히 해당 사업이 저소득층이나 농촌지역을 대상으로 하는 경우, 사회적 사업의 효과가 배가될 수 있음에도 불구하고 전통적 벤처캐피탈이나 자금력이 있는 개인 또는 엔젤 등이 없어서 자금의 조달이 매우 어렵다. CDVC는 이러한 어려움을 극복하면서 사회적 사업가뿐만 아니라 지역사회에도 도움이 되도록 하기 위하여 타인자본이 아닌 자기자본(equity capital)을 지원하는 기구이다. 타인자본의 경우 사업이 본 궤도에 오르기도 전에 원리금을 갚아야 하는 어려움이 발생하기 때문에 사회적 사업을 지원하는 자기자본의 존재는 저소득 지역사회를 개발하는 데 매우 중요하다. 또한 CDVC가 자기자본으로 지원되기 때문에 이를 기반으로 하여 선순위 타인자본(senior debt financing)을 끌어올 수 있게 되어 사업의 규모를 확대할 수도 있다.

CDVC는 자금만 지원하는 것이 아니라 자금을 지원하는 기업과 동업을 하여 이사회에 참여할 수도 있고, 기업이 마케팅 계획을 짜는 것을 도울 수도 있으며, 해당 기업의 사회적 목적을 알려 소비자들을 창출할 수도 있다. 또한, 다른 자금원으로부터의 자금지원을 유도하고, 사업의 성공을 위한 지식을 전수하며, 시장에 대한 접근 등의 컨설팅 서비스도 지원한다.

미국의 경우 대부분의 CDVC 펀드는 영리를 목적으로 한 유한책임기업(Limited Liability Company; LLC)이나 유한책임조합(Limited Partnership; LP)으로 설립되는데 10년의 수명을 가지고 전통적인 VC와 유사한 계약조건들을 제시하고 있다. 그리고 많은 CDVC 펀드들이 해당 펀드의 사회적 활동의 효과를 증진시키기 위해 비영리조직들과 연계되어 있다. 이들은 자금 지원을 받는 기업을 위해 투자 전과 투자 후에 적극적인 지원을 하고, 사업가에게 사업기회에 대한 조언을 하며, 고용되는 직원들이 작업 역량을 높이고 재산을 모을 수 있는 기회를 제공한다. 일부 CDVC 펀드는 그 자체가 비영리조직으로 조직되기도 한다.

CDVC 펀드에 투자하는 기관은 은행이 가장 비중이 높고, 그 외 연금 펀드(pension funds), 보험회사 등 비저축금융기관(nondepository financial institutions), 재단의 기금들(foundations), 연방정부, 주정부, 지방정부, 부유한 개인 들이다. CDVC 펀드는 펀드 자체의 규모나 투자 규모에 있어 상당한 증가를 보이고 있고, 전통적인 VC에서 경험을 쌓은 인력들이 진입하여 펀드의 전문성도 높아지고 있는 추세이다. 또한 CDVC 산업 내 펀드들 간에, 그리고 CDVC 산업과 전통적 VC 산업의 펀드 간에 협업 및 공동 투자도 이루어지고 있다. CDVC 펀드의 평균 수익률은 공식적인 자료는 아직 없으나 투자자금으로 가중치를 두어 계산했을 때 연 15.5% 정도로 추정된다(Simpkins 2006).

### (5) 소규모사업개발대출펀드

일반적으로 은행이나 비은행금융기관들은 대출을 충분히 갚을 능력이 있는 기업이나 개인들을 상대하기 때문에 경제적 약자나 빈곤층은 금융 활동에 대한 접근이 제한되어 가난이 더욱 심화되는 경향이 있다. 예컨대, 금융기관들이 대출을 하는 경우 기본적으로 보증이나 담보를 요구하기 때문에 담보로 제공할 재산이나 물건이 없고 과거의 신용 기록도 없는 가난한 사람들은 어쩔 수 없이 금융서비스에서 소외된다. 이들에 대한 유일한 자금원이 있다면 높은 금리를 부과하는 고리대금업자들뿐이다. 이러한 상황에서 가난한 사람들이 빈곤을 깨고 나올 수 있도록 지원하는 것이 소규모사업개발대출펀드(microenterprise development loan fund)이다. 이 펀드들은 정규 금융기관에서는 대출을 받을 수 없는 빈곤층이나 소규모 사업자들을 대상으로 대출을 해 주며 이 과정에서 소득불균형과 빈곤 문제 해소에 일조하게 된다. 전세계적으로 소액금융(microfinance) 활동을 확산시킨 방글라데시의 그라민 은행(Grameen Bank)도 이 범주에 속한다.

소액금융은 빈곤층과 소규모 사업에 대해 대출, 예금, 보험 등 필요한 금융 수요를 충족시키며, 세계적으로 각 지역의 상황에 따라 조금씩 다르기는 하나 대체로 다음과 같은 특징을 가진다.

- 자산, 일정한 직업, 신용 기록이 없어서 일반 신용기관에서 대출을 받을 수 없는 사람들에게 소액대출을 제공한다. 이는 일반적으로 담보가 없는 단기 대출이며 가난한 사람들이 스스로 생존할 수 있는 자영업을 가질 수 있도록 지원한다.
- 이윤의 극대화보다는 적정한 수익을 올리면서 사회적 목적을 달성하는 지속가능성을 목표로 하고 있다.
- 일인당 거래 규모가 너무 작기 때문에 일정 수준 이상의 영업 규모가 되어야 규모의 경제가 달성되어 사업이 지속 가능해진다.
- 여성의 역량과 사회적 지위를 높이기 위하여 여성에게 주로 대출을

하는 기관도 존재하는데 이는 부수적으로 회수율을 높이는 효과를 가져온다.

- 인구의 이동이 적은 농촌에서는 개인이 아닌 집단에 대한 대출을 함으로써 채무의 회수 가능성을 높이고 이를 사회개발의 수단으로 활용한다. 즉 집단대출을 통해 대출받는 사람들로 하여금 빈곤퇴치를 위해 서로 돕는 사회적 분위기를 조성한다. 회수율이 올라가면 사람들은 서로 협조하면서 격려하게 되고 이것이 협동의식을 공고하게 한다.
- 집단대출의 예로 자조집단, 즉 스스로 돕는 집단(Self Help Group; SHG)을 들 수 있는데 다음과 같이 작동된다.
  - 5-20명 정도 규모로 서로 마음이 맞고 가까운 사람들끼리 자조집단을 형성한다.
  - 회원들은 매주 회의에 참석하며, 서로 상의하여 자율적으로 대표를 선출한다.

그림 2-3 자조집단 회의

- 회원들은 비록 소액일지라도 정기적으로 예금을 한다.
- 각 자조집단은 회원들이 공동으로 참여하는 집단 명의의 예금 계좌를 개설하며 소액금융기관이 대출을 할 때 이 집단계좌로 대출금을 입금시킨다. 해당 예금 계좌는 자조집단의 대표가 관리한다.
- 각 자조집단은 회원들 간의 상의에 의해 대출을 받을 사람이나 순서 등에 대한 내부 규칙을 정하고, 이 규칙에 의해 회원들에게 예금 계좌로부터 내부 대출을 해줄 수 있다.

소액금융은 가난한 농부들에게 보조금을 지급하는 것과 같은 정부의 구빈 활동보다 더 효과적으로 빈곤을 퇴치할 수 있는데 그 이유는 다음과 같다.

보조금 지급은 유인부합적이지 않기 때문에 개인이 발전하고자 하는 의욕을 감퇴시킨다. 무상으로 도움을 주는 것보다는 대출을 함으로써 대출자가 빌린 돈을 갚도록 하면, 가난한 사람들의 자존감이 높아지고 이로 인해 무상 보조에 기대는 타성을 줄일 수 있다.

정부가 설사 유상으로 보조금을 지급하더라도 대규모 대출 손실이 발생하는 경우가 다반사였고, 빌려준 자금에 대해 빈번하게 채무조정이 이루어졌다. 이유는 빈곤층이 정부의 보조금 지급을 통상 사회 보장의 한 형태로 인식하기 때문에 돈을 갚고자 하는 뚜렷한 동기를 갖지 못하기 때문이다.

사태를 더 악화시키는 것은 선거철이 되면 기존의 부채를 탕감해주겠다는 공약이 난무하는데, 만일 새로운 정부가 약속을 지키기 위하여 기존 부채를 탕감하게 되면 차입자들의 도덕적 해이가 더 심하게 조장된다.

어떤 형태가 되었든 정부의 개입은 구축효과(crowding out effect)를 발생시키는데 소액금융 활동의 경우에도 정부의 구빈활동은 그나마 싹을 틔우는 민간의 자발적 금융 활동을 마비시키거나 매우 약화시킨다.

결과적으로 시장 규율에 의한 체계적이며 금융적인 접근이 요구되는데 그 대안 중의 하나가 소액금융이다. 가난한 사람들도 기회가 주어지면 자립하고자 하는 의지가 있고, 비록 금융서비스의 거래비용이나 소액대출자에 대한 불완전한 정보로 인해 요구수익률이 올라갈지라도 소액금융을 신청하는 사람들은 높아진 금리를 감당하고자 하는 의지와 역량을 가지고 있다.

## 그라민 은행(Grameen Bank)

그라민 은행은 1983년 방글라데시 치타공 대학에서 경제학을 가르치던 무하마드 유누스(Muhammad Yunus) 박사에 의해 설립되었다. 이 은행은 가난에 시달리는 지역사회를 변화시키기 위하여 가장 가난한 사람을 지원한다는 원칙을 세우고 소액금융지원시스템(Credit Delivery System)을 통해 빈곤퇴치 및 사회개발 활동을 지속적으로 수행하였다(Grameen

그림 2-4 Muhammad Yunus

Bank 2018). 대출되는 금액은 3,000 BDT(한화 4만원 정도) - 10,000 BDT(한화 13만원 정도) 인데 가난한 사람들에게 크게 부담이 되지 않도록 하기 위하여 50주에 걸쳐서 원금과 이자를 할부 형태로 갚도록 한다. 통상 우선순위가 여성에게 있어 대출의 96% 정도가 여성에게 지원되는데, 이는 강한 남성 위주의 사회에서 여성의 역량을 개발하기 위한 것이다. 그라민 은행과 유누스 박사는 이러한 공로를 인정받아 2006년 노벨 평화상을 수상하였다.

그라민 은행에서 대출을 받기 위해서는 이 은행의 회원이 되어야 하는데, 회원이 되기 위해서는 상징적 의미로 최소한의 가입비를 내야 한다. 신규 회원은 100 BDT(한화 1,300원)에 해당하는 그라민 은행의 주식을 구매해야 하고, 이후 대출을 받고 상환하는 과정에서도 의무적으로 소액의 지분 투자를 해야 한다. 이는 회원들의 주인의식을 고취시키기 위한 조치이다(Schreiner 2003). 그라민 은행은 소액금융 활동을 효과적으로 운영하기 위해 5명으로 구성된 공동책임집단(Joint Liability Group; JLG)을 활용한다. 각 회원은 JLG에 속해야 하며 대출은 JLG에게 지원된다. JLG의 회원들은 대출에 대해 연대책임을 지기 때문에 자연스레 동료들 사이의 협동과 견제가 이루어지고 자금회수가 용이해진다. 각 JLG는 유대감을 높이기 위해 매주 모여 회의를 진행하는데, 필요한 사항들을 자율적으로 정해 실천에 옮긴다. JLG의 상위 조직으로 센터가 있는데 통상 40명으로 구성된다. 이러한 조직을 통해 차입자의 선별, 우수 회원의 선정, 자금에 대한 접근 차단, 자금 회수 등과 같은 문제들이 상당한 자율성을 가지면서 운영되고 있다.

그라민 은행은 지역사회개발을 효과적으로 달성하기 위해 소액금융 활동을 사회 운동과 연계시킨다. 예를 들어, 회원들은 자신과 동료 회원들의 빈곤퇴치 및 사회적 지위 향상을 위해 〈표 2-3〉에 보이는 16개의 사항을

**표 2-3 16개 결의(16 Decisions)**

1. 우리는 삶의 모든 과정에서 그라민 은행의 4대 강령을 따르고 발전시킨다 – 절제(Discipline), 단합(Unity), 용기(Courage), 노력(Hard work).
2. 우리는 가정에 번영을 가져온다.
3. 우리는 허름한 집에 살지 않는다. 우리는 집을 고치고 가능한 한 빠른 시일 안에 새로운 집을 짓도록 노력한다.
4. 우리는 항상 채소를 기른다. 우리는 채소를 충분히 먹고 남는 것은 판매한다.
5. 우리는 식목기에 가능한 한 많은 나무를 심는다.
6. 우리는 가정을 작게 유지한다. 우리는 소비를 최소화한다. 우리는 건강을 돌본다.
7. 우리는 아이들을 교육시키고 아이들이 자신의 교육을 위한 소득을 마련하도록 지도한다.
8. 우리는 아이들과 환경을 항상 깨끗하게 유지한다.
9. 우리는 화장실을 만들고 사용한다.
10. 우리는 펌프 우물물을 마신다. 만일 없다면 물을 끓이거나 백반을 사용한다.
11. 우리는 아들의 결혼식에 지참금을 받지 않고, 딸의 결혼식에 아무런 지참금도 내지 않는다. 우리는 우리의 센터가 지참금의 저주로부터 우리를 보호하도록 한다. 우리는 조혼(child marriage)을 하지 않는다.
12. 우리는 누구에게도 정의롭지 않은 일을 하지 않고 다른 사람들도 우리에게 불의한 일을 하지 못하게 한다.
13. 우리는 더 많은 수익을 얻기 위해 함께 좀 더 큰 투자를 수행한다.
14. 우리는 항상 서로 돕는다. 우리 중 누가 곤경에 처하게 되면 모두 그 사람을 돕는다.
15. 우리는 어느 센터에서 이 원칙들을 어긴 것을 알게 되면, 모두 그 곳에 가서 다시 원칙이 세워지도록 한다.
16. 우리는 집단적으로 모든 사회 활동에 참여한다.

준수할 의무를 진다. 이에는 경제적으로는 빈곤을 탈출하고, 사회적으로는 협동 단결을 통해 부적절한 적폐를 쇄신하며, 보건과 위생 관념을 높여 건강을 증진하는 등 다각적인 사회운동 철학이 제시되고 있다.

그라민 은행은 모든 활동의 성과를 평가하기 위해 직원들이 매년 빈곤퇴치 상황을 지속적으로 관리 감독하고 있는데 그 기준이 〈표 2-4〉에 제시되어 있다. 10개의 지표(10 Indicators)는 빈곤퇴치뿐만 아니라 경제, 사회, 보건 등 다각도의 변화를 추구하고 있는데 이러한 기준을 만족시키는 경우 해당 가정은 빈곤에서 탈출한 것으로 간주된다.

**표 2-4 10대 지표(10 Indicators)**

1. 회원이 최소 25,000 BDT(한화 약 30만원) 이상의 가치가 나가는 집 또는 지붕이 주석으로 된 집에서 살고, 모든 식구가 바닥이 아닌 침상에서 잔다.
2. 식구들이 펌프로 정수된 물, 끓인 물이나 백반으로 살균한 물, 비소가 없고 정수 약이나 필터로 걸러진 물을 마신다.
3. 6세 이상의 아이들은 모두 학교에 가고 초등학교를 졸업한다.
4. 차입한 돈의 주간 상환액이 200 BDT 이상이다.
5. 가족들이 화장실을 사용한다.
6. 모든 주간 활동에 있어 식구들이 적절한 옷을 입고, 겨울에는 숄, 스웨터, 담요 등 방한용 옷을 입으며, 모기장을 사용한다.
7. 가족이 추가적으로 돈이 필요할 때 기댈 수 있는 채소밭, 유실수 등 추가 소득원이 있다.
8. 예금계좌에 연평균 5,000 BDT의 잔고가 있다.
9. 어떤 식구라도 일 년 중 하루도 세끼를 먹지 못하여 배고픈 적이 없다.
10. 식구들이 건강관리를 한다. 식구가 아픈 경우 필요한 조치를 취할 수 있는 능력이 있다.

〈표 2-5〉는 2019년 1월 현재 그라민 은행의 현황을 보이고 있다. 설립 후 총 대출금은 268억 5,207만 달러(한화 약 30조 2,623억 원)이고 총 상환금은 245억 8,917만 달러(한화 27조 7,120억 원)으로 방글라데시와 같은 저개발국에서 실로 엄청난 자금으로 빈곤퇴치에 공헌했음을 알 수 있다. 더욱 놀라운 것은 상환율이 통상 95% 이상이라는 점인데 2019년 현재 99.03%를 기록하고 있다. 현재의 대출금 대비 예수금 비율이 145%로 예수금이 대출금보다 상당히 많아 매우 안정적으로 운영되고 있음을 알 수 있다. 소액금융 활동으로 인한 사회의 변화상을 보면 190만대 이상의 전화가 놓여 졌고, 약 74만 채 정도의 집이 지어졌다. 빈곤을 벗어나기 위해서는 교육이 매우 중요한데 여학생 약 13,000명, 남학생 약 41,000명 정도가 교육을 위한 대출을 받았다. 장학금 수혜자 수를 보면 여학생이 166,219명, 남학생이 111,886명으로 총 278,105명이 수혜를 받았다. 이러한 교육에 대한 지원으로 말미암아 빈곤한 가정의 자녀들이 교육을 받

을 수 있고 특히 고등교육을 받음으로써 빈곤의 대물림으로부터 탈출이 가능하게 되었다.

총 회원은 약 911만 명 정도인데 방글라데시의 인구가 약 1억 6,300만이라는 점을 감안하면 18명에 1명은 그라민 은행의 회원이라는 것을 알 수 있다. 특히 여성 회원의 수가 약 881만 명으로 전체의 96.7%를 차지하고 있는데 이는 그라민 은행이 여성의 지위 향상에 매우 중요한 역할을 하고 있다는 증거이다. 각 구성 단위의 현황을 보면 2019년 1월 현재 139만 개 정도의 JLG와 14만개 정도의 센터가 존재한다. 각 센터는 상위 조직인 마을에 속하게 되고, 마을은 다시 지점에 속하게 되는데 2019년 현재 방글라데시 전역에 81,678개의 마을, 2,568개의 지점이 설립되어 운영되고 있다.

**표 2-5 그라민 은행의 현황**

(단위: 백만 달러)

| | |
|---|---|
| 설립 후 총 대출금 | 26,852.07 |
| 설립 후 총 상환금 | 24,589.17 |
| 현재 대출금 | 298.01 |
| 상환율 | 99.03 % |
| 현재 예금 잔고 | 2,680.81 |
| 회원 예금 | 1,868.83 |
| 비회원 예금 | 811.98 |
| 예대비율 | 145 % |
| 마을 전화기 수(누적) | 1,946,832 대 |
| 주택대출고 지원진 주택수(누적) | 738,353 채 |
| 생명보험 펀드(누적) | |
| 사망자 수 | 198,107 명 |
| 보험금 지급액 | 6.01 |
| 고등교육 대출(누적) | |
| 여학생 수 | 13,096 명 |
| 남학생 수 | 41,066 명 |

| 총 학생 수 | 54,162 명 |
| --- | --- |
| 여학생 대출액 | 14.30 |
| 남학생 대출액 | 38.49 |
| 총 대출액 | 52.79 |
| 장학금(누적) | |
| 여성 수혜자 수 | 166,219 명 |
| 남성 수혜자 수 | 111,886 명 |
| 총 수혜자 수 | 278,105 명 |
| 여성 장학금 | 4.16 |
| 남성장학금 | 2.79 |
| 총 장학금 | 6.95 |
| 회원수 | 9,111,475 명 |
| 여성 | 8,806,977 명 |
| 남성 | 304,498 명 |
| 그룹 수 | 1,389,041 개 |
| 센디 수 | 138,101 개 |
| 마을 수 | 81,678 개 |
| 지점 수 | 2,568 개 |

자료: Grameen Bank, Monthly Report, No. 469, 2019.

Socially Responsible Investments

CHAPTER
03

# 사회책임투자의 현황

제3장

# 사회책임투자의 현황

## 1 전 세계 사회책임투자 현황

사회책임투자의 개념이 등장한 이후 전 세계적으로 이의 실천을 위한 노력이 꾸준히 진행되어 왔다. 〈표 3-1〉과 〈그림 3-1〉은 GSIR(Global Sustainable Investment Review)이 집계한 세계 각 지역별 SRI 투자 규모를 보이고 있다. 전 세계 규모로 볼 때 SRI 투자가 2012년에는 13조

**표 3-1 지역별 SRI 투자 현황**

(단위: 10억 달러)

| 지역 | 2012(A) | 2014 | 2016(B) | (B)/(A) | 전체 운용자산 대비 비중(%) |
|---|---|---|---|---|---|
| 유럽 | 8,758 | 10,775 | 12,040 | 1.37 | 52.6 |
| 미국 | 3,740 | 6,572 | 8,723 | 2.33 | 21.6 |
| 캐나다 | 589 | 729 | 1,086 | 1.84 | 37.8 |
| 호주/뉴질랜드 | 134 | 148 | 516 | 3.85 | 50.6 |
| 아시아(일본 제외) | 40 | 45 | 52 | 1.30 | 0.8 |
| 일본 | 10 | 7 | 474 | 47.40 | 3.4 |
| 전세계 | 13,261 | 18,276 | 22,890 | 1.73 | 26.3 |

자료원: 미국 – US SIF(2016), 캐나다 – Responsible Investment Association(2016), 호주 · 뉴질랜드 – RIAA(2016), 아시아 – AsrIA(2014), 유럽 – Eurosif(2016), 국회예산정책처(2018)

(단위: 10억 달러)

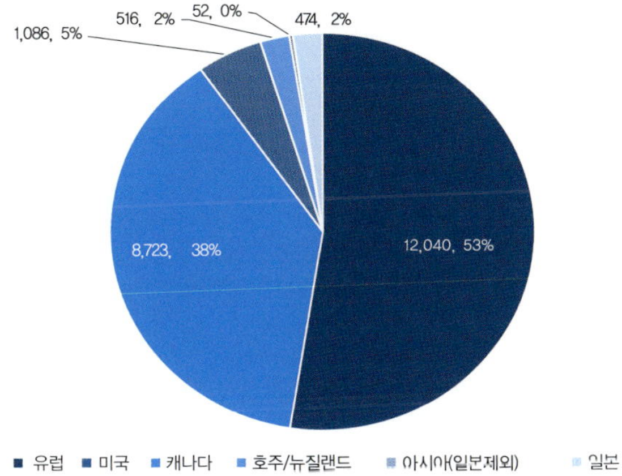


자료원: 국회예산정책처(2018)

그림 3-1 지역별 SRI 투자 현황(2016)

2,610억 달러였던 것이 2016년 22조 8,900억 달러로 늘어 전체적으로 규모가 1.73배 증가하였다. 전체 운용자산 대비 SRI 투자의 비중은 26.3%에 해당하여 4달러 중 1달러가 SRI 관련 자산에 투자되고 있다. 2016년 기준으로 볼 때, 전체 22조 8,900억 달러의 SRI 투자 중 12조 400억 달러가 유럽에서 운영되는 SRI 자산이며 전 세계 SRI 투자의 절반 이상이 유럽에서 이루어지고 있음을 알 수 있다.

국가별로 볼 때는, 2016년 기준으로 볼 때 미국이 8조 7,232억 달러로 전체 SRI 자산 규모의 38.1%를 차지하고 있고, 캐나다가 1조 8,402억 달러로 4.7%, 호주와 뉴질랜드가 가 5,160억 달러로 2.3%, 일본이 4,740억 달러로 2.1%를 차지하고 있다. 일본을 제외한 아시아는 매우 미미하여 사회책임투자의 성장 속도가 느리고 전체 운용자산 대비 SRI 투자 비중도 2016년 기준으로 볼 때 0.8%로 매우 낮은 상태이다. 캐나다와 호주/뉴질랜드도 유럽이나 미국과 비교하면 아주 미미한 수준이다. 따라서 전 세

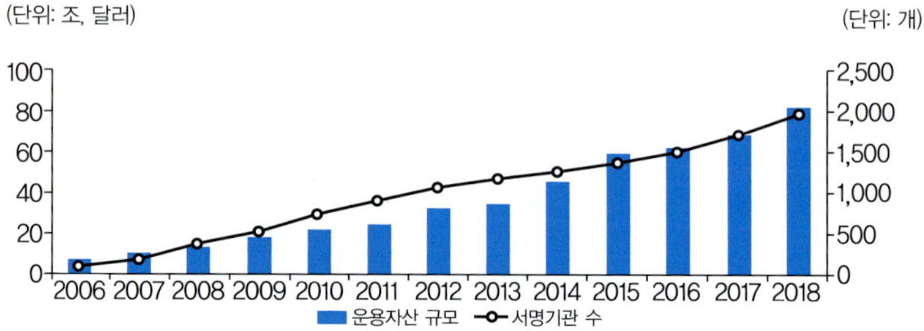


자료: https://www.unpri.org/about

그림 3-2 PRI 서명기관의 수 및 운용자산규모

계 SRI 투자는 현재 유럽과 미국이 주도하고 있다는 것을 알 수 있다. 그러나, 2012년 규모 대비 2016년 규모의 비율을 보면, 일본 47.4배, 호주/뉴질랜드 3.9배, 미국 2.3배로 해당 기간 동안 유럽에 비해 SRI 투자 규모가 훨씬 빠르게 성장하고 있어 유럽 중심의 성장에서 벗어나 미국, 호주/뉴질랜드, 일본 등으로 사회책임투자가 확산되고 있음을 알 수 있다.

참고로 한국은 84억 3천만 달러로 아시아 전체 520억 달러의 16.3%를 차지하고 있으나 전 세계 규모와 비교하면 극히 미미한 수준에 머물고 있다. 이는 SRI 투자가 비재무적 요인을 감안하도록 함으로써 투자 성과를 올릴 수 있다는 가능성을 과소평가하기 때문이다.

〈그림 3-2〉는 UN Principles for Responsible Investment(PRI)에 서명한 기관의 수와 이 기관들이 운영하는 자산의 규모에 대한 시계열 자료를 보이고 있다.[6] 2006년 이후 기관의 수와 운용자산의 규모가 매년 지속

6 Principles for Responsible Investment(PRI)는 UN이 지원하는 프로그램으로 ESG-투자 관련 6개 원칙을 지키겠다고 서명한 기관투자자들의 네트워크이다. 투자자들에게 지속가능성의 의미를 이해시키고 참여기관들이 이러한 이슈를 투자의사결정이나 주주참여활동에 포함시키도록 지원한다.

적으로 증가하여 왔다. 2018년 4월 기준으로 볼 때 1,961개 기관이 서명하여 최근 10년 동안 서명기관 수가 약 5.4배 증가하였다. 이들이 운용하는 자산의 규모는 약 81.7조 달러에 달한다.

〈표 3-2〉는 CFA 협회(CFA Institute)에서 포트폴리오 운용자, 재무분석가 등을 대상으로 2015년 수행한 설문결과를 보이고 있다. 전체 설문 응답자 1,325명을 대상으로 ESG 통합(ESG Integration), 최고 선별, 부정 선별, 주주행동주의, 테마별 투자, 영향력 투자 전략 중 어느 전략을 사용하고 있는지 질문한 결과이다. 응답비율이란 중복선택을 허용한 상태에서 해당 투자전략을 활용하고 있다고 표시한 응답자의 비율을 의미한다. 가장 많이 사용되는 기법은 ESG 통합 전략으로 1,325명의 응답자 중 57%가 사용하고 있다. 이는 기업의 가치 및 위험 분석에 비재무적 정보를 통합하는 방식으로, 예를 들어 비재무 정보를 참조하여 할인율을 조정하는 형태이다.

**표 3-2 사회책임투자 전략과 그 활용도**

| 전 략 | 개 요 | 응답율(%) |
|---|---|---|
| ESG 통합<br>(ESG Integration) | 기업의 가치 및 위험 분석에 비재무 정보를 통합하는 방식(예, 비재무 정보를 참조하여 할인율 조정) | 57 |
| 최고 선별<br>(Best-in-class selection) | 비교 그룹 내에서 ESG 점수가 높은 기업들에 투자<br>(예, 동일 업종 내 ESG 점수 상위 50% 기업 선별) | 38 |
| 부정 선별<br>(Exclusionary screening) | 특정 기준을 충족하지 못하는 기업을 포트폴리오에서 배제(예, 무기 판매 기업 배제) | 36 |
| 주주행동주의<br>(Active ownership) | 기업의 ESG 이슈에 관여함으로써 비재무 위험 관리 유도(예, 의결권 행사, 기업 경영진과의 면담) | 26 |
| 테마별 투자<br>(Thematic investment) | 특정 테마와 관련된 기업들에 투자를 집중<br>(예, 신재생에너지, 물관리 전문기업 등에 투자) | 23 |
| 영향력 투자<br>(Impact investment) | 사회적 가치를 지향하는 투자 방식<br>(예, 임직원 중 70% 이상이 취약지역에 거주하는 기업에 투자) | 21 |

자료: 국회예산정책처(2018)

다음으로 최고 선별(Best-in-class selection)이 38%를 차지하고 있는데 이는 비교 그룹 내에서 ESG 점수가 높은 기업들에 투자하는 것으로 긍정 선별의 일종이다. 예를 들어, 동일 업종 내에서 ESG 점수가 상위 50% 이상인 기업을 선별하는 것이다. 긍정 선별의 반대로 부정 선별(Exclusionary screening)도 비슷한 정도인 36%를 차지하고 있다. 예를 들자면, 무기 판매 기업을 배제하는 것 같이 특정 기준을 충족하지 못하는 기업을 포트폴리오에서 배제하는 것이다. 그 이외에 주주행동주의, 테마별 투자, 영향력 투자가 각각 26%, 23%, 21%를 차지하고 있다.

## 2 유럽

사회책임투자는 투자 형태가 매우 다양하고 현재도 계속 진화하고 있다. 적절한 분류 체계가 필요한데, Eurosif는 이를 〈표 3-3〉에 설명하는 7가지로 분류한다.[7] 각 투자형태의 자세한 정의는 European SRI Study(2012)에 잘 설명되어 있다.

〈그림 3-3〉에 2013, 2015, 2017년 말 기준 13개 유럽 시장을 대상으로 한 7가지 SRI 활동의 전체적인 현황이 나타나 있다. 구체적 숫자는 〈표 3-4〉에 나타나 있다. 전체 규모는 2013년 16.1조 유로, 2015년 22.9조 유로, 2017년 22.6조 유로이다. 2013년에서 2015년의 2년간은 19.1%의 증가를 보였으나, 2015년에서 2017년 사이에는 약간 감소하는 경향을 보이고 있다. 이 중 ESG 관점에서 문제가 있는 기업이나 산업 또는 국가를 제외시키는 전략, 즉 부정 선별로 운영되는 자산의 규모가 가장 커서 유럽

7 SRI 투자자들이 특정 지역의 지속가능투자를 증진하기 위해 여러 국가와 지역에 지속가능투자포럼(Sustainable Investment Forums, SIFs)이라는 회원 조직을 만들었다. Eurosif는 유럽의 지속가능투자포럼이다.

**표 3-3 사회책임투자의 종류**

| 구 분 | 설 명 |
|---|---|
| 영향력 투자<br>(Impact Investment) | • 재무적 수익과 함께 사회적 · 환경적 문제 해결에 동참하고 영향력을 행사하기 위하여 기업, 조직, 펀드에 투자하는 것.<br>• 개도국과 선진국 모두에서 가능하며 수익률 목표도 시장수익률보다 낮은 것에서부터 위험 대비 적정수익률까지 상황에 따라 다양하게 설정됨. |
| 지속가능성 주제 투자<br>(Sustainability Themed Investment) | • 환경 · 사회 이슈와 같이 지속가능성을 고려하여 특정 테마에 초점을 맞추어 관련된 기업, 분야, 지역에 투자.<br>• 지속가능 주제 펀드는 ESG와 관련된 하나 또는 여러 주제에 초점을 맞추는데, 청정에너지, 재생에너지, 녹색기술 등 환경 관련 테마가 주를 이룸. |
| 부야 최고 투자(Best-in-Class Investment Selection) | • 투자 대상 산업, 분야, 범위, 종류 안에서 지도적 역할을 하거나 최고의 성과를 보이는 기업에 투자하는 것. |
| 재무분석에 ESG 요인을 통합<br>(Integration of ESG Factors in Financial Analysis) | • 자산운영자가 체계적인 절차와 적절한 연구에 근거하여 ESG의 위험요인과 기회요인을 전통적인 재무분석과 투자결정에 명시적으로 반영하는 것. |
| 지속가능성에 대한 관여 및 투표<br>(Engagement and Voting on Sustainability Matters) | • ESG 문제와 관련하여 의결권을 행사하거나, 이사회 빛 경영진과의 대화를 모색하거나, 공동발의를 하는 등 회사의 의사결정에 적극적으로 관여하는 주주행동주의.<br>• 장기적 관점의 활동이며 기업 행태의 개선을 이끌어내고 공시의 질과 양을 높이도록 함. |
| 규범에 근거한 선별<br>(Norms-based Screening) | • UN PRI원칙, UN GC 원칙 등 UN이 설정한 기준이나 국제표준에 부응하는 정도에 따라 투자를 선별하는 것. |
| 투자대상으로부터 제외<br>(Exclusion of Holdings from Investment Universe) | • 자산운영자나 소유자가 무기, 술, 담배, 성인물 등과 관련된 기업, 분야, 또는 국가 등을 투자 대상에서 제외하는 것. |

에서 운용되는 SRI 자산 규모의 42-45%를 차지하고 있다.

2017년의 규모로 볼 때, 두 번째로 큰 SRI 분야는 '투표' 분야인데 기업 경영진의 선관의무와 사회적 책임을 독려하기 위한 주주행동주의 활동이다. 4.9조 유로가 이와 관련된 자산 규모이며 이는 전체 SRI 자산의 18-22% 에 해당한다. 이 분야의 리더는 관련 자산 규모가 2.5조 유로 이

**표 3-4 유럽의 SRI 현황**

| | 2017 | | 2015 | | 2013 | |
|---|---|---|---|---|---|---|
| 제외 | 9,464,485 | 42.0% | 10,150,595 | 44.3% | 6,853,954 | 42.5% |
| 투표 | 4,857,550 | 21.5% | 4,270,045 | 18.7% | 3,275,930 | 20.3% |
| ESG | 4,239,932 | 18.8% | 2,646,346 | 11.6% | 1,900,040 | 11.8% |
| 규범 | 3,147,981 | 14.0% | 5,087,774 | 22.2% | 3,663,794 | 22.7% |
| 최고 | 585,734 | 2.6% | 493,375 | 2.2% | 353,555 | 2.2% |
| 지속가능 | 148,840 | 0.7% | 145,249 | 0.6% | 58,961 | 0.4% |
| 가치투자 | 108,575 | 0.5% | 98,329 | 0.4% | 20,269 | 0.1% |
| 합계 | 22,553,097 | 100.0% | 22,891,713 | 100.0% | 16,126,503 | 100.0% |

자료: European SRI Study(Eurosif 2016, 2018)

· 가치투자: 영향력투자(Impact Investment)
· 지속가능: 지속가능성 주제 투자(Sustainability Themed Investment)
· 최고: 분야 최고 투자(Best-in-Class Investment Selection)
· ESG: 재무분석에 ESG 요인을 통합(Integration of ESG Factors in Financial Analysis)
· 투표: 지속가능성에 대한 관여 및 투표(Engagement and Voting on Sustainability Matters)
· 규범: 규범에 근거한 선별(Norms-based Screening)
· 제외: 투자대상으로부터 제외(Exclusion of Holdings from Investment Universe)

상인 영국으로 2013년 이후 2년간 50%의 성장률을 보였다. 이 분야는 적극적인 주주행동을 통해 기업지배구조 개선과 기업의 투명성 증대를 목표로 하고 있다. 영국은 유럽에 위치하고 있기는 하나 유럽대륙과는 도버해협을 사이에 두고 떨어져 있는 섬나라이어서 과거로부터 정치, 경제, 사회 등 대부분의 측면에서 유럽대륙의 국가들과는 조금 다른 행보를 보여왔다. 문화적으로도 미국의 이민자 뿌리가 영국이기 때문에 미국과 유사한 점이 많으며, 주주행동주의가 강한 것도 미국에서 주주행동주의가 매우 활발한 것과 맥을 같이 하는 것으로 보인다.

2017년의 규모로 볼 때, 세 번째로 큰 SRI 분야는 'ESG' 통합 분야로 재무분석시 ESG 요인을 통합하여 고려하는 활동이며 4.2조 유로의 자산이 운영되고 있다. 2013년 이후 2015까지 27%, 이후 2017년까지 18% 이상

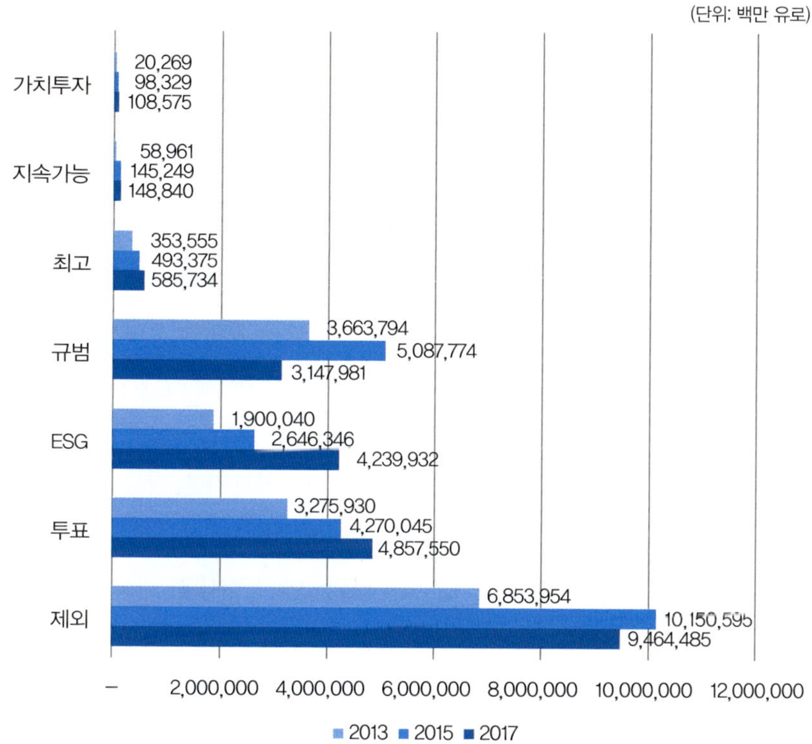


그림 3-3 유럽의 SRI 규모

의 꾸준한 성장을 보이고 있다. 전통적으로 이 분야는 기관투자자들에 의해 주도되었는데 그 이유는 ESG 관련 기회요인과 위험요인을 분석하여 이를 포트폴리오 구성이나 펀드의 운영에 반영하는 형태로 진행되어 상당 수준의 전문성이 요구되기 때문이다. 그러나 지난 2013-2015 사이 2년간은 소매투자자들의 약진이 두드러졌는데, ESG 반영 분야에서 차지하는 비중이 과거에는 3.4% 정도에 불과했으나 이것이 22%로 급증하였다. 이는 SRI에 대한 인식이 일반 대중 사이에도 광범위하게 퍼지고 있다는 반증이다.

2017년의 규모로 볼 때 '규범'에 근거한 투자는 네 번째이나 2015년에는 두 번째로 큰 규모를 보였다. 이는 UN PRI, UN Global Compact(UN GC) 등 UN이 설정한 기준, 국제기구나 조직들이 만든 여러 가지 국제표준 등 중요한 ESG 규범을 잘 지키는지 여부에 따라 투자하는 것이다.[8] 2015년 12월 말 기준 5조 유로 이상의 자산이 운용되고 있었는데 이는 2013년 이후 2년간 39%의 성장을 한 것이고 2009년 이후 연 31%의 안정적 증가를 보인 것이다. 그러나 2017년에는 2015년 대비 21%가 감소하였다. 이 분야는 주로 북유럽 국가들이 주도하고 있으나 2013년 이후 2년간만 보면 스위스가 618%로 가장 높은 성장률을 보였다.

'가치투자'는 자금의 소유자나 운용자가 ESG 성과가 높거나 높을 가능성이 있는 기업, 조직, 프로젝트, 펀드 등에 투자하는 것이다. 투자의 형태는 지분투자, 채권투자, 대출 등 다양하다. 아직 절대적 규모는 작으나 2013년 대비 2015년까지 4.9배의 성장을 보여 향후 매우 역동적이고 가능성이 높은 분야임을 알 수 있다.

다음으로 성장성이 돋보인 분야는 2013-2015 사이에 57%의 성장을 보인 '지속가능' 투자 분야이다. 이는 환경과 사회를 고려하는 지속가능성 기준으로 테마별 투자를 하는 것으로, 지속가능성 관련 성과가 높은 기업에 투자하는 것이다. 이의 성장을 이끈 국가는 2013년 이후 2년간 각각 881%와 264%의 성장을 보인 프랑스와 스페인이다. 가장 중요한 분야는 전 지구적인 기후변화에 대응한 재생가능 에너지와 에너지 효율 부문이다. 주요 분야를 좀 더 자세히 살펴보면 다음과 같다.

8 United Nations Global Compact(UN GC)는 전세계 기업가들이 지속가능하고 사회적으로 책임 있는 정책을 수행하도록 독려하고, 이의 집행 실적을 보고하도록 하는 UN 주도의 프로그램이다. 이는 인권, 노동, 환경, 부정부패와 관련된 10개의 원칙을 제시하고 있다.

### 1) 투자대상으로부터 제외

투자대상으로부터 제외(Exclusion of Holdings from Investment Universe)하는 기준은 사회적으로 문제가 많은 기업, 산업, 분야를 투자대상에서 제외하거나, 인권침해나 국제사회에 심각한 위협인 국가 등을 제외하는 형태의 투자전략으로 가장 관련 자산의 규모가 크다.

〈그림 3-4〉에 보는 바와 같이 2015년 말 현재 10.2조 유로의 관련 자산이 운영되고 있었고 이는 2007년의 1조 5,329억 유로와 비교해 볼 때 이후 2년 단위로 평균 60.4%로 성장한 결과이다. 2009년 이후 2017년까지의 성장률을 연 복리로 계산하면 23.5%이며 매우 상승속도가 빠른 것을 알 수 있다. 그러나 2015년에서 2017년까지의 2년간에는 규모가 소폭 하락하여 2017년 말 현재 9.5조 유로의 SRI 자산이 운영되고 있다. 이 중 가장 관련 자산의 규모가 큰 나라는 스위스이며 2015년 기준으로 볼 때 2.5

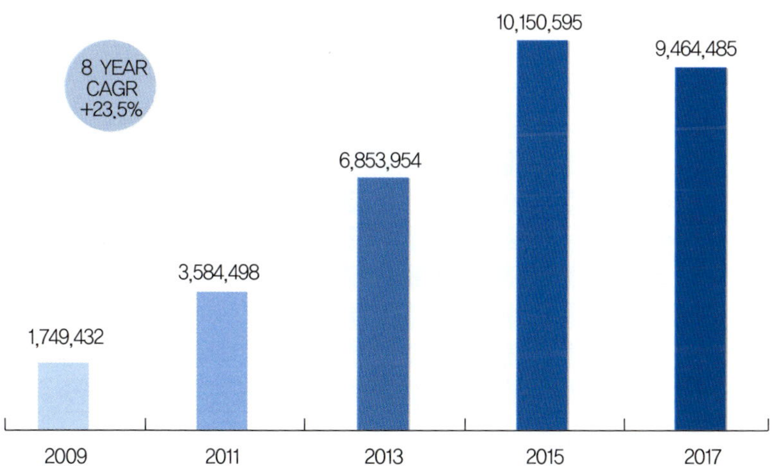


자료: European SRI Study(Eurosif 2016, 2018).

그림 3-4 '제외'에 근거한 SRI 투자 규모 추이

조 유로의 자산이 운용되고 있었고, 독일이 1.8조 유로로 그 다음을 잇고 있다. 2013년 이후 2년간을 보면 보면 영국의 성장률이 99%로 가장 빠른 속도로 증가하고 있었다. 그리하여 2017년 현재로는 스위스와 영국이 이 분야에서 가장 큰 규모의 SRI 자산을 운영하고 있다.

〈그림 3-5〉는 주요 제외 기준을 보이고 있다. 가장 규모가 큰 것은 무기 관련 기준이며 무기제조 및 유통에 관련된 기업이나 분야를 제외하는 형태로 운영되는 자산이다. 인류가 생긴 이후 현재까지 하루도 전쟁이 없는 날이 없었다고 할 정도로 전쟁은 가장 나쁜 사회적 해악이다. 특히 냉전시대 전략적 우위를 점하기 위한 미국과 소련의 경쟁, 그 이후 냉전 체제가 붕괴된 이후 다극 체제 하에서 각국이 안보와 방위를 명분으로 무기 생산과 구매에 투입하는 자금은 거의 천문학적이다. 두 차례의 세계대전을 겪으면서 전쟁의 참상에 대한 기억이 아직은 많이 남아 있지만, 제3차 세계대전에 대한 우려가 늘 상존하고 있다. 또한 국지적으로는 계속 전쟁이 일어나고 있으며 이에 사용되는 무기로 인해 수많은 사람들이 희생되고 엄

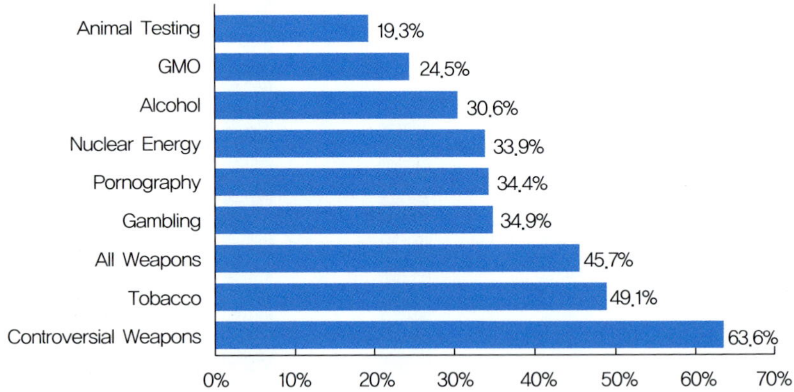


자료: European SRI Study(Eurosif 2016, 2018).

그림 3-5 주요 제외 기준

청난 수의 난민들이 발생하고 있다. 사회책임투자 중에서도 가장 중요한 제외 기준이고 관련 자산의 규모가 압도적으로 많은 이유가 여기에 있다.

다음으로는 담배 제조 및 유통이 중요한 제외 기준인데, 인명을 대량으로 살상하는 무기는 아니지만 담배의 건강상 해악은 최근 수십 년간 지속적으로 문제 제기가 있었기 때문에 이에 대한 관심이 매우 높은 것으로 보인다. 핵에너지 사용도 중요한 제외 기준인데, 대체 에너지만으로 전력 수요를 다 감당할 수 없는 현실을 인정한다고 할지라도 핵 폐기물 처리 문제, 1986년 체르노빌 원자력발전소 사고, 2011년 후쿠시마 원자력발전소 사고 등 핵발전소 사고의 가공할 폐해 때문에 이에 대한 경각심이 매우 높은 것으로 판단된다. 또한, 성관련 제품이나 서비스, 도박 등도 핵에너지 사용만큼 중요한 제외 기준이다. 그리고, 주류 판매 및 제조, 유전자조작 식품, 동물실험 등이 그 뒤를 잇고 있다.

〈표 3-5〉는 전세계의 윤리적 펀드들이 사용하는 부정 선별과 긍정 선별의 기준을 보이고 있다. 통상 SRI 펀드는 이러한 기준들 중 여러 기준을 종합하여 사용하는 경우가 많다. 전형적인 부정 선별 방식은 S&P500 지수와 같은 전체 포트폴리오에서 술, 담배, 마약, 성인물, 무기 생산 등과 관련된 부정적 회사들을 제외한다. 이후 남은 기업들을 대상으로 재무적 또는 계량적 방식을 사용하여 포트폴리오를 구성한다. 어떤 SRI 펀드들은 부정적 활동으로부터의 기업이익이 일정 기준을 넘는 기업들만 제외하는가 하면, 또 다른 SRI 펀드들은 해당 기업뿐 아니라 그 기업에 납품하는 기업이나 지점들도 모두 포함하여 부정 선별을 적용하기도 한다.

**표 3-5 부정 선별의 종류**

| 선별종류 | 정 의 |
|---|---|
| 담배 | 담배를 생산하는 기업 제외 |
| 술 | 술의 생산 판매, 또는 술의 소비를 장려하는 기업 제외 |
| 도박 | 카지노 기업이나 도박 기계의 공급자 제외 |
| 방위/무기 | 국내 또는 해외 군대를 위한 무기 또는 개인용 무기 생산 기업 제외 |
| 핵발전 | 원자로나 관련 장비 생산 기업 및 핵발전 기업 제외 |
| 무책임한 해외 영업 | 정부의 통제가 강한 국가에 투자하는 기업, 미얀마나 중국 같이 국민을 억압하는 국가에서 영업하는 기업, 개도국의 원주민을 잘못 대우하는 기업 제외 |
| 성인물 | 외설적 잡지의 생산자, 폭력적 비디오나 오디오를 제작하는 기업, 텔레비전의 성이나 폭력에 관련된 프로그램을 지원하는 기업 제외 |
| 낙태/피임 | 낙태 시술 기업, 낙태나 피임약 생산 기업, 선택적으로 낙태 비용을 지원하는 보험회사, 피임에 대한 재정적 지원을 하는 기업 제외 |
| 노사관계/작업장조건 | 노동자를 착취하거나 작업장 조건이 열악한 기업 제외 |
| 환경 | 유해 물질을 방출하거나 지구온난화에 기여하는 기업 제외 |
| 불량영업 | 반독점법 위반, 소비자 사기, 마케팅 스캔들에 연루된 기업 제외 |
| 인권 | 인권 침해를 눈감는 기업 제외 |
| 동물실험 | 동물 실험 기업, 사냥 용품이나 덫 생산 기업, 최종 생산물에 동물을 사용하는 기업 제외 |
| 바이오기술 | 유전공학을 촉진하거나 농업에 응용하는 기업 제외 |
| 비혼 | 결혼하지 않은 커플에게 보험 서비스를 제공하는 보험회사 제외 |
| 이자를 받는 기업 | 대출이나 채권 상품의 이자로부터의 이익이 많은 기업 제외. 이슬람 국가의 기준 |
| 돼지고기생산 | 돼지고기의 생산이나 판매로부터의 수익이 많은 기업 제외. 이슬람 국가의 기준 |

주: SRI 뮤추얼펀드의 기준. Social Investment Forum(2003, p.42)과 Natural Capital Institute (www.responsibleinvesting.org)로부터 정리.

## 2) 주주행동주의

제외에 근거한 투자 선별에 이어 두 번째로 투자자산의 규모가 큰 분야가 주주행동주의이다. 이 분야는 선관의무에 관련된 것으로 위험조정수익률의 극대화, 경영 행태의 개선, 윤리적이고 도덕적인 고려, 지속가능개발에 대한 기여 등의 주제를 포함하고 있다. 이를 가장 효과적으로 달성하기 위해서는 기업의 지배구조 개선과 경영투명성의 확보가 필수적이다. 〈그

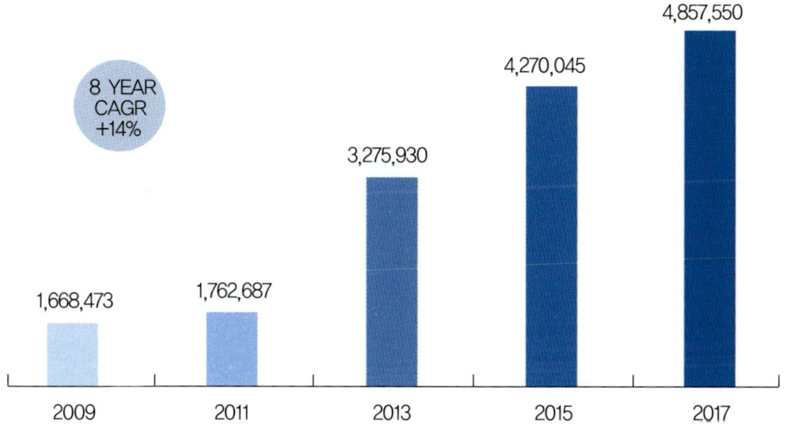

자료: European SRI Study(Eurosif 2016, 2018).

그림 3-6 주주행동주의 투자 추이

림 3-6〉에서 보는 바와 같이 2015년 현재 관련 자산 규모가 4.2조 유로를 상회하고 있는데, 2007년 이후 2년 평균 33.3%의 성장을 보이고 있다. 이 분야의 성장 추세는 2015년에서 2017년 사이에도 이어졌는데 2017년 기준 4.9조 유로의 규모를 보이고 있고, 이는 2009년 이후 8년간 연 14%의 상승을 한 것이다. 이 분야의 투자 활동이 가장 활발한 국가는 영국으로 2013년 이후 2015년까지 22%의 연평균 성장률을 보이고 있으며 관련 자산의 규모가 2.5조 유로로 이 분야 전체 규모의 절반 이상을 차지하고 있다. 2017년에도 역시 영국이 여타 유럽 국가들에 비해 압도적으로 많은 2.9조 유로의 주주행동주의 관련 SRI 자산을 운영하고 있다.

### 3) 규범에 근거한 선별

규범기준 선별은 환경보호, 인권, 노동 여건, 반부패 등의 주제에 대한 국제적 기준을 얼마나 준수하는지를 평가하여 투자하는 것이다. 국제기준은

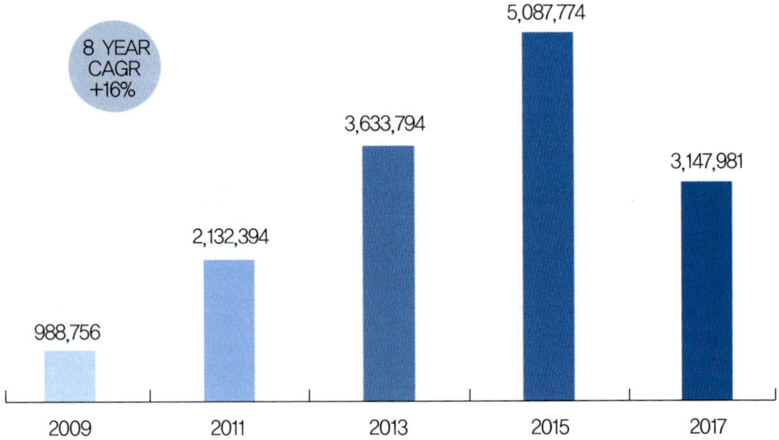


자료: European SRI Study(Eurosif 2016, 2018).

그림 3-7 규범 기준 선별 관련 투자 추이

'OECD 다국적기업 지침(OECD Guidelines for Multinational Enterprises)', 다국적 기업과 사회정책에 관한 '국제노동기구의 다국적 기업과 사회정책원칙에 관한 3자 선언(ILO Tripartite Declaration of Principles concerning Multinational Enterprises and Social Policy)', '유엔글로벌컴팩트(UN Global Compact)', 최근에는 UN의 '보호, 존중, 치유'의 틀('Protect, Respect, and Remedy' Framework)을 실행하기 위해 마련된 경영과 인권에 대한 지도 원칙(Guiding Principles on Business and Human Rights) 등이 그 예이다. 〈그림 3-7〉에서 보는 바와 같이 2015년 현재 관련 자산 규모가 5조 유로 이상이며, 2009년 이후로 보면 이 부문의 투자가 2년 단위 평균 72.6%의 매우 빠른 증가율을 보이고 있다. 그러나 2017년에는 상당한 정도의 감소를 보이고 있는데 이로 인해 2년 단위 평균 증가율이 16%로 급격히 하락하였다. 이러한 감소의 이유는 주요국 SRI 자산 규모의 감소 때문이다. 규범 기준 선별과 관련하여 자산 규모가 가장 큰 국가는 프랑스인데, 2013년 이후 2년간 54%의 증가를 보여 최고를 기록했으며 관련 자산 규모는 2.6조 유로에 달했다. 그러나 2017년까지의 2년간은 SRI 투자자들의 사회적 기준이 점점 더 엄격해지고 SRI 투자에 대한 기대와 요구를 많이 함에 따라 프랑스에서의 SRI 투자의 규모가 상당히 감소했다.

### 4) 해당 분야 최고 투자

최고(Best-in-Class) 관련 투자는 특정 분야에서 가장 ESG 성과가 높은 회사에 투자하는 긍정 선별(positive screen) 방법의 일종이다. 〈표 3-6〉에 보이는 여러 가지 선별 기준을 적용할 때 특정 영역에서 가장 우수한 기업, 또는 최소한의 기준을 통과한 기업들을 포함시키는 방식이다.

**표 3-6 긍정 선별의 종류**

| 선별종류 | 정 의 |
|---|---|
| 노사관계/작업장조건 | 건전한 노사 관계, 근로자 능력 배양, 종업원 이익 참여 등에 적극적인 기업 포함. |
| 환경 | 재활용, 쓰레기 감소, 환경적 정화에 적극적인 기업 포함. |
| 지배구조 | 이사의 선출과 이사회의 독립성, 감사인 독립성, 경영진 보상, 스톡옵션의 부여, 의결권 등 다양한 지배구조 이슈와 관련하여 모범경영을 실천하는 기업 포함. |
| 사업관행 | 연구개발을 많이 하고, 제품의 질과 안전성을 높여 지속가능성을 추구하는 기업 포함. |
| 고용다양성 | 소수민족, 여성, gays/lesbians 등 성소수자, 장애인을 고용하는 적극적 정책을 펴고, 이들이 고위 경영진으로 진출할 수 있도록 돕는 기업. |
| 인권 | 인권 기준을 장려하는 기업 포함. |
| 동물실험 | 동물실험에 있어 동물에 대한 존중을 실천하는 기업 포함. |
| 신재생에너지 | 신재생에너지원으로부터 전력을 생산하는 기업 포함. |
| 바이오기술 | 지속가능한 농업, 종다양성, 지역의 농업 활용, 지속가능한 생명공학의 산업에의 응용을 지원하는 기업 포함. |
| 지역사회참여 | 자선 기금 기부, 종업원의 자발적 자선활동 참여, 주거 및 교육 프로그램 제공 등 지역공동체에 선제적으로 투자하는 기업 포함. |
| 주주행동주의 | 경영자와 직접 대화를 하거나 주주총회에서 의결권을 행사하여 기업의 행동을 변화시키려는 SRI 펀드. |

주: SRI 뮤추얼펀드의 기준. Social Investment Forum(2003, p. 42)와 Natural Capital Institute (www.responsibleinvesting.org)로부터 정리.

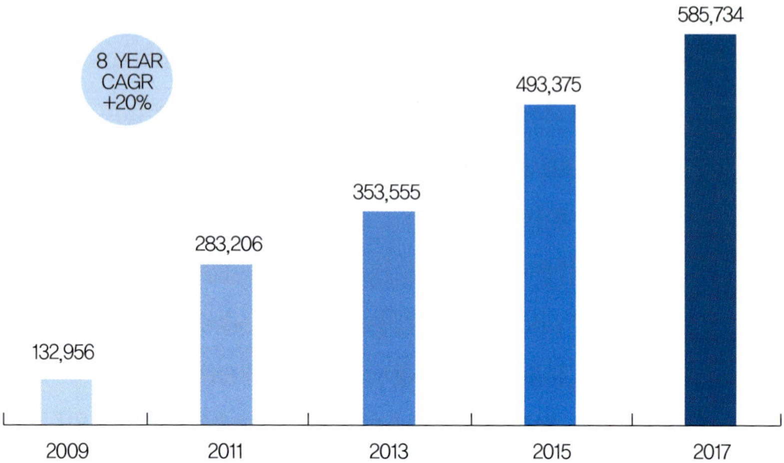


자료: European SRI Study(Eurosif 2016, 2018).

그림 3-8 최고(Best-in-Class) 관련 투자 추이

〈그림 3-8〉에서 보는 바와 같이 2015년과 2017년 현재 '최고' 관련 투자 자산 규모는 각각 4,934억 유로와 5,857억 유로이며, 2009년 이후 2017년까지 2년 단위 평균 성장률 20%를 보이고 있다. 이 중 가장 활발한 국가는 프랑스로 관련 자산의 규모가 2015년말 현재 3,220억 유로이다. 비록 2017년에는 소폭 줄기는 했지만 여타 국가들에 비해 압도적으로 높은 비중을 차지하고 있다.

### 5) 지속가능성 주제 투자

지속가능성 주제는 재생 에너지, 에너지 효율성, 지속 가능한 운송, 지속가능 빌딩, 토지이용/숲/농업, 물 관리, 쓰레기 관리 등을 포함한다. 〈그림 3-9〉에서 보는 바와 같이 이 분야는 2015년에 관련 자산 규모가 1,450억 유로 정도인데, 2007년 이후 2년 단위 평균 성장률이 53.1%로 매우 가

파른 상승을 보였다. 특히 2013년 이후 2년간의 성장률은 146%로 괄목할 만한 성과를 보이고 있다. 그러나 2015년에서 2017년 사이에는 크게 증가하지 않아서 2009년 이후 8년 기준으로 볼 때 연 25%의 성장을 보이고 있다. 국가별로 볼 때 이 분야를 이끌고 있는 나라는 프랑스로 2013-2015 기간 동안 213%라는 폭발적인 성장세를 보였다. 그러나 2015-2017 기간에는 절반으로 떨어져 200억 유로 정도의 규모를 보이고 있다. 대신, 벨기에, 스페인, 이태리가 괄목할 만한 성장을 보이고 있다.

지금까지 유럽을 중심으로 다양한 형태의 사회책임투자 선별기준들을 살펴보았다. 연구자에 따라서 부정 선별을 1세대 SRI 선별기준, 긍정 선별을 2세대 SRI 선별기준이라고 부르기도 한다. 경제적, 사회적, 환경적 측면에서 부정 선별과 긍정 선별을 함께 사용하면서 통합적 접근을 사용하는 것을 3세대 SRI 선별기준이라고 하고, 여기에 기업의 행동을 바람직한 방향으로 변화시키기 위한 주주행동주의가 포함되는 것을 4세대 SRI 선별기준이라고 부른다. 사회에 부정적 영향을 미치는 기업을 제외하거

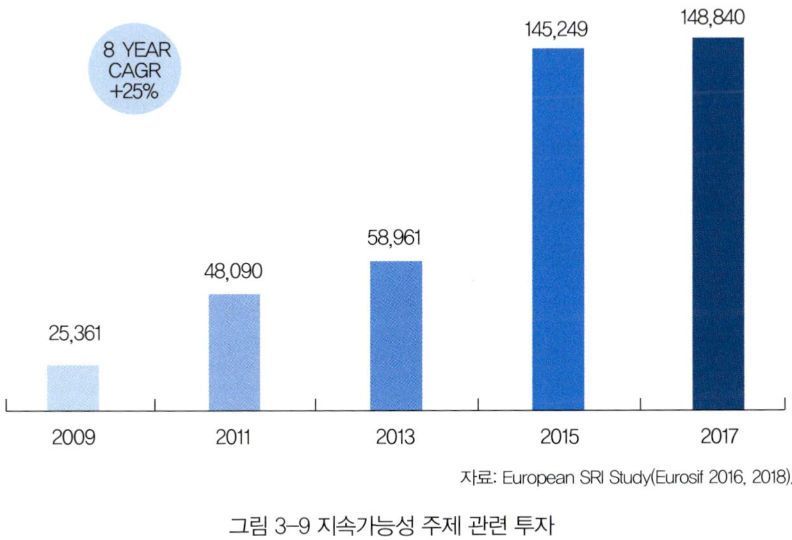


자료: European SRI Study(Eurosif 2016, 2018).

그림 3-9 지속가능성 주제 관련 투자

나, 사회에 긍정적 영향을 미치는 기업을 포트폴리오에 포함시키는 초기의 방식에서 진화하여 이 둘을 동시에 고려하는 방식으로 진화하였다. 이후 기업의 행동에 간접적으로 영향을 미치는 포트폴리오 구성 측면에서 발전하여 주로 기관투자자들이 투자한 기업의 경영에 직접적으로 관여하는 주주행동주의까지 포함하는 방식으로 발전하였다.

## 3 미국

### 1) 사회책임투자 전체 규모

미국은 유럽 다음으로 사회책임투자가 활발한 지역이다. 〈그림 3-10〉은 1995-2018 기간의 SRI 자산 규모의 변화를 보이고 있다. 2018년 초 ESG 요인을 반영하는 투자(ESG Incorporation), 주주행동주의(Shareholder Advocacy), 지역사회투자를 포함하는 미국의 전체 사회책임투자 관련 자산의 규모는 12조 달러로 2016년 초의 8.7조 달러에 비해 38% 증가하였다.[9] 2014-2016의 2년간에도 상당한 증가를 하였는데 2014년 초의 SRI 관련 자산 규모가 6.57조 달러이었으므로 2016년까지는 2년간 33%가 증가하였다. US SIF는 1995년 처음으로 SRI 자산 규모를 측정하였는데 이때의 규모는 6,390억 달러였다. 이와 비교하면 SRI 자산규모가 23년 동안 18배로 증가한 수치이고 매년 13.6%로 성장한 결과이다. 특히 2012년 이후 가파른 성장을 보이고 있다.

2018년 현재 미국에서 기관투자자나 자금운용자에 의해 전문적으로 운영되고 있는 자산의 규모는 총 46.6조 달러에 달하는데 12조 달러라는 SRI

9 지역사회투자는 규모가 상대적으로 작아 나타나 있지 않다.

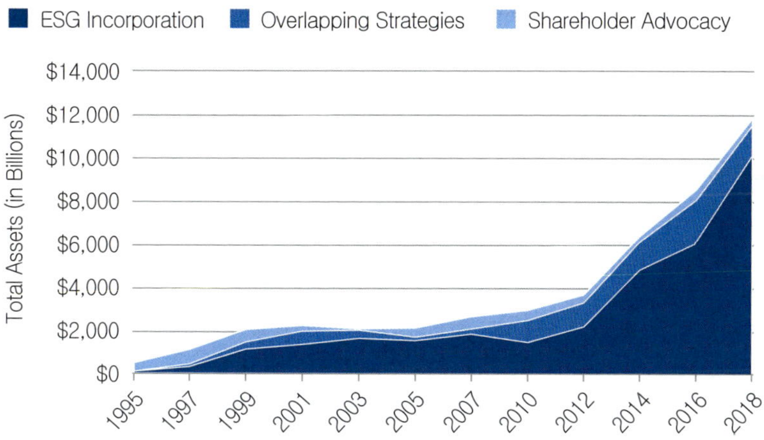


자료: US SIF Foundation(2018)

그림 3-10 1995-2018 기간의 SRI 자산 규모의 변화

자산규모는 이 중 26%에 해당하여 대체로 4달러 중 1달러 이상이 SRI 자산이다. 2년 전인 2016년에는 총40.3조 달러 중 22%인 8.72조 달러가 SRI 관련 자산이어서 5달러 중 1달러 이상이 SRI 자산이었는데 2년 사이에 상당한 증가를 보이고 있다.

가장 최근인 2018년의 상황이 〈표 3-7〉과 〈그림 3-11〉에 나타나 있다. 〈표 3-7〉에서 보는 바와 같이 2018년 초 ESG 기준을 적용하는 496개 기관투자자, 365개 자금운영자와 1,145개 지역사회투자 금융기관이 보유하고 있는 미국 자산의 규모는 11조 6,330억 달러로 이는 2016년의 8조 980억 달러 대비 44% 증가한 수치이다. 〈그림 3-11〉의 'ESG 반영' 부분이다. 주주행동주의 부분은 2016-2018년 사이에 ESG 이슈로 주주결의를 신청한 기관투자자나 자금운영자가 보유하고 있는 2018년 초의 자산 규모로 측정하였는데 1조 7,630억 달러이다. 〈그림 3-11〉의 '주주결의안' 부분이다. 이 중 집계상 양쪽에 모두 해당하는 활동이 있어 중복 부분을 제외하면 SRI 관련 미국 자산 규모는 2018년 현재 11조 9,950억 달러로 2016년의 8조 7,232억 달러 대비 1/3 이상 증가하였다. 다음에서는 이를 좀 더 구체적으로 ESG 반영 투자, 주주행동주의, 지역사회투자 부분으로 나누어 살펴본다(US SIF 2016, 2018).

표 3-7 2018년 미국의 SRI 관련 자산 규모

(단위: 10억 달러)

| ESG 반영 | | |
|---|---|---|
| | 2016년 | 2018년 |
| 자금운영자 | 8,098 | 11,632 |
| 기관투자자 | 4,725 | 5,608 |
| 중복자산 | (4,725) | (5,607) |
| 소계 | 8,098 | 11,633 |
| **주주의결 제출** | | |
| 자금운영자 | 1,039 | 202 |
| 기관투자자 | 1,520 | 1,561 |
| 소계 | 2,558 | 1,763 |
| 중복전략 | (1,933) | (1,401) |
| 총계 | 8,723 | 11,995 |

자료: US SIF, https://www.ussif.org/currentandpast,(2018. 11. 11. 접속)

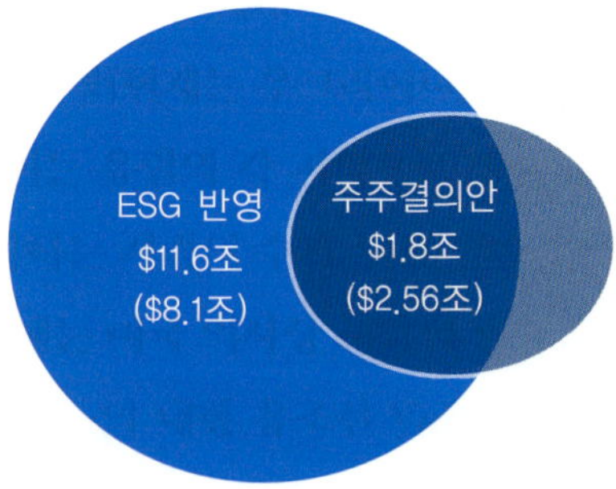


자료: US SIF Foundation(2016, 2018)
주: 괄호 안의 숫자는 2016년 기준.

그림 3-11 2016년 미국의 SRI 관련 자산 규모

### 2) ESG 요인 반영 투자

미국에서 자금운영자가 운용하는 SRI 관련 자산규모는 2014년 4.8조 달러에서 2016년 8.1조 달러로 2년 사이에 거의 70%가 증가하였다. 이후 2018년까지는 11.6조 달러로 증가하여 2016년 대비 43.2%의 증가율을 보이고 있다. 이러한 빠른 증가 폭의 원인으로는 개인과 기관투자자들의 사회적 책임 투자에 대한 요구, SRI 상품의 시장 침투 증가, 새로운 ESG 상품의 개발 등을 들 수 있다.

#### (1) 자금운영자(Money Managers)의 ESG 반영

〈그림 3-12〉는 2016년과 2018년 자금운영자가 중요하게 생각하는 ESG 반영 현황을 보이고 있다. 2018년 기준으로 보면 사회적 요인에 10조 8,390억 달러, 지배구조 요인에 10조 7,640억 달러, 환경 요인에 10조 1,440억 달러의 자금이 SRI 관련하여 투자되고 있다. 2016년에는 2018년과 비교

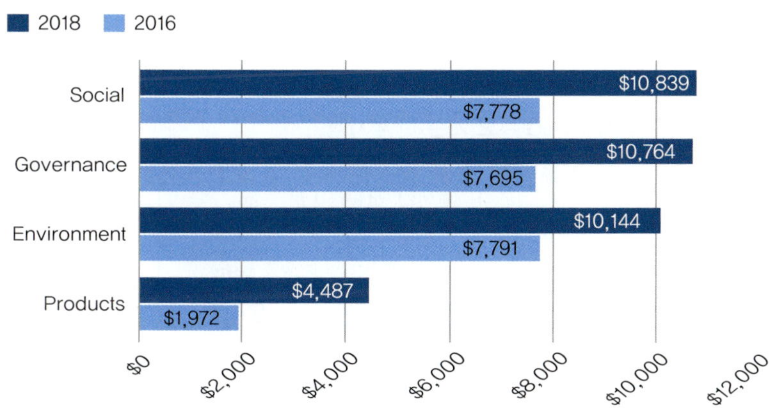


자료: US SIF Foundation(2016, 2018)

그림 3-12 자금운영자의 ESG 반영 현황

할 때 순위가 조금 다른데 환경 요인에 7조 7,910억 달러, 사회적 요인에 7조 7,780억 달러, 지배구조 요인에 7조 6,950억 달러의 자금이 SRI 관련하여 운영되고 있었다. 그러나 각 분야의 운영자산 규모가 큰 차이가 없어서 사회, 지배구조, 환경 관련 주제가 모두 상당한 중요성을 가지고 있음을 알 수 있다.

구체적으로 보면, 2018년 기준으로 볼 때 사회적 기준 관련 자산 규모가 10조 8,390억 달러로 가장 크다. 이는 분쟁위험, 평등한 고용 기회, 고용의 다양성, 근로 및 인권 등 다양한 사회적 주제를 포함한다. 이 중 억압적 정권이나 테러를 조장하는 국가와 사업을 하는 기업들을 제외하는 형태로 포트폴리오를 구성하는 자산 규모가 〈그림 3-13〉에서 보는 바와 같이 2.26조 달러로 가장 큰 중요성을 가지고 있다. 2년 전인 2016년에는 이 규모가 1.54조 달러였는데 40% 이상의 높은 증가를 보이고 있어서, 국제관계 및 분쟁 지역에 대한 관심이 증가하고 있음을 보이고 있다.

한편, 2018년 인권과 관련된 자산 규모는 2.22조 달러로 2016년의 8,210억 달러 대비 무려 2.7배나 증가하였다. 세계 도처에서 자행되고 있는 인권유린에 대한 관심이 매우 증폭되고 있다는 방증이다. 투명성과 반부패

**그림 3-13 자금운영자의 ESG 주요 기준 및 투자액**

| 기후변화/탄소 | 담배 | (테러집단 또는 폭압적 정권) | 인권 | 투명성/반부패 |
|---|---|---|---|---|
| $3.00조 | $2.89조 | $2.26조 | $2.22조 | $2.22조 |
| 110% | 432% | 47% | 171% | 206% |

주: %는 2016년 대비 증가율
자료: US SIF Foundation(2016, 2018)

관련 자산의 규모도 2.22조 달러로 투명성과 반부패가 매우 중요한 ESG 요인임을 알 수 있는데 이는 2016년 대비 200% 이상 증가한 수치이다. 세계 각국의 부패 정도가 매우 심하고 이에 대한 개선이 중요하다는 인식을 공유하는 것으로 보인다. 비록 〈그림 3-13〉에는 나타나 있지 않지만 무기 거래와 관련된 자산의 규모가 1.9조 달러로 2016년 대비 5배 이상 증가하였다. 세계 도처에서 자행되고 있는 전쟁으로 무고한 시민들이 사망하거나 다치는 사례가 엄청나다는 현실을 반영한다.

지배구조 이슈와 관련된 자산규모는 2018년 10조 7,640억 달러로 2016년 7조 6,950억 달러에 비해 3조 이상 증가하였다. 2016년의 수치는 그 전 2014년에 비하면 2배나 증가한 것으로 SRI 투자에 있어 지배구조가 매우 중요한 이슈임을 알 수 있다. 이 중 이사의 독립성, 다양성, 경영진에 대한 봉급, 주주에 대한 반응성 등 이사회와 관련된 자산의 규모가 7,780억 달리로 2014년에 비해 240% 증가하였다.

2018년 기준으로 환경투자요인을 반영하는 자산 규모는 〈그림 3-12〉에서 보는 바와 같이 10조 1,440억 달러로 2016년의 7조 7,910억 달러에 비해 상당한 증가를 보이고 있다. 이 중 기후변화 및 탄소배출 요인을 반영하는 자산의 규모가 〈그림 3-13〉에 나타난 바와 같이 2018년 3조 달러로 가장 큰 비중을 차지하고 있다. 기후변화 요인은 2016년에는 1.42조 달러였는데, 이는 2014년에 비해 2년 동안 5배 이상 증가한 수치이고 이것이 다시 2018년까지의 2년간 2배 이상으로 증가한 것이다. 전 지구적인 재앙을 몰고 올 수 있는 기후 변화에 대한 사람들의 관심이 매우 높음을 알 수 있다. 청정기술도 포트폴리오 구성상 중요한 요인인데 2016년 기준으로 3,540억 달러가 투자되어 기후변화 요인 다음으로 중요도가 높았다.

담배와 술과 같은 상품에 투자하는 것을 제한하는 형태의 자산 규모도 4조 4,870억 달러로 상당하다. 이는 2016년의 1조 9,720억 달러에 비해

125% 증가한 수치이다. 특히, 담배와 관련해서는 〈그림 3-13〉에 나타난 것과 같이 2.89조 달러의 자산이 관련이 있는데 이는 2016년에 비해 432%나 증가한 수치이다. 이는 담배의 폐해에 대한 인식이 확산되어 사람들의 건강을 위해 담배 관련 규제가 더욱 강화될 필요가 있음을 나타낸다.

자산운영자나 경영자들이 ESG 요인을 반영하는 가장 큰 이유로는 고객들의 요구(85%), 조직의 목표 또는 가치(83%), 위험의 감소 및 관리(81%), 재무성과(80%), 사회적 이점(79%)과 선관의무(64%) 등이다. 눈 여겨볼 부분은 사회적 이익이 있다던가 선량한 관리자의 의무와 같은 명분도 중요하지만 실제적으로도 위험관리 및 재무 성과의 향상을 위해 SRI 투자가 중요하다는 인식이 매우 높다는 점이다.

### (2) 기관투자자에 의한 ESG 반영

기관투자자란 공공펀드, 보험회사, 교육기관, 자선기금, 노동조합펀드, 병원이나 보건기관, 교회 등 신앙이나 신념에 근거한 기관, 그 외 비영리 단체나 이들이 운영하는 기금 등을 의미한다. 〈그림 3-14〉는 기관투자자들이 중요하게 생각하는 분야에 대한 자금 운영규모를 보이고 있다. 기관투자자들이 가장 중요하게 생각하는 분야는 사회적 분야로 5조 2,440억 달러의 자금이 운영되고 있다. 이는 기관투자자가 운영하는 전체 SRI 자산의 93%에 해당하는 것으로 2016년 4조 4,170억 달러 대비해서 19%의 증가율을 보이고 있다. 다음으로는 지배구조와 관련하여 3조 4,930억 달러, 환경과 관련하여 3조 4,530억 달러, 무기 등 유해 상품과 관련하여 2조 9,350억 달러가 운영되고 있다.

구체적으로, 사회적 분야는 2010년에 시작된 추세가 지속되고 있는데, 〈그림 3-15〉에서 보는 바와 같이 주로 수단이나 이란과 같이 분쟁위험 국

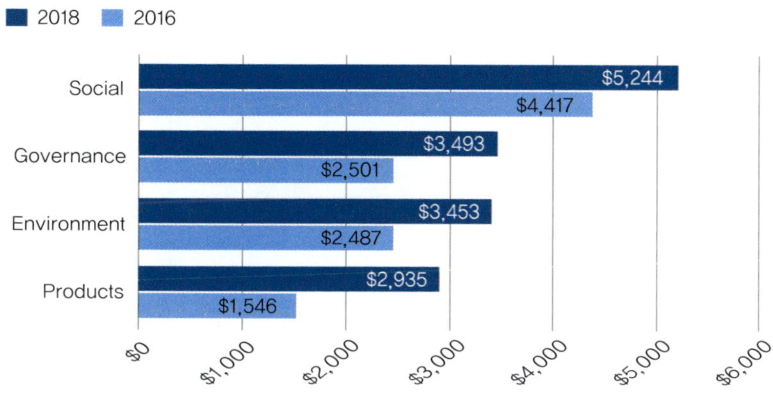


자료: US SIF Foundation(2016, 2018)

그림 3-14 기관투자자의 ESG 반영 현황

가와 관련된 투자를 제한하는 형태의 자산 규모가 2.97조 달러로 가장 높았다. 2016년에도 이 분야가 2.75조 달러로 가장 높았다. 2018년 기관투자자에게 영향을 미치는 두 번째로 중요한 이슈는 흡연이며 2.56조 달러의 투자가 관련되어 있는데 이는 2016년 대비 120% 이상 증가한 것이다. 세 번째 주요 이슈는 기후변화와 탄소배출과 관련된 것으로 2.24조 달러이다. 2016년에는 이것이 두 번째로 중요한 이슈이었는데 그 규모가 2.15조 달러에 달하여 2014년에 비해 거의 4배로 증가하였다. 2012년부터 이러한 가파른 증가세가 이어지고 있는데 세계 곳곳에서 이상기후 및 환경재앙이 발생하면서 환경에 대한 기관투자자들의 관심이 시간이 지날수록 더욱 고조되고 있는 현실을 반영한다.

기관투자자들이 중요하게 고려하는 지배구조 이슈들로 이사회 문제, 경영진 보상 등이 있는데 각각 1.73조와 1.69조의 관련 자산이 운영되고 있다. 비록 그림에는 나타나 있지 않지만 테러나 폭압적 정권 관련 이슈 다음으로 가장 중요한 사회적 이슈는 공평한 취업 기회 및 고용의 다양성

**그림 3-15 기관투자의 ESG 주요 기준 및 투자액**

| (테러집단 또는 폭압적 정권) | 담배 | 기후변화/탄소 | 이사회 | 경영진 보상 |
|---|---|---|---|---|
| $2.97조 | $2.56조 | $2.24조 | $1.73조 | $1.69조 |
| 8% | 121% | 4% | 39% | 41% |

주: %는 2016년 대비 증가율
자료: US SIF Foundation(2018)

으로 1.6조 달러의 자산이 운영되고 있으며 이는 2016년 대비 128%나 증가한 수치이다. 무기와 관련된 투자 제한은 1.5조 달러 이상의 자산에 영향을 미치고 있는데 이는 2016년 대비 78%나 증가하였다. 이외 인권, 노동, 지속 가능한 자연자원/농업, 오염/유해물질 등에도 관련 자산 규모가 1조 달러에 달한다.

〈표 3-8〉과 〈그림 3-16〉은 ESG 요인을 반영하는 투자 펀드의 수와 규모의 변화를 보이고 있다. 1995년 관련 펀드 수가 55개이었던 것이 2016년 1,002개로 증가하여 펀드의 개수로 보면 연평균 14.8%의 증가를 보였다. 펀드의 규모로 보면 1995년 120억 달러이었던 것이 2016년에는 2조 5,970억 달러로 증가하여 연평균 29.2%의 증가율을 보였다. 특히, 2007-2010년에는 181.7%, 2010-2012 기간에는 78.0%, 2012-2014 기간에는 142.5%로 증가하여 2007년 이후 증가가 두드러짐을 알 수 있다. 이는 최근으로 올수록 SRI 투자에 대한 인식과 관심이 더 급격하게 높아진 것을 의미한다. 또한, 가치로 본 증가율이 개수로 본 증가율의 2배 정도이어서 SRI 펀드의 규모가 동 기간 평균적으로 매우 커진 것을 알 수 있다.

표 3-8 ESG 요인을 반영하는 투자 펀드

| 연도 | 1995 | 1997 | 1999 | 2001 | 2007 | 2010 | 2012 | 2014 | 2016 |
|---|---|---|---|---|---|---|---|---|---|
| 펀드수 | 55 | 144 | 168 | 181 | 260 | 493 | 720 | 894 | 1,002 |
| 증가율(%) | | 161.8 | 16.7 | 7.7 | 43.6 | 89.6 | 46.0 | 24.2 | 12.1 |
| 규모($10억) | 12 | 96 | 154 | 136 | 202 | 569 | 1,013 | 2,457 | 2,597 |
| 증가율(%) | | 700.0 | 60.4 | -11.7 | 48.5 | 181.7 | 78.0 | 142.5 | 5.7 |

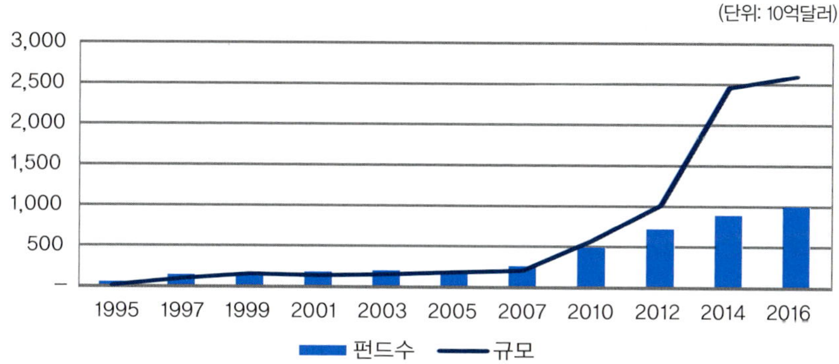


그림 3-16 ESG 요인을 반영하는 투자 펀드

### 3) 주주행동주의

기업의 주주들은 자신들이 중요한 가치로 여기는 사안에 대해 기업에 주주제안서를 제출하고 이에 대한 다른 주주들의 지지를 이끌어 냄으로써 자신들이 투자한 기업이 바람직한 방향으로 운영되도록 경영진들을 독려한다.

2014년에서 2016년 사이에 200개 이상의 기관투자자와 자금운영자들이 ESG 관련하여 주주결의안을 제출하였는데, 이들이 관리하는 자산의 규모는 최소 2.56조 달러이다. 구체적으로 2014-2016년 사이에 176개 기관투자자와 49개 자금운영자가 ESG 주제로 주주의결을 신청하였다. 그리고, 57개 기관투자자와 61개 자금운영자가 ESG 주제로 경영진과 대화를 진

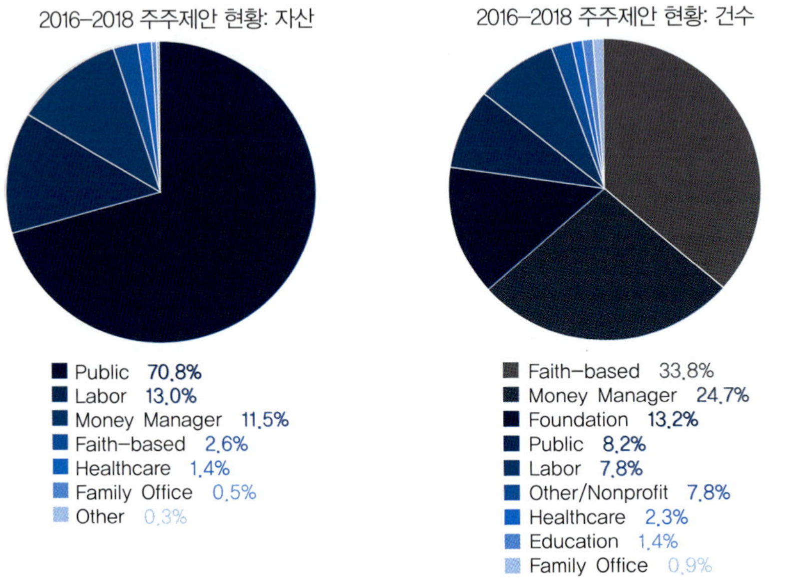


자료원: US SIF Foundation, 2016a, 2018.

그림 3-17 주주제안 현황

행하였다. 투자자들은 2016 주주의결 및 위임장 대결 시즌에 환경, 사회, 지배구조 관련하여 700개 이상의 주주결의안을 발의하였다.

2016-2018 기간에는 ESG 주제와 관련하여 주주제안을 한 기관투자자는 165개, 자금운용자는 54개 이다. 이들이 운영하는 자산의 규모는 1.76조 달러에 달한다. 〈그림 3-17〉은 주주행동주의에 참여하는 기관투자자나 자금운영자가 관리하는 자산의 규모를 보이고 있다. 자산의 형태를 기준으로 보면 ESG에 관심이 있는 일반 대중 펀드가 70.8%로 압도적으로 많고 다음으로 노동조합 관련 펀드가 13.0%, 자금운영자가 관리하는 펀드가 11.5%를 차지하고 있다. 건수로 보면 종교나 신앙에 근거한 경우가 33.8%로 가장 많고, 자금운영자가 24.7%, 기금이 13.2%, 일반 대중 관련 펀드가 8.2%, 노조관련 기금이 7.8%를 구성하고 있다.

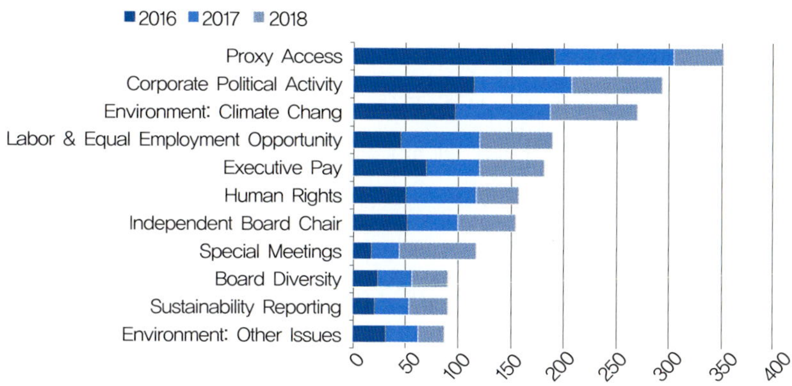


자료원: ISS, Sustainable Investments Institute
주: 2018년 자료는 7월 15일까지 기준.

그림 3-18 주요 ESG 이슈

〈그림 3-18〉은 주제별로 2016-2018 기간 동안의 주주행동주의 현황을 보이고 있다. 가장 빈도가 많았던 것은 위임장 접근(proxy access) 또는 위임장 대결(proxy fight)이다. 투자자들은 이 기간 동안 이사회에 자신들이 원하는 이사를 임명하기 위하여 353건의 제안서를 제출했다. 위임장 접근 정책을 수립한 S&P 500 기업들은 2013년 1%에서 2017년 65%로 급상승하였다. 다음으로 중요한 주제는 기업의 정치적 지출에 대한 공시와 관리이다. 2016년에서 2018년 사이에 295건의 제안서가 제출되었다. 많은 경우 이들의 목표가 된 기업들은 온실가스 배출 규제에 반대하는 무역 관련 조직을 지지한 기업들이다. 기후변화 위험에 대한 주주제안은 2014년부터 급격히 증가하기 시작했는데 2016-2018 기간 동안 271개의 주주제안이 제출되었다. 주주제안서 제출에 추가하여 9.1조 달러 규모의 자산을 운영하고 있는 88개의 투자 자산 운영자가 ESG 주제와 관련하여 포트폴리오 운영 회사와 협의하고 있음을 보고하고 있다.

#### 4) 지역사회투자

지역사회투자는 전통적인 금융기관을 통해서는 금융 서비스를 받을 수 없는 개인이나 저소득/저개발 지역에 직접적으로 자금이 흐르도록 하는 것이다. 이러한 자금은 소기업, 서민을 위한 주택 공급, 지역학교, 청과물 가게, 기타 지역에 필요한 시설이나 기관들을 설립하기 위해 사용된다. 지역사회투자기관은 지역개발금융기관(community development financial institutions, CDFIs)으로 인증되고 감독을 받는 은행, 신용협동조합(credit unions), 대출 기금(loan funds), 모험자본(venture capital) 등과 함께 CDFI로 인증을 받지는 못했으나 저소득 지역에 대한 서비스를 하는 것을 목표로 하는 신용협동조합도 포함된다. 또한 빈곤지역의 사업가나 소기업에게 마이크로파이낸스나 유사 형태의 자금을 제공하는 대출 기금도 포함된다.

〈표 3-9〉과 〈그림 3-19〉는 1995년 이후 지금까지 미국의 지역사회투자 규모의 변화를 보이고 있다. 1995년 40억 달러에 불과하였던 지역사회투자가 2016년에는 1,216억 달러로 증가하여 연 평균 17.7%의 가파른 증가세를 보였다. 최근의 상황을 보면, 2012년에서 2014년까지 자산규모가 614억 달러에서 643억 달러로 최소한의 증가에 그쳤던 지역사회투자가 2014년에서 2016년까지는 자산규모가 643억 달러에서 1,216억 달러로 2배 가까이 증가하여 SRI 영역 중 가장 빨리 성장하는 분야가 되었다. 추가적으로 〈그림 3-20〉에서 보는 바와 같이 2016년에서 2018년 사이에는 약 50%의 성장을 보이고 있다.

이러한 가파른 증가의 이유는 여러 가지가 있다. 우선 100개 이상의 지역은행과 신용조합이 새로 지역개발금융기관(CDFI)으로 지정되거나 다시 지정되었다. 지역개발신용조합은 특히 회원수의 증가가 두드러졌고 자산규모가 가장 빠르게 증가하고 있다. 〈그림 3-20〉에서 보는 바와 같이 2016년 이후 자산 규모가 2배로 증가하였는데, 그 이유는 지속적으로 인수합병이 일어났기 때문이다. 성과가 높은 지역개발신용조합이 금융위기 기간 동안 손실이 발생한 다른 예금기관의 자산을 인수하였다. 다음으로 중요한 것은 지역개발은행인데 지역개발신용조합에 이어 꾸준히 규모가 증가하고 있다. 지역개발모험자본기금은 아직은 그 규모가 미미하다. 한편, 새로운 온라인 플랫폼도 CDFI나 다른 지역개발관련 기관에 투자할 기회를 찾고 있는 투자자들로 하여금 투자를 좀 더 쉽게 할 수 있게 하는 역할을 했다. SRI 투자에 있어 온라인 플랫폼의 역할은 향후 점점 더 그 중요성이 높아질 것으로 예상한다.

**표 3-9 미국의 지역사회투자 규모의 변화**

| 연도 | 1995 | 1997 | 1999 | 2001 | 2003 | 2005 | 2007 | 2010 | 2012 | 2014 | 2016 |
|---|---|---|---|---|---|---|---|---|---|---|---|
| 규모($10억) | 4.0 | 4.0 | 5.4 | 7.6 | 13.7 | 19.6 | 25.0 | 41.7 | 61.4 | 64.3 | 121.6 |
| 증가율(%) | | 0.0 | 35.0 | 40.7 | 80.3 | 43.1 | 27.6 | 66.8 | 47.2 | 4.7 | 89.1 |

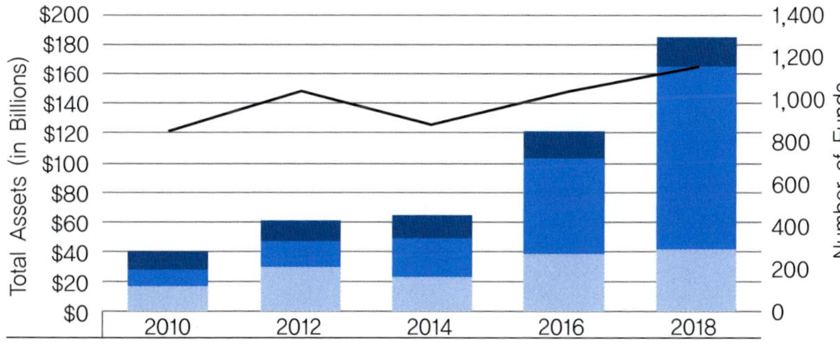


자료원: US SIF Foundation, 2018.
주: 왼쪽 ■ 지역개발대출기금(Community Development Loan Funds)
■ 지역개발신용조합(Community Development Credit Unions)
■ 지역개발은행(Community Development Banks)
■ 지역개발모험자본기금(Community Development Venture Capital Funds)
오른쪽 — 지역개발기관의 수

그림 3-20 미국의 기관별 지역사회 투자 규모

## 4 캐나다

〈표 3-10〉과 〈그림 3-21〉은 캐나다의 사회책임투자 규모를 보이고 있는데, 2011년부터 가파른 성장을 시작하였다. 캐나다의 사회책임투자 자산의 규모는 2015년 12월 31일 기준 1.51조 달러이며 이는 전체 캐나다 투자 자산 3.99조 달러의 38%에 해당한다. 즉 SRI 투자 자산의 규모가 전체 투자자산의 1/3을 훨씬 넘는 것이다. 2년 전인 2013년의 자산 규모는 1.01조 달러이었는데 2년 동안 49%의 증가를 보인 것이고, SRI 자산 구성 비중도 31%에서 상승한 것이다.

2017년을 기준으로 보면, 2017년 12월 31일 현재 SRI 자산 규모가 2.13조 달러이며 이는 2015년 대비하여 41.6% 증가한 것이다. 구성비로 보면 전체 캐나다 투자 자산의 50.6%가 SRI 자산이라고 볼 수 있으며, 이는 2년 전인 2015년에 전체 자산의 38%가 SRI 자산이었던 것에 비해 괄목할 증가를 보인 것이다. 투자주체로 보면, SRI 투자 자산의 증가는 대부분 기관투자자에 의해 이루어지지만 2013-2015의 2년간은 개인투자자들의 자산 규모가 1,180억 달러로 증가하여 91%의 증가율을 보였다.

**표 3-10 캐나다의 사회책임투자 현황**

(단위: 10억)

| 연도 | 2006 | 2008 | 2010 | 2011 | 2013 | 2015 | 2017 |
|---|---|---|---|---|---|---|---|
| 규모(10억 CAD) | 459.5 | 566.7 | 517.9 | 600.9 | 1010.8 | 1505.8 | 2132.3 |
| 규모(10억 USD) | 329.6 | 406.4 | 371.5 | 431.0 | 724.9 | 1080.0 | 1529.3 |
| 증가율(%) | | 23.3 | -8.6 | 16.0 | 68.2 | 49.0 | 41.6 |

주: 환율 1 CAD = 0.7172 USD, 2019. 1. 5. 기준 적용.
자료원: Responsible Investment Association(RIA), 2019.

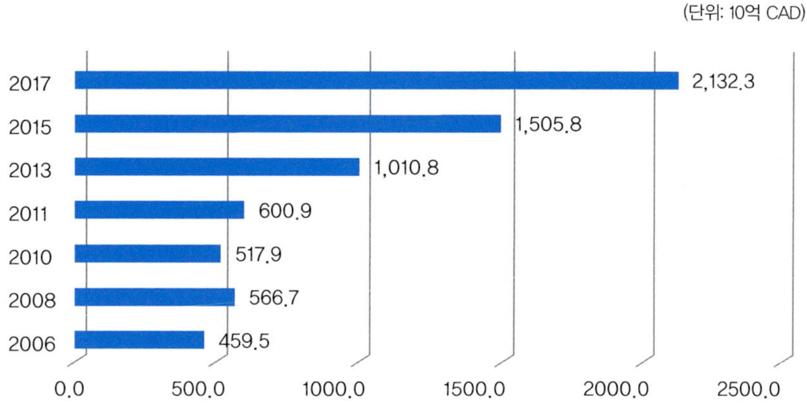


자료원: Responsible Investment Association(RIA), 2019.

그림 3-21 캐나다의 사회책임투자 현황

〈표 3-11〉은 캐나다 투자자들에 있어 가장 중요한 사회책임투자 전략을 보이고 있다. 〈그림 3-22〉는 이 중 규모가 큰 네 가지 전략에 대한 그래프이다. 2017년 기준으로 볼 때 가장 중요한 투자 전략은 포트폴리오 구성 시 재무분석에 추가하여 ESG 요인을 통합하는 전략으로 1조 8,896억 CAD가 투자되고 있다. 2년 전인 2015년도 말에도 ESG 요인 반영이 1조 4,584조 CAD로 최대였었다. 두 번째로 중요한 SRI 전략은 주주제안을 하고 의결권을 행사하는 주주행동주의로 2017년 기준 약 1.5조 CAD의 관련 자산이 운영되고 있다. 2013년에는 7,848억 CAD로 주주행동주의가 최대이었으나 ESG 통합이 부상함에 따라 2015년부터 규모가 두 번째가 되었다.

세 번째로 많은 것은 'UN Global Compact', '사업과 인권에 관한 UN 지도원칙(UN Guiding Principles for Business and Human Rights)', 'OECD 다국적기업 지침(OECD Guidelines for Multinational Enterprises)', '국제노동기구의 다국적 기업과 사회정책원칙에 관한 3자 선언(ILO Tripartite

### 표 3-11 캐나다의 주요 사회책임투자 전략

(단위: 10억 CAD, %)

| 구 분 | 2013 | 2015 | 2017 |
|---|---|---|---|
| ESG 통합 | 783.4 | 1458.4 | 1889.6 |
| 성장률 | | 86.2 | 29.6 |
| 투표 | 784.8 | 1195.4 | 1496.9 |
| 성장률 | | 52.3 | 25.2 |
| 규범 | 569.0 | 817.7 | 981.3 |
| 성장률 | | 43.7 | 20.0 |
| 부정 선별 | 513.4 | 535.9 | 878.2 |
| 성장률 | | 4.4 | 63.9 |
| ESG 주제 | 15.5 | 25.4 | 41.0 |
| 성장률 | | 63.9 | 61.3 |
| 영향력 투자 | 4.1 | 9.2 | 14.8 |
| 성장률 | | 123.2 | 60.0 |
| 긍정 선별 | 2.9 | 9.1 | 11.8 |
| 성장률 | | 213.8 | 29.7 |
| 총계 | 2673.1 | 4051.1 | 5313.5 |
| | | 51.6 | 31.2 |

자료원: Responsible Investment Association(RIA), 2019.
주: 투자전략에 대한 설명은 다음과 같다.
ESG 통합: ESG 요인을 통합
투표: 주주행동주의
규범: 국제기준이나 규범에 근거한 선별
부정선별: 부정적 기업을 투자대상으로부터 제외
ESG 주제: ESG 주제와 관련된 산업이나 테마에 초점을 맞춘 투자
영향력 투자: 사회적으로 바람직한 영향력을 행사하기 위한 투자
긍정 선별: 사회적으로 긍정적인 기업을 투자대상에 포함

Declaration of Principles concerning Multinational Enterprises and Social Policy)'과 같은 국제 규범에 근거한 투자로 2013년 5,690억 CAD,

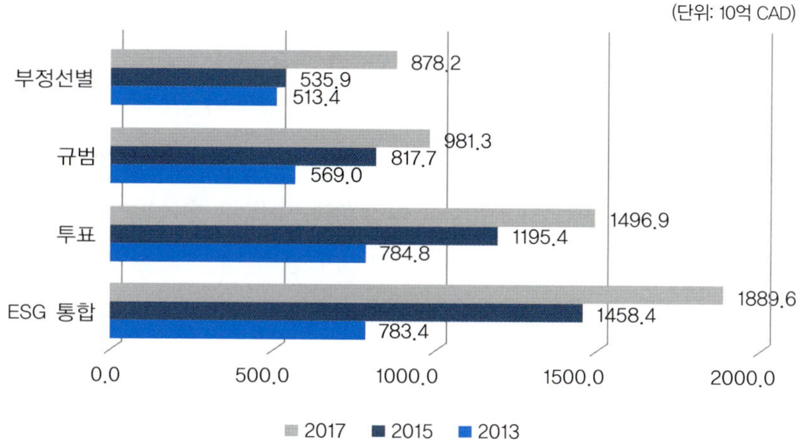


그림 3-22 캐나다의 주요 사회책임투자 전략

2015년 8,177억 CAD, 2017년 9,813억 CAD가 투자되고 있다.[10,11] 네 번째는 부정선별에 근거한 전략인데 2017년 기준 8,782억 CAD 규모로 투자되고 있다. 이는 유럽과는 조금 다른 양상으로, 유럽에서는 부정선별 전략이 가장 그 규모가 크다. 그러나 주주행동주의는 유럽이나 미국에서도 모두 중요한 투자 전략으로 캐나다도 이러한 추세를 공유하고 있는 것으로 보인다. ESG 주제, 영향력 투자, 긍정 선별 등 나머지 세 가지 SRI 전략은 앞의 네 가지 전략에 비해 그 투자 규모가 미미하다. 그러나 성장률

10 'OECD 다국적기업 지침(OECD Guidelines for Multinational Enterprises)'은 국제적 투자와 다국적 기업에 관한 'OECD 다국적기업 지침(OECD Guidelines for Multinational Enterprises)'의 부속서이다. 이 선언에 서명한 국가 소속의 다국적 기업이거나 서명한 국가에서 영업을 하는 다국적 기업이 책임 있는 사업 행위를 하도록 원칙과 표준을 제시한다. 1976년 채택된 이후 1979, 1982, 1984, 1991, 2000, 2011에 걸쳐 지속적으로 수정되어 왔다.

11 '국제노동기구의 다국적 기업과 사회 정책 원칙에 관한 삼자 선언(ILO tripartite declaration of principles concerning multinationals and social policy)'은 다국적기업이 사회적 정책을 수립하고, 포용적이고 책임감이 있으며 지속가능한 작업장을 운영하도록 권면하는 국제노동기구의 원칙이다. 국제노동기준에 포함되어 있는 내용에 기초하고 있고, 일반적 정책뿐만 아니라 고용, 훈련, 작업장과 삶의 여건, 산업 관계 등에 관한 지침을 제시한다. 이는 이 분야의 유일한 국제적 협약인데 40년 전에 제정되어 전세계의 정부, 사용자, 노동자에 의해 지속적으로 정교해지고 수정 보완되어 왔다. 최근의 수정은 2017년 3월에 이루어졌다.

이 높아서 향후 주목해 보아야 할 전략들이다.

〈표 3-12〉는 캐나다 사회책임투자자들의 선별 기준이 변화하는 것을 보이고 있다. 2000년도에는 가장 중요한 요인이 담배이었으나 2017년에는 여전히 중요하기는 하지만 2위를 차지하고 있다. 지속적인 담배의 해악에 대한 홍보로 인해 금연하는 인구가 많아짐에 따라 그 중요도가 약간 낮아진 것으로 보인다. 대신 2017년에 가장 중요한 선별 기준은 무기나 군대와 관련된 것이었다. 응답자의 80.9%가 중요한 기준이라고 응답했다. 그러나 2000년에는 응답자의 62%만 중요한 기준이라고 답변했고 순위도 담배, 술, 환경에 비해 아래에 있다. 이는 점점 더 복잡다기해지는 국제 관계 속에서 국가간의 이해관계가 충돌되고 무력을 사용한 분쟁 지역이 많아지고 있는 현실을 반영한다. 동물실험이나 동물의 권리 등에 대해서는 2000년도에 단지 5% 정도의 응답자가 주요 선별기준이라고 응답하였으나 2017년에는 27.7%의 응답자가 중요한 선별기준이라고 답변하여 동물실험과 학대에 대한 관심이 높아지고 있는 것으로 보인다.

**표 3-12 사회적 이슈의 중요도 변화**

| | 2000 | 2017 |
|---|---|---|
| 무기/군대 | 62.0 | 80.9 |
| 담배 | 83.0 | 70.2 |
| 성인물 | – | 53.2 |
| 도박 | 41.0 | 53.2 |
| 핵물질 | 47.0 | 42.6 |
| 환경 | 64.0 | – |
| 술 | 63.0 | 31.9 |
| 동물실험/복지 | 5.0 | 27.7 |
| 종업원 권리 | 50.0 | – |
| 인권 | 48.0 | – |

주: 2000년의 자료는 Asmundson & Foerster(2001), 2017년의 자료는 Responsible Investment Association(2019)으로부터 정리.

캐나다의 SRI 투자는 앞으로도 계속 상승할 것으로 예상된다. 2015년, 향후 2년에 대해 중간 또는 높은 수준의 SRI 투자를 예상하느냐는 설문에 긍정적으로 답변한 응답자의 비율이 80%이어서 2년 전인 2013년의 59%에 비해 상당한 증가를 보이고 있다. 2017년에는 이 비율이 다시 87%로 올라 지속적으로 SRI 투자가 활성화될 것으로 기대된다. 또한 CFA 협회의 연구에 의하면 투자 전문가들의 3/4이 SRI를 고려하고 있다고 응답했고, UN PRI 서명기관의 수도 지속적으로 증가하고 있다. 2013년 29개 기관이 UN PRI의 회원이 되었고, 2015년 말까지는 이것이 38개로 증가하였다. 이후 2017년도 말까지 추가로 18개 기관이 서명을 하여 총 56개 투자기업이 UN PRI 회원이 되었다. SRI 관련 금융상품과 서비스의 종류가 다양해지는 것도 향후 SRI 규모 증가를 예상하게 하는 이유이다.

캐나다에서 SRI 성장을 견인하는 요인은 선언적이며 당위적인 것도 있지만 무엇보다도 실질적으로 투자 효과가 나타나기 때문이다. 캐나다에서 자산운영자와 자산소유자가 SRI 투자를 하는 이유를 물어본 결과가 〈표 3-13〉에 나타나 있다. 가장 중요한 이유는 장기적으로 위험을 낮추고자 하는 것이고, 다음으로는 장기적으로 수익률을 올리기 위한 것이며, 세 번째로는 고객이나 수익자의 요구를 만족시키기 위한 것이고, 네 번째는 선관의무를 충족시키기 위한 것 등이다. 최근의 폭스바겐 사건 등 기후변화 위험에 대한 인식이 투자 기관에서 늘고 있는 상황에서, 점점 더 많은 사람들이 ESG와 관련된 기회 및 위험 요인에 대한 인지를 하고 있다는 증거이다. 'Ocean Rock Investments'와 'Morgan Stanley Institute for Sustainable Investing'이 지원한 연구에 의하면 이러한 투자자들의 인식과 일관성 있는 결과가 나타난다. 즉 SRI와 장기투자의 관계를 검토한 결과, 캐나다와 미국 시장의 경우 낮은 수준의 위험군에서 60% 이상의 SRI 투자가 벤치마크를 상회하는 것으로 나타났다(https://riacanada.ca/trendsreport).

**표 3-13 사회책임투자를 하는 이유**

| 순위 | 점수 | 요 인 |
|---|---|---|
| 1 | 88 | 위험을 줄이기 위하여 |
| 2 | 76 | 수익률을 높이기 위하여 |
| 3 | 53 | 고객/수익자의 요구에 부응하기 위하여 |
| 4 | 41 | 선관의무를 충족시키기 위하여 |
| 5 | 39 | 사명/가치를 달성하기 위하여 |
| 6 | 26 | 사회적/환경적 영향력을 높이기 위하여 |
| 7 | 8 | 규제를 만족시키기 위하여 |

자료원: Responsible Investment Association(RIA), 2019.

## 5 한국

ESG 투자 관련 대표적 정보제공회사의 하나인 '서스터낼리틱스(Sustainalytics)'는 2010년 이후 172개 국가를 대상으로 국가 ESG 점수를 발표하고 있다. 이는 지속가능한 경제 발전을 위한 국가의 역량을 판단하기 위하여 각국의 비재무 정보에 근거하여 도출한다.[12] 〈표 3-14〉는 OECD 회원국의 국가 ESG 점수를 보이고 있다. 상위권의 국가는 스웨덴, 덴마크, 독일, 오스트리아, 노르웨이 등으로 북구 제국과 북부 유럽 국가들이다. 특히, 스웨덴, 덴마크, 독일은 2010년에 이어 2017년에도 계속 1, 2, 3위를 유지하고 있다. 하위권의 국가들은 이스라엘, 한국, 그리스, 멕시코, 터키 등인데, 특히 멕시코와 터키는 2010년에 이어 계속 최하위권을 형성하고 있다. 한국의 경우 점수 자체도 OECD 평균인 73.7에 훨씬 못 미치는 58.3이고 2010년에 비해 2017년의 점수가 OECD 평균보다 더 많이 하락

12 국가 ESG 점수는 다음과 같은 절차에 따라 도출된다. 먼저, 비재무 위험의 범주를 환경(E), 사회(S), 지배구조(G)로 나누고 범주마다 관련 지표를 설정하여, 총 36개 지표를 선정한다. 다음으로, 각국의 상대적 수준을 도출하기 위해 개별 지표에 대한 관측 값을 표준화한다. 마지막으로, 표준화된 개별 지표 값을 가중 평균하여 국가별 단일 지표를 산정한 후 이를 0~100 범위의 값으로 전환하여 국가 ESG 점수를 도출한다.

**표 3-14 OECD 회원국의 국가 ESG 점수**

| 2010년 | | | 2017년 | | |
|---|---|---|---|---|---|
| 국가 | 점수 | 순위 | 국가 | 점수 | 순위 |
| 스웨덴 | 88.1 | 1 | 스웨덴 | 87.7 | 1 |
| 덴마크 | 87.5 | 2 | 덴마크 | 86.5 | 2 |
| 독일 | 85.6 | 3 | 독일 | 86.2 | 3 |
| 오스트리아 | 85.4 | 4 | 노르웨이 | 84.8 | 4 |
| 노르웨이 | 84.9 | 5 | 오스트리아 | 84.4 | 5 |
| 핀란드 | 84.8 | 6 | 핀란드 | 84.2 | 6 |
| 뉴질랜드 | 84.2 | 7 | 스위스 | 83.3 | 7 |
| 네덜란드 | 83.7 | 8 | 뉴질랜드 | 83.0 | 8 |
| 스위스 | 82.8 | 9 | 네덜란드 | 82.1 | 9 |
| 아이슬란드 | 80.5 | 10 | 아이슬란드 | 80.8 | 10 |
| 벨기에 | 79.9 | 11 | 영국 | 79.8 | 11 |
| 룩셈부르크 | 79.7 | 12 | 룩셈부르크 | 79.6 | 12 |
| 영국 | 78.7 | 13 | 벨기에 | 78.8 | 13 |
| 호주 | 78.4 | 14 | 캐나다 | 78.0 | 14 |
| 프랑스 | 77.3 | 15 | 프랑스 | 77.8 | 15 |
| 캐나다 | 77.2 | 16 | 호주 | 77.3 | 16 |
| 아일랜드 | 76.6 | 17 | 아일랜드 | 76.7 | 17 |
| 슬로베니아 | 73.3 | 18 | 슬로베니아 | 75.3 | 18 |
| 일본 | 72.7 | 19 | 슬로바키아 | 73.4 | 19 |
| 포르투갈 | 72.7 | 20 | 체코 | 72.5 | 20 |
| 스페인 | 72.1 | 21 | 포르투갈 | 72.3 | 21 |
| 에스토니아 | 71.7 | 22 | 에스토니아 | 71.6 | 22 |
| 체코 | 70.8 | 23 | 일본 | 71.5 | 23 |
| 슬로바키아 | 70.3 | 24 | 스페인 | 71.5 | 24 |
| 이탈리아 | 69.0 | 25 | 라트비아 | 71.1 | 25 |
| 헝가리 | 68.9 | 26 | 이탈리아 | 69.8 | 26 |
| 미국 | 67.9 | 27 | 폴란드 | 68.1 | 27 |
| 폴란드 | 66.5 | 28 | 미국 | 68.0 | 28 |
| 라트비아 | 65.5 | 29 | 헝가리 | 66.1 | 29 |
| 칠레 | 64.1 | 30 | 칠레 | 62.3 | 30 |
| 그리스 | 61.2 | 31 | 이스라엘 | 61.7 | 31 |
| 한국 | 59.6 | 32 | 한국 | 58.3 | 32 |
| 이스라엘 | 59.0 | 33 | 그리스 | 55.9 | 33 |
| 멕시코 | 56.0 | 34 | 멕시코 | 54.4 | 34 |
| 터키 | 49.4 | 35 | 터키 | 45.1 | 35 |
| 평균 | 73.9 | | 평균 | 73.7 | |

자료: 국회예산정책처(2018).

**표 3-15 공적연기금과 우정사업본부 SRI 현황**

(단위: 10억 원)

| | | | 2014 | 2015 | 2016 | 2017 |
|---|---|---|---|---|---|---|
| 국민연금 | 총기금규모 | | 469,823.0 | 512,324.0 | 558,000.0 | 621,642 |
| | SRI 규모 | | 6,000.6 | 6,851.6 | 6,370.0 | 6,880 |
| | SRI 비중 | | 1.27% | 1.33% | 1.14% | 1.11% |
| 사학연금 | 총기금규모 | | 12,106.1 | 12,755.9 | 13,922.9 | 15,840 |
| | SRI 규모 | | 97.9 | 99.6 | 212.4 | 102 |
| | SRI 비중 | | 0.80% | 0.78% | 1.52% | 0.64% |
| 공무원연금 | 총기금규모 | | 4,239.7 | 5,264.7 | 6,518.9 | 7,256 |
| | SRI 규모 | | 99.0 | 109.1 | 40.0 | 74 |
| | SRI 비중 | | 2.33% | 2.07% | 0.61% | 1.02 |
| 3대 연기금 총계 | 총기금규모 | | 486,168.8 | 530,344.6 | 578,441.8 | 644,738 |
| | SRI 규모 | | 6,197.5 | 7,060.3 | 6,622.4 | 7,056 |
| | SRI 비중 | | 1.27% | 1.33% | 1.14% | 1.09% |
| 우정사업본부 | 기금구분 | 총기금 | 105,574.3 | 108,448.7 | 111,393.5 | 115,464 |
| | | 예금 | 60,795.5 | 62,505.8 | 63,709.8 | |
| | | 보험 | 44,778.8 | 45,942.9 | 47,683.7 | |
| | SRI 규모 | | 79.0 | 124.0 | 131.8 | 151.0 |
| | SRI 비중 | | 0.07% | 0.11% | 0.11% | 0.13% |

자료: 국민연금, 사학연금, 공무원연금, 우정사업본부, 한국사회책임투자포럼.

하여 사회책임투자를 논의하기 이전에 국가의 ESG 관련 수준 자체가 상당히 낮은 것을 알 수 있다.

국내 사회책임투자의 규모를 보면 예상대로 해외 주요국에 비하면 비교가 불가능할 정도로 미미한데 그나마 국민연금이 2006년 말에 3,000억 원을 사회책임투자에 할당하면서 관심이 높아지고 있다. 〈표 3-15〉를 보면 우리나라의 3개 공적연기금과 우정사업본부가 운용하는 기금의 규모는 매년 증가하고 있으나 사회책임투자는 그 비중이 오히려 감소하는 경우도 많다.

국민연금은 2014년에 약 470조 정도의 기금을 운용하면서 1.27%인 6조 정도를 사회책임투자에 배분하였으나 2016년에는 상당히 증가한 558조의 기금을 운영하면서도 사회책임투자에는 여전히 6조대인 6조 3,700억 정도를 투자하여 비율로는 오히려 감소한 1.14%를 보이고 있다. 획득할 수 있는 자료상 가장 최근 연도인 2017년에도 총 기금규모와 SRI 규모가 2016년에 비해 늘었으나 비율로 보면 더 하락한 1.11%를 보이고 있다.

사학연금이나 공무원연금은 그 규모가 국민연금에 비해 월등히 적어서 결국 3대 연금 중에서는 국민연금의 투자가 SRI의 규모를 좌우한다. 우정사업본부는 총 기금이 2014년 105.6조 정도였는데 이중 790억 정도만 사회책임투자에 배정되어 0.07%의 아주 저조한 기록을 보이고 있다. 2016년에는 111조의 기금 규모에서 SRI에 1,318억 정도를 투자하여 미미하나마 비율이 0.11%로 증가하였다. 2017년에도 115조의 기금 규모에서 SRI 투자가 1,510억 정도이어서 전년과 유사한 0.13% 정도의 비율을 보이고 있다. 전체적으로 볼 때, 우리나라의 사회책임투자 규모는 매우 미미하다 할 수 있으며 향후 보유 자산의 위험관리 측면에서 사회책임투자의 규모를 늘리는 방안을 심각하게 고려해 보아야 한다.

민간 부문에서 국내에서 최초로 출시된 사회책임투자 성격의 펀드는 2001년 8월부터 발매된 '삼성투신운용'의 '에코펀드'라 할 수 있다(안상아 2012). 당시의 상황을 보면 1990년대부터 급격히 진행된 세계화와 이의 연장선상에서 발생한 IMF 외환위기의 충격이 가시지 않았었고, 재벌의 경제력 독점, 불투명한 회계 관리, 정경유착, 불합리한 기업문화, 투기적 성격의 단타매매 등에 대한 반성이 일어나고 있었다. 이와 동시에 기업의 사회적 책임, 주주 권익 보호, 금융을 통한 사회적 순기능 실현 등과 같

**표 3-16 한국의 SRI 공모펀드의 규모 및 비중**

(단위: 백만 원)

| 구분 | 전체 공모펀드 규모 | SRI 공모펀드 규모 | SRI 공모펀드 비중 |
|---|---|---|---|
| 2011년 | 188,146,000 | 2,668,020 | 1.41% |
| 2012년 | 195,030,000 | 2,276,779 | 1.16% |
| 2013년 | 190,444,000 | 1,551,449 | 0.81% |
| 2014년 | 204,265,000 | 1,063,160 | 0.52% |
| 2015년 | 221,290,000 | 680,765 | 0.30% |

자료: 한국사회책임투자포럼(2016)

이 경제 정의를 실현할 대안 경제 시스템을 모색하는 분위기가 자연스럽게 형성되면서 사회책임투자 펀드가 출현한 것이다. 이 상품은 운용사나 판매사의 수입 중 일부를 환경단체 지원기금으로 적립하는 방식이었는데 크게 주목을 받지는 못하였다. 이후 펀드의 운용에서부터 철저하게 사회적 책임을 따지는 본격적인 SRI펀드들이 출시되었는데, 예를 들어 2003년 12월 '제일투자증권'과 '기업책임을 위한 시민연대(CCSR: Center for Corporate Social Responsibility)'가 '사회책임투자펀드(SRI-MMF)'를 공동으로 발매하였다. 이 후 수십 종의 SRI 펀드들이 출시되었으나 이러한 펀드들이 포트폴리오 구성을 보면 기성 펀드들과 크게 다르지 않아 무늬만 SRI 펀드라는 비판을 받고 있다.

또한 SRI 펀드의 규모도 전체 공모펀드의 규모에 비해 턱없이 영세하다. 〈표 3-16〉은 한국의 전체 공모펀드의 규모 대비 SRI 공모펀드의 규모를 보이고 있다. 2011년에는 공모펀드의 규모가 188.1조 원이었는데 이 중 SRI 공모펀드의 규모는 2.7조 원으로 전체 공모펀드 중 1.41%만 SRI에 투자되는 펀드였다. 이후 전체 공모펀드의 규모는 매년 증가하는 추세였으나 SRI 공모펀드의 규모는 한 해도 빠짐 없이 감소하여 SRI 펀드의 비중이 언급하기 조차 민망할 정도가 되었다. 그리하여 2015년에는 전체 221.3조 원의 공모펀드 중 단지 0.68조 원만이 SRI 관련 공모펀드이어서 0.3%를 차지하고 있다.

〈표 3-17〉은 연도별 SRI 펀드 수 및 설정 원본을 보이고 있다. 펀드 수는 2011년 72개에서 2015년 67개로 줄어들었으나 큰 차이는 아니라고 할 수 있다. 그러나 설정원본을 보면 2011년에는 2.7조 원 정도이었으나 이것이 매년 급격히 하락하여 2015년에는 0.68조 원밖에 되지 않아 평균적으로 0.35%만이 SRI 관련 투자가 이루어졌다고 볼 수 있다. SRI 펀드의 투자 기준을 보면 기업지배구조와 관련된 펀드가 전체의 약 71%를 차지하여 환경이나 사회적 이슈에 관심을 가지기보다는 기업의 지배구조를 향상시켜 투자수익률을 높이려는 펀드가 주종을 이루고 있다. 한국에서는 아직 진정한 의미의 사회책임투자가 이루어지고 있다고 보기는 어려운 상황이다.

**표 3-17 연도별 펀드 수 및 설정원본**

| 연도 | 2011 | | 2012 | | 2013 | | 2014 | | 2015 | | |
|---|---|---|---|---|---|---|---|---|---|---|---|
| | 펀드수 | 설정 원본[1] | 펀드수 | 설정 원본 | 펀드수 | 설정 원본 | 펀드수 | 설정 원본 | 펀드수 | 설정 원본 | 비중 |
| 총합 | 72 | 2,668 | 70 | 2,277 | 67 | 1,551 | 68 | 1,063 | 67 | 681 | 0.35%[2] |
| E | 37 | 481 | 36 | 376 | 35 | 271 | 35 | 206 | 36 | 143 | 20.95% |
| S[3] | 26 | 157 | 24 | 129 | 23 | 92 | 20 | 68 | 21 | 56 | 8.18% |
| G | 9 | 2,030 | 10 | 1,772 | 9 | 1,188 | 13 | 790 | 10 | 482 | 70.86% |

자료: 한국사회책임투자포럼(2016)

[1] 단위: 10억 원

[2] 전체 공모펀드 규모 대비 SRI 공모펀드 규모 비중(평균치)

[3] 각 약자는 E(Environment), S(Society), G(Governance)를 의미함.

**표 3-18 기관투자 SRI와 공모펀드 SRI 연도별 비중**

| | 2011년 | 2012년 | 2013년 | 2014년 | 2015년 |
|---|---|---|---|---|---|
| 기관투자 | 57.3 | 70.6 | 80.9 | 85.5 | 91.4 |
| 공모펀드 | 42.7 | 29.4 | 19.1 | 14.5 | 8.6 |
| 격차 | 14.6 | 41.2 | 61.8 | 71 | 82.8 |

자료 : 한국사회책임투자포럼(2016)

〈표 3-18〉은 민간 기관투자자와 공적연기금을 포함하는 기관투자 SRI와 대중을 대상으로 한 공모펀드 SRI의 비중을 보이고 있다. 2011년에는 기관투자 SRI와 공모펀드 SRI 투자의 비중이 각각 57.3%와 42.7%이어서 나쁘지 않았다. 그러나 2012년부터 SRI 공무펀드 비율이 급격히 낮아져서 2015년에는 기관투자 SRI의 비중이 90%를 넘는 상황까지 오게 되었다. 따라서 한국의 SRI 투자는 일반 대중의 힘에 의해 이루어지기는 매우 어렵고 공적연기금을 포함한 기관투자자에 의해 이루어져야 할 것으로 보인다.

위에서 본 바와 같이 기관투자자 중에서도 국민연금의 역할이 매우 중요하다고 볼 수 있는데 이것도 그리 희망적이지 않다. 〈표 3-19〉와 〈표 3-20〉은 기업지배구조 관련하여 국민연금과 민간 기관투자자들이 안건별 반대표를 행사한 비율을 보이고 있다. 2012년 이후 2015년까지 민간기관투자자의 반대 의결 비중이 0.31%에서 1.76%로 5배 이상 증가하여 매우 고무적이라 할 수 있다. 그러나 아직 절대적 수치가 너무 낮아 거의 거수기 역할을 한다는 비난에서 벗어나기 어렵다. 국민연금의 경우는 의결사안 전체로 볼 때 반대 의결 비중이 10% 안팎이어서 민간 기관투자자보다는 훨씬 양호하다고 볼 수 있다. 반대의사를 많이 표명한 안건들은 정관변경, 사내이사의 선임, 사외이사의 선임, 기타비상임이사 선임, 감사위원 선임, 감사 선임의 건 등이다. 그러나 이사나 감사의 보수 한도, 스톡옵션 부여 등과 관련된 안건은 거의 거수기 역할을 하고 있어서 보상과 같이 민감하고 기업의 성과에 중요한 사안에 대해서는 그 역할이 극히 미미하다고 할 수 있다. 전반적으로 국민연금도 SRI 투자 관점에서 갈 길이 멀다고 할 수 있다.

**표 3-19 국민연금의 안건별 반대 비율**

| | 2013 | 2014 | 2015 | 2016 |
|---|---|---|---|---|
| 전체 안건수(반대수) | 1677(181) | 1738(140) | 1914(180) | 1976(179) |
| 전체 반대율 | 10.79 | 8.06 | 9.40 | 9.06 |
| 재무제표(이익배당) 승인 | 1.24 | 1.8 | 1.93 | 1.68 |
| 정관변경 안건 | 30.06 | 7.78 | 20.59 | 17.24 |
| 사내이사 선임 | 28.99 | 23.23 | 21.98 | 24.2 |
| 사외이사 선임 | 30.23 | 28.71 | 27.67 | 22.34 |
| 기타비상무이사 선임 | 43.64 | 24.44 | 21.67 | 26.32 |
| 감사위원 선임 | 16.42 | 17.09 | 16.88 | 16.78 |
| 감사 선임 | 33.33 | 40.98 | 43.75 | 31.58 |
| 이사 보수한도 | 0.30 | 0.58 | 0.79 | 2.40 |
| 감사 보수한도 | 0.65 | 0.63 | 0 | 0.62 |
| 주식매수선택권 | 6.25 | 0 | 0 | 0 |
| 임원퇴직금 지급규정 | 6.67 | 8.82 | 14.29 | 6.90 |

자료: 한국기업지배구조원

**표 3-20 민간 기관 투자자 의결권 반대 현황**

| | 2012 | 2013 | 2014 | 2015 | 2016 |
|---|---|---|---|---|---|
| 전체안건수 | 13,056 | 12,606 | 13,522 | 15,484 | 14,281 |
| 반대수 | 41 | 62 | 202 | 266 | 252 |
| 반대율 | 0.31% | 0.49% | 1.49% | 1.72% | 1.76% |

자료: 한국기업지배구조원

CHAPTER 04

# 사회책임투자 관련 기관 및 제도

제4장

# 사회책임투자 관련 기관 및 제도

사회책임투자 개념이 본격적으로 정립되기 시작한 1960년대 말부터 당시의 중요한 사회적 문제를 좇아 이를 투자에 반영하기 위한 조직들이 만들어졌다. 또한 각국은 사회책임투자의 중요성을 인지하고 이를 장려하기 위해 다양한 법과 제도를 구축해 왔다. 이 장에서는 이러한 기관과 법 및 제도를 살펴본다.

## 1 주요 사회책임투자 조직

〈그림 4-1〉에서 보는 바와 같이 '종교간기업책임센터(Interfaith Center on Corporate Responsibility; ICCR)'가 창립되어 활동하기 시작한 이후 중요한 사회책임투자 기관, 조직, 지침들이 만들어졌다. 본 절에서는 사회책임투자 관련 기관이나 조직들의 설립 연도, 목적, 활동 등에 대해 살펴본다.

### Interfaith Center on Corporate Responsibility(ICCR)

1971년 남아프리카공화국의 인종차별 정책에 반대하는 종교적인 투자자들이 기업의 좀 더 적

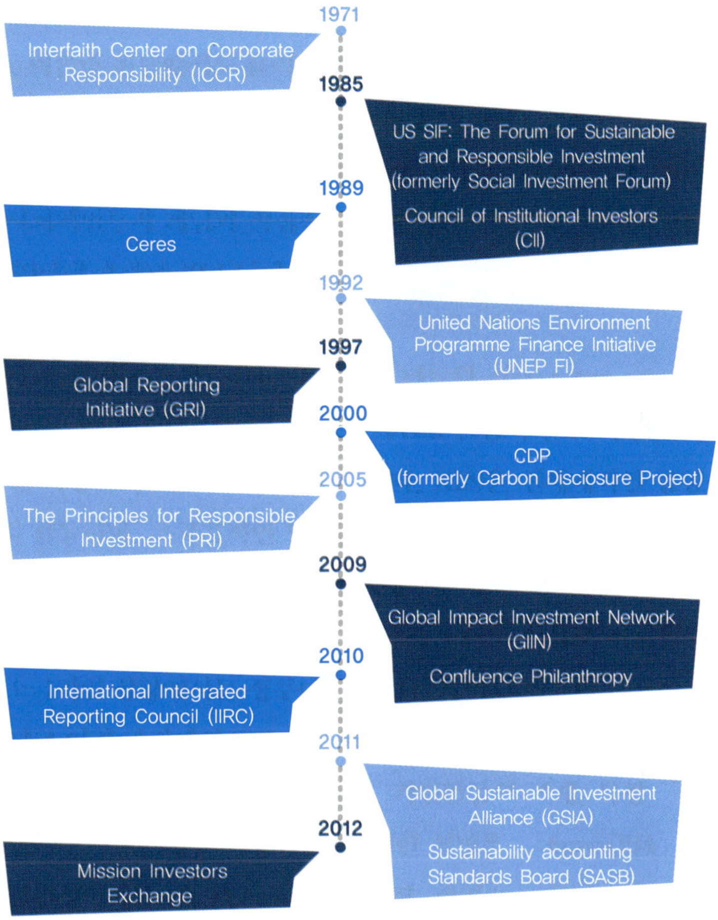


자료원: US SIF(2016a).

그림 4-1 주요 사회책임투자 조직 형성 연도

극적인 사회적 책임활동을 요구하기 위하여 ICCR을 만들었다. 그 이후 ICCR은 지속적으로 기업의 의사결정에 사회적이며 환경적인 차원을 포함시키도록 요구해왔다. 오늘날 ICCR은 신념에 근거한 모임, 사회책임투자자산운용회사, 조합과 연금을 포함하는 300개의 기관투자자로 구성되어 있으며 이들이 운용하는 자산의 규모는 4,000억 달러 이상이다. ICCR 회원들은 정기적으로 세계적으로 잘 알려진 기업들로 하여금 다양한 주제에 대해 그들의 참여와 성과를 높이도록 독려하고 있다(ICCR 2018).

### US SIF: The Forum for Sustainable and Responsible Investment

US SIF

'US SIF'는 모든 자산 종류를 망라하여 지속가능하고, 책임성 있고, 사회에 긍정적 영향을 미치는 투자(sustainable, responsible, and impact investing, SRI)를 증진시키고자 하는 주요 조직 중의 하나이다. US SIF의 목표는 투자 활동이 신속하게 지속가능성을 확보하도록 유도하는 것이다. 이를 위해 장기투자를 유도하고 긍정적인 사회 · 환경적 영향을 창출하는 것에 초점을 맞춘다. US SIF 회원들은 투자관리 및 자문 회사, 뮤추얼펀드, 연구 기관, 재무설계사 및 자문가, 브로커-딜러, 지역사회투자기관, 비영리협회, 연금펀드, 기금, 자산가 등 매우 다양하다. US SIF는 연구와 교육, 공공정책에 대한 참여, 미디어를 통해 일반 대중들에게 접근하는 노력, 학술대회와 여타 프로그램 등을 활용하여 SRI 투자를 증진시킨다. US SIF는 이후에 설명되는 Global Sustainable Investment Alliance(GSIA)의 회원이다.

### The Council of Institutional Investors(CII)

Council of Institutional Investors®
The voice of corporate governance

1985년에 설립되었고, 125개 이상의 연금과 종업원후생복지기금, 재단과 기금이 회원인 비영리협회로 이들이 운용하는 총자산 규모는 3.5조 달러가 넘는다(CII 2018). 좋은 기업지배구조와 강한 주주 권리를 주창하는 주요 조직이다. CII가 설립되었을 당시는 아직 대부분의 기업의사결정에 주주들의 의견이 반영되지 않고, 주주 의결권의 잠재적 가능성이 아직 확인되지 않았을 때이다. 21개 기관의 대표자로 구성된 창립멤버들은 대부분 공공연금펀드의 책임자들이었는데 자신들이 투자하고 있는 기업들의 경영자들이 좀 더 주주들의 감시감독을 받아야 한다는 신념을 공유하였다. 또한 자신들이 운용하는 자산의 규모를 지렛대로 삼아 기업이 좀 더 사회적으로 바람직한 활동을 하도록 주주들의 영향력을 강화해 왔다.

### CERES와 Investor Network on Climate Risk(INCR)

Ceres

1989년 Exxon사의 대형유조선인 Valdez호가 알래스카의 Prince William 해협에 1,100만 갤론의 기름을 유출한 사상 초유의 사건이 발생하였고 이로 인해 기업에 대한 신뢰가 땅에 떨어졌다. 이로부터 6개월 후 투자자, 환경조직, 공공이해관계자 그룹이 사건의 해결과 환경 복원을 촉구하기 위해 전국적인 비영리단체를 구성하였는데 이것이 'CERES'이다. 현재는 전세계적으로 기후변화와 물부족 문제 등 지속가능성에 대한 도전과제를 해결하기 위해 기업과 함께 일한다. CERES는 연계조직들이 있는데, 150개 이상의 주요 기관투자자로 이루어진 'CERES Investor Network on Climate Risk and Sustainability', 기후변화와 청정에너지 정책을 옹호하는 미국 주요 소비자 브랜드 회사들의 강력한 연대인 'Business for Innovative Climate & Energy Policy(BICEP)' 등을 지휘한다(CERES 2018). 사람과 지구를 위한 지속가능한 미래를 창조하기 위해 경제체제를 탈바꿈시키는 것을 목표로 하고 있다.

### United Nations Environment Programme Finance Initiative(UNEP FI)

지속 가능한 금융을 위해 UNEP의 파트너로 활동하는 전세계 200개 이상의 금융기관의 연합이며 1992년 지구정상회의(Earth Summit) 이후 창립되었다. 회원 구성은 선진국과 개발도상국의 공적 금융기관과 함께 은행, 보험사, 투자기관 등 사적 금융기관이 균형을 이루고 있다. 환경과 사회에 대한 금융의 부정적 영향을 미리 예견하고 방지하는 접근방법을 사용한다. UNEP FI의 기후변화작업단(Climate Change Working Group)은 금융기관, 정책입안자, 그리고 일반 대중을 대상으로 기후변화의 문제점에 대한 인식을 높이고 소통을 원활히 하는 것을 목표로 활동한다.

### Global Reporting Initiative(GRI)

지속가능보고서를 작성하는 국제적 표준이며, 초기에는 CERES의 프로젝트로 시작이 되었으나 1990년대 후반 독립된 주체가 되었다. SRI 투자자들이 GRI를 만드는데 중요한 역할을 했다. 2019년 1월 현재 100개 이상 국가에 소속되어 있는 13,000개 이상의 조직이 'GRI 지속가능성 보고 지침(GRI Sustainability Reporting Guidelines)'을 사용하고 있고, 31,000개 이상의 GRI 보고서가 생산되고 있다(GRI 2019). 전세계의 투자자들은 블룸버그(Bloomberg)와 같은 시스템을 통해서 실시간으로 금융시장의 자료를 감시감독하고 분석할 수 있게 되었는데, 이를 통해 점점 더 많은 GRI 보고서에 쉽게 접근할 수 있게 되었다. 미국의 많은 정부 기관들은 지속가능보고서를 작성할 때 GRI를 참고하거나 또는 GRI 보고 지침을 완전하게 따르고 있다. 미국 체신부, 미국육군, 미국공군 등이 그 예이다.

### CDP

'CDP'(이전에는 'Carbon Disclosure Project')는 기업 기후변화 정보와 관련하여 전세계에서 가장 큰 데이터베이스를 관리하고 있다. 또한, CDP는 기업들의 탄소 발자국을 측정하기 위해 기업들과 함께 활동하며 이를 통해 기업들의 탄소 배출을 줄이고자 하는 노력을 돕고 있다. 2019년 현재 650개 이상의 기관투자자가 투자를 위한 정보 차원에서 CDP에 기후변화, 수자원, 삼림자원에 대한 정보를 요청하고 있는데, 이들이 운영하고 있는 자산의 규모는 87조 달러를 능가한다. 또한 CDP는 델(Dell)이나 펩시코(PepsiCo)와 같은 115개의 공급망(supply chain) 회원을 대표하여 활동하는데, 이들은 3.3조 달러 이상의 구매력을 가지고 있다. 7,000개 이상의 기업이 기후변화, 수자원, 삼림자원, 공급망 관련하여 CDP의 질문서에 응답하고 있고, 620개 이상의 도시가 CDP를 통해 환경정보를 공개하고 있으며, 120 이상의 국가와 지역이 CDP를 통하여 환경영향을 측정하고 있다. 기업, 국가, 도시들은 감축목표를 설정하고 성과 향상을 위해 온실가스 배출, 물 관리 노력, 기후변화 대응 전략 등을 CDP를 통해 측정하고 공개한다(CDP 2019). 이 자료는 기관투자자, 기업, 정책 입안자들과 그들의 고문, 공공부문 조직, 정부 기관, 학자와 일반대중 등 광범위한 청중들에게 접근 가능하다.

### Principles for Responsible Investment(PRI)

'The Principles for Responsible Investment(PRI)'는 2019년 현재 50개 이상 국가의 2,100여 기관이 참여하고 있는데 이에는 연금, 보험회사, 투자관리자 등이 포함된다(PRI 2019). 이는 자발적 행동 규범이며 투자자들이 모든 투자 의사결정과 자산 보유 활동에 있어 ESG 요인을 감안하도록 하자는 것이다. 참여기관들은 다음과 같은 6개의 원칙을 지켜야 한다.

- 원칙 1: 우리는 투자분석과 의사결정 과정에 ESG 이슈를 포함시킨다.
- 원칙 2: 우리는 적극적인 주주가 될 것이며 우리의 소유 정책과 실행에 ESG 이슈를 포함시킨다.
- 원칙 3: 우리는 우리가 투자하는 기관이 ESG 이슈에 대한 적절한 공시를 하도록 촉구한다.
- 원칙 4: 우리는 투자 산업 내에서 이 원칙들이 수용되고 실행되도록 노력한다.
- 원칙 5: 우리는 이 원칙들을 실행하는데 있어 효과를 높이기 위해 함께 일한다.
- 원칙 6: 우리는 이 원칙들의 실행을 위한 우리의 활동과 진행사항에 대해 보고한다.

### Global Impact Investing Network(GIIN)

'The Global Impact Investing network(GIIN)'는 2009년에 설립된 비영리조직이며 사회적으로 긍정적 영향을 미치는 투자(impact investing)의 규모와 효과를 증대시키기 위한 목적으로 설립되었다. 200개 이상의 조직과 기업이 회원으로 참여하고 있다. 이는 주로 사모지분펀드나 사모부채펀드로 구성된 영향력 투자 펀드의 데이터베이스를 제공하는데, 공인된 투자자들에게는 이에 대한 접근이 개방되어 있다(GIIN 2018).

### Confluence Philanthropy

자선활동을 ESG 목적에 맞는 투자로 연결하고자 하는 목표를 가지고 2009년에 설립되었다. 이러한 목적을 달성하기 위해 사적 · 공적 재단, 지역사회 재단, 가족들, 개인 회사자들, 투자자문가들, 자금운용자들의 활동을 지원하고 촉진한다. 이들이 운영하는 자산은 3.5조 달러가 넘고, 사회책임투자를 실천하는 자선적 자산이 700억 달러 이상이 다. 또한 다양한 자산의 선택, 투자 대상의 선정, ESG 지원을 위한 전략 등 여러 가지 고려사항을 종합적으로 검토하여 목표 정합성을 증진시킨다. 미국, 캐나다, 유럽, 남미, 푸에르토리코에 기반을 두고 있으며 회원들은 전세계적으로 투자를 수행한다(Confluence Philanthropy 2018).

### The International Integrated Reporting Council(IIRC)

주로 GRI의 작업에 힘입어 지속가능성 보고의 성격과 범위가 근본적으로 바뀌었다. 'International Integrated Reporting Council(IIRC)'은 규제자, 투자자, 기업, 회계전문가, 기준설정자, 시민사회조직들의 연합인데, 조직의 전략 · 지배구조 · 재무성과와 조직이 활동하고 있는 사회적 · 환경적 · 경제적 맥락과의 관계를 강조하기 위하여 2010년에 만들어졌다. 2013년 12월에는 IIRC 시험프로그램(IIRC Pilot Programme)에 참여한 26개국의 140개 기업과 투자자들을 대상으로 한 광범위한 자문과 실험을 거친 후 통합적 보고를 위한 범세계적 틀을 발표하였다. 2016년에는 유럽회계사연합(Federation of European Accountants)과 함께 통합보고가 어떻게 EU의 비재무적보고지침(European Union's Non-Financial Reporting Directive)의 실행을 촉진할 수 있는지를 검토했다. 6,000여 개의 유럽 조직들은 이 보고지침에 따라 그들의 환경, 사회, 인권 및 반부패 정책에 대해 보고해야 한다.

### Global Sustainable Investment Alliance(GSIA)

SRI 투자자들은 특정 지역의 지속가능투자를 증진

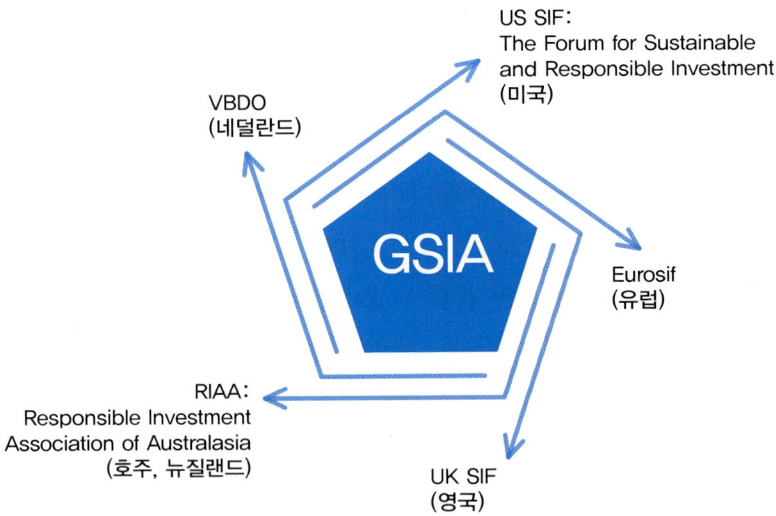


그림 4-2 Global Sustainable Investment Alliance(GSIA) 회원조직

**표 4-1 기타 회원권에 근거한 지속가능투자 조직**

| |
|---|
| Forum Nachhaltige Geldanlagen(독일/오스트리아/리히텐슈타인/스위스) |
| Forum per la Finanze Sostenibile(이태리) |
| Forum pour l'Investissement Responsable(프랑스) |
| Spainsif(스페인) |
| SWESIF(스웨덴) |
| LatinSIF(남미) |
| Responsible Investment Association(캐나다) |
| Japan SIF(일본) |
| KoSIF(대한민국) |
| Responsible Investment Research Association(인도) |

하기 위한 회원 조직으로 해당 국가와 지역에 근거한 '지속가능투자포럼(Sustainable Investment Forums; SIFs)'을 만들었다. 이 조직들은 다시 연합하여 '세계지속가능투자연대(Global Sustainable Investment Alliance; GSIA)'를 결성했다. GSIA의 회원조직이 〈그림 4-2〉에 나타나 있고, 전세계에 퍼져 있는 추가적인 지속가능투자 회원조직들이 〈표 4-1〉에 나타나 있다.

### Sustainability Accounting Standards Board(SASB)

2011년 7월에 설립된 독립 비영리조직으로 미국 시장에 상장된 기업들이 연차보고서에 공시해야 하는 중요한 ESG 정보와 더불어 이와 관련된 분야 및 산업별 기준을 개발한다. 본부는 샌프란시스코에 있으며 투자자의 수요를 충족시키는 중요한 지속가능성 정보를 공시하도록 함으로써 자본시장의 효율성을 향상시키고자 노력한다. 현재 11개 분야의 79개 산업에 대해 중요

주제와 핵심 성과지표 기준이 만들어졌으며 향후 이를 더 확대할 계획을 가지고 있다. SASB는 구체성을 가지고, 증거에 근거하며, 시장 정보를 반영한 투명하고, 포괄적이며, 엄정한 표준 설정 과정을 지향한다. 또한, SASB는 중요한 지속가능성 정보와 회사의 경제적 성과 사이의 관계를 더 잘 이해시키기 위하여 전문가들에 대한 교육도 제공한다(Sustainability Accounting Standards Board 2018).

### Mission Investors Exchange

2012년 설립되었고, ESG 사명을 달성하고자 하는 230개 이상의 재단과 투자 조직의 전국적 네트워크이다. 이 프로그램은 'PRI Makers Network'와 'More For Mission'의 통합으로 시작되었다. 이는 자선적 혁신가들이 자신들의 돈의 영향력을 증대시키기 위하여 아이디어, 방법, 경험 등을 공유하는 장의 역할을 한다.

〈표 4-2〉는 사회책임투자 관련한 주요 네트워크와 조직 및 단체들의 이메일 주소를 정리한 것이다.

## 2 각국의 사회책임투자 관련 규제[13]

세계 각국은 사회책임투자의 확산을 위해 연금이나 상장기업들로 하여금 ESG 정보를 공시하도록 하고 있다. SRI 산업의 성장은 이러한 규제가 잘 정비됨으로써 가능해지는데, 이 절에서는 여러 국가들의 SRI에 대

13 Renneboog(2008a) 참조.

**표 4-2 사회책임투자 주요 네트워크와 조직 온라인 주소**

- CDP: www.cdp.net
- Ceres: www.ceres.org
- Climate Bonds Initiative: http://www.climatebonds.net/
- Community Development Venture Capital Alliance: www.cdvca.org
- Confluence Philanthropy: www.confluencephilanthropy.org
- Council of Institutional Investors: www.cii.org
- Divest-Invest Initiative: http://divestinvest.org/
- EIRIS Conflict Risk Network: http://www.eiris.org/about-us/eiris-conflict-risk-network/
- Fossil Free, a 350.org Project: http://gofossilfree.org/
- Global Impact Investing Network: www.thegiin.org
- Global Reporting Initiative: www.globalreporting.org
- Global Sustainable Investment Alliance: http://www.gsi-alliance.org/
- Initiative for Responsible Investment: http://hausercenter.org/iri/
- Interfaith Center on Corporate Responsibility: www.iccr.org
- International Corporate Governance Network: www.icgn.org
- Investors' Circle: www.investorscircle.net
- Investor Environmental Health Network: www.iehn.org
- Investor Network on Climate Risk: www.incr.com
- Mission Investors Exchange: www.missioninvestors.org
- National Community Investment Fund: www.ncif.org
- National Federation of Community Development Credit Unions: www.cdcu.coop
- Opportunity Finance Network: www.opportunityfinance.net
- Principles for Responsible Investment: www.unpri.org
- Responsible Endowments Coalition: www.endowmentethics.org
- Slow Money Alliance: www.slowmoney.org
- Sustainable Endowments Institute: www.endowmentinstitute.org
- The ImPact: www.theimpact.org
- Thirty Percent Coalition: http://www.30percentcoalition.org/
- US SIF and the US SIF Foundation: www.ussif.org
- United Nations Environment Programme Finance Initiative: www.unepfi.org

한 규제를 살펴본다. 대부분의 SRI 규제는 유럽에서 다양한 차원의 법률들이 통과되면서 실시되었다.

### 1) 영국

영국은 세계에서 펀드 산업은 두 번째, 보험 산업은 세 번째인 큰 나라다. 'FTSE100'의 시가총액은 4조 유로에 달한다. 사회책임투자 분야에 있어서도 영국은 글로벌 선두주자이며 기업지배구조 모범규준(UK Corporate Governance Code), 스튜어드십코드(Stewardship Code), 회사법(Companies Act) 제정을 통해 사회책임투자 활성화를 위한 법적 토대를 형성해 왔다. 구체적으로, 영국은 연금이나 자선기금의 ESG 투자 정책에 대한 공시를 의무화한 첫 번째 국가이다. 이러한 규제로 인해 SRI 산업이 상당한 성장을 이룰 수 있었다. 2000년 7월, 1995년의 연금법(Pension Act)에 대한 개정이 이루어졌는데, 이에 의하면 직장 연금 펀드의 수탁기관은 투자원칙 문서(Statement of Investment Principles)에 투자 대상의 선택, 유지, 이익의 실현에 있어 ESG 고려를 하는 정도를 공시하여야 한다.

2001년 2월에 발효된 '수탁자법 2000(The Trustee Act 2000)'은 자선조직의 수탁기관들이 해당 자선조직들의 목적에 맞게 투자를 수행하도록 요구하고 있다. 자선위원회(Charity Commission) 지침에 따르면, 자선조직은 수탁기관이 투자를 함에 있어 적절한 윤리적 고려를 하도록 감독하여야 한다. 2002년에는 국무조정실(The Cabinet Office)이 '자선법의 검토(Review of Charity Law)'를 출간하였다. 이 문건은 연 수익이 100만 파운드를 넘는 모든 자선기관은 투자 정책에 있어 ESG 문제를 고려하는 정도를 보고할 것을 제안했다. 2003년에 영국 내무부(The Home Office)는 이러한 권유를 받아들여 실행에 옮겼다.

추가적으로, 기관투자자와 같은 큰 기관들도 역시 SRI 운동에 동참했다. 예를 들어, 회원들이 약 1조 달러의 자산에 투자하고 있는 영국보험협회(Association of British Insurers; ABI)는 2001년 상장 기업들의 공시

지침을 출간하였다. 이에 의하면 상장 기업들은 그들의 경영 활동과 관련된 중요한 ESG 위험을 보고해야 한다.

2005년 이후 영국에서는 기관투자가의 신의 성실의무와 관련해 광범위한 토론이 진행되었다. 그 결과물로 2012년 영국 주식시장과 장기투자 결정에 관한 리뷰 보고서가 발간되었는데 이 보고서에서는 투자 문화를 증진하는 데 있어 신의성실의무가 주요 역할을 하며, 신의성실의무를 잘못 이해하고 현장에 적용하면 심각한 피해가 발생할 수 있다는 점을 강조하고 있다. 이에 대하여 영국정부는 법률위원회가 신의성실의무를 더 자세하게 조사할 것을 지시하였고, 2014년 법률위원회는 '투자관계회사의 신의성실의무' 보고서를 작성했다. 이 보고서에서 주장하는 신의성실의무의 골자는 크게 두 가지다. 첫째, 신탁관리인은 ESG 요소의 재정 수익 관련성을 포함하여 장기 투자를 위한 광범위한 요소를 고려해야 한다. 둘째, 연금관리인은 재정적 수익에 초점을 맞추며, 수탁인은 ESG 요소의 재정적 수익 관련성, 거시적 요인, 비재무적 요인 등을 광범위하게 고려하여 수익자가 심각한 재정적 손해를 입지 않도록 의사결정을 해야 한다.

법률위원회는 신의성실의무가 '복잡하고, 잘 알기 어려운 과제' 라고 적시하면서 이 부분이 수탁관리자로 하여금 투자 요인이나 수익자들의 우려사항에 대한 해석을 과도하게 좁힐 수 있다고 인정했다. 하지만 ESG 요소가 법적으로 명시되지 않더라도 투자 결정 과정에서 ESG 요소가 포함되는 것이 신의성실의무에 배치되지 않는다는 새로운 의견이 생기고 있다.

영국 지방 정부는 재정적 손해를 입으면서까지 윤리적 조치를 취할 필요는 없다는 의견을 밝히고 있다. 그러나, 투표권을 행사하는 것, 이에 관여하는 회사와 연대를 하는 것, 투자 매니저와 정책입안자가 재정적인 면과 관련 지어 ESG 문제를 다루는 것은 신의성실의무에 부합하는 것이라는 결론을 내렸다.

영국 자산가, 특히 대규모 자산가는 ESG 요소와 관리를 투자과정의 기본 요인으로 통합하는 추세이다. 그러나 아직도 자산가의 사회책임투자에 관련된 활동이나 사회책임투자의 결과가 어떻게 관리 감독되는지 불분명하다는 지적이 있다. 이와 관련해 2015년 초기에 발간된 공공 주식의 책임투자에 대한 가이드가 주목을 받고 있다. 이에 협력한 기관은 이 가이드에 따라 펀드매니저로 하여금 현재나 앞으로의 ESG 요소와 스튜어드십을 고려하도록 하고 이에 대한 관리감독 상황을 보고해야 한다(PRI 2015).

영국에서 책임투자 활성화를 가로막는 장애요인은 다음과 같다. 첫째, 자산 소유자의 의사결정과 대리인의 의사결정에서 ESG 이슈를 포함하여 기간이 장기인 점과 여타 고려사항에 대해 주의를 기울여야 한다. 그러나 이에 대한 명확한 법적 지도가 부족하다. 둘째, 투자자의 참여가 지배구조에 어떻게 영향을 미치는지에 대한 것과 개인 투자자 수준에서 스튜어드십 코드에 대한 구체적인 관리감독이 부족하다. 셋째, 투자자문가나 법률자문가가 신의성실의무는 오로지 재무 수익률을 최대화하는 것과 관련이 있다는 인식을 가지고 있다. 넷째, 스튜어드십 코드가 환경과 사회 이슈에 대해 주의를 덜 기울인다. 투자자들이 지배구조 이슈, 특히 보상구조에 초점을 맞추고, 사회 및 환경 이슈(기후 변화는 예외)는 상대적으로 관심을 덜 가지는 경향이 있다. 다섯째, 사회책임투자의 수용력이 부족하다. 예를 들어서 자산 소유자는 어떤 투자매니저가 ESG 통합을 시도하는지를 파악하고, 이들이 자산을 지속적으로 운용할 수 있도록 투자매니저를 유지하고 관리하는 능력을 키워야 한다.

### 2) 유럽 대륙

유럽 대륙에서도 사회적 · 환경적인 투자와 저축에 대한 일련의 규제를 통과시켰다. 2000년에 영국이 1995년 연금법에 대한 개정을 한 후 독일, 벨기에, 스웨덴, 이태리 등 4개의 국가가 연금 펀드로 하여금 SRI 관련 정보를 공시하도록 하는 유사한 법을 통과시켰다. 이러한 일련의 제도 개선은 SRI 펀드 산업의 성장에 긍정적 영향을 미쳤다.

또한 유럽연합(European Union, EU)의 모든 국가들은 EU 기관의 법적 제도와 결정에 영향을 받는다. 기업퇴직연금 조항에는 3년마다 투자정책서(Statement of Investment Policy Principle; SIP)를 검토하게 되어 있다. SIP에는 관할 관청과 각 연금제도의 구성 회원과 수익자가 명시되어 있다. SIP에 ESG 요소를 고려하라는 명확한 요구 규정은 없다. 그러나, SIP에는 기업퇴직연금 관련 사항 이외에 투자자가 사회책임투자에 대한 광범위한 책무와 신의성실의무를 수행하는 데 도움이 되는 여러 가지 장려 사항들이 포함되어 있다. 첫째, 500명 이상의 종업원이 있는 회사에게 요구되는 비재무적 보고 사항으로 환경 이슈, 사회와 피고용인 이슈, 인권, 부정부패 방지 및 뇌물과 관련된 이슈, 위원회에 대한 포괄적 이슈를 다루는 방식 등에 대한 정보를 공개하도록 하고 있다. 둘째, 주주권리에 대해 총회 이전에 관련된 정보가 주주들에게 제공되고 전자투표를 할 수 있도록 준비한다. 셋째, 주주 권리행사, 문책권, 주주 미팅의 안건이나 결과와 관련된 안건 상정에 대한 제한을 철폐한다.

### (1) 독일

1991년 이후 재생에너지법(Renewable Energy Act)은 풍력 에너지에 투자하는 폐쇄형 펀드에게 세금 혜택을 주기로 결정했다. 연금과 관련하여 독일은 역사적으로 법적 연금보험이 지배적인 국가이다. 그러나 독일의 공공 부과방식 시스템은 사설 시스템으로 보완되는 형태로 바뀌기 시작했다. 독일은 연금 기관이나 보험펀드에 대해 책임투자 원칙을 법적으로 명시하고 있지 않았다. 그러나 2002년 1월 이후에는 공인된 사적 연금과 사업장 연금은 회원들의 기부금을 투자할 때 사회적 · 윤리적 · 생태적 측면이 고려되는지, 고려된다면 어떤 형태로 고려되는지 투자자들에게 서면으로 알리도록 의무화하고 있다(Eurosif 2003). 또한 2005년 독일교통공사인 VAG 개정에서 연금펀드와 Pensionskassen가 투자 결정 및 계약 결정 전후에 고려한 ESG 요소를 수익자에게 연간 단위로 공시하도록 하였다. 독일 국회 의원들은 연금펀드와 Pensionskassen의 투자 과정에서 ESG 요소가 고려사항으로 허용되어야 함을 강조하고 있다.

### (2) 벨기에

벨기에는 2001년 'Vandebroucke' 법을 통과시켰는데, 이에 의하면 연금 펀드는 자신들의 투자에 있어 사회적 · 윤리적 · 환경적 측면을 고려하는 정도를 보고하여야 한다.

### (3) 스웨덴

2002년 1월 이후 스웨덴 국민 연금 펀드는 투자 정책에 환경과 윤리적 측면을 포함시키는 것이 의무화되었다.

### (4) 이태리

2004년 9월부터 연금 펀드는 투자 의사결정에 영향을 미치는 비재무적 요인들(사회적,환경적, 윤리적 요인들)을 공시해야 한다.

### (5) 네덜란드

1995년 네덜란드 국세청(Dutch Tax Office)은 '녹색 저축 및 투자 계획(Green Savings and Investment Plan)'을 신설하였다. 이에 따라 풍력 및 태양 에너지, 유기농과 같은 녹색 투자에는 세금을 감면해주는 제도를 도입하였다.

### (6) 프랑스

프랑스는 유럽에서 SRI 시장이 가장 잘 발달된 국가로 프랑스의 SRI시장이 다른 국가에 비해 성장할 수 있었던 것은 사회책임투자를 위한 법제가 잘 마련되어 있기 때문이다. 2001년 5월 '신경제 규범(New Economic Regulations)'이 발효되었는데, 이에 의하면 모든 상장회사는 연차보고서에 사회적 · 환경적 정보를 포함하여야 한다. 시행령에서는 환경 사회 책임 정보를 여러 범주로 나누어 규정하고, 환경과 사회(지역공동체, 종업원) 이슈를 별개로 분리하여 공시할 것을 요구하는데, 시행령 상의 공시항목이 매우 상세하다. 환경정보는 환경에 미치는 영향과 환경경영 및 환경보호에 관해 상세하게 공시해야 하고, 종업원 이슈는 인력의 채용과 활용, 영구직원과 임시직원, 근로자의 보수 등에 관해 자세히 공시해야 한다(노희진 등 2008).

2001년 2월 이후에는 종업원 저축 제도(Employee Savings Plans)의 운영자로 하여금 주식을 사거나 팔 때 사회적, 환경적, 또는 윤리적 검토를 하도록 하고 있다. 2011년부터는 상장기업들의 ESG 정보 공시를 의무화하는 등 사회책임투자를 위한 법제를 충실히 마련하고 있다(김선민 2013).

근로자자본투자기금(capital investment fund; FCP)은 정관에 ESG 이슈를 분석하는 데 사용한 정확한 기준과 이들을 평가하는 데 채택한 방법, 관리회사가 외부의 전문평가기관을 활용하는지 여부, ESG 관련 실천 사항을 연차보고서에 보고한다는 것을 명시해야 한다. 금융감독기구인 AMF는 투명성 원칙에 따라 투자자들에게 다음의 정보를 제공하도록 권고한다: 지속가능한 발전에 대한 정의와 ESG 고려사항; ESG 고려사항의 분석, 평가, 감독에 사용한 방법과 절차; 외부감사인이 평가시 따라야 할 윤리규정; 뮤추얼펀드의 성과에 있어 지속가능발전 및 ESG의 영향; 뮤추얼펀드의 관리시 ESG의 영향(UNEP FI 2005).

### 3) 미국

2002년 7월 '사베인-옥슬리 법(Sarbanes-Oxley Act)'이 발표되었다. 이 법의 406조에 의하면 기업들이 사장, 재무이사, 수석 회계사로 하여금 명문화된 윤리 규정을 채택하도록 하고 이를 공시하여야 한다.

UN, UNEP, PRI가 공동 수행한 '21 세기 신의성실의무(Fiduciary Duty in the 21st Century) 보고서'에 의하면 미국의 설문 응답자들은 미국의 책임투자 활성화 저해 요소를 크게 두 가지로 지적하고 있다(PRI 2015). 첫째는 책임투자를 어떻게 신의성실의무와 연계시킬 것인가에 대한 규제 당국의 지도 및 법원 판결이 부족하다는 것이다. 이로 인해 규제와 법적 측면에서 여러 가지 문제점들이 발생한다. 우선 투자 기간에 있어 사회책임투자가 장기적 성과를 추구한다면 장기에 대한 정의가 명확히 나와야 한다. 또한 사회책임투자와 관련하여 구체적인 행동을 규명해야 하고, 투자에 대한 연구와 의사결정 과정에서 고려해야 하는 ESG 이슈를 보다 명확히 규명해야 한다. 다음으로 법률 자문가와 투자 컨설턴트가 책임투자 활성화를 가로막는다는 의견이다. 이들은 신의성실의무에 대해 매우 좁은 해석을 내리고 있고, 수탁자의 임무는 주로 단기적인 재무성과를 내는 것

이라고 강조하여 설사 장기 투자를 할 용의가 있는 자산 소유자들도 사회책임투자에서 멀어지게 만들고 있다는 것이다.

### 4) 캐나다

캐나다의 금융서비스는 캐나다 GDP의 6-8%를 차지하고, 토론토 거래소가 있는 토론토가 금융 수도이다. 연방수준에서 규제되는 연금제도 외에 캐나다 각 주는 연금 규정 및 감독에 관한 책임이 있는데, 각 주들의 주요 기관들은 사회책임투자 관련 고유의 권한을 가지고 있다. 일반적으로 큰 기관에 있는 투자매니저는 투자 과정에서 기업지배구조 부분을 염두에 두고 있는데, '캐나다 좋은 지배구조 연합(Canadian Coalition for Good Governance, CCGG)'과 같은 연대 주도기관에 의해 또는 개인적으로 기업지배구조에 관한 약속을 이행한다. 그러나 자산 소유자들에게 있어 환경과 사회적 이슈는 아직 주목을 받지 못하고 있다(PRI 2015).

캐나다 경제는 채광업에 치중되어 있기 때문에 투자자들이 기후 및 환경 이슈에 관심을 가지기 시작했다. 캐나다의 자산가들은 기후변화 위험을 평가하는 데 있어 탄소발자국 척도와 탄소 대체재 등 환경과 관련된 주제에 대해 점차 관심을 보이기 시작했다. 과거 5년 동안 사회책임투자에 대한 시장의 관심이 증가하였는데 이는 시장에서의 요구가 늘어났기 때문이다. 캐나다의 많은 대규모 자산가가 PRI에 서명하였고 이들은 특별히 사회책임투자의 중요성을 시사했다. PRI 서명자들은 PRI 보고 의무를 강조하고, PRI에 제출한 보고서가 대중에게 제공되도록 하는 것이 그들의 시스템과 프로세스를 강화하는 데 필요하다고 생각한다.

규제에도 변화가 일어나고 있다. 온타리오(Ontario)의 연금 기준 제정이 사회책임투자의 확산에 촉매제 역할을 하였다. 연금 펀드 행정담당관에

따르면 온타리오와 캐나다의 다른 주들이 ESG 이슈에 관한 솔직한 대화를 진행하고 신의 성실의무의 현대적 해석에 대한 법률 상담 및 조언을 구하고 있다. 또한, 국제 모범 사례를 따르려는 행동이 늘어나고 있으며, 사회책임투자를 강화하는 방안을 종종 선진 유럽 투자 기관에서 찾고 있다.

캐나다에서 사회책임투자에 대한 관심이 증가하고 있기는 하지만, 사회책임투자의 장애요인들도 존재하는데 대체로 미국에서의 문제점과 궤를 같이 한다. 첫째, 사회책임투자가 신의성실의무와 어떻게 연계되어 있는지에 대한 규제 당국의 지도 또는 법원 판결 사례가 부족하다. 둘째, 사회책임투자가 장기적 속성을 가지기 때문에 운영 성과를 판단할 때 장기(Long-Term)의 정의를 명확히 할 필요가 있으며, 사회책임투자 관련 특정 행위, 그리고 투자 리서치 및 의사결정 과정에서 고려되어야 하는 이슈가 명확히 규정되어야 한다. 셋째, 법률가와 투자자문가가 신의성실의무에 대해 매우 좁은 해석을 계속 내리고 있고 이로 인해 사회책임투자를 기꺼이 채택하려는 자산 소유자를 가로막아 왔다. 법률가와 투자자문가들의 의식과 지식을 변화시키기 위한 지도가 필요하다. 넷째, 환경 및 사회 이슈에 대한 기업 보고가 취약하고 일관성이 결여되어 있어 투자자가 투자 과정에서 이러한 이슈를 고려하는 것을 어렵게 한다. 다섯째, 상대적으로 ESG 통합과 적극적 주주권과 같은 영역에 깊은 전문성을 가지고 있는 전문가가 부족하다. 전문가 부족은 일차적으로 시장 수요가 적기 때문인데, 향후 시장 수요가 더 많아지고 책임투자에 대한 투자 사례가 더 명확해진다면 이러한 전문성 부족은 상대적으로 신속히 해결될 수 있을 것이다.

### 5) 호주

호주에서는 2001년에 법으로 모든 투자 회사의 투자상품 공시 문서에

노동 기준, 환경, 사회, 윤리적 측면이 고려되는 정도에 대한 설명이 포함되도록 하였다. 2001년 이후에는 호주증권거래소(Australian Securities Exchange; ASX)에 상장된 모든 기업들이 연간 사회적 책임 보고서를 작성하도록 의무화하고 있다.

한편, 호주는 세계에서 네 번째로 큰 사적연금풀(Private Pension Funds Pool)을 가지고 있는 시장이어서 연금투자와 ESG 이슈가 매우 중요하다. 호주 퇴직연금 산업의 EGS 요소에 대해 대규모 자산 소유자는 책임투자를 매우 적극적으로 수용하고 있다. 퇴직연금 관리에 필요한 역량이 '신중하고 전문적인 퇴직연금 신탁관리자'로 강화되면서 자산 소유자의 ESG 요소가 강조되었다. 그러나, 퇴직연금의 안건과 갈등관리 및 적립 기준액과 같은 현실적 이슈에 묻혀 ESG 이슈가 주목을 끌지 못한 측면도 있다. 실질적으로, 사회책임투자에 대한 정의가 명확하게 통일되어 있지 않아 시장 관계자들이 ESG 요소 각각에 대한 이해도에 차이가 있다. 많은 사람들이 ESG 이슈를 가치 창조와 동일하게 여기거나 장기투자의 시간적 요소로 생각하기 때문에 사회책임투자에 대해 능동적인 조치를 취하는 것이 신의성실의무를 다하는 방법이다(PRI 2015).

호주의 사회책임투자 확산에 있어서 호주수퍼애뉴에이션투자자협의회(Australian Council of Superannuation Investors), 금융서비스협의회(Financial Service Council), 호주연금신탁관리자협의회(Australian Institute of Superannuation Trustees) 등 연금 및 금융과 관련된 협회의 활동이 매우 중요했다. 호주증권거래소의 기업지배구조협의회와 호주수퍼애뉴에이션투자자협의회의 설립으로 산업체와 연금펀드가 ESG 요소를 반영한 퇴직연금 가이드라인을 개발하도록 하였고, 기업지배구조를 강화하는 회사 목록 작성이 촉진되었다. 이로 인해 기업지배구조와 같은 ESG 요소가 중요하고 이것이 투자의사결정 요인으로 필요하다는 편

드매니저의 인식이 성장하게 되었다. 호주연금신탁관리자협회는 ESG 요소를 투자결정 요인으로 통합 제시했다. 금융서비스협의회가 ESG 위험 보고 및 공시에 대한 표결 기준을 마련했으며, NGO 및 기관의 특정 분야에 관한 투자 우려 캠페인이 확산되고, 호주 브로커, 컨설턴트 및 자문사가 이에 동의했다.

이러한 과정을 거치면서 투명성 요구가 확산되었고, 사회책임투자가 차별화의 잠재 요소가 되었으며, 책임투자 강화를 통한 경쟁력 확보가 시도되고 있다. 윤리적이고 친환경적인 펀드에 대한 투자자 관심이 증가하고 있으며, 사회책임투자 성과가 벤치마크의 성과보다 나을 수 있다는 인식도 확산되고 있다.

## 3 수탁자 책임

기관투자자는 고객 즉 수익자의 자금을 운용하는 과정에서 상당한 정도의 선관의무를 진다. 이에는 고객의 자금을 성공적으로 운용하기 위한 투자대상의 선정과 함께 선정된 투자대상 기업이 올바른 방향으로 사업을 영위하도록 개입하는 것이 포함된다. 주요 수단 중의 하나가 의결권 행사인데, 수익자 이익의 극대화를 위해 보유주식에 따른 의결권을 행사하고, 투자대상기업과의 공감대를 형성하여 투자대상기업의 지속가능경영을 견인하는 것이 목표이다. 스튜어드십 코드(Stewardship Code)는 수익자를 위한 충실한 의결권 행사를 촉구하는 모범규준으로, 의결권 행사의 절차와 기준을 마련하여 공개하고, 의결권을 행사하는 경우 그 내역과 이유를 적절한 방식으로 수익자에게 알리도록 규정한다.

사회책임투자와 관련하여 스튜어드십 코드를 포함한 선관의무가 이슈가 되는 이유는 과거와 달리 최근에는 ESG를 고려한 투자가 기관투자자

의 수탁자책임에 포함된다는 쪽으로 인식이 전환되고 있기 때문이다. 즉, 재무 정보만 가지고는 파악되기 어려운 비재무 위험은 시장가격에 충분히 반영되어 있지 않기 때문에 ESG를 고려하여 투자를 하면 중장기 운용성과가 개선될 수 있고, 따라서 충실의무에 수익자의 중장기 운용성과, 미래 수익자의 편익까지 포함된다는 식으로 인식이 바뀌고 있다. 그 예로, 2005년 UNEP FI의 Freshfields 보고서는 지속가능성장 요소를 통합하여 중장기 운용성과를 개선하는 것이 수탁자책임과 충돌하지 않는다고 해석한다(UNEP FI 2005). 영국의 법개정위원회(Law Commission) 역시 2014년 위험조정수익에 중대한 영향을 미치는 요소 중에 비재무 정보가 포함된다는 의견을 제시하였는데, 이는 ESG 투자가 중장기 운용성과 개선에 기여하므로 선관의무에 부합한다는 해석과 일관성이 있는 것이다(Law Commission 2014).

2017년을 기준으로 할 때 20여 개 국가가 스튜어드십코드를 도입하여 운용 중이다. 2010년 영국이 처음 도입한 이후 네덜란드, 캐나다, 스위스 등이 도입하였고 2017년에는 미국, 호주, 인도 등이 신규로 도입하였다. 아시아에서는 2014년 일본이 투자대상회사의 경영성과 개선을 위해 도입하였는데, 214개 기관투자자가 참여하여 의결권을 충실히 행사함으로써 투자대상기업이 자사주 매입을 증가시키고 배당을 늘리도록 유도하는 성과를 냈다. 이후 대만, 말레이시아, 싱가포르, 태국, 홍콩 등도 스튜어드십코드를 도입하였다.

운영 형태를 보면 자국의 경제 · 사회적 여건을 고려하여 의무적, 자발적, 혹은 원칙준수-예외설명(comply or explain) 방식 중 하나를 채택하고 있다. 〈표 4-3〉에 나타난 바와 같이, 호주, 인도, 케냐는 의무적으로 스튜어드십코드를 도입하도록 강제하고 있고, 스위스, 미국, 캐나다, 브라질, 홍콩, 말레이시아, 싱가포르 등은 자발적으로 도입하도록 권고하고 있

**표 4-3 국가별 스튜어드십코드 도입 방식**

| 방 식 | 국 가 |
|---|---|
| 의무적 | 호주, 인도, 케냐 |
| 자발적 | 스위스, 미국, 캐나다, 브라질, 홍콩, 말레이시아, 싱가포르 |
| 준수-설명 | EU, 영국, 네덜란드, 덴마크, 이탈리아, 일본, 한국, 태국, 대만, 카자흐스탄, 남아프리카공화국 |

다. 대다수의 국가는 원칙준수-예외설명(comply or explain) 형태로 운영하고 있는데 이는 원칙적으로 코드를 준수하되 그렇지 않을 경우 특수한 사정을 설명하는 방식이다. '국제기업지배구조네트워크(International Corporate Governance Network; ICGN)'도 원칙준수-예외설명 방식을 채택하고 중장기 기업가치 제고, ESG 통합 등을 명시하고 있다.[14]

한국에서는 2015년 3월 금융위원회, 한국기업지배구조원, 금융투자협회 등을 중심으로 스튜어드십코드 제정위원회가 구성되어 2016년 12월 한국형 스튜어드십코드인 '기관투자자의 수탁자책임에 관한 원칙'을 공표하였다. 이후 2017년 6월 금융위원회에서 '스튜어드십코드 관련 법령해석집'을, 한국기업지배구조원이 '한국 스튜어드십코드 1차 해설서'를 발간하였다. 주된 내용은 기관투자자들이 의결권을 적극적으로 행사하고, 의결권 행사지침과 이해상충 해결방안을 공시하며, 관련 역량을 갖출 것을 주문하는 것이다. 구체적으로는 다음과 같은 7개 항을 포함한다.

1) 기관투자자는 고객, 수익자 등 타인 자산을 관리 · 운영하는 수탁자로서 책임을 충실히 이행하기 위한 명확한 정책을 마련하여 공개해야 한다.

14 ICGN은 1995년에 설립된 비영리단체로 전세계적으로 기업지배구조 수준을 높이는 것을 목표로 하고 있다. 50개 이상의 국가에 퍼져 있는 500개 이상의 기관투자자, 비즈니스 지도자, 정책입안자, 전문 투자자문가가 회원으로 활동하고 있으며 기관투자자의 자산규모는 10조 달러가 넘는다. 연차회의나 연중회의에서 경영진과의 대화를 시도하고, 기업지배구조에 관한 공공정책에 영향을 미치며, 상호이해를 증진시킨다. 또한 가장 잘 이행되고 있는 현장의 사례를 홍보하고 리더십 개발을 장려한다.

2) 기관투자자는 수탁자로서 책임을 이행하는 과정에서 실제 직면하거나 직면할 가능성이 있는 이해 상충 문제를 어떻게 해결할지에 관해 효과적이고 명확한 정책을 마련하고 내용을 공개해야 한다.
3) 기관투자자는 투자대상회사의 중장기적인 가치를 제고하여 투자자산의 가치를 보존하고 높일 수 있도록 투자대상회사를 주기적으로 점검해야 한다.
4) 기관투자자는 투자대상회사와의 공감대 형성을 지향하되, 필요한 경우 수탁자 책임 이행을 위한 활동 전개 시기와 절차, 방법에 관한 내부지침을 마련해야 한다.
5) 기관투자자는 충실한 의결권 행사를 위한 지침 · 절차 · 세부기준을 포함한 의결권 정책을 마련해 공개해야 하며, 의결권 행사의 적정성을 파악할 수 있도록 의결권 행사의 구체적인 내용과 그 사유를 함께 공개해야 한다.
6) 기관투자자는 의결권 행사와 수탁자 책임 이행 활동에 관해 고객과 수익자에게 주기적으로 보고 해야 한다.
7) 기관투자자는 수탁자 책임의 적극적이고 효과적인 이행을 위해 필요한 역량과 전문성을 갖추어야 한다.

## 4 증권거래소의 규제

전세계적으로 재무 정보에 추가하여 비재무 정보가 투자 성과에 유의미한 영향을 미칠 수 있다고 인식되면서 이의 활용에 대한 관심이 높아지고 있다. 예를 들어, 기업 신용평가와 관련하여 12개 신용평가기관과 120여개 기관투자자가 '신용평가 시 ESG 반영에 관한 의견서(Statement on ESG in Credit Ratings)'에 서명을 한 바 있다. 이들은 채권발행기업의 신용도가 기후변화대응, 부패 관련 소송, 열악한 노동관계 등과 관련된 비재무 정보에 의해 영향을 받을 수 있다고 주장한다. 또한 주요 투자기관에서 근무하는 전문가들도 ESG 요인 고려가 투자에 미치는 영향을 인지하기 시작했는데, CFA Institute의 설문조사에 의하면 1,588명의 응답자 중 73%가 투자 의사 결정을 할 때 비재무 정보를 고려한다고 응답하였다(CFA Institute 2017).

국가신용위험 분석에도 국가 전반의 비재무 위험 지표인 국가 ESG 점수를 활용하는데, 이유는 국가 전반의 지속가능성을 보여주는 국가 ESG 점수가 높으면 국가신용등급도 높은 경향을 보이기 때문이다(Sustainalytics 2017). 각국 정부도 파리기후협정, UN 지속가능개발목표(Sustainable Development Goals; SDGs) 등의 국제 협약 이행을 위한 정책수립 시 비재무 정보 활용을 확대하고 있다. 이는 비재무 정보를 통해 자연자원 관리, 공중 보건과 교육, 사기와 부패 등에 관한 기업의 행동을 파악하는 것이 지속 가능발전 정책의 수립을 용이하게 하기 때문이다.

이와 같이 사회책임투자와 비재무정보의 중요성이 증가함에 따라 각국의 증권거래소는 재무적 정보와 더불어 비재무적 정보도 공시하도록 의무화하는 방향으로 움직이고 있다. 영국의 런던증권거래소(London Stock Exchange; LSE), 남아프리카공화국의 요하네스버그증권거래소(Johannesburg Stock Exchange; JSE), 브라질의 São Paulo Stock Exchange, 멕시코의 Bolsa Mexicana de Valores(BMV), 터키의 이스탄불증권거래소(Istanbul Stock Exchange; ISE) 등의 거래소가 ESG 정보 공시 의무화를 전세계적으로 확대시키는데 중요한 영향을 미쳐왔다(US SIF 2016b).[15] 〈표 4-4〉는 상장기준으로 ESG 자료를 공시하도록 한 거래소의 명단이다.

15 이스탄불증권거래소(Istanbul Stock Exchange; ISE)는 2013년 4월 이스탄불 금거래소(Istanbul Gold Exchange), 터키 파생상품거래소(Derivatives Exchange of Turkey)와 함께 Borsa Istanbul(BIST)라는 터키의 유일한 증권거래소로 통합되었다.

표 4-4 상장 기준에 ESG 자료 공시를 의무화한 거래소

| |
|---|
| • Bolsa Mexicana de Valores(멕시코)<br>• Borsa Istanbul(터키)<br>• Bursa Malaysia(말레이시아)<br>• Deutsche Börse Ag(독일)<br>• The Johannesburg Stock Exchange(남아프리카공화국)<br>• The London Stock Exchange(영국)<br>• The São Paulo Stock Exchange(브라질)<br>• The Shanghai Stock Exchange(중국)<br>• The Singapore Exchange(싱가포르)<br>• Stock Exchange of Hong Kong(홍콩)<br>• Stock Exchange of Thailand(태국)<br>• Toronto Stock Exchange(캐나다) |

자료: US SIF(2016a)

CHAPTER

05

# 사회적 거래소

제5장

# 사회적 거래소

자본주의 사회는 민간의 경쟁과 이로 인한 효율성을 그 근거로 한다. 그러나 경쟁은 필연적으로 경쟁의 과정에서 탈락하는 사람들이나 사회적 약자를 만들어 낼 수 밖에 없다. 이들을 지원하는 것은 정부의 몫인데 재정이 항상 부족하기 때문에 정부의 역할에도 상당한 한계가 존재한다. 더구나 정부나 공공부문은 예산집행에 있어 상당한 비효율을 수반하기 때문에 문제는 더욱 심각해진다. 이러한 상황을 타개하기 위하여 정부나 공공부문이 아닌 민간 기업 활동과 자본시장을 통한 사회적 약자 지원방안을 모색하게 되었다. 이를 위해서는 공공성을 띤 사업을 수행하는 주체가 있어야 할 것인데, 사회적 기업, NGO, CSR 활동을 수행하는 기업 등이 그것이다. 사회적 목적을 잘 달성하기 위해서는 이들 조직의 지속가능성이 확보되어야 하는데 이를 위해서는 일회성 지원이 아닌 지속적이고 안정적인 자금조달 시스템이 갖추어져야 한다. 이러한 자금조달 시스템의 하나가 사회적 거래소(Social Stock Exchange; SSE)인데, 일반 증권거래소와 유사한 방식으로 사회적 목적을 위한 자금의 수요와 공급을 연결시켜 준다.

## 1 사회적 거래소란?

사회적 거래소는 사회적 프로젝트를 수행하는 주체가 사회적 투자자나 일반 대중으로부터 자금을 공급받을 수 있도록 하는 자금조달 기제 중의 하나이다. Zandee(2004)는 사회적 문제를 개선하기 위한 프로젝트를 가진 비영리 기관과 사회적 문제 해결에 관심을 가지고 있는 사회적 투자자를 연결하면서 동시에 가치를 창출할 수 있는 환경을 제공하는 자본시장의 거래소와 유사한 새로운 형태의 자금조달 시스템을 사회적 거래소라 정의한다. 사회적 거래소의 필요성과 관련하여, Emerson 등(2000)은 자선가나 사회적 투자자들이 공동으로 펀드를 조성하여 비영리기업의 소유권에 투자하고, 사회투자수익률(social return on investment; SROI)과 같은 성과 평가 기준에 근거하여 성과를 보고하는 비영리 주식시장의 창설을 주장하였다. Yunus & Weber(2007)도 기존의 주식시장에서 투자자들이 자신들의 욕구에 맞는 기업을 선정하듯이 사회적 투자자가 자신들이 관심을 가지고 있는 사회 문제를 개선하고자 노력하는 다양한 사회적 기업이나 프로젝트에 투자할 수 있도록 연결시켜 주는 사회적 거래소의 설립을 제안하였다.

사회적 프로젝트를 수행하는 중요한 주체로 사회적 기업을 들 수 있는데 한국의 사회적 기업은 많은 경우 국가 예산에 의존하여 공적 지원을 받고 있기 때문에 장기적이며 지속적인 성장 가능성이 불투명한 경우가 많다. 또한 사회적 기업들이 단기적으로 재무 성과를 제대로 올리지 못하여 장기적 성장 가능성이 있음에도 불구하고 저평가되는 경우도 많다. 이러한 상황에서는 새로운 사회적 투자시장을 형성하고, 사회적 기업들이 적절히 평가될 수 있는 장이 필요한데 사회적 증권거래소가 이러한 역할을 수행할 수 있다.

사회적 증권거래소는 사회적 기업이 직접금융을 통해 자금을 조달할 수 있는 장을 제공할 뿐 아니라, 그 기업들의 목적 달성 정도를 투명하게 감시하고 성과 향상을 유도함으로써 기업의 성장을 지원하면서도 사회적 목적을 달성하는 새로운 유형의 거래소다. 사회적 기업들은 공신력 있는 사회적 거래소를 통해 다양한 자금을 조달 받을 수 있고, 기업 자체의 공신력도 올릴 수 있다. 또한, 시장 친화적인 자금조달 창구가 만들어지면서 자생력도 확보할 수 있다.

〈표 5-1〉에서 보는 바와 같이 사회적 거래소는 일반 거래소와는 달리 영리를 추구하면서도 ESG 관련 문제를 해결하고자 하는 기업들을 상장시켜 거래하도록 한다. 거래되는 증권은 주식이나 채권 등 일반 거래소에서 거래되는 증권을 포함하여 사회적 목적을 달성하기 위한 특수한 형태의 증권도 가능하다. 상장기준은 일반 기업들에 적용되는 재무적 · 비재무적 기준에 더하여 사회적 · 환경적 기준이 추가된다. 사회적 거래소에서 증권을 발행하는 자에는 영리 기업뿐만 아니라 비영리 기업도 포함되며, 투자자 역시 영리의 달성과 사회적 문제 해결에 대한 기여라는 두 가지 목표를 동시에 추구하는 사람들이다. 상장된 기업에 대한 평가 기준에는 정량적 기준과 정성적 기준이 다 포함되는데 정성적 기준에 사회 · 환경적 요인이 포함된다. 이 경우 요인 자체가 정의도 애매하고 측정도 어려울 수 있기 때문에 가능한 한 이러한 점이 최소화된 기준을 사용해야 한다.

**표 5-1 일반 거래소와 사회적 거래소의 차이**

| | 목표 | 증권 | 상장 기준 | 공급자 | 투자자 | 평가 기준 |
|---|---|---|---|---|---|---|
| 일반 거래소 | 영리 | 주식, 채권 | 재무적+비재무적 | 영리 기업 | 일반 투자자 | 정량+정성 |
| 사회적 거래소 | 영리+ 비영리 | 사회적 주식, 채권 | 재무적+비재무적 +지속가능성 | 영리 + 비영리 기업 | 사회적 투자자 | 정량+정성(재무적, 사회적, 환경적) |

현재까지 전 세계적으로 설립된 사회적 거래소를 보면 그 기능과 운용 방법에 따라 프로젝트형과 증권형으로 나눌 수 있다. 프로젝트형은 브라질과 남아프리카공화국의 사회적 거래소를 예로 들 수 있는데 특정 프로젝트에 대한 자금조달 기능만 수행하여 증권거래소 기능의 일부만 수행한다. 즉 상장, 유통, 건전성 규제, 퇴출 등 종합적인 거래소의 기능을 수행하는 것이 아니고 특정 사회적 프로젝트와 사회적 투자자 사이의 연결만 해주는 형태의 거래소이다. 증권형은 사회적 기업의 주식이나 채권을 상장시켜 자금을 조달하도록 하는 것으로 다시 상장형, 유통형 등으로 구분할 수 있다. 상장형 사회적 거래소의 예로는 싱가포르의 Impact Partners를 들 수 있는데 두사사와 사회적 기업을 연결시켜주는 기능을 담당하나 투자형태에 대한 어떠한 제약도 없다. 다시 말해 중개서비스만 제공하고 투자구조와 조건에 대해서는 어떠한 조언이나 권유도 하지 않기 때문에 엄밀한 의미의 증권 상장과는 구별된다. 마지막으로 유통형은 싱가포르의 Impact Capital이나 캐나다 및 영국의 사회적 거래소를 그 예로 들 수 있다. 주식을 상장시킨 후 이를 시장에서 유통시킬 계획까지 가지고 있기 때문에 프로젝트형이나 상장형보다 더 확장된 형태의 서비스를 제공하는 사회적 거래소이다.

## 2 사회적 거래소의 기능

일반적으로 사회에는 사회적 문제를 개선하려는 사업가와 사회적 투자자들이 공존하고 있으나 이 둘 사이에 정보가 충분히 알려져 있지 않아 연결이 되지 않는 경우가 대부분이다. 따라서 사회적 거래소의 가장 중요한 기능은 이 두 집단을 효과적으로 연결시켜 주는 것이다. 다음으로 대부분의 사회적 기업이나 프로젝트들은 그 규모가 크지 않고 사업의 내용이 사람들에게 잘 알려져 있지 않다. 그러다 보니 사회적 문제 해결을 위한 자금의 수요자와 공급자가 서로 상대방을 안다고 하더라도 두 집단 사이의 사업에 대한 정보비대칭 문제가 심각하다. 우선 사회적 사업가가 해당 사업의 성패 여부와 사회적 영향력에 대한 충분한 지식이 있다고 하더라도 해당 사업이 사회적 투자자에게 잘 알려져 있지 않아 자금조달이 어려운 경우가 있다. 이 때 사회적 거래소는 사업에 대한 공신력을 제공할 수 있고, 상장 및 운영에 대한 다양한 제도를 시행함으로써 투명성을 높일 수 있다. 이로 인해 불가능했을 사업이 자금을 조달할 수 있을 뿐만 아니라 해당 사업의 자금조달 비용을 낮추는 효과를 볼 수 있다. 이에 더하여 자금의 수요자와 공급자를 연결시키는 과정에서 해당 사업에 대한 수요의 정도가 집단 지성에 의해 결정되므로 사회적 사업가도 본인이 수행하고자 하는 사업의 성공 가능성을 가늠할 수 있게 되고 이로 인해 사회적 사업가라는 희소한 자원이 낭비되지 않도록 하는 효과를 발생시킨다.

## 3 사회적 거래소의 현황

사회적 거래소는 2003년 브라질에서 처음 도입되어 2006년에는 남아프리카공화국의 사회적 거래소가 개설되었고, 이후 영국, 싱가포르, 캐나다에도 사회적 증권거래소가 개설되어 운영 중이다. 다음에서는 각 나라의 사회적 거래소 현황을 간략히 살펴본다.

### 1) 브라질

브라질의 BVS&A(Bolsa de Valores Sociais e Ambientais)는 영어로는 Socio-Environmental Investment Exchange로 2003년에 설립

된 세계 최초의 사회적 증권거래소이다. 성공한 사업가인 셀소 그레코(Celso Grecco)가 아이디어를 제시하고 브라질 증권선물거래소(BM&F BOVESPA)가 사회적 책임 차원에서 화답하면서 설립이 진행되었다. 2004년 세계 최초로 UN Global Compact에 가입하였으며, UN Educational Scientific and Cultural Organization(UNESCO), UN Development Programme(UNDP) 등의 공식 협조를 받고 있는 거래소이다. 브라질 증권선물거래소가 100% 출자한 자회사이어서 투자자들의 신뢰를 얻을 수 있는 강점이 있으며, 중개, 수수료, 광고, 웹사이트 유지, 전문가 고용 등 운영과 관련된 일체 비용을 브라질 증권선물거래소가 부담하고, 조달된 자금 전액이 사회적 기업에 전달된다.

사회적 프로젝트를 상장하고 '사회적 주식'을 발행함으로써 사회적 프로젝트에 관심이 있는 사회적 투자자(social investor)와 자금이 필요한 비정

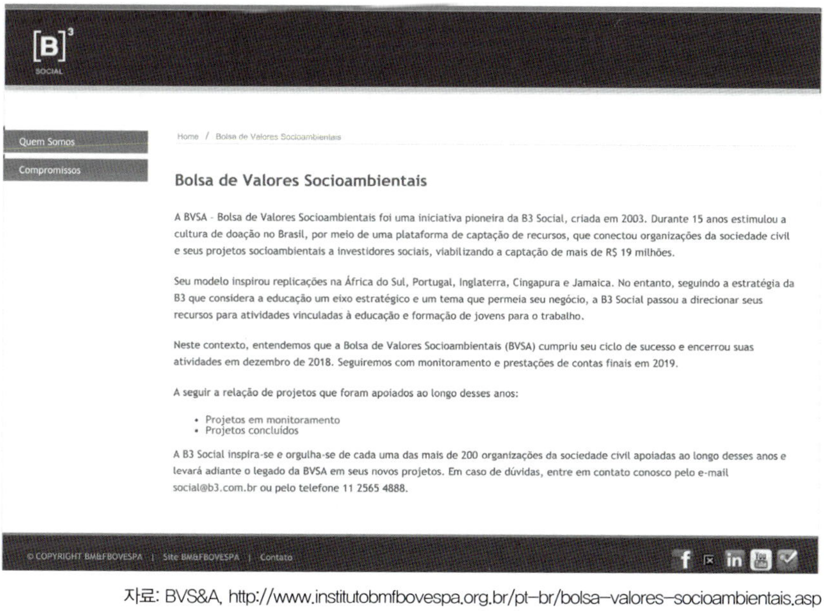
[B]³
SOCIAL

Quem Somos
Compromissos

Home / Bolsa de Valores Socioambientais

Bolsa de Valores Socioambientais

A BVSA - Bolsa de Valores Socioambientais foi uma iniciativa pioneira da B3 Social, criada em 2003. Durante 15 anos estimulou a cultura de doação no Brasil, por meio de uma plataforma de captação de recursos, que conectou organizações da sociedade civil e seus projetos socioambientais a investidores sociais, viabilizando a captação de mais de R$ 19 milhões.

Seu modelo inspirou replicações na África do Sul, Portugal, Inglaterra, Cingapura e Jamaica. No entanto, seguindo a estratégia da B3 que considera a educação um eixo estratégico e um tema que permeia seu negócio, a B3 Social passou a direcionar seus recursos para atividades vinculadas à educação e formação de jovens para o trabalho.

Neste contexto, entendemos que a Bolsa de Valores Socioambientais (BVSA) cumpriu seu ciclo de sucesso e encerrou suas atividades em dezembro de 2018. Seguiremos com monitoramento e prestações de contas finais em 2019.

A seguir a relação de projetos que foram apoiados ao longo desses anos:

- Projetos em monitoramento
- Projetos concluídos

A B3 Social inspira-se e orgulha-se de cada uma das mais de 200 organizações da sociedade civil apoiadas ao longo desses anos e levará adiante o legado da BVSA em seus novos projetos. Em caso de dúvidas, entre em contato conosco pelo e-mail social@b3.com.br ou pelo telefone 11 2565 4888.

© COPYRIGHT BM&FBOVESPA | Site BM&FBOVESPA | Contato

자료: BVS&A, http://www.institutobmfbovespa.org.br/pt-br/bolsa-valores-socioambientais.asp

그림 5-1 브라질사회적거래소

부기구(Non-governmental Organization; NGO)나 비영리단체(Non-profit Organization; NPO)를 연결해 준다는 측면에서 증권거래소를 모방하고 있다. 그러나 온라인 전용으로 운영되고 있으므로 투자 플랫폼이라기보다는 온라인 알선 플랫폼에 가깝다. 〈그림 5-1〉은 브라질사회적거래소의 웹사이트이다.

## ● 조직 및 운영

BVS&A는 BM&F-Bovespa Institute가 관장하는데 브라질거래소가 BM&F-Bovespa Institute에 매년 500만 달러를 출연한다. 이 중 25만 달러가 BVS&A 운영비로 사용된다. BM&F-Bovespa Institute의 이사회는 총 4명으로 구성되는데 의장은 브라질거래소 이사장이, 3명의 이사는 거래소 임원이 겸임한다. BM&F-Bovespa Institute의 운영 실무를 총괄하는 CSO(Chief Superintending Officer)는 브라질거래소의 지속가능경영 부장급이 겸직하고, 운영실무자 1명, 프로젝트 관리자 2명을 자체 채용하여 운영한다. 상장심사나 관리를 위한 기술자문을 얻기 위하여 외부전문가를 활용한다. 상장을 위한 최종 의사결정은 이사, CSO, 외부전문가 각 1인이 포함된 상장위원회에서 이루어진다.

## ● 상장 및 모금 절차

상장을 원하는 NGO, NPO들이 상장신청서와 목표조달액이 적힌 사회적기업(프로젝트) 사업설명서를 제출하면, 비영리재단 등 제3섹터와 민간전문가로 구성된 전문 심사위원단이 구성된다. 이들은 인터뷰, 현장심사 등을 통해 지원기업을 평가하고, 상장 추천 기업 목록을 작성하여 상장위원회에 보낸다. 상장 결정은 원칙적으로 상장위원회에 의하여 이루어지며, 일반적으로 연 3회의 정기 상장심사가 열린다. 상장위원회의 최종 승인을 거친 기업이나 프로젝트들은 BVS&A 웹사이트에 상장되고, BM&F BOVESPA와 전국의 120여개 사회적중개회사(Social Brokerage Firms)를 통해 주식이 판매되며, 신용카드나 계좌송금의 형태로 펀딩이 이루어진다. 상장 후 모집기간은 12개월이며, 모금액의 100%가 달성되면 전액 상장된 사업의 주체에게 전달된다. 상장된 프로젝트가 12개월이 지나도 모금 목표액을 달성하지 못할 경우에는 상장 폐지하거나 또는 프로젝트를 재심사한다. 상장폐지가 되는 경우 모금액은 유사 프로젝트에 배분하는데 동일 분야 여부, 동일 지역 여부, 수혜대상, BVS&A의 재량 순으로 우선 순위를 매긴다. 프로젝트에 대해 기부금을 수령한 사회적 기업은 6개월 내에 프로젝트를 시행하여야 한다.

## ● 상장기준

BVS&A에 상장할 수 있는 대상은 비영리단체이지만 공식적으로는 '사회적 이익(social profit)을 위한 기업' 이라고 규정하고 있다. 브라질에서 설립되고 3년 이상 영업 실적이 있는 NGO는 상장 자격이 있다. 다만, 동일 기관이 동시에 두 개의 프로젝트를 상장할 수 없고, 동일 지역에서 유사한 프로젝트를 복수로 상장할 수 없다. 상장 선정에 있어 사업 목표가 UN의 기준에 부합하는지 여부가 중요한 요소이다. 이로 인해 이 거래소에 상장하기 위한 주요 프로젝트 주제가 UN 지침의 발전에 따라 다음과 같이 3단계로 기준이 변경되어 왔다(BVS&A 2017).

- **2003 - 2011년**

2003년에 거래소가 설립된 이후 초기에는 교육을 목표로 한 사업에 중

점을 두었다. 2007년부터는 환경 프로젝트를 통합하기 시작하여 프로젝트를 사회적 또는 환경적 두 가지 기준에 따라 분류하였고, 거래소 명칭을 'Bolsa de Valores Sociais e Ambientais(BVS&A)'라고 정했다.

• **2012 – 2015년**

UN의 새천년 개발목표(Millennium Development Goals; MDGs)에 따라 아래와 같이 주제별로 프로젝트를 분류하고, 모든 프로젝트 중에서 어린이, 청소년, 청년, 노년층, 장애인, 토착민, 여성, 성적 소수자 등을 대상으로 한 프로젝트는 우선적 투자가 가능하도록 하였다.

MDG 1: 절대빈곤 및 기아퇴치

자격증 교육, 공정무역, 강제노동 및 부채로부터의 탈출, 식품위생

MDG 2: 보편적 초등교육의 달성

기본교육 및 공교육의 질 향상, 학교 경영 개선

MDG 3: 성평등과 여성의 역량 강화

여성 보수 증가, 기회 평등, 가정폭력 근절, 성적 착취 및 학대와 성매매 근절

MDG 4: 유아사망률 감소

예방접종, 모유 수유 등 영유아 질병 예방, 지역보건기관 훈련강화

MDG 5: 산모 건강 향상

산전 관리 및 정기검진 등 의료서비스 개선, 산모 건강을 위한 예방 활동

MDG 6: 질병과의 전쟁

공공의료 서비스 확대 및 성병 치료, 말라리아나 댕기열 등의

감염성 질환의 예방 및 치료

MDG 7: 환경적 지속가능성 확보

공공과 민간의 지속가능발전, 종다양성, 수자원 보호, 기후 변화를 위한 노력

MDG 8: 개발을 위한 범세계적 협력

개도국에서 성공한 사회 환경적 프로젝트 확산, 정보접근성 및 투명성 확보, 제3섹터의 역할

- **2016년 이후**

2015년 UN은 5P, 즉 인류(people), 번영(prosperity), 평화(peace), 협력(partnership), 지구(planet)라는 개념을 중심으로 17개의 지속가능개발목표(Sustainable Development Goals; SDGs)를 제시하였는데 이를 기준으로 프로젝트를 분류하였다.

## ● 투자 및 사후관리

투자자들은 자신이 원하는 주제나 대상에 대해 한 프로젝트 당 최소 20헤알(원화 약 11,000원)부터 투자할 수 있으며, 여러 개 프로젝트로 포트폴리오를 구성할 수도 있다. 투자자들은 BM&F-Bovespa Institute가 발행한 기부금 영수증을 받지만 개인에 대한 세금혜택은 없다. 다만 투자 기업에 대해서는 영업이익의 2% 한도의 세액공제가 가능하도록 하여 민간투자에 대한 동기를 부여하고 있다. 투자자들은 프로젝트 실시 후 기금이 다 사용되지 않을 경우 프로젝트의 성과에 따라 기금을 되돌려 받을 수도 있으며 이를 다시 기부하는 것도 가능하다.

투자자 입장에서 보면 브라질 거래소가 상장된 사회적 기업들의 활동을 감시 감독하고 컨설팅을 해주므로 안정성이 확보된다. 또한 BVS&A가 자

금 집행 이후 현장 실사와 점검을 수행하고 웹사이트를 통해 사회적 기업의 진행상황, 투자현황 등을 게시하기 때문에 자신들이 투자하고 있는 사회적 기업들의 영업성과를 잘 알 수 있다는 장점이 있다. 자금을 지원받은 프로젝트나 사업 주체는 분기별로 정기 보고서를 제출하고, 프로젝트가 완료된 이후에는 최소 5년간 모든 관련 자료를 보관하여야 한다. 자금이 집행된 이후라도 보고서 미제출 등 규정 위반 사례가 발생하거나, 위원회의 상장폐지 결정이 있거나, 해당 프로젝트 추진 주체가 상장폐지를 신청하는 경우 프로젝트의 상장이 폐지될 수 있다.

### ● 실적

BVS&A는 2003년 10월, 30개 사회적 프로젝트에 300만 달러의 민간자본을 조달한다는 목표로 상장을 시작하였다. 이 중 최초로 상장된 8개의 프로젝트는 목표 투자금액의 100% 투자를 달성하였고, 2004년 9월 총 39개의 프로젝트에 대해 자금을 집행하였다. 전체적으로 보면, 2003-2011년 기간에 90개, 2012-2015 기간에 44개, 2016년 이후 2017년 말까지 20개의 프로젝트가 완료되어 800만 달러 이상의 자금이 모금되었으며, 2019년초 기준으로 55개 사회적 기업이 상장되어 자금을 모집 중이다(BVSA 2019).

## 2) 남아프리카공화국

남아프리카공화국의 The South African Social Investment Exchange (SASIX)는 Greater Capital Group에 의해 세계에서 두 번째로 만들어진 사회적 증권거래소로 2006년 6월 개장했다. 장기적 사회 발전을 위해 잠재적인 사회적 투자자를 발굴하고, 지명도는 낮지만 사회적 이익 창출 효과가 큰 사회적 기업에 자금을 지원할 목적으로 설립되었다.

SASIX가 제시하는 5가지 사회적 투자 원칙은 다음과 같다(SASIX 2019)

- 투자의 결과를 중시한다.
- 명확히 정의된 사회문제를 해결하기 위해 종합적인 전략을 구성한다.
- 이해관계자를 이해하고 이들을 참여시킨다.
- 조직의 지속가능성을 고려한다.
- 전략적 동반자를 만든다

브라질의 BVS&A를 모델로 하여 만들어진 프로젝트형 거래소이며 투자 플랫폼이라기보다는 온라인 알선 플랫폼에 가깝다. 사회적 가치에 관심 있는 투자자들이 프로젝트의 유형, 목적, 장소 등에 따라 사회적 기업을 고르고 파악할 수 있다. 전통적인 주식거래소와 비슷하게 운영되는데 투자자들은 부문(sector), 지역(province) 등 두 가지 구분에 따라 사회적 프로젝트를 추진하는 기업의 주식을 살 수 있다. 주요 부문은 식품안전 및 농업, 소규모기업 개발, 취약계층 보호, 동물보호, 교육, 건강, 환경보전 등이다. 최소 투자금액은 1주에 해당하는 50R(약 3,880원)이다.[16]

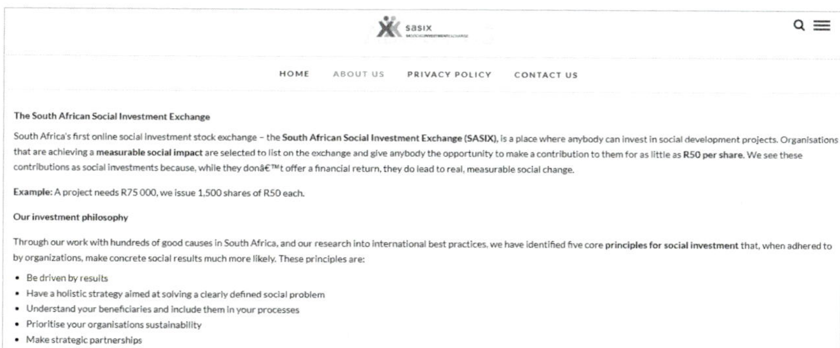


**The South African Social Investment Exchange**

South Africa's first online social investment stock exchange – the **South African Social Investment Exchange (SASIX)**, is a place where anybody can invest in social development projects. Organisations that are achieving a **measurable social impact** are selected to list on the exchange and give anybody the opportunity to make a contribution to them for as little as **R50 per share**. We see these contributions as social investments because, while they donâ€™t offer a financial return, they do lead to real, measurable social change.

**Example:** A project needs R75 000, we issue 1,500 shares of R50 each.

**Our investment philosophy**

Through our work with hundreds of good causes in South Africa, and our research into international best practices, we have identified five core **principles for social investment** that, when adhered to by organizations, make concrete social results much more likely. These principles are:

- Be driven by results
- Have a holistic strategy aimed at solving a clearly defined social problem
- Understand your beneficiaries and include them in your processes
- Prioritise your organisations sustainability
- Make strategic partnerships

자료: SASIX, http://www.sasix.co.za/about-us/

그림 5-2 남아프리카공화국의 사회적거래소

16 남아프리카공화국의 통화는 랜드(Rand)이며 R로 표기한다.

SASIX는 프로그램명이고, 법률적 실체는 GGSA Trust와 GC이다. GGSA Trust는 비영리 기관이고, GC는 제한적 영리기관이다. 각 프로젝트들은 12주 동안 시행되는 거래소 내의 엄격한 평가 체계를 거쳐 상장되며 상장된 프로젝트들의 투자설명서가 웹사이트와 인쇄물을 통해 제공된다. 기금이 모집되면 사회적 기업은 프로젝트를 시작하는데 2006년 개장 이후 90개 이상의 프로젝트에 1억 400만 랜드가 지원되었다.

### 3) 영국

영국에서는 Pradeep Jethi와 Mark Campanale가 런던증권거래소, 록펠러 재단, City of London Corporation, Big Society Capital, Joseph Rowntree Charitable, Panahpur 벤처 펀드 등의 지원을 받아 2013년 6월에 사회적 증권거래소(Social Stock Exchange; SSE)를 설립하였다. 일반대중을 상대로 사회적 기업에 대한 정보를 전달하는 역할을 하고 있으며, 사회적 거래소 사이트에는 사회적 기업들의 사회적 임팩트 데이터를 비교 평가하고 표준화하는 자료들을 게재하고 있다. 사회적 기업들은 런던 증권거래소에 상장되어 있으면서 사회영향검증(social impact test)을 통과하고 SSE 요건을 충족시켜야 이 사이트에 등록될 수 있다. SSE 요건은 사회적 목적에 특화되어 있는 기업들이어야 하고, 상장 기간이 2년 이상이며, 일정 수준 이상의 수익을 창출하는 것 등이다. 상대적으로 상장요건을 맞추기가 쉽지 않아서 2015년 현재 11개의 기업만 상장되어 있고, 상장 허가를 기다리고 있는 기업은 12개사 이다(강준영 2017).

SSE에서는 독립적 전문가들이 사회적 영향 검증을 수행하고, 사회적 증권거래소의 임팩트리포트(SSE Impact Report)를 발간하고 있다. 평가영역은 다음과 같다. 사회적기업의 사회적 혹은 환경적 미션; 목표 이

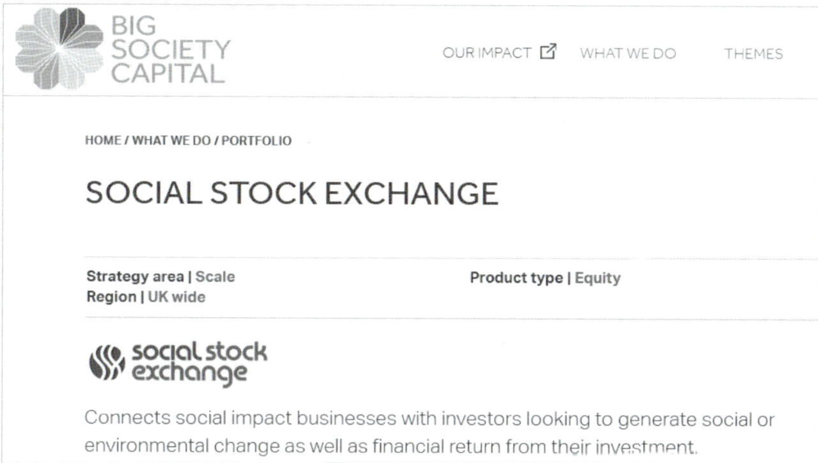


자료: https://www.bigsocietycapital.com/what-we-do/investor/investments/social-stock-exchange

그림 5-3 영국의 사회적거래소

익; 제품, 서비스, 운영이 사회적 임팩트를 창출하는 방법; 이해관계자들과의 관련성 및 논의 방법; 사회적 영향력의 증거 및 이를 모으고 측정하며 보고하는 방법 등. 사회적 투자자가 되려는 사람들을 위한 조사 서비스도 제공한다. 사회적 증권거래소가 거래 준비를 하고 그 실질적 작업을 계속하고 있기 때문에 향후 제대로 된 유통형 사회적 거래소로 발전할 가능성을 보이고 있다.

### 4) 싱가포르

싱가포르의 사회적 거래소는 Impact Investment Exchange(IIX)라고 불리는데 방글라데시 출신의 투자은행가인 듀린 샤나즈(Durreen Shahnaz)가 설립자이며 싱가포르 정부, ADB, 록펠러 재단의 출연으로 개장된 거래소이다(강준영 2017). 사회적 투자자와 사회적 기업을 연결시켜 주는

Impact Partners(IP)와 구체적으로 상장된 사회적 기업의 주식을 거래할 수 있는 플랫폼인 Impact Capital(IC)로 구성되어 있다. Impact Partners는 2011년 3월, Impact Capital은 2013년 6월 개장했으며 싱가포르 주식거래소와는 무관하게 운영되고 있다. 경제적으로 생존 가능한 영리 · 비영리 사회적 기업을 대상으로 운영하며, 기존 금융시장과 비슷한 수준의 규제를 한다. 사회적 기업과 임팩트투자펀드에 대한 평가 등 영국의 사회적 증권거래소와 비슷한 기능을 한다. 싱가포르의 사회적 증권거래소는 측정 규범을 갖고 있다는 점에서 영국이나 캐나다와 유사하지만 투자여부를 판단할만한 질적 평가는 아직 이루어지지 않고 있다. 비영리기구도 증권발행 리스트에 포함시키는데 포함된 비영리기구들은 채권발행이 가능하다.

Impact Partners는 기부자나 기관 등의 사회적 투자자들이 투자자금을 확보하려고 하는 사회적 기업들과 그들의 사업계획에 접근할 수 있도록 해 주는 독점적 연결망이다. 예비심사를 거친 사회적 기업들과 투자자들을 연결해주는 온라인 플랫폼의 형식을 취하고 있으며, 예비 평가를 통해 사회적 · 환경적 영향과 재무능력을 인정 받은 사회적 기업들만이 Impact

자료: Impact Partners, http://impactpartners.iixglobal.com/

그림 5-4 싱가포르의 사회적거래소

Partners의 플랫폼에 상장될 수 있다. Impact Partners 플랫폼 상에서 이루어지는 모든 거래들은 비공개로 이루어진다(김병연 2013). Impact Partners는 투자자들이 사회 및 환경 친화적 투자기회를 찾고 평가하는 과정을 도와주는 플랫폼으로, 청정 에너지, 재생가능 에너지, 마이크로파이낸스, 지속 가능한 농업, 공정무역과 물 자원 등을 포함하는 많은 분야에 걸친 투자를 지원한다.

투자는 모두 Impact Partners 사이트를 통해서만 진행된다. 투자자들은 사이트를 통해 예비심사를 거친 사회적 기업에 대한 검토와 평가를 할 수 있다. 투자자가 Impact Partners의 웹사이트를 통해 관심 있는 투자기회를 찾게 되면 해당 사회적 기업에 대한 추가 정보를 Impact Partners를 통해 요청할 수 있고, Impact Partners는 해당 사회적 기업에 투자자의 관심을 전달하고 소개하게 된다. 하지만 투자자와 사회적 기업을 이어주는 중개서비스를 제공할 뿐이며 투자자와 사회적 기업 사이의 협상이나 투자구조와 조건에 대해서는 어떠한 조언이나 권유도 하지 않는다. 이는 영국의 SSE와 유사하다. 투자자들이나 사회적 기업이 회계와 법률 등에 관한 전문적 조언을 구하면 Impact Partners는 전문적 서비스를 제공하는 회계사, 은행가, 법률가와 같은 Ecosystem Partners를 소개할 수 있다. 이러한 측면은 영국의 SSE보다 진일보한 서비스라고 볼 수 있다. 투자액수에 따라 투자자에게 차별화된 비용을 적용시키고 프리미엄 멤버에게는 연간 회비를 받음으로써 수익을 창출한다.

Impact Partners는 자격 요건을 갖춘 등록 사회적 기업에게 다음과 같은 서비스를 제공한다(Impact Partners 2019).

- **잠재적 투자자에 대한 접근**

  사전 선별된 사회적 영향력 투자안에 투자하고자 하는 다양한 국제적 투자자 풀에 대한 접근을 제공한다.

- **신뢰도의 향상**

  Impact Partners에 상장된 모든 사회적 기업들은 재무적 지속가능성뿐만 아니라 사회적 · 환경적 영향력 측면에서 엄정한 선발과정을 거쳤기 때문에 투자자들이 신뢰하게 된다.

- **목표 지향성 투자**

  경제적 측면과 더불어 사회적 · 환경적 성과에 자신들의 자금을 투자하고자 하는 사회적 투자자를 연결시켜 준다.

- **다양한 자금원**

  자금력이 있는 개인, 가족 사무실, 영향력 투자 기금과 같은 다양한 투자자들로부터 지분, 부채, 그 이외 다른 형태로 자금 조달이 가능하게 해 준다.

- **사업 지원**

  주요 투자자 문서를 작성하고 계약을 체결하는데 있어 필요한 지원을 제공한다.

- **사후 서비스**

  사후 통제와 보고에 관한 투자자들의 요구사항, 예를 들어 제3자의 검증을 받은 지속가능성 평가 보고서 제공, 사업계획 갱신, 영향력 평가 등과 관련하여 필요한 서비스를 제공한다.

- **네트워크**

  투자자, 사회적 영향력 사업가, 재무조언가, 법률가, 회계사, 그리고 기술서비스 제공자와 같은 환경시스템 파트너 등으로 구성된 역동적이고 확장적인 네트워크의 일원이 되게 한다.

- **특별 행사**

  선발된 사회적 기업은 연차 사회적 기업 홍보전, 컨퍼런스, 관련된 산업 행사 등에 특별한 초청을 받아 투자자들에게 자신들의 사업에 대해 홍보할 기회를 얻는다.

사회적 기업이 Impact Partners를 통하여 투자를 유치하는 절차는 다음과 같다(Impact Partners 2019).

① 등록

우선 사회적 기업이 Impact Partners 에 상장을 신청하는데 이를 위해 다음 사항을 만족시켜야 한다.

- 기업 정보 제공
- 투자 세부사항 공유
- IP의 조건 및 요구사항에 동의

② 선별

사회적 기업이 상장을 위한 자격요건을 충족시키는지에 대한 선별 작업을 수행한다. 이에는 IP 팀과의 전화 면담, 사회적 기업의 핵심 문서에 대한 검토 등이 포함된다.

③ 기술적 지원

필요한 경우 기술적 지원을 하는데 만일 사회적 기업이 투자를 받을 가능성은 높으나 상장 기준을 완전히 충족시키지는 못하는 경우 주요 투자자 문서 구비 등 해당 사회적 기업을 위한 맞춤형 지원이 제시된다.

④ 상장

상장이 승인되면 IP 팀이 해당 회사의 정보를 관련 사이트에 올린다. 사이트에 올려지면 이 회사의 정보가 IP의 회원 모두에게 전파된다.

⑤ 투자자에게 소개

IP 팀은 사회적 기업에 관심을 가질만한 투자자들을 접촉한다. 해당 사회적 기업과 이 기업에 관심이 있을 투자자가 물색되면 이 둘을 소개시킨다. 조건이 맞으면 사회적 기업의 홍보케이스에 해당 사회적 기업을 홍보한다.

⑥ 거래 지원

IP 팀은 해당 사회적 기업에 대한 투자 과정에 있어 기업을 지도하고 지원한다.

⑦ 투자 확보

투자가 확보되면 IP 팀은 해당 사회적 기업을 언론에 알리고 다음 단계에 대한 합의를 도출한다.

⑧ 사후 검토

투자 이후에도 선발된 사회적 기업은 투자자들에게 자신들의 ESG 성과를 주기적으로 알려야 한다.

한편, Impact Capital은 그 기능이 전통적인 거래소와 유사한데 상장, 거래, 청산과 증권 결제 등을 지원함으로써 투자자들에게 유동성을 공급하는 것이 목표이다. 단지 싱가포르에 투자하는 사회적 기업뿐만 아니라 전 세계를 대상으로 지속가능성 관련 사회적 기업을 지원한다. 금융과 개발을 연계함으로써 훌륭한 사회적 목적을 가지고 있지만 위험도가 높은 프로젝트나 기업들이 주식과 채권의 발행을 통해 자본을 조달할 수 있도록 도와준다. 투자자들은 증권의 가격 변동, 배당금이나 이자를 통해 경제적 이익을 얻을 수 있고, 동시에 투자를 통해 사회적 영향력을 달성함으로써 사회에 기여하는 효과도 얻는다.

싱가포르 사회적증권거래소는 2019년 초 기준으로 46개국의 150개 이상의 사회적 기업에 9,400만 달러의 투자자금이 지원되도록 역할을 하였다. 이로 인해 2,400만 명의 사람들이 도움을 받았고, 100만 톤의 이산화탄소를 절감하는 효과를 보았다. 이는 2,400만 그루의 나무를 심는 효과와 동일한 것이다(Impact Investment Exchange 2019).

### 5) 캐나다

Social Venture Connexion(SVX)은 온타리오 주정부, TMX 그룹, Torys LLP, Mirella & Lino Saputo Foundation, Caisse de dépôt et placement du Québec, Esplanade 등의 지원으로 캐나다의 비영리조직인 MaRS Discovery District가 북아메리카 대륙 최초로 설립한 사회적 거래소이며 2013년 9월에 개장했다. 사회적 기업을 상장시켜 거래되도록 하여 투자자들이 보다 쉽게 사회적 기업을 찾을 수 있도록 하고 소규모 기업들도 쉽게 직접 자본을 조달할 수 있도록 한다. 브라질이나 남아공과는 달리 SVX는 사회적 기업의 주식을 증권거래소에 상장시켜 거래될 수 있도록 설계하여 기업공개를 가능하게 하고, 직접공개(DPO)한 주식도 투자

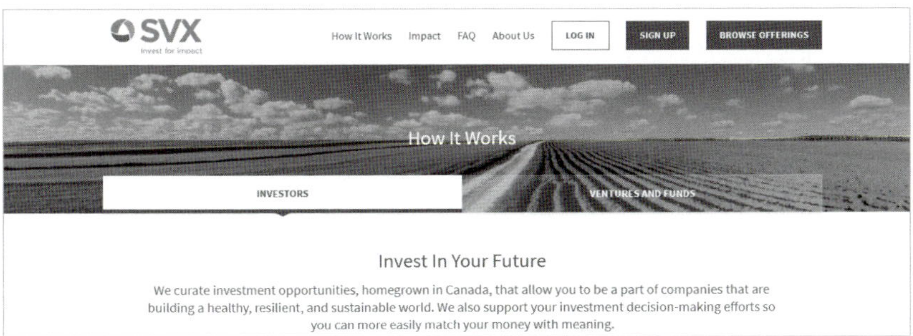


그림 5-5 캐나다의 사회적거래소

자들이 그 주식을 거래할 수 있도록 하여 유통시장을 형성해 준다. 일반 거래소에 상장되어 있는 기업들과 마찬가지로 SVX를 통해 자본을 조달한 기업은 기업의 자율로 주주에 대한 배당여부를 결정한다. 그러나 배당금 지불이 의무사항은 아니다.

SVX는 완전 독립형 주식거래소에 가깝지만 기관투자가들에게만 투자 참여를 허용하여 크라우드펀딩과는 구분되며, 따라서 '믿을 수 있는 연결자'를 표방한다. 온타리오 주정부가 지원하고 있는데 리포트 발간을 위한 객관적 규범을 가지고 있고, 사회적 기업을 위해 간단한 법적 등록절차도 제공한다. 또한 관심 있는 사회적 투자자들을 사회적 기업에게 소개하고, 높은 인지도를 활용하여 기업 이익, 환경 지속성, 사회적 책임 등 세 가지 기준으로 기업실적을 측정하는 삼중핵심(triple bottom line) 평가수단을 제공한다.

SVX를 통해 사회적 프로젝트에 투자하고자 하는 사회적 투자자들은 다음과 같은 과정을 거쳐 자금을 투자할 수 있다.

① 등록

웹사이트에 이름과 이메일을 입력한다. 이메일을 통해 계정을 확인하고 투자자 지위를 공유한다.

② 투자기회 확인

현재 플랫폼에 올라와 있는 모든 투자안의 정보에 대한 접근이 가능하다. SVX는 상장되어 있는 프로젝트들에 대해 내적 외적 평가를 수행하며 이를 통해 해당 프로젝트의 재무적 · 사회적 영향력을 분석하여 투자자들에게 공유한다.

③ 인증 또는 추가 정보 확인

투자자가 관심 있는 프로젝트를 발견하면 인증과정을 완료한다. 또는 SVX 직원을 접촉하여 해당 프로젝트에 대한 추가 정보를 얻을 수 있고, 해당 프로젝트를 수행하는 사회적 기업가를 소개받을 수 있으며, 투자의사결정에 도움을 받을 수 있다.

④ 최종검토

SVX가 최종적으로 사회적 투자자의 프로필이나 목표와 해당 프로젝트가 잘 맞는지 검토한다.

⑤ 투자

성공적으로 검토가 이루어지면 투자가 수행되며 투자자의 자금은 안전하게 신탁기금에 보관된다. 이후 프로젝트의 모금이 성공적으로 끝나면 사회적 투자자는 서명된 주주 동의서와 같은 투자 문서를 수령한다.

⑥ 관리

투자자들은 플랫폼을 투자한 기업에 대한 최근 소식을 접하고 자신의 투자를 관리하는 수단으로 활용할 수 있다.

## 4 성공을 위한 고려 사항

사회적 거래소는 사회에 긍정적 측면이 많지만 아직까지 단지 몇 나라에서만 설치되어 운영 중이다. 이는 사회적 거래소의 시행을 막는 여러 가지 장애 요인들이 있기 때문이다.

### 1) 인식 부족

아직까지 사회적 거래소가 무엇인지 아는 사람들의 수는 극히 제한되어 있다. 매우 혁신적인 개념이고 최근에 나온 개념이기 때문이기도 하지만 적극적인 홍보와 소개가 이루어지지 않은 것이 가장 큰 이유이다. 자본주의의 상징인 거래소를 사회적 활동과 연계시킨다는 점이 매우 혁신적이고 참신하지만 그만큼 실제 설치 및 작동을 위해서는 기존에 있는 지식을 광범위하게 습득하는 것은 물론 아직까지 각국에서 시도하지 않은 새로운 아이디어를 개발하고 실천하는 노력이 필요하다.

### 2) 신뢰

가장 근본적인 문제는 신뢰이다. 사회적 거래소는 일종의 시장인데 시장에 참여하는 사람들 사이의 신뢰가 결여되면 시장 자체가 성립하기 어렵다. 더구나 눈에 보이는 물건이나 용역을 사고파는 것이 아닌 추상적 개념이 많은 사회적 프로젝트를 대상으로 자금을 모집하는 것이기 때문에 참여자들 사이의 신뢰는 특히 더 중요하다. 그러나 아직까지 사회적 임팩트 투자 분야에서 평가전문가나 중개인으로 활동하는 사람들, 사회적 투자자들, 사회적 기업들 사이에 신뢰가 충분히 쌓여 있다고 보기는 어렵다. 물론 가장 큰 이유는 사회적 활동이나 프로젝트를 조직적으로 수행한 역사가 길지 않기 때문에 사회적 활동가로서의 명성이 쌓일 시간이 충분하지 않았다는 측면이 있으나 이러한 신뢰 구축을 위한 제반 환경이 마련되지 못한 점도 주요 이유 중의 하나다. 향후 이에 대한 다양한 연구와 논의가 진행되어야 한다.

### 3) 인프라 구축

Yunus & Weber(2007)는 사회적 거래소의 활성화를 위해서는 용어의 표준화, 정의의 명확화, 사회적 영향력 측정 도구 개발, 평가기관의 양성, 보고 형식의 구축, 새로운 재무적 보고서의 개발 등이 이루어져야 한다고 강조한다. 이러한 맥락에서 사회적 거래소를 설립 운영하기 위해서는 우선 사회적 활동이나 사회적 프로젝트가 무엇인가에 대한 합의가 이루어져야 한다.

'사회적'이라는 것이 얼핏 매우 분명한 개념으로 보이지만 실제 적용에 들어가면 애매한 경우가 많이 나타난다. 이러한 이유 때문에 사회적 거래소를 이미 운영하고 있는 국가에서도 실행 양상이 다르게 나타나고 있다. 예를 들어 싱가포르와 남아프리카공화국의 사회적 기업들은 사회적 목적을 우선으로 해야 하는 반면, 영국에서는 사회적 목적이 핵심이지만 우선적 요소는 아니다. 가치평가와 관련된 혼란을 피하기 위해 브라질 모델은 가치평가 자체를 아예 회피하고 있다. 그러나 이렇게 되면 사회적 거래소가 단순히 사회적 기업을 사회적 투자자들에 연결시켜주는 역할만 하게 되기 때문에 키바(KIVA)나 킥스타터(Kickstarter) 같은 크라우드펀딩 사이트와 다를 게 없다. 이러한 측면에서 캐나다의 가치평가는 매우 앞서가는 것으로 보인다. 캐나다는 사회적 · 환경적 임팩트를 측정하기 위해 인증 기업 표준을 폭넓게 사용하고 있다.

사회적 효과 측정을 위하여 심사기준, 평가지표에 대한 다양한 측면의 연구개발이 이루어져야 한다. 이는 투자액이 크지 않을 뿐 아니라 그 효과 면에서 미래에 큰 이익을 가져다 줄 수 있는 또 다른 영역이기 때문이다. 국가, 지방정부, 자선단체, 재단, NGO 등 공공적 · 사회적 기관 및 투자자들은 사회적 경제 영역의 힘을 키우기 위해 사회적 투자의 효과를 측정하는 연구에 더 많은 자금을 지원할 필요가 있다. 이로부터 창출되는 지식들은 사회적 기관 및 투자자들이 사회적 기업, 사회적 증권거래소 등을 포함해 사회적 활동 전반의 정책을 수립하거나 집행할 때 더 좋은 결정을 내릴 수 있는 풍부한 정보 체계를 제공할 것이다. 이에 부가하여 투명성,

투자 안정성을 제공할 수 있도록 평가 및 지표와 관련된 각종 정보를 공개하는 것도 매우 중요하다.

### 4) 사회적 기업의 창출

사회적 기업을 만들고 지원하려는 노력이 지속적으로 이어져야 한다. 사회적 기업이나 프로젝트가 많지 않다면 사회적 거래소 자체의 설립 의미가 없어진다. 또한 사회적 기업이 만들어진 후 이것이 장기적으로 유지되는 것이 필요하다. 한국의 경우 2007년 사회적기업진흥법이 제정된 이후 사회적 기업의 숫자는 늘고 있지만 정부 지원 외에 다른 자금을 조달하는 데는 많은 어려움을 겪고 있다. 일반적으로 사회적 기업은 담보 부족과 낮은 영업성과로 인한 창업 초기 자본조달의 어려움이 가장 큰 애로사항이다. 사회적 기업의 정책자금인 사업복지처(열매나눔재단, 함께일하는재단, 민생경제정책연구소)에 대한 접근도도 17.4%로 현저하게 낮아서 사회적기업들이 활용할 수 있는 정책자금의 실효성이 낮다는 것을 알 수 있다(양준호 · 윤효중 2013). 이러한 상황을 개선시키기 위해서도 사회적 거래소의 설립이 시급하다.

특히 한국의 사회적 기업은 상당수가 영리법인이어서 사업의 지속성을 위한 자본안정성이 요구되는 상황이고, 또한 국가적으로도 일자리 창출 등 사회문제를 효과적으로 해결하기 위해 사회적 기업 육성정책을 펴고 있기 때문에 그 효과를 증폭시키기 위해 사회적 거래소 도입을 검토할 필요가 있다.

### 5) 정부의 역할

정부의 정책과 규제는 사회적 공공성을 가진 활동들이 활발해지거나 위축되는데 있어 대단히 큰 영향력을 발휘한다. 그러므로 정부는 사회적 금융시장을 만드는 기반과 환경을 구축하는데 도움을 주어야 하며, 정책과 법적 장치들을 잘 조합하여 실질적인 지원체계를 갖추어야 한다. 예를 들어, 상당수 국가에서 아직도 자금 운영자(fund manager)들이 사회적 금융에 투자하는 것을 금지하는 법적 규제가 존재한다. 사회적 금융이나 사회적 거래소가 고려되는 이유는 공공부문의 재정자금만으로는 광범위한 사회적 수요를 감당할 수 없어 민간의 재원과 창의성을 활용하고자 하기 때문이다. 발상의 전환이 필요하며 속히 이런 규제가 사라져야 한다.

또한 정부는 사회적 금융 활동을 위한 제반 여건 및 인프라를 구축하기 위해 들어가는 재원을 단순히 비용이라고 생각하기보다는, 원래 공공부문에서 부담해야 하는 비용을 민간 영역과 함께 부담함으로써 정부의 비용을 좀 더 효과적으로 집행하는 것이라는 관점을 가져야 한다. 사회적 증권거래소는 공공부문의 자금을 좀 더 효율적으로 사용할 수 있는 방법일 뿐 아니라, 새로운 사회적 기업의 창출에 기여하고 민간부문 자금 운영자들이 보다 넓은 투자시장에서 가치를 창출할 수 있도록 지평을 넓혀 줄 수 있다. 정부와 민간이 함께 노력하여 사회적 증권거래소를 위한 긍정적 생태계를 창출해야 한다. 이를 통해 장기적으로 전통적 거래소와 사회적 거래소가 공존하면서 사회적 가치와 경제적 수익을 함께 창출하는 모형이 개발되도록 해야 한다. 사회적 거래소의 순기능을 투자자들에게 홍보하고, 거래소가 성공적으로 시작되고 정착될 수 있도록 관련 법 및 제도를 정비하는 것도 중요한 정부의 역할이다.

## 아쇼카(Ashoka) 재단

아쇼카(Ashoka)는 세상에서 선을 위한 가장 강력한 힘은 사회적 기업가라는 생각으로 1980년 빌 드레이튼(Bill Drayton)에 의해 설립되었다. 사회적 기업가들은 혁신적 아이디어로 세상의 어려운 문제들을 해결하거나 그 부정적 영향을 완화시킬 수 있다(Ashoka 2019). 아쇼카는 세계 최대의 사회적 기업가 네트워크이며, '스스로 행동하는 사람'들이 점점 많아지는 사회를 지향한다. 즉, 사업을 위한 자금을 조달하는 일보다는 아이디어를 모으는 일에 집중한다. 돈보다는 사람에 투자하는 것이다. 변화를 만드는 사람이라는 의미의 '체인지 메이커(Change Makers)'로 불리는 아쇼카 펠로우(Ashoka Fellow)들은 아이디어는 물론 리더십과 기업가적인 자질을 균형 있게 갖춘 사회의 인재들이다.

아쇼카의 창립자인 빌 드레이튼은 다음과 같이 강조한다.

> "한 국가나 사회의 성공 잣대는 체인지 메이커의 비중이 얼마나 되느냐에 달려있으며, 사회적 기업가가 바로 체인지 메이커이므로, 많은 이들을 체인지 메이커가 되도록 키워내지 못하면 승자가 될 수 없다."

이러한 빌 드레이튼의 생각은 아쇼카의 비전과 전략에 그대로 녹아 있다.

- **비전 :**

누구라도 체인지메이커로서의 역량을 발휘하여 급변하는 사회의 복잡한 문제들을 해결하는 '모두가 체인지메이커(Everyone A Changemaker)'인 세상을 앞당긴다.

- **미션 :**

'모두가 체인지메이커인 세상'에서 롤모델이 되는 사회혁신기업가(Social

Entrepreneur)들을 지원한다. 사회혁신기업가들은 급격히 진화하는 환경에 유연하게 대처할 수 있는 팀의 팀(Team of Teams) 모델로 체인지메이커들과 함께 협력한다. 누구라도 급변하는 현대 사회에서 성공적으로 적응하고 살아남기 위해 공감, 팀워크, 리더십, 변화를 만드는 기술과 같은 중요한 자질들을 배우고 적용할 수 있다.

오늘날 세상은 매우 빠르게 변화하고 있다. 미래를 예상하기 어려운 상황에서 새롭게 발생하는 문제에 재빠르게 대응하기 위해서는 소수의 리더나 전문 단체뿐만 아니라 사회 구성원 모두가 변화와 문제 해결의 주체가 되어야 한다. 모든 사람이 변화의 주체가 될 때 비로소 우리는 급변하는 시대를 자신 있게 헤쳐나갈 수 있다.

아쇼카는 체인지메이커 사회를 만들기 위해 혁신하고 협력하는 사람들의 전세계적 연결망이다. 〈그림 5-6〉은 전세계 아쇼카 네트워크를 보이고 있다. 북미, 남미와 중미, 유럽, 아시아와 호주, 중동과 북아프리카, 아프리카 등 거의 모든 지역을 망라하고 있다.

모든 사람이 체인지메이커인 사회는 사회 구성원 한 사람 한 사람이 변

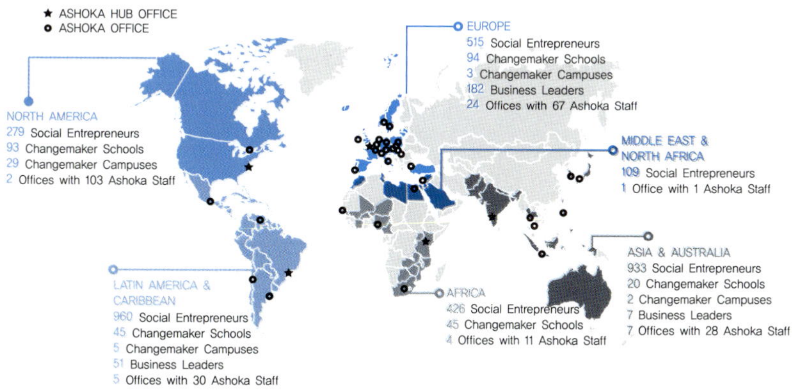


그림 5-6 아쇼카 네트워크

화의 주체가 되어 모두가 자유롭게 사회 문제를 해결해 나감으로써 급변하는 사회의 다양한 난제들에 빠르고 효과적으로 대응한다. 보다 나은 방책을 구상하는 창의성, 다른 이들과 함께 고민하는 팀워크, 새로운 방향을 제시하는 리더십, 효과적인 전략을 수립하는 논리적 사고, 과거에 대한 역사적 인식, 사회의 부조리 및 타인의 고통에 공감하고 이를 개선하기 위해 행동하는 결단력 등 사회 구성원 모두가 이러한 능력을 골고루 갖춘 세상이 바로 아쇼카가 꿈꾸는 세상이다.

아쇼카는 이러한 세상을 만들기 위해 세 가지 전략을 동원한다.

첫째는 뛰어난 사회적 기업가를 발굴하고 지원하는 것이다. 아쇼카는 사회를 변화시킬 잠재력이 있는 사회적 기업가를 발굴하고 그들의 임팩트를 극대화하기 위해 다양한 지원을 제공한다. 이들이 체인지메이커 사회의 롤모델이자 시민섹터의 원동력이기 때문이다.

둘째는 훌륭한 사회적 기업가 네트워크와 커뮤니티의 형성을 돕는 것이다. 사회적 기업가들은 협력과 교류를 통해 사회적 영향력을 확산하고 증대시킬 수 있다.

셋째는 시민섹터의 새로운 인프라를 구축하는 것이다. 아쇼카는 기업과 시민섹터 간의 경계를 허물고, 청소년들이 '변화 만들기(change making)'를 연습할 수 있도록 하며, 사회적 기업가들의 성장에 필요한 새로운 자본 투자 방식을 개발하는 등 체인지메이커 사회에 걸맞는 새로운 시스템과 철학을 제시한다.

이러한 전략을 수행하기 위한 주요 글로벌 프로그램으로는 다음과 같은 것들이 있다.

- **벤처 펠로우십**(Venture & Fellowship) – 이는 전 세계의 사회적기업가들을 아쇼카 펠로우로 발굴, 선발, 지원하는 프로그램이다. 아

쇼카는 매우 엄격한 심사를 통해 아쇼카 펠로우를 선발하는데, 선발된 펠로우들은 아쇼카로부터 3년간 각종 컨설팅과 교육, 생활비 등을 지원받는 한편, 아쇼카의 전세계 네트워크에 참여하게 되어 아쇼카의 30여 년간 쌓은 지식 자원을 제공받으며 사회적 기업가로서 활동하게 된다. 선발된 펠로우들의 혁신적인 아이디어는 모두가 체인지메이커인 세상을 만드는데 필요한 핵심 패러다임이 무엇인지를 보여주는 나침반 역할을 한다.

- **체인지메이커스**(Changemakers) – 온라인을 통해 전 세계의 혁신적인 아이디어를 주제별로 오픈 소싱하고, 다양한 방식으로 사회 변화를 꿈꾸는 이들의 온라인 커뮤니티를 형성하는 프로그램이다.
- Full Economic Citizenship(FEC) – 기업과 시민 섹터 간의 경계를 허물고 각 섹터가 가지고 있는 강점을 결합하여 모든 이들이 공정하고 경쟁력 있는 경제 활동을 할 수 있도록 하는 프로그램이다.
- **청년 벤처**(Youth Venture) – 청소년과 젊은이들이 스스로 팀을 구성하고 아이디어를 내어 사회문제를 해결해 나가는 경험을 가지도록 하고, 이를 통해 리더십, 팀워크, 공감 능력, 기업가적 자질 등 체인지메이커가 되기 위해 필요한 자질들을 체득할 수 있도록 지원하는 프로그램이다.
- **아쇼카 유**(Ashoka U) – 사회적기업가 정신에 대한 지식을 공유하고, 대학과 사회적기업가들 간의 협력을 촉진하며, 훌륭한 체인지메이커의 양성에 대학 교육의 초점을 맞추는 프로그램이다.
- **공감의 시작**(Start Empathy) – 급변하는 현대 사회에서 체인지메이커가 되기 위한 필수 자질인 공감능력의 조기 배양을 장려, 확산하는 프로그램이다.
- **글로벌라이저**(Globalizer) – 아쇼카 펠로우 중 전 세계로 확산 가능

한 혁신적인 아이디어를 가진 펠로우들의 전략적 성장을 지원하는 프로그램이다.

- **로컬라이저(Localizer)** – 엄선된 파트너십과 현지화를 통해 아쇼카 펠로우 혁신이 타지역, 타문화권으로 확산될 수 있도록 돕는 프로그램이다.

이러한 프로그램을 통해 아쇼카 펠로우 중 83% 이상이 펠로우 선정 10년 이내에 국가 차원의 변화를 이끌어냈고, 91%가 벤치마킹의 대상이 되고 있으며, 60%가 펠로우 선정 5년 이내에 공공정책의 변화를 이끌어냈다. 또한, 48%의 펠로우들이 시장을 변화시켰고, 51%의 펠로우들이 정부정책과 업계 규범을 변화시켰으며, 72%의 펠로우들이 영리와 비영리의 벽을 허무는데 앞장서고 있다. 더불어, 53%의 펠로우들이 전 사회적 공감능력 향상에 기여하였고, 44%의 펠로우들이 체인지메이킹 문화 확산에 기여하였다(Ashoka 2019).

Socially Responsible Investments

CHAPTER 06

# 사회책임투자 지수

# 제6장

# 사회책임투자 지수

사회책임투자를 발전시킬 수 있는 중요한 기제 중의 하나가 사회책임투자 지수이다. 일반 주식투자에서 지수는 전체 시장, 각 산업, 기업의 규모 등에 따라 계산되는데, 이러한 다양한 지수들은 시장의 움직임뿐만 아니라 각 지수에 투자하는 경우 투자수익률을 가늠하는 데 매우 중요하다. 만약 지수가 존재하지 않는다면 시장의 상황에 대한 정보가 없이 매우 제한적인 정보에 근거하여 투자를 할 수 밖에 없고, 이로 인해 시장의 활성화도 요원할 수밖에 없다. 이러한 점에서 주식시장의 각종 지수는 매우 중요한 투자 인프라이며 사회책임투자와 관련된 지수도 이러한 관점에서 예외가 아니다. 사회책임투자의 효과를 가늠하고 정책의 방향을 설정하기 위해서는 지수의 개발이 필수적이다.

1990년 5월 미국 시장을 대상으로 한 SRI 지수인 도미니 400 사회지수(Domini 400 Social Index)가 발표되기 시작한 이후 많은 사회책임투자 관련 지수와 하위 지수가 개발되었다. 이러한 지수들은 다양한 조직이나 기관들이 개발하여 제공하는데, 예를 들어 Calvert Investments, Pax World Management, Sustainalytics, WilderShares 등 지속가능성 투자를 하거나 연구하는 조직들이 SRI 지수들을 제공한다. S&P Dow Jones, FTSE, MSCI, STOXX, Thomson Reuters와 같은 금융서비스 그룹들과

NASDAQ OMX, NYSE Euronext, Deutsche Börse, Johannesburg Stock Exchange와 같은 증권거래소들도 자신들의 SRI 지수를 만들어 발표하고 있다. 특히 FTSE 그룹(현재는 FTSE Russell)의 공동소유자인 런던증권거래소는 일찍이 SRI 지수의 개발에 적극적이어서 2001년 FTSE4Good Index Series를 만드는데 기여하였다. 투자자들은 이 지수의 개발로 인해 전세계적으로 인정되는 기업의 사회적 책임 기준에 의해 기업의 성과를 비교할 수 있게 되었다.

## 1 초기 사회책임투자 지수

사회책임지수 개발 초기의 지수로 다음과 같은 지수들이 있다.

### Domini 400 Social Index(DSI)

사회책임지수의 중요성을 파악하고 일찍이 사회책임지수를 개발한 사람들이 Peter D. Kinder, Steven D. Lydenberg, Amy L. Domini이다. 이들은 '도미니 400 사회 지수(Domini 400 Social Index)'를 개발하였는데 이 지수는 MSCI KLD 400 Social Index의 전신으로 1990년 5월부터 시작된 가장 초기의 SRI 지수 중의 하나이며 S&P 500 지수를 모델로 한 시장가치 가중평균 지수이다. 이들은 S&P 500 지수에 포함된 기업들로부터 시작하여 우선 부정 선별을 적용했다. 즉, 주류, 담배, 도박 관련 상품, 무기, 원자력, 성인물, 유전자 조작 식품 등을 생산하는 기업들이나 남아프리카공화국에서 영업을 하는 기업들과 같이 생산품이 부정적인 사회적 · 환경적 영향을 끼치는 주식들을 제외했다. 다음으로 이들은 공동체 공헌, 다양성, 노사관계, 환경, 제품 안정성 측면에 대한 질적 기준을 적용하여 우수한 점수를 가진 기업들을 포함시켰는데 여기까지 약 250개의 기업들이 선택되었다. 다음으로 S&P 500 지수에 포함되지 않으면서 부정 선별과 질적 선별 기준 영역 중 적어도 한 분야에서 탁월한 점수를 가진 대기업 약 100개를 선별하였는데 이 기업들을 포함시킨 이유는 다양한 산업을 반영시키기 위함이었다. 마지막으로 이들은 사회적 속성이 예외적으로 우수한 기업 50개를 포함시켰다(diBartolomeo & Kurtz 1999).

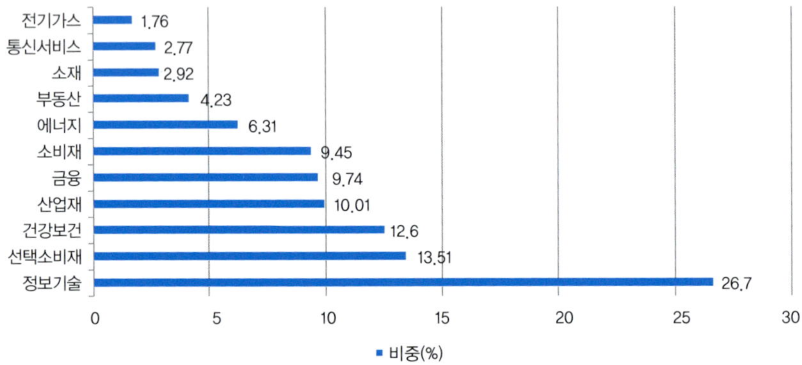


그림 6-1 MSCI KLD 400 Social Index의 산업별 구성 비중

**표 6-1 MSCI KLD 400 Social Index의 최고 비중 구성 종목**

| | 시장가치 (10억 달러) | 비중 (%) | 분야 |
|---|---|---|---|
| MICROSOFT CORP | 478.60 | 5.24 | 정보기술 |
| ALPHABET C | 246.40 | 2.70 | 정보기술 |
| ALPHABET A | 241.83 | 2.65 | 정보기술 |
| PROCTER & GAMBLE CO | 223.98 | 2.45 | 소비재 |
| VERIZON COMMUNICATIONS | 199.78 | 2.19 | 통신 서비스 |
| INTEL CORP | 173.86 | 1.90 | 정보기술 |
| MERCK & CO | 171.42 | 1.88 | 건강 보건 |
| COCA COLA(THE) | 170.45 | 1.87 | 소비재 |
| DISNEY(WALT) | 168.93 | 1.85 | 선택 소비재 |
| IBM CORP | 158.47 | 1.74 | 정보기술 |
| 전체 | 2,233.72 | 24.46 | |

자료: MSCI KLD 400 Social Index(2018)

현재 MSCI KLD 400 Social Index는 위와 유사한 개념을 적용하여 MSCI USA Investable Market Index(IMI) 지수로부터 400개의 미국 주식을 선정하여 규모를 가중치로 하여 계산한 지수이다. MSCI USA IMI 지수는 2007년 6월 5일부터 계산되었는데 대규모, 중규모, 소규모 기업들을 모두 포함하는 지수이다. 2018년 현재 2,394 종목을 포함하고 있으며 2007년 최초 시작일 이전의 지수는 이 지수가 존재했었다는 가정하에 계산한 가상의 수치이다. MSCI KLD 400 Social Index는 오랜 기간 자료가 축적되어 있기 때문에 ESG 투자 성과를 연구하는 학술 논문에도 널리 사용되고 있다(MSCI 2019).

〈그림 6-1〉은 MSCI KLD 400 Social Index의 산업별 비중을 보이고 있고 〈표 6-1〉에는 가장 비중이 높은 10개 종목 시장가치의 26.7%로 월등히 높은 비중을 차지하고 있는데 이는 현대 사회에서 정보기술이 차지하는 중요성을 반영한다. 〈표 6-1〉을 보면 마이크로소프트, 알파벳, 인텔, IBM 등 정보기술 산업에 속한 기업들이 최고 비중 종목 10개 중 절반을 차지하고 있다. 월트 디즈니(Walt Disney)와 같은 선택 소비재 산업에 속한 기업들이 13.51%를 차지하고 있고 머크(Merck)와 같이 건강 보건 산업에 속한 기업들의 비중이 12.6%를 차지하고 있다. 다음으로 산업재, 금융, 소비재 등으로 순위가 이어지고 있다. 이러한 비중을 보면 대체로 현대 사회에서 어떤 산업이 성장하고 쇠락하는지 가늠할 수 있다.

## NPI Social Index

'NPI Social Index'는 영국의 첫 번째 SRI 지수로 1998년 5월에 시작되었다. NPI는 상호생명보험회사(mutual life insurer)인데 호주 생명보험회사인 AMP가 NPI를 인수함에 따라 지수도 철회되었다. FTSE All-Share

Index를 기반으로 해서 규모와 산업 그룹 구조를 반영하여 만들었는데, 150개의 기업과 8개의 투자 신탁을 포함하였다. 기업이 사회적이고 환경적 측면을 운영하는데 있어 강점과 약점을 반영하여 FTSE International이 매일 계산하여 발표하였다. NPI는 이 지수에 근거한 개방형 투자 신탁 회사가 설립되어 운영되기도 하였다(Havemann & Webster 1999).

### Calvert Social Index

실제 주식시장 지수를 추적하기 위하여 만든 첫 번째 사회적 선별 지수라는 점에서 의미를 부여할 수 있는 지수인데, Russell 1000 Index를 추적한다. 우선 Russell 1000 Index에 포함되는 주식 중에서 사회적이고 환경적인 측면에서 긍정적/부정적 기준을 만족시키는 주식들을 선별하고, 다음으로 State Street Global Advisors(SSGA)가 계량적 모형을 적용하여 Russell 1000 Index와 유사한 포트폴리오를 구성한다. 최종적 포트폴리오에서는 SSGA가 가장 성과가 좋을 것으로 예상하는 주식에 더 높은 가중치가 주어진다(Havemann & Webster 1999).

### 다우존스 지속가능성 지수(Dow Jones Sustainability Index, DJSI)

DJSI는 기업의 지속가능성 관점에서 각 산업 분야를 이끌고 있는 기업들의 성과를 평가하기 위해 1999년에 최초로 개발되었다. 글로벌, 북미, 유럽 지수로 구성되어 있고, 그 아래 여러 개의 하부지수가 구성되어 있는데, 가장 대표적인 지수는 'DJSI 세계지수(DJSI World Index)'이다. 스위스 취리히에 본사를 둔 SRI 리서치 기관인 SAM Research가 지속가능성 분석을 실시하여 DJSI World의 구성종목을 선정한다. DJSI 그룹 내의 모든 지수는 동일한 지속가능성 평가 기준에 따라 결정된다.

DJSI World는 기업의 지속가능성 관점에서 각 산업에서 상위 10% 기업의 지속가능 성과를 측정함을 목적으로 하고 있다. DJSI World의 구성종목 평가기관인 SAM Index GmbH는 투명성 확보를 위해 지수 구성종목과 평가방법에 대한 정보를 광범위하게 공개하고 있다. 기본적으로 DJSI World는 시가총액(Free-float market capitalization weighted)방식의 주가지수이다. 각 구성종목의 가중치는 DJSI World 지수의 총 시가총액의 10%에 상한을 두고 시가총액 10% 이상인 종목은 10%로 조정한다.

DJSI World의 구성종목은 다음과 같은 절차에 의해 결정된다. 우선, Dow Jones Global Index(DJGI)를 구성하고 있는 종목으로부터 DJSI World 투자대상 후보군을 선정한다. 이는 DJGI 구성종목 중 유동성 기준을 충족시키며 직전 년도 12말 기준으로 시가총액이 큰 2,500개 기업이다. 여기에 현재의 DJSI World에 편입된 종목들을 모두 포함하여 DJSI World 투자대상 후보군을 결정한다. 후보군 내 종목들은 기업의 주요 수익 원천에 따라 ICB 분류기준인 58개 산업들에 편입된다. 각 산업별로 편입된 DJSI World 투자대상 후보군은 경제, 사회, 환경 변화에 중점을 둔 SAM Research의 기업 지속가능성 평가(Corporate Sustainability Assessment)에 의해 점수화 되고, 일정한 기준에 의해 DJSI World 구성종목이 결정된다. 한편 DJSI World 구성종목으로 결정된 기업이라고 하더라도 기업 지속가능성 검토(Corporate Sustainability Monitoring)과정에서 문제가 될 경우 제외될 수 있다.

### FTSE4GOOD Index

'FTSE4Good'은 초기 사회책임투자 지수 중에서 늦은 편인 2001년에 설립되었다. 경영자들과 기관투자자들이 사회책임투자에 관심을 가지게 되면서 세계 여러 지역을 광범위하게 대표하는 사회책임투자 지수의 필요성이 생겼다. FTSE4Good은 기본적으로 환경, 인권, 주주 관계 측면에서 최선의 실적을 보이는 기업들을 지수에 포함시키고 있다. 그러나 FTSE4Good은 도미니 사회지수와 비교할 때 허용대상 기업의 범위가 좁다. 담배, 무기, 원자력 관련 회사들을 제거하면 전 종목의 10%가 탈락하고 환경, 인권, 사회 문제까지 고려하면 포함되는 기업이 훨씬 줄어서 FTSE 전 종목 757개 중에서 288개의 회사만 포함된다. FTSE4Good은 가장 포괄적인 사회책임투자 지수라는 목표로 만들어졌지만 포트폴리오 다변화를 해야 하는 연금펀드의 입장에서 볼 때 원래 지수에 포함되는 전 종목의 50%이상을 배제하는 지수에 투자하는 것은 사실상 매우 어렵다는 점이 한계이다.

FTSE4Good의 운영과 관련해서 자문위원회가 존재한다. 자문위원회는 6개월마다 지수를 검토하고 종목 선정 원칙인 '근본 규정'들을 제정한다. 특히 자문위원회에는 '유엔아동기금(United Nations Children Fund, UNICEF)'에서 추천한 위원 세 명이 포함되어 있고, 수익의 일부를 UNICEF에 기부하기도 한다(서울대학교 지속경영학회 2011).[17]

## 2 선진국 사회책임투자 지수

〈표 6-2〉는 전세계, 미국, 유로 존의 SRI 지수들을 보이고 있다. 이 표는 Le Sourd(2011)의 부록 A.2, Scholtens(2005)의 〈표 3〉, Schröder(2007)

17 유엔 아동 기금(United Nations Children's Fund, UNICEF)은 1946년 12월 11일 설립되었다. 원래 이름은 유엔 국제 아동 긴급 기금(United Nations International Children's Emergency Fund)이었으나 1953년 현재 이름으로 바뀌었다. 유니세프는 144개 개발도상국의 어린이와 여성을 돕기 위한 기금으로 긴급 구호, 영양, 예방 접종, 식수 및 환경 개선, 기초 교육 등과 관련된 일을 하고 있다. 1965년 노벨평화상을 수상하였다.

의 부록으로부터 재편집한 것으로, 지수명, 지수 공급자, 지역, 지수 시작일, 비교 기준, 종목수, 선별 방법 등을 보이고 이다. Dow Jones Sustainability indices(DJSI), Ethical, FTSE4Good, Humanix, KLD와 같이 잘 알려진 사회책임지수 그룹들이 포함되어 있다. 전세계를 대상으로 하는 지수는 10개이고(DJSI World, DJSI World ex AGTF,[18] Ethibel Sustainability Index, Ethical Index Global, FTSE4Good Global 100, FTSE4Good Global, Humanix 200 Global, Impax ET50 Index, Naturaktienindex, Triodos Internationale Index), 유럽을 대상으로 하는 지수는 11개이다(ASPI, DJSI STOXX, DJSI STOXX ex AGTF, DJSI EUROSTOXX, DJSI EUROSTOXX ex AGTF, Ethibel Sustainability Index Excellence Euro, Ethical Index Euro, FTSE4Good Europe 50, FTSE4Good Europe, Humanix 175 Europe, Kempen SNS Smaller European SRI Index).

개별 국가를 대상으로 한 지수는 미국 7개(Calvert Social Index, FTSE4Good US 100, FTSE4Good US, Humanix 175 US, KLD Domini 400 Social Index, KLD Broad Market Social Index, KLD Large Cap Social Index), 영국 2개(FTSE4Good UK 50, FTSE4Good UK), 스웨덴 1개(Humanix 50 Sweden), 캐나다 1개(Jantzi Social Index), 호주 1개(Westpac–Monash Eco–Index) 등이다.

지수를 구성하는 방법을 기준으로 구분해보면 부정 선별을 사용하는 지수(ASN–Trouw Index, DJSI World ex AGTF, DJSI STOXX ex AGTF, DJSI EUROSTOXX ex AGTF, FTSE4Good, FTSE4Good Global 100, KLD Domini 400 Social Index, Triodos Internationale Index), 각 사

18 DJSI World ex AGTF는 DJSI World 지수에서 술, 게임, 담배, 무기(Alcohol, Game, Tobacco, Firearms; AGTF) 등에 근거한 부정 선별을 더 추가하여 불량한 기업들을 제외한 것이다.

회책임영역에서 최고인 주식을 포함하는 지수(ASPI, DJSI World, DJSI STOXX, Ethibel Sustainability Index), 긍정 선별을 사용하는 지수(DJSI EUROSTOXX), 긍정 선별과 부정 선별을 동시에 사용하는 지수(Ethibel Sustainability Index, Ethical Index Euro) 등이 있다. 그리고, 해당 영역에서 최고이면서 일정 규모 이상인 주식을 포함시키는 지수가 있다. 예를 들어, Impax ET50 Index는 환경 기술의 개발과 운영을 핵심사업으로 하고 있는 상장기업의 성과를 측정하는데, 전세계 2,000개 이상의 환경기술 기업들 중 규모가 가장 큰 50개 기업을 대상으로 하여 지수가 산출된다. 규모는 대체로 1억 달러에서 150억 달러 수준이다.

가장 역사가 오래 된 지수는 4개인데, 위에 언급한 MSCI KLD 400 Social Index(1990), 2000년 캐나다 시장을 대상으로 만들어진 Jantzi Social Index, 전세계를 대상으로 한 SRI 포트폴리오를 위해 만들어진 Dow Jones Sustainability Index(1999)와 FTSE4Good(2001)가 그것이다.

**표 6-2 선진국 SRI 지수**

| 지수명 | 지수 공급자 | 지역 | 지수 시작일[1] | 비교기준[2] | 종목수 | 선별 방법 |
|---|---|---|---|---|---|---|
| ASN-Trouw Index | | 유럽, 미국 | 4/1998 | | 88 | 부정 |
| ASPI | Vigeo | 유로존 | 12/1991 (7/2001) | DJ EUROSTOXX* | 120 | 최고 |
| Calvert Social Index | Calvert Group, Ltd. | 미국 | 6/2000 | Russell 1000 | | |
| DJSI World | Dow Jones Indices, STOXX Ltd. and SAM Group | 전세계 | 12/1993 (9/1999) | DJ World* | 310 | 최고 |
| DJSI World ex AGTF | 〃 | 전세계 | 12/1993 (9/1999) | DJ World* | | 부정 |
| DJSI STOXX | 〃 | 유럽 | 12/1998 (10/2001) | DJ STOXX* | 179 | 최고 |

| 지수명 | 지수 공급자 | 지역 | 지수 시작일[1] | 비교기준[2] | 종목수 | 선별 방법 |
|---|---|---|---|---|---|---|
| DJSI STOXX ex AGTF | 〃 | 유럽 | 12/1998 (10/2001) | DJ STOXX* | | 부정 |
| DJSI EUROSTOXX | 〃 | 유로존 | 12/1998 (10/2001) | DJ EUROSTOXX* | | 긍정 |
| DJSI EUROSTOXX ex AGTF | 〃 | 유로존 | 12/1998 (10/2001) | DJ EUROSTOXX* | | 부정 |
| Ethibel Sustainability Index | Vigeo / Ethibel | 전세계 | 6/2002 | | 162 | 최고 |
| Ethibel Sustainability Index Excellence Euro | Vigeo / Ethibel | 유로존 | 2/2010 | | 114 | 긍정/부정 |
| Ethical Index Euro | E. Capital Partners S.p.A. | 유로존 | 10/2000 | DJ EUROSTOXX | 150 | 긍정/부정 |
| Ethical Index Global | | 전세계 | 1/2001 | MSCI World | | |
| FTSE4Good Europe 50 | FTSE Group | 유럽 | 7/1996 (7/2001) | FTSE AW Europe* | 50 | 부정 |
| FTSE4Good Europe | FTSE Group | 유럽 | 7/1996 (7/2001) | FTSE AW Europe* | | |
| FTSE4Good Global 100 | FTSE Group | 전세계 | 7/1996 (7/2001) | FTSE Developed World* | 100 | 부정 |
| FTSE4Good Global | FTSE Group | 전세계 | 7/1996 (7/2001) | FTSE Developed World* | | |
| FTSE4Good UK 50 | FTSE Group | 영국 | 7/1996 (7/2001) | FTSE All Share* | | |
| FTSE4Good UK | FTSE Group | 영국 | 7/1996 (7/2001) | FTSE All Share* | | |
| FTSE4Good US 100 | FTSE Group | 미국 | 7/1996 (7/2001) | FTSE Local USA* | | |
| FTSE4Good US | FTSE Group | 미국 | 7/1996 (7/2001) | FTSE Local USA* | | |
| Humanix 175 Europe | Humanix Holding AB | 유럽 | 6/2001 | DJ STOXX | | |
| Humanix 175 US | Humanix Holding AB | 미국 | 6/2001 | S&P 500 | | |

| 지수명 | 지수 공급자 | 지역 | 지수 시작일[1] | 비교기준[2] | 종목수 | 선별 방법 |
|---|---|---|---|---|---|---|
| Humanix 200 Global | Humanix Holding AB | 전세계 | 6/2001 | MSCI World | | |
| Humanix 50 Sweden | Humanix Holding AB | 스웨덴 | 6/2001 | MSCI Sweden | | |
| Impax ET50 Index | | 전세계 | 6/1999 | | 50 | 규모/최고 |
| Jantzi Social Index | Michael Jantzi Research Associates, Inc. | 캐나다 | 1/2000 | S&P/TSE60* | | |
| Kempen SNS Smaller European SRI Index | Kempen Asset Mgmt., SNS Capital Mgmt. | 유럽 | 12/1998 (10/2003) | HSBC Smaller European Index* | | |
| KLD Domini 400 Social Index | KLD Research & Analytics, Inc. | 미국 | 5/1990 | S&P 500 | 400 | 부정 |
| KLD Broad Market Social Index | KLD Research & Analytics, Inc. | 미국 | 1/2001 | Russell 3000* | | |
| KLD Large Cap Social Index | KLD Research & Analytics, Inc. | 미국 | 1/2001 | Russell 1000* | | |
| Naturaktienindex | Securvita | 전세계 | 4/1997 | MSCI World | | |
| Nature Equity Index | Oko Invest | 오스트리아 | 1997 | | 20 환경주 | 최고 |
| Triodos Internationale Index | | 전세계 | 7/2001 | | 160 | 부정 |
| Westpac-Monash Eco-Index | Westpac Investment Mgmt. | 호주 | 1/1999 | S&P/ASX20* | | |

자료: Le Sourd(2011)의 부록 A.2, Scholtens(2005)의 〈표 3〉, Schröder(2007)의 부록, Havemann & Webster(1999)로부터 재편집.

[1] 지수의 시작일. 괄호 속의 날짜가 공식적 시작일. 공식적 시작일 이전의 자료는 자료를 제공한 기관으로부터 획득 가능.

[2] 자료를 공급한 기관이 공식적으로 지정한 비교기준.

## 3 신흥시장 사회책임투자 지수

신흥시장에서도 소득수준이 향상되고 경제와 산업이 발전됨에 따라 환경오염 및 사회문제가 점점 더 심각해지고 있다. 이에 따라 ESG에 대한 관심이 증가하고 다양한 사회책임지수가 만들어져 활용되고 있는데 〈표 6-3〉은 여러 가지 신흥시장 사회책임지수를 보이고 있다. 전세계적인 신흥시장을 대상으로 한 지수는 2개(ECPI Ethical Emerging Markets Tradable Equity Index, S&P/IFCI Carbon Efficient Index)이고, 각 지역의 국가마다 지수들이 존재한다. 동아시아 지역에서는 한국에 2개 Dow Jones Sustainability Korea Index, Korea Stock Exchange SRI Index), 중국에 3개(Shanghai Stock Exchange(SSE) Social Responsibility Index, CSI ECPI ESG China 40 Index, Hang Seng Corporate Sustainability Indexes)의 지수가 운영되고 있고, 남미에서는 브라질에 2개의 지수(Brazilian Corporate Sustainability Index, Brazil Carbon Efficient Index)가 운영되고 있다. 동남아에서는 말레이시아(OWW Responsibility SRI Index Series), 인도네시아(SRI-KEHATI Index), 인도(S&P ESG India Index) 등의 국가에서 사회책임지수가 산출되고 있다. 중동 및 아프리카 지역에서는 이집트(S&P/EGX ESG Index), 중동 및 북아프리카(S&P/Hawkamah ESG Pan-Arab Index), 남아프리카공화국(Johannesburg Stock Exchange SRI Index)의 지수가 사용되고 있고, 기타 동유럽(CEE Responsible Investment Universe Index) 국가들 관련 지수가 운영되고 있다.

**표 6-3 신흥시장 SRI 지수**

| 지수명 | 시작 | 국가/지역 | 소유구조/소유주 | 연구 원천 |
|---|---|---|---|---|
| Johannesburg Stock Exchange SRI Index | 2004 | 남아프리카 공화국 | 거래소: JSE | 외주 |
| Brazilian Corporate Sustainability Index | 2005 | 브라질 | 거래소: BM&F BOVESPA | 외주 |
| ECPI Ethical Emerging Markets Tradable Equity Index | 2006 | 신흥시장 (전세계) | 회사: ECPI | 조직내부 |
| OWW Responsibility SRI Index Series | 2006 | 말레이시아 (기타시장) | 회사: OWW Consulting | 조직내부 |
| S&P ESG India Index | 2008 | 인도 | 회사: S&P | 조직내부 |
| CEE Responsible Investment Universe Index | 2009 | 동유럽 | 거래소: Wiener Bourse | 외주 |
| Dow Jones Sustainability Korea Index | 2009 | 한국 | 회사: DJSI | 외주 |
| Korea Stock Exchange SRI Index | 2009 | 한국 | 거래소: 한국거래소 | 외주 |
| S&P/IFCI Carbon Efficient Index | 2009 | 신흥시장 (전세계) | 회사: S&P | 외주 |
| SRI-KEHATI Index | 2009 | 인도네시아 | NGO/회사: KEHATI/ OWW Consulting | 외주 |
| Shanghai Stock Exchange(SSE) Social Responsibility Index | 2009 | 중국 | 거래소: Shanghai Stock Exchange | 외주 |
| Brazil Carbon Efficient Index | 2010 | 브라질 | 거래소: BM&FBOVESPA | 외주 |
| CSI ECPI ESG China 40 Index | 2010 | 중국 | 거래소: China Securities Index Co. | 외주 |
| Hang Seng Corporate Sustainability Indexes | 2010 | 중국 | 회사: Hang Seng Indexes Co. | 외주 |
| S&P/EGX ESG Index | 2010 | 이집트 | 회사: S&P | 외주 |
| S&P/Hawkamah ESG Pan-Arab Index | 2011 | 중동 및 북아프리카 | 회사: S&P | 외주 |

자료원: IFC(2011)를 근거로 재구성

신흥시장 중에서 일찍이 사회책임투자 지수를 개발한 국가는 남아프리카 공화국(2004년)과 브라질(2005년)이다. 요하네스버그증권거래소(JSE)는 2004년 5월 이 거래소에 상장된 기업들 중 최소 기준을 만족시키는 기업들을 대상으로 한 사회책임투자 지수를 개설했다. 최소 기준은 기업의 영업에 지속가능성 원칙을 포함시키고 이의 성과를 보고하는 것이다. 이 지수에 포함된 기업들은 최소한의 핵심 지표에 대해 보고해야만 하고 최소한의 영역들에 대한 목표를 설정해야 한다. 2015년 초 JSE는 세계적 지수 제공기관인 FTSE Russell과의 파트너십을 발표하고 공시해야 하는 ESG 지표 산출 방법과 자료 수집 방법을 FTSE Russell의 방법과 일치시키기로 하였다.[19] 2015년 10월에는 ESG를 투자의사결정에 포함시키고자 하는 기관투자자들의 수가 유의하게 증가하는 것에 대응하여 두 기관이 새로운 사회책임투자지수들인 FTSE/JSE Responsible Investment Series를 발표하기 시작했다(FTSE Russell 2015).

브라질 거래소(São Paulo Stock Exchange, BM&F BOVESPA)는 2005년 12월 브라질 환경부, 브라질연금연합, 유엔환경프로그램(United Nations Environment Programme, UNEP) 등과 협력하여 남미 최초의 SRI 주식지수인 BCSI를 발표하기 시작하였다. 이는 신흥국에서 대출과 투자 의사 결정 시 지속가능성을 반영시키려는 추세의 일환으로 국제금융공사(International Finance Corporation, IFC)의 재정지원을 받아 이루어졌다. BCSI를 구하는 방법은 São Paulo 경영대학의 지속가능성 연구센터(Sustainability Study Centre of the Getulio Vargas Foundation, CES-FVG)에 의해 개발되었는데, 브라질증권거래소에서 거래되는 회사

19 Johannesburg Stock Exchange, Socially Responsible Investment SRI Index, 2017. 2. 28 접속. https://www.jse.co.za/services/market-data/indices/socially-responsible-investment-index.

들을 대상으로 ESG 기준에 대한 설문지를 사용하여 지수에 포함시킬 가장 유동성이 높은 주식들을 평가한다. 이 지수에 대한 포함 여부는 다음과 같은 절차에 의해 매년 결정된다(Ortas 등 2012).

- **포함 기준:** 브라질증권거래소에 거래되는 상위 200대 기업 중에서 총 거래일수 중 최소 50% 이상의 유의한 거래일이 있어야 하고, 평가 전 12개월 동안 BCSI 위원회에 의해 설정된 지속가능성 기준에 근거하여 성과가 측정되고 만족되어야 한다.
- **제외 기준:** 포함 기준을 만족시키지 못하거나, 신용상 문제가 있는 상태에 돌입하거나, 파산 신청을 하는 경우, 그리고 상당한 정도의 주식이 시장에서 소각되는 경우 지수에서 제외한다.

이후 가치 가중을 하여 지수를 계산하는데, ESG관련 세 가지 핵심(triple bottom line)을 반영하기 위하여 기업의 재무적 기준과 함께 기업지배구조, 사회적, 환경적 주제를 함께 검토한다(Elkington 1997). 이 과정에서 34개(구성된 포트폴리오 전체의 85%에 해당)의 기업들이 설문지에 대한 자신들의 답변을 공개하여도 좋다고 허락하여 기업들의 투명성이 유의하게 높아졌다(US SIF 2016b).

멕시코증권거래소(Bolsa Mexicana de Valores, BMV)는 브라질증권거래소에 이어 남미에서 두 번째로 큰 거래소인데 2011년 12월 지속가능성 지수를 발표하기 시작했다. 이 지수에 포함되는 기업들은 BMV가 EIRIS (현재는 Vigeo-EIRIS)와 함께 개발한 방법에 근거하여 ESG 관련 성과, 영향력, ESG 이슈에 대한 대응 등에 대해 평가를 받는다.

터키증권거래소(Borsa Istanbul; BIST)는 BIST 30 지수 구성종목 중 Vigeo-EIRIS의 지속가능성 기준을 만족시키는 종목들로 구성된 BIST 지속가능성 지수(BIST Sustainability Index)를 2014년 11월부터 발표하기 시작했다. 성과평가 기준은 종다양성, 기후변화, 환경, 인권, 건강과 안전, 뇌물과 이사회 운영 등이다(Borsa Instanbul 2019).

## 4 한국의 사회책임투자 지수

한국에서는 한국거래소(KRX)가 한국기업지배구조원(Corporate Governance Service; CGS)의 평가 결과를 토대로 2009년 9월부터 사회책임투자지수를 발표하기 시작하였다. 이후 2013년 9월 14일부터는 KRX SRI 계열지수 하에 사회책임투자지수, 환경책임투자지수, 지배구조책임투자지수 3개를 두는 것으로 재편하였다. 또한, 녹색전문기업에 특화 하여 2010년부터 녹색산업지수(KRX Green)를 발표하였다. 2015년 이전 각 지수의 선정방법, 종목수, 종목변경시점, 기준시점, 기준지표가 〈표 6-4〉에 설명되어 있다. 이 지수들은 상품성 지수로서, 그 구성종목들이 SRI 포트폴리오의 잠정적 투자대상이 될 수 있다. 즉, SRI 지수 펀드, SRI ETF 등 지수연계상품에 활용되거나 벤치마크 지수로 활용될 수 있다.[20]

그러나 이러한 지수들의 활용도가 매우 저조하였는데 이유는 편입종목이 적다 보니, 예를 들어 사회책임투자지수(KRX SRI)의 경우 편입 종목이 70개, 지수의 종목들이 대형주 위주로 구성되고 평가기준도 실제 기업의 ESG활동을 제대로 반영하지 못했기 때문이다. 한국거래소는 2015년 기존 SRI 지수를 대체하기 위해 산출기준, 지수명칭 등을 전면 개편해 신 사회책임지수 3종을 개발하였다. 〈표 6-5〉에 보는 바와 같이 'KRX ESG Leaders 150'은 환경(E), 사회책임(S), 지배구조(G) 등을 모두 반영

20 대표적인 SRI 지수 연계상품으로는 사회책임투자지수(KRX SRI)를 기초지수로 하고 있는 KTB GREAT SRI ETF(2009. 12 상장)와 KDB PIONEER SRI ETF(2011. 11 상장)을 들 수 있다.

표 6-4 한국의 SRI 지수(2015 이전)

| | 기준시점<br>기준지수 | 정기<br>변경 | 종목<br>수 | 선정근거 |
|---|---|---|---|---|
| 사회책임투자지수<br>(KRX SRI) | 2009. 1. 2.<br>1,000p | 매 9월 | 70 | 유가증권시장과 코스닥시장 종목 전체를 대상으로 CGS의 ESG 통합평가등급 B+ 이상인 기업을 선정하고, 시가총액, 거래대금, 유동비율 등을 고려해 ESG 통합평가등급 순으로 선정[1] |
| 환경책임투자지수<br>(KRX SRI Eco) | 2009. 1. 2.<br>1,000p | 매 9월 | 30 | 위와 동일한 방식이나 ESG 통합평가등급 B+ 이상인 기업들 중 환경(E) 평가 등급이 우수한 순으로 선정 |
| 지배구조책임투자지수(KRX SRI Governance) | 2001. 7. 2.<br>1,000p | 매 9월 | 30 | 위와 동일한 방식이나 ESG 통합평가등급 B+ 이상인 기업들 중 지배구조(G) 평가등급이 우수한 순으로 선정 |
| 녹색산업지수<br>(KRX Green) | 2010. 1. 4.<br>1,000p | 매 9월 | 20 | 심의기준(산업기준, 시장규모 · 유동성기준, 재무기준)을 충족하는 종목 중 우선적으로 녹색전문기업을 시가총액 순으로 선정한 후, 기타 녹색인증기업 중에서 시가총액 순으로 선정[2] |

자료: 안상아(2013)

[1] CGS: 한국기업지배구조원(Corporate Governance Service)

[2] 녹색전문기업 인증은 한국산업기술진흥원(KIAT) 산하의 녹색인증사무국에서 담당.

한 ESG 통합점수가 높은 상위 150종목으로 구성됐다. 'KRX Governance Leaders 100'은 지배구조 점수가 높거나 과거보다 많이 상승한 100종목, 'KRX Eco Leaders 100'은 환경점수가 높거나 과거보다 많이 상승한 100종목으로 각각 이루어졌다. 이 지수들은 모든 산업에 걸쳐 고르게 종목 선정이 가능하고, 평가결과를 좀 더 정확하게 지수에 반영하고자 하는 의도로 만들어졌다.

2017년 12월에는 'KRX ESG 사회책임경영지수'가 추가 되었는데 ESG 평가항목 중 사회책임(S) 분야 상위 기업을 대상으로 최소 130종목을 포함하여 구성하는데 2019년 2월 현재 138종목이 포함되어 있다.

2018년 12월에는 코스피·코스닥 상장사 전체를 대상으로 선정했던 기존 ESG 지수가 투자자들의 호응을 끌어내지 못한 단점을 보강하여 코스피 200 지수를 기반으로 상품성을 강화한 '코스피 200 ESG 지수'를 개발하였다. 해외 주요 지수 사업자인 모건스탠리캐피털인터내셔널(Morgan Stanley Capital International; MSCI)과 파이낸셜타임스(Financial Times)와 런던증권거래소(London Stock Exchange) 합작사인 FTSE인터내셔널(FTSE International)도 시장 대표 지수를 기반으로 ESG 지수를 만든다는 데 착안해 이 지수를 설계했다. 코스피 200 지수 구성종목 중

**표 6-5 한국의 SRI 지수(2015 이후)**

| | 기준시점<br>기준지수<br>발표시점 | 산출<br>주기 | 종목<br>수 | 선정근거 |
|---|---|---|---|---|
| KRX ESG Leaders 150 | 2010. 1. 4.<br>1,000p<br>2015. 12. 21. | 2초 | 150 | 유가증권 및 코스닥시장 상장종목 중에서 CGS 평가한 ESG 평가가 우수한 종목. 지수산출은 ESG 통합점수가 높은 순서로 편입비중이 결정되는 ESG통합점수 가중방식을 채택[1] |
| KRX Eco Leaders 100 | 2010. 1. 4.<br>1,000p<br>2015. 12. 21. | 2초 | 100 | 유가증권 및 코스닥시장 상장종목 중에서 CGS가 평가한 ESG평가 3요소(환경, 사회, 지배구조)의 환경점수가 개선되거나 우수한 종목. 지수산출은 환경점수가 높은 순서로 편입비중이 결정되는 환경점수 가중방식을 채택 |
| KRX Governance Leaders 100 | 2010. 1. 4.<br>1,000p<br>2015. 12. 21. | 2초 | 100 | 유가증권 및 코스닥시장 상장종목 중에서 CGS가 평가한 ESG평가 3요소(환경, 사회, 지배구조)의 지배구조점수가 개선되거나 우수한 종목 |
| KRX ESG 사회책임경영지수(S) | 2012. 1. 2.<br>1,000p<br>2017. 12. 18. | 2초 | 138 | ESG 평가항목중 사회책임(S)분야 상위 기업으로 최소 130종목으로 구성 |
| 코스피 200 ESG 지수 | 2012. 1. 2.<br>238.7p<br>2018. 12. 14. | 2초 | 102 | 코스피 200지수에 포함된 종목 중에서 우량 ESG종목을 선정하여 코스피 200지수와의 추적오차를 줄여 상품성을 강화한 지수 |

자료: 한국거래소, 2019.

[1] CGS: 한국기업지배구조원(Corporate Governance Service)

에서 ESG 평가가 높은 종목의 시가총액 비중대로 산출한다. 구체적으로, 한국기업지배구조원이 평가하는 ESG 점수 기준으로 각 항목(E · S · G) 중 하나의 점수가 상위 25% 이내인 종목이나 두 개 부문의 점수가 상위 50%인 종목이 대상이다. 주류, 도박, 무기, 담배의 매출 비중이 20% 이상인 '죄악주식'은 배제한다. 이 방식으로 코스피 200 구성종목 중 102개가 선정되었는데, 시가총액 기준으로는 코스피 200 구성종목 전체의 80% 이상이다. 한국거래소의 의도는 '코스피 200 ESG 지수'가 '코스피 200'보다 상대적으로 높은 성과를 보이고 각 업종이나 섹터별 종목 수도 안정적으로 유지되도록 하는 것이다.

## 5 사회책임투자 지수의 기능

사회책임투자지수들은 다음과 같이 매우 중요한 기능을 한다. 첫째, 사회책임투자를 활성화하고 지속가능경영에 대한 기업의 인식을 제고하는 데 기여한다. 공신력이 있는 기관이 사회적 책임을 다하는 기업들을 선정하여 지수에 포함시키기 때문에 투자 시 가용한 정보의 질과 양이 늘어나고 이로 인해 투자 활동이 활발하게 일어날 수 있다. 또한 사회책임투자지수에 포함되는 것이 자본시장에서 중요한 신호로 작용하기 때문에 일반 기업들의 CSR 활동에 대한 인식을 높이고 실제 활동의 범위를 확장시킨다. 결국 자본시장에서 CSR 우수기업이 제대로 평가 받을 수 있는 메커니즘을 제공하여 사회 전반적으로 사회책임투자 및 지속가능경영에 대한 인식이 높아지도록 한다.

둘째, SRI 지수는 기업의 사회적 책임에 대한 비교 기준으로서의 역할을 할 수 있다. SRI 지수에 포함되기 위해서는 다양한 ESG 조건을 충족시켜야 한다. 따라서 기업들이 SRI 지수에 포함되기 위한 조건들을 검토해야 하기 때문에 지속가능경영에 대한 기업의 이해를 높이고 ESG 측면을 종합적으로 고려하는 다양한 CSR 활동을 이끌어 낼 수 있다.

셋째, 투자자 입장에서 장기적으로 지속가능한 기업을 용이하게 선별할 수 있고, ETF(Exchange Traded Funds) 등 관련상품이 상장되어 지속가능기업에 대한 편리한 투자수단을 제공한다.[21] 요즘과 같이 은행 이자율이 매우 낮은 상황에서 자금을 은행에 예치하면 안전하기는 하지만 원하는 규모의 부를 창출할 수는 없다. 이런 상황에서 대안으로 생각할 수 있는 투자는 시장포트폴리오에 투자하는 소극적 투자이다. 투자 대상 자산들에 대한 아무런 지식이 없는 사람일지라도 지수펀드 등과 같은 자산에 투자하면 자본시장의 평균수익률을 올릴 수 있다. 물론 시장주가지수는 위험자산이기 때문에 손해가 날 수도 있다. 그러나 자신의 투자에서 손해가 날 때 시장도 전반적으로 같이 낮아지기 때문에 동일한 경제에 있는 타인 대비 상대적인 부는 유지될 수 있다. 사회책임투자의 경우에도 소극적 투자를 수행하는 경우 SRI 지수나 ETF에 투자하면 각 개별 주식에 대한 ESG 요인들을 알 필요 없이 손쉽게 투자를 할 수 있다. 다른 한편으로 적극적으로 ESG 관련 우수 자산을 발굴하고 이에 근거하여 투자하는 경우에는 비SRI 투자 자산에 대한 고려는 할 필요가 없으며 SRI 지수에 포함된 자산에 한정하여 정보를 획득하면 된다.

넷째, 자산운용사 측면에서는 SRI 지수들이 ETF 등 상품성지수(Investable Index)로 활용됨으로써 인덱스펀드나 ETF와 같은 투자 상품을 개발하는 기준이 될 수 있다. ESG 기준은 매우 다양한 요소들을 가지고 있고 이에 따라 다양한 SRI 지수가 존재할 수 있기 때문에 투자자들이 관심을 가질

21 ETF(Exchange Traded Funds)는 투자자들로부터 자금을 유치하여 펀드를 구성하고, 이 펀드를 자본시장에 상장하여 펀드 자체를 주식 매매하듯이 사고 팔 수 있게 만든 펀드이다.

만한 요인들을 중심으로 금융상품을 개발하는데 도움을 줄 수 있다.

다섯째, 포트폴리오 성과 기준으로서의 역할을 한다. 투자의 대원칙은 위험과 수익률의 상반관계이다. 즉 자본시장의 균형상태에서는 고위험 자산은 평균적으로 높은 수익률을 창출하고 저위험 자산은 낮은 수익률을 창출한다. 이 경우 SRI 지수 수익률이 소극적 사회책임투자자의 성과가 될 것이다. 적극적으로 투자하는 경우 성과기준으로 최소한 소극적 투자의 수익률을 고려할 수 있을 것인데, SRI 지수 자체의 수익률이 기준으로 사용될 수 있다. 자산운용사 또한 SRI 포트폴리오 운용시 성과평가를 해야 하는데 다양한 SRI 지수가 존재하면 자신들이 운용한 포트폴리오의 성과를 평가하기 위한 벤치마크로 활용할 수 있게 된다.

여섯째, 사회책임투자 지수들은 SRI와 비SRI 투자 사이의 성과 비교를 가능하게 한다. 소극적 투자의 경우를 예로 들면, SRI 지수의 성과와 전통적인 지수의 성과를 비교함으로써 과연 좋은 곳에 투자하면서 수익률도 높일 수 있는지 판단할 수 있다.

일곱째, SRI 지수는 장기간 시계열 자료와 통계자료를 축적할 수 있기 때문에 투자의사 결정시 특정 개인이나 기관의 가치관에 따른 주관적 판단이 아닌 객관적인 자료를 제공함으로써 ESG 요인을 고려하는 것에 대한 효과를 가늠할 수 있게 한다. 즉, SRI 차원을 고려함으로써 투자 위험이 어떻게 변동하는지, 수익률에 대한 효과는 무엇인지 등 금융 투자의 기본에 대한 이해와 더불어 ESG 투자에 대한 이해를 깊게 한다. 또한, 현재 전세계적으로 매우 많은 SRI 지수들이 개발되어 있는데, 이들은 사회적으로 중요한 주제들에 대한 다양한 연구의 대상 및 자료가 된다. 지역간, 국가간 사회책임투자의 성과 차이가 나타나는지, 주식과 채권 등 증권의 종류에 따라 성과의 차이가 나타나는지, 역사적으로 볼 때 SRI 성과가 시대에 따라 차이가 나는지 등 매우 다양한 주제의 연구를 위한 자료로서의 역할을 할 수 있다.

## 애플(Apple)

애플은 1977년에 설립되었고 나스닥 시장에 상장되어 있다.[22] 이동통신과 미디어매체, PC, 휴대용음악재생기구 등을 생산 판매하는 회사이며, 대표적인 제품으로 iPhone®, iPad®, Mac®, iPod®, Apple Watch®, Apple TV® 등이 있다. 애플은 9월 결산법인이며 2018년 9월 기준 순매출 2,656억 달러, 당기순이익 595억 달러이며, 전인(full-time) 종업원은 132,000명인 다국적기업이다.

### 노동과 인권 문제

애플의 노동과 인권문제 중 유명한 것은 애플에 납품하는 공급자인 Foxconn의 종업원 자살 사건이다. 이 회사는 Dell이나 소니와도 거래를 하고 있는 전세계에서 가장 큰 전자기기 계약 생산자이며, 아이폰과 아이패드를 생산하고 있다. 종업원 수는 무려 900,000명에 달하며 이 중 420,000 명이 Foxconn 선전공단에서 일하고 있다. 선전공단은 15개의 공장, 기숙사, 병원, 은행, 잡화점과 음식점을 갖추고 있으며 직원들은 공단 안에서 생활하며 일하고 있다.

2006년 중국의 한 지역 언론이 Foxconn의 지나치게 긴 작업시간과 대만 출신 상사들에 의한 중국 종업원들 차별 사실을 보도하였다. 당시 Foxconn의 작업시간은 주 70시간이었는데 애플의 공급자 지침에서 정한

22 Apple Inc., 2018 Form 10-K, http://investor.apple.com/financials.cfm(2019. 2. 17 접속)

시간보다 10시간이나 많은 것이다.

2010년 5월에는 다수의 방송매체가 Foxconn의 종업원 자살 사건을 보도했는데, 2009년부터 2010년까지 총 13명이 자살했다. 가장 처음 자살한 Sun Danyong이라는 직원은 아이폰4의 원형을 잃어 버린 것에 대해 상사로부터 추궁을 받은 후 자살했다. 이 사건에 대해 비밀리에 조사를 한 결과, Foxconn은 시설은 훌륭하나 경영 스타일이 매우 전근대적인 것으로 나타났다. 회사에 수영장, 테니스 코트가 준비되어 있었고, 체스클럽, 등산클럽, 낚시클럽 등 다양한 동아리들을 조직하고 지원하였다. 그러나 주 70시간을 일해야 하는 근로자들은 정작 이런 시설들을 이용할 시간적 여유가 없었다. 또한 Foxconn은 군대 조직같이 경직된 형태의 경영 방식을 고수하였는데 종업원들은 서로 이야기를 할 수도 없었고, 규칙을 어긴 사람은 벌금을 물리거나 상사로부터 심한 모욕을 받았다.

2011년 2월에는 방송매체들이 미성년 고용 이슈가 컴퓨터, 아이팟, 아이폰의 공급자들에게서 더욱 악화되고 있다고 보도했다. 애플의 2011년 공급자책임보고서는 실제 91건의 미성년노동을 보고하고 있다.

## 근로자 안전과 건강 문제

2010년 5월 Foxconn의 작업장에서 폭발사고가 일어나 두 명의 근로자가 사망하고 16명의 종업원이 부상을 입는 사건이 발생한다. 같은 달 가디언지는 Wintek이라는 회사의 근로자들이 n-핵산(아이폰의 터치스크린을 청소할 때 쓰는 유독 화학물질)에 중독되었다고 보도한다. 종업원들은 건강손실에 대해 Wintek이 제시한 보상이 충분하지 않았다고 불만이었으며, 또한 보상을 받은 사람은 사직을 종용 받았다고 주장했다.

## 문제에 대한 처리

애플은 공급업자들이 공급자 지침을 준수하는지를 확인하기 위하여 직무감사를 활용했다. 감사는 작업과 생활 조건, 건강과 안전뿐만 아니라 작업장 시설에서의 환경 실천도 감사 대상에 포함시켰다. 2010년 공급자책임보고서에 따르면 2009년에 총 102번의 감사를 수행했다. 그 다음 해에는 229회의 감사를 수행했는데 전년대비 80%나 증가한 수치이다. 감사는 애플과 제3의 감사기관이 함께 수행했다.

2010년 공급자책임보고서는 Foxconn에서의 자살 건에 대한 회사의 대응을 포함시켰고, 2011년 보고서는 10개의 시설에서 미성년 고용 위반을 하고 있음을 밝히고 있다. 위반 사실이 밝혀지면 공급자들은 교육비, 생활비, 그리고 일을 못함으로써 잃게 되는 임금인 기회비용까지 지급하도록 했다. 한 시설에서는 많은 미성년 고용이 이루어지고 있었는데 고용주가 문제점을 해소하려는 의지가 없자 비즈니스 관계를 청산했다.

2010년 11월에는 인적자원 관리자들을 대상으로 향후 미성년 고용을 방지하기 위하여 중국노동법에 대한 강좌를 마련했다. 그러나 이러한 교육만으로 미성년 고용이 근절되지는 않는다. 이유는 비용 절감이 절박한 공급자들은 손쉬운 방법인 미성년 고용을 택하고, 또 미성년자들은 가족의 부양 등을 이유로 일하기를 원하기 때문이다. 2012년 보고서는 미성년자를 고용한 공급자는 이들을 학교로 돌려보내고 애플의 미성년자 노동 교정 프로그램(Child Labor Remediation Program)을 통해 교육비를 지원하도록 명시하고 있다. 애플은 미성년자 문제에 관해서는 CEO부터 매우 적극적으로 대처하고 있다.

n–핵산 문제에 대해서는 Wintek으로 하여금 해당 물질을 쓰는 것을 중단하고 공장의 환기 장치를 개선할 것을 요구했다. 또한 전문가의 자문을 받아 건강을 유지하기 위해 환경과 안전에 대한 시스템을 개선할 것

을 요구했다.

이러한 조치들이 신뢰를 얻고 효과를 발휘하기 위해서는 공급업자 체인의 투명성이 매우 중요하다. 2012년 2월 애플은 테크놀로지 회사로는 처음으로 공정노동협회(Fair Labor Association; FLA)에 대한 가입을 선언함으로써 이러한 투명성 확보를 위한 초석을 놓았다.

Socially Responsible Investments

CHAPTER 07

# 사회책임투자의 효과

제7장

# 사회책임투자의 효과

자본시장에서 투자자들은 매우 다양한 금융상품과 자산에 투자한다. 일반적 주식 투자뿐 아니라, 단기금융상품, 채권과 같은 고정수입자산, 비공개기업투자펀드(private equity), 벤처캐피탈, 부동산 등과 같은 대체투자 등을 모두 포함하여 투자의 대상으로 삼고 이로부터 가능한 한 높은 수익성을 기대한다.[23] SRI 투자자들도 전통적인 투자자들과 마찬가지로 투자한 자산에 대해 위험 대비 경쟁력 있는 수익성을 기대한다. 그러나 SRI 투자자들은 자신들의 윤리적 성향 또는 가치관에 따라 위험과 수익성만을 고려하는 전통적 투자자들과는 다른 행태를 보이고 이로 인해 전통적 투자와는 다른 수익률이 나타날 수 있다.

Bollen(2007)은 투자자들은 전통적인 수익-위험 최적화뿐만 아니라 일련의 개인적으로 가지고 있는 사회적 가치를 포함시키고자 하는 다차원의 효용함수를 가지고 있다고 주장한다. 이는 경제학에서 전통적으로 가정하는 경제적 인간관을 확장하여 인간의 행위를 규명하는데 있어 사회적 차원을 포함시킨 것이다. 개인뿐만 아니라 대학기금, 연금, 기금, 기부금 펀

23 비공개기업투자펀드(private equity)는 비상장기업들을 매입하여 구조조정을 하는 합자회사(limited partnerships) 형태의 투자 펀드를 말한다. 상장기업을 매입하는 경우는 비공개회사로 전환시킨 후 구조조정을 실시한다. 구조조정 후 가치를 높여 다시 기업을 매각함으로써 수익을 창출한다.

드, 비영리재단 등 비영리단체가 그들의 투자에 있어서 SRI를 중요한 요인으로 천명하고 있는데 Bollen의 모형은 이러한 현상과 일관성이 있다. 이 장에서는 사회적 책임이라는 측면을 포함시키는 것이 투자 성과에 어떠한 경로를 거쳐 영향을 미치는지, 그 영향은 긍정적인지 부정적인지 등에 대한 이론적 및 실증적 연구 결과들을 살펴본다.

## 1 CSR 활동이 기업가치에 영향을 미치는 경로

〈그림 7-1〉은 기업의 관점에서 본 윤리적 행동의 영향이다. 이 모형은 회사, 주주, 종업원, 소비자, 정부 사이의 주요 연결을 보이고 있고 어떻

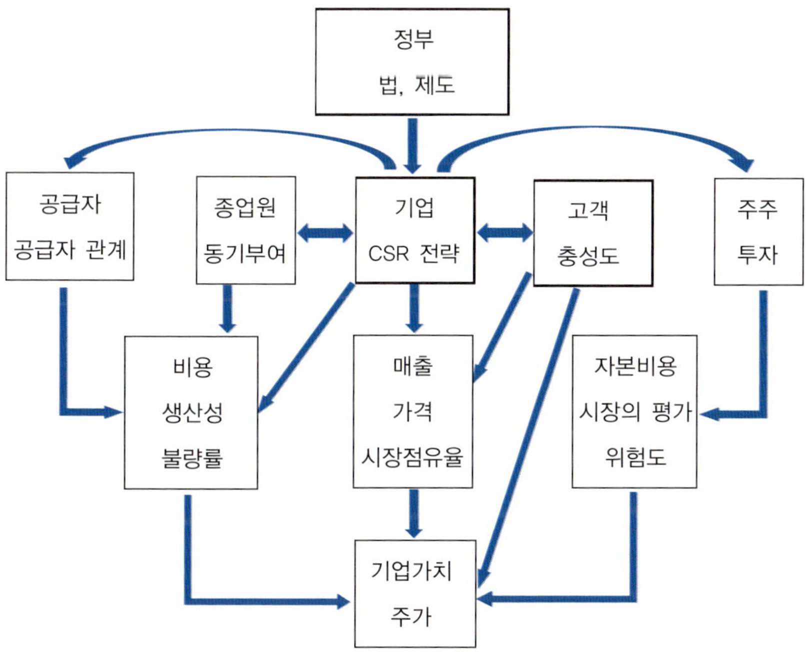


출처: Havemann & Webster(1999)

그림 7-1 사회적 책임활동과 기업가치

게 기업의 윤리적 행동이 비용, 매출, 자본비용을 통해 현금흐름과 주가에 영향을 미치는지 보이고 있다. 윤리적 행동에 관한 회사의 전략은 종업원, 소비자, 주주에게 영향을 미치고, 한편 외부적 환경으로서 정부의 입법활동이 회사의 전략에 영향을 미친다.

예를 들어, 환경 펀드의 운영자들은 전략적으로 환경에 대해 선행적으로 대처하는 회사, 최근의 환경 기술을 사용하는 회사, 환경 파괴를 최소화하는 회사, 업계의 '최고의 실천(best practice)'을 하는 회사를 선택한다. 그 이유는 이 기업들은 게임에 미리 대응하는 전략을 취함으로써 미래의 입법활동이나 규제로부터 혜택을 보기 때문이다. 그러나 미리 대비하지 않는 다른 기업들에게는 환경 입법활동이 부담이 될 수도 있다.

동기부여가 된 종업원들은 생산성이 높아져 비용에 영향을 미친다. 또한 종업원들은 홍보나 마케팅에 영향을 미칠 수도 있는데, MORI 연구에 따르면 자기 직무에 만족한 종업원들은 41%가 자기 회사의 제품을 타인에게 추천하지만 만족하지 못한 종업원들은 단지 4% 만이 자기 회사의 제품을 다른 사람에게 추천한다(Hutton 1998).

윤리적 행동을 하는 기업의 소비자들은 기업의 매출에 영향을 미치는데 MORI 연구에 의하면 소비자들의 인식과 행동은 다음과 같은 과정을 거친다. 즉, 인식(Awareness) → 신뢰(Trust) → 거래(Transaction) → 만족(Satisfaction) → 충성도(Loyalty or Commitment) → 자발적 추천(Advocacy)이 그것이다(Hutton 1998). 한편, 자본시장의 주주들은 윤리적 기업에 대한 위험 인식의 변화로 인해 자본비용에 변화를 가져 올 것이고 이러한 모든 변화가 최종적으로 기업의 주가를 결정한다.

이와 같이 매우 다양한 요인들에 의해 CSR 기업의 가치가 영향을 받고, 이러한 기업들에 투자하는 사회책임투자 역시 매우 다양한 요인에 의해 그 효과가 결정될 것이다. 이하에서는 사회책임투자가 긍정적이라는 논거, 부정적이라는 논거, 효과를 특정할 수 없다는 논거를 순차적으로 살펴본다.

## 2 긍정적이라는 논거

Hamilton 등(1993)은 사회책임투자로부터의 수익률에 대한 세 가지 견해를 제시하고 있다. 첫째는 사회책임투자로부터의 위험조정 기대수익률이 그렇지 않은 기업의 위험조정수익률과 다르지 않다는 견해이다. 두 번째 견해는 사회책임투자로부터의 수익률이 전통적인 수익률보다 낮다는 것이고, 세 번째 견해는 사회책임투자의 수익률이 전통적인 투자의 수익률보다 높다는 것이다.

이러한 논의를 할 때 유의할 점을 몇 가지 고려해 본다. 우선, 가치와 수익률 사이에는 반대의 관계가 있다는 사실이다. 기업이 수익성, 안정성 등 여러 가지 측면에서 우수하다면 이 기업에게 투자자들이 요구하는 요구수익률은 낮아지고, 낮은 요구수익률로 미래에 발생할 현금흐름을 할인하기 때문에 현재 가치는 높아진다. 따라서 시장에서 형성되는 주가도 높아지게 된다. 반대로 회사의 영업 상황이 좋지 않아 위험도가 높은 기업은 투자자들이 요구하는 위험 프리미엄이 높아지고 이에 따라 요구수익률도 높아진다. 높은 요구수익률은 할인 현금흐름의 가치를 낮추게 되고 주가도 낮게 형성된다.

사회책임투자의 경우를 생각해 보면 CSR 기업은 좋지 않은 지배구조나 단기적 경영으로부터의 폐해가 적을 것이기 때문에, 사회적 투자자들이 CSR 기업의 가치를 높게 평가하고 이들의 CSR 기업들에 대한 수요가 주식의 가격을 끌어 올리므로 할인율이 낮아지고 따라서 자본비용이 낮아진다는 것이다. 예를 들어, RJR Nabisco Holding Inc.는 담배와 음식료품을 같이 판매하고 있었는데 음식료품 사업부문의 성과만 반영하는 주식을 발행하는 계획을 발표했다. 이 회사의 경영진들은 회사의 주가가 낮게 형성되고 있다고 생각하고 있었는데 그 이유는 담배로 인해 매년 434,000명의 미국인이 사망하고 있어서 어떤 투자자들은 도덕적 이유로 담배를 판매하는 기업의 주식을 회피하고자 하기 때문이다. 따라서 음식료품 사업부문의 성과만을 대상으로 발행된 주식은 주가가 올라갈 것으로 예상했다.

또한 ESG 투자는 비재무 위험에 따른 대규모 손실 발생에 대해 안전망을 제공할 수 있는데 자본시장이 효율적으로 작동하는 상황에서 ESG 투자로부터 사전적으로 기대할 수 있는 수익률은 안전망 제공에 대응한 위험프리미엄만큼 낮게 형성될 수 있다. 합리적 투자자는 ESG 투자가 제공하는 안전망에 대해 높은 가격을 지불할 용의가 있으므로 상대적으로 낮은 기대수익률을 수용할 것이다. 비재무 위험 관련 사례로 2002년 미국 Enron사 부도, 2010년 미국 멕시코만 원유유출 사고, 2013년 방글라데시 Rana Plaza 봉제공장 붕괴 등을 들 수 있다.

다음으로 고려할 사항은 자본시장에 대한 이해이다. 현대 포트폴리오 이론에 의하면 체계적 위험만이 자본시장에서 위험프리미엄으로 보상이 된다. 비체계적 위험은 포트폴리오를 형성하면 사라지기 때문에 진정한 위험이라 볼 수 없고 따라서 위험에 대한 보상이 존재하지 않는다. 사회책임투자의 경우 긍정 또는 부정 선별로 인한 투자 가능성의 축소가 체계적이라면 이것이 요구수익률에 반영될 것이나 그렇지 않다면 제약 조건의 부과는 비체계적 위험을 늘리게 되고 이는 요구수익률이나 기업가치의 변화와는 관계가 없게 된다. 그러나 이 경우에도 비체계적 위험도 현실에서는 위험프리미엄으로 보상받는 경향이 있다는 기존 연구를 고려한다면 같은 수익성을 가진 두 기업 중 체계적이든 비체계적이든 총위험이 낮은 기업의 위험프리미엄이 낮고 기업가치는 높을 것이다.

시장의 상태에 대한 이해도 중요하다. 만일 시장이 일정 기간 불균형 상태에 있다면 균형으로 돌아갈 때까지 초과수익을 얻는 것이 가능하지만 자본시장이 전반적으로 균형 상태에 있거나 불균형 기간이 단기간일 경우에는 초과수익을 얻는 것이 쉽지 않다. 따라서, 사회책임투자를 하여 초과수익을 얻기 위해서는 사회책임투자로부터의 수익률이 시장의 불균형으로 인해 요구수익률 이상으로 높아져야 한다. 논의의 편의를 위해 CSR 활동 이외에는 모든 면이 동일한 두 기업을 가정해보자. A 기업은 CSR 활동을 하는 기업이고, B 기업은 그렇지 않은 기업이다. 만일 CSR 활동이 기업가치에 긍정적이라면 A 기업의 가치가 B 기업보다 높을 것이고, A 기업의 요구수익률이 B 기업의 요구수익률보다 낮다. 따라서 CSR 이외에는 다른 조건이 모두 같은 기업들이므로 A 기업이 B 기업에 비해 초과수익률을 얻을 가능성이 더 높아진다. 이후 시장이 균형상태로 복귀함에 따라 점점 초과수익률이 하락할 것이다.

이러한 이해에 근거하여 착한 일을 하면서 수익도 높을 수 있다는 의미를 생각해 보자. 이 말은 사회책임투자가 자본시장에서 긍정적으로 받아들여지기 때문에 요구수익률이 낮아져서 초과수익률을 올릴 수 있는 가능성이 높다는 의미이다. 그러나 시장이 균형 상태에 있다면 초과수익을 올릴 수 있는 가능성이 사라지기 때문에 시장이 아직 균형으로 도달하기 전에 이러한 현상이 발생 가능한 것이다. 예를 들어, 사회책임투자의 초기에 아직 이것이 기업가치에 미치는 긍정적인 면이 시장에서 제대로 이해가 되지 못했다면 사회책임투자를 하는 기업은 아직 가격이 균형 가격에 비해 낮게 형성될 것이고, 시간이 흐르면서 가격이 상승하여 초과수익을 올릴 수 있게 될 것이다. 다시 말해, 시장에 사회적 책임을 다하지 않는 기업의 부정적 효과를 과소평가하는 투자자들이 충분히 많은 경우에 사회책임투자를 하면서도 초과수익을 얻을 가능성이 발생한다. 예를 들어, 유조선의 석유 유출 사고로 인한 주가 하락 가능성을 과소 평가하는 투자자들이 많은 상황에서는 이들의 예상보다 더 많은 빈도로 석유 유출 사고가 발생할 것이고, 이는 전통적 투자자들의 수익률을 낮출 것이지만, 사회적 책임 투자를 하는 투자자들의 수익률은 영향을 받지 않거나 상대적으로 상승할 것이기 때문이다.

이러한 이해를 바탕으로 하여 사회책임투자가 긍정적 효과를 가져올 것이라는 주장의 논거를 생각해 본다. 우선 사회책임투자가 긍정적이라는 논거는 사회책임투자의 대상이 되는 CSR 기업들의 성과와 관련되어 있다. CSR 기업의 성과에 관해서는 Moskowitz(1972)가 선구적 연구를 시작하였고 이후 90년대에 들어 많은 논문들이 기업의 사회적 책임과 성과와의 관계를 연구하였다. Turban & Greening(1996)은 기업의 사회적 성과와 기업의 명성 및 고용주로서의 매력도 사이에는 양의 관계가 성립함을 보였다. 따라서 사회적 성과가 높은 기업은 양질의 노동력을 확보하는 데 있어 비교 우위를 가지고 있다는 것이다. 또한 많은 연구들이 사회적 성과가 높은 기업이 경제적 성과도 높다는 점을 보이고 있다(Griffin & Mahon 1997, Roman 등 1999, Margolis & Walsh 2003).

그러나 기업의 사회적 성과가 재무적 성과와 관계가 없다는 주장을 하는 논문들도 다수 존재한다. 이러한 학계의 상황에서 전체적인 상황을 파악하기 위해 CSR의 효과에 대한 메타분석이 수행되었는데, CSR 성과가 높은 기업들이 재무성과도 높은 경향이 있다는 결과를 보이고 있다(Orlitzky 등 2003, Wu 2006, Margolis 등 2007). 그렇다면 사회적 성과가 높은 기업은 기업의 가치가 높아질 것이고 요구수익률은 낮아질 것이며, 초과수익을 올릴 수 있는 가능성이 높아진다. 결국 이러한 사회적 책임을 다하는 기업을 대상으로 다양한 방식의 투자를 하는 사회책임투자는 긍정적 효과를 가지게 될 것이다.

한편, Luther 등(1992)과 Gregory 등(1997)은 사회책임투자를 목적으로 하는 SRI 펀드가 투자하는 기업은 CSR 측면의 이점도 있지만 규모가 더 작기 때문에 시장 조건에 좀 더 유연하게 적응할 수 있다고 주장한다. 또한 SRI 투자자들은 전통적 투자자들에 비해 사회적 가치를 더 중요시하기 때문에 SRI 펀드는 거래 빈도가 낮고 낮은 거래빈도는 거래비용을 낮추기 때문에 SRI 펀드의 성과가 높아진다.

펀드를 구성하는 기업뿐만 아니라 펀드의 운영 측면에서도 긍정적 성과가 나오는 요인이 존재한다. 즉 펀드 운영자의 능력이 좋거나 정합성이 높다면 사회책임투자의 성과도 높아질 수 있다. 예를 들어, Hamilton 등(1993), Guerard(1997a), Goldreyer & Diltz(1999), Tippet(2001) 등은 펀드가 특정한 윤리적 기준에 따라 활동하면 펀드가 좀 더 효율적이고 더 잘 운영되므로 시장에서 성과가 더 높다고 주장한다. 또한 Kurtz(1997), Goldreyer & Diltz(1999), Girard 등(2007), Gil-Bazo 등(2010)은 전통적 펀드 운영자에 비해 SRI 펀드 운영자는 의사결정을 위해 투자하고자 하는 기업에 대한 좀 더 자세하고, 완전하며 높은 수준의 정보를 가지고 있고 이것이 의사결정의 위험도를 낮추고 성과를 높인다고 주장한다. SRI 선별은 투자 가능 기업들 중에서 비윤리적 기업들을 제거하기 때문에 펀드 운영자가 상대적으로 적은 수의 기업에 집중할 수 있다. 실제로, Kacperczyk 등(2005)은 좀 더 집중화된 포트폴리오가 광범위하게 분산된 포트폴리오보다 더 높은 수익률을 창출한다는 결과를 보인다.

부가하여 만일 재무 정보가 미래 성과와 관련된 잠재적 위험을 충실히 보여주지 못한다면, 중장기적 관점에서 운용성과 향상을 위해 비재무 정보를 활용함으로써 수익률을 높일 수 있다. 이 경우 개별 투자자는 비재무 위험에 대한 관리수단을 새롭게 얻게 되어 중장기 운용성과를 개선할 수 있다. 구체적으로, 포트폴리오 운용 과정은 투자정책 수립, 위험수준 설정, 투자전략 실행, 운용성과 평가 단계로 구분할 수 있는데, ESG 투자는 각 단계에서 비재무 정보를 활용한다. 투자정책서에 비재무 정보의 활용 여부, 범위 등을 기술하고, 비재무 정보를 활용하여 대규모 손실 발생 위험을 관리하며, 비재무 정보를 활용한 자산가치평가를 통해 저평가된 투자대상을 탐색함으로써 중장기 운용성과를 개선하는 투자전략을 사용한다.

이러한 ESG 투자가 확산되면 금융의 주요 기능(가치평가, 사후점검, 위험관리)이 개선되어 경제전반의 지속 가능성이 제고되는 긍정적 외부효과를 기대할 수 있다. 즉 ESG 투자가 투자대상의 지속가능성 측면을 높게 평가하여 해당 투자대상에 자금을 배분함으로써 지속 가능한 경제로의 전환에 기여할 수 있다. 또한 ESG 투자가 적극적인 의결권 행사를 통해 투자대상기업에 대한 감시감독을 강화함으로써 기업의 지속 가능성 제고에 기여할 수 있고, ESG 투자가 확산되어 비재무 위험에 대한 관리가 체계적이고 보편화되면 경제 전반에 잠재된 비재무 위험이 축소되어 경제의 안정적 운용이 가능해진다.

## 3 부정적이라는 논거

사회적 가치를 추구하는 것은 경제적으로 비용이 든다. Milton Friedman은 기업이 사회적 가치를 추구하는 것에 대해 다음과 같이 매우 부정적 의견을 제시하고 있다(Friedman, 1962, p.133).

> 기업은 주주들을 위하여 수익을 극대화하는 것에 집중해야 하며, 사회적 책임을 받아들이는 것은 우리의 자유로운 사회의 근간을 완전히 해치는 것이다(Few trends could so thoroughly undermine the very foundations of our free society as the acceptance by corporate offices of a social responsibility other than to make as much money for stockholders as possible).

Friedman(1970)에 따르면 환경과 사회적 측면을 경영의 요인으로 추가하는 것은 기업에 추가적 비용을 들게 하는 것이기 때문에 부정적이다. 예를 들어, 우선 기업 차원에서 환경친화적 생산공정은 연구개발단계에서부터 실제 실행단계에 이르기까지 비용이 든다. 사회적 규범에 부응하기 위해서도 비용이 드는데, 결함 정보 공시, 불량품 리콜, 오염 통제, 환경 청소 등 모두 비용이 든다. 또한 미래에 발생할 법적 분쟁에 대비하기 위한 보험 비용이 든다. 다시 말해, CSR 기업은 외부효과(externalities)를 내재화(internalization)하는 과정에서 비용이 발생되기 때문에 그렇지 않은 기업에 비해 성과가 낮고 이러한 기업의 주식에 투자하면 수익률이 낮을 수밖에 없다는 것이다.

사회책임투자를 위한 포트폴리오 구성을 위해서도 비용이 발생한다. 어떤 주식이 SRI의 범주에 포함되는지를 결정하기 위한 SRI 주식 선정 비용이 들고 SRI를 기반으로 하여 적극적으로 포트폴리오를 관리하는데 비용이 든다. 기업에 대한 정보 차원에서 볼 때 사회적이거나 윤리적 차원의 내용은 경제적 차원, 즉 회계자료보다 그 보고 체계가 조직화되어 있지 않아 정보를 찾기 어렵다. 따라서 SRI 주식을 파악하는 비용이 중소기업주(small cap stocks)나 성장주(growth stocks) 등 다른 경우의 주식을 파악하는 비용보다 많이 든다. 또한 SRI 포트폴리오의 규모가 상대적으로 작다면 규모의 경제를 누리지 못하기 때문에 단위당 정보비용, 거래비용, 관리비용이 상대적으로 더 높고 따라서 수익률이 낮아진다(Lamb(1991), Luther 등(1992), Tippet(2001), Bauer 등(2005), Barnett & Salomon 2006)). 실제 Ayadi 등(2011)이 캐나다 SRI 펀드를 살펴본 결과 평균 비용률이 1.97%였는데 이는 비교 기준인 전세계 전통적 펀드의 비용률 1.29%에 비해 월등히 높은 수치이다.

효율적 프론티어의 축소로 인한 분산투자 효과의 감소도 사회책임투자에 대한 부정적 논거의 하나이다(Havemann & Webster(1999), Le Maux & Le Saout(2004), Girard 등(2007), Adler & Kritzman(2008), Renneboog 등(2008b)). 현대 포트폴리오 이론에 의하면 위험과 수익률의 상반관계(trade-off)에 의해 자산의 가치가 결정되는데, 같은 위험이라면 더 높은 수익률을, 동일한 수익률이라면 더 낮은 위험의 자산을 선택한다(Markowitz 1952). Levy(1978)는 SRI 기준은 투자 가능한 자산에 대해 제약조건을 부여하는 것이기 때문에 그렇지 않은 경우에 비해 열등한 포트폴리오를 형성하도록 한다고 주장한다. 즉, 동일한 위험에 대해서는 제약이 없는 경우에 비해 상대적으로 낮은 수익률, 동일한 수익률에 대해서는 상대적으로 높은 위험을 갖는 포트폴리오가 선택되도록 강제한다는 것이다.

〈그림 7-2〉는 사회책임투자로 인해 이론적으로 투자자의 투자 가능 기회(investment opportunity set)가 축소됨을 보이고 있다. 사회책임투자로 인한 긍정 선별이나 부정 선별과 같은 제약조건이 없는 경우는 효율적 프론티어(efficient frontier)가 E로 결정되고, 따라서 무위험 자산 수익률($R_f$)과 E의 접점에서 성립되는 시장포트폴리오는 M이 되고 무위험 자산과의 조합으로 형성되는 자본시장선(capital market line)은 CML이 된다. 그러나, 사회책임투자로 인한 제약조건이 있는 경우 효율적 프론티어가 E'으로 축소되어 열등한 최적 포트폴리오는 M'이 되고 수정된 자본시장선은 CML'이 되는데 이는 원래의 자본시장선인 CML보다 열등하게 됨을 알 수 있다.

현실적 예를 들자면, 투자할 수 있는 산업을 제외함으로써 분야편의(sector bias)를 야기해 투자할 수 있는 기회가 축소되고 위험이 높아진다(Clow 1999). Heinkel 등(2001)은 녹색 투자자들이 환경적으로 문제가 있는 기업들에 대한 투자를 기피함으로써 이러한 기업들에 투자하는 사람들의 위험 분담 기회를 악화시킨다는 균형 모형 제시한다. 환경적으

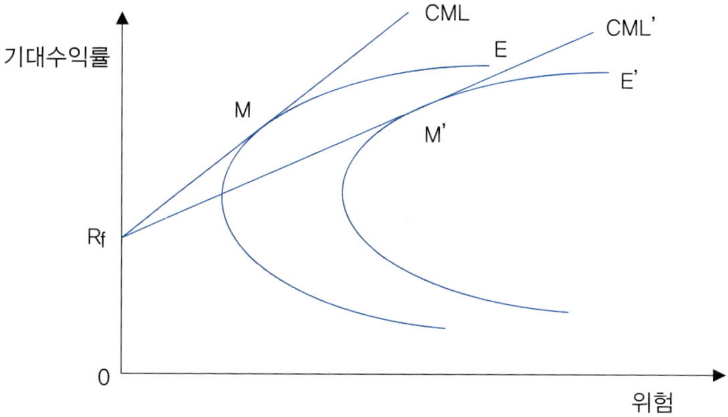


그림 7-2 사회책임투자와 투자기회의 축소

로 문제가 있는 기업들에 투자하는 사람들은 녹색 투자자들로 인해 문제 기업들에 대한 투자 비중이 높아지므로 이에 대한 보상을 받기 위해 요구 수익률이 높아지게 된다. Girard 등(2007)도 사회책임투자가 분산비용(diversification costs)을 초래한다고 주장한다.

그러나 분산비용에 대한 반론도 다양하게 존재한다. Diltz(1995a, 1995b)는 자본시장은 크고 유동성이 높으며 효율적이기 때문에 설사 SRI 제약이 있다고 하더라도 대체할 수 있는 대안이 많아서 손실이 크지 않다고 주장한다. Havemann & Webster(1999)도 기존의 논문을 언급하면서 최적이 아닌 포트폴리오를 구성함으로 인해 시장의 절반 정도를 제외하는 경우가 발생한다 할지라도 이로 인한 비용은 연 0.1% 미만이라고 지적한다. Boutin-Dufresne & Savaria(2004)는 만일 SRI 주식들의 경우 총위험 중에서 분산투자가 가능한 위험 부분이 적다면 분산투자에 제약이 있음으로 인한 비용이 높지 않을 수 있다고 주장한다.

Merton(1987)은 투자자가 정보비대칭 상황에 놓여 있는 경우 잘 분산된 포트폴리오가 오히려 더 열등하게 될 가능성을 제시한다. 즉, 불완전정보 상황에서는 완전히 분산투자된 시장 포트폴리오가 더 이상 효율적이 아니며, 분산투자와 같이 더 많은 정보의 이점을 누리는 자산보다 집중화된 정보로부터 이점을 누리는 자산의 수익률이 더 높을 수 있다는 것이다. SRI 관련 자산의 경우 분산투자가 덜 되었다고 하더라도 SRI 자산에 대한 정보가 주로 SRI 투자자에게 집중되어 있다면 SRI의 수익률이 더 높을 수 있다.

## 4 무효과라는 논거

CSR 기업의 위험조정 기대수익률이 그렇지 않은 기업의 위험조정수익률과 다르지 않다는 견해이다. 만일 사회적 투자자들이 주식을 팔고자 할 때 이 주식을 사고자 하는 충분한 수의 전통적 투자자들이 있다면 SRI 주식의 가격이 하락하지 않을 것이므로 CSR 기업의 위험조정 수익률이 전통적인 기업의 수익률과 다르지 않다(Hamilton 등 1993). 반대의 경우도 마찬가지이다. 또한, 전통적인 자산가격결정이론에 의하면 수익률은 시장요인에 의해 결정되는 것이고 개인의 효용함수와는 관련이 없다. 금융시장이 사회적 가치를 고려할 필요도 없고, 또한 금융시장이 사회적 가치와 관련한 자원을 가장 효율적으로 배분한다는 근거도 없다.

더구나 효율적시장가설(Efficient Market Hypothesis; EMH)에 따르면 설사 어떤 사회책임투자 전략이 초과수익을 올리고 있다고 할지라도 이러한 전략은 대부분 비밀스런 정보가 아니고 누구나 접근할 수 있는 경우가 많기 때문에 해당 전략이 쉽게 모방되고 따라서 초과 수익은 곧 사라지게 된다. 또한 사회책임투자의 경우에도 시장위험뿐만 아니라 장부가대시장가 비율, 규모 등 다른 체계적 위험 요인이 제대로 가격결정모형에 반영된다면 초과 수익의 가능성이 별로 없다는 주장이다.

무엇보다도 투자자의 입장에서 볼 때 명백하게 부정적이기만 한 기업은 그리 많지 않다. 부정 선별의 경우, 합법화된 도박, 방위산업에 속한 기업, 원자력을 사용하여 전기를 생산하는 기업 등을 제외한다. 그러나 이러한 기업들이 나쁘기만 한 것은 아니다. 실제 현장을 보면 가장 큰 SRI 펀드들이 원칙에서 벗어난 투자를 하는 것을 종종 목격할 수 있다. 1991년에 만들어진 도미니사회주식(Domini Social Equity, DSEFX) 펀드의 웹사이트를 보면 다음과 같은 책임부인문구(disclaimer)가 있다. "Domini는 어떤 회사의 속성이 긍정적인 측면뿐만 아니라 부정적인 사회적, 환경적 특성이 혼합되어 있는 경우 그 회사의 증권이 투자에 적합하다고 결정할 수 있다." 이를 고려해 보면 Domini가 전체 자산 중 5% 이상을 보유하여 가장 비중이 높은 기업이 Apple인 것은 우연이 아니다.

Apple은 SRI 주식 자격이 있는가에 대해 의견이 갈리기 때문에 SRI 펀드들에게는 딜레마다. ABC 방송의 나이트라인 프로에서는 해외 공장의 작업 환경이 비판의 대상이 되었고, "중국에서는 인간비용이 아이패드에 반영된다"라는 제목의 뉴욕타임즈 기사도 존재한다. 애플은 명시적으로 TIAA-CREF 사회선택주식펀드(TIAA-CREF Social Choice Equity Fund, TICRX)가 보유한 880개 주식 명단으로부터 제외되었다. 그러나 SRI 요인을 고려하지 않는 TIAA-CREF 대기업성장펀드(TIAA-CREF Large-Cap Growth, TIRTX)는 전체 자산 중 5.4%를 Apple에 투자하여 두 번째로 많은 투자를 하고 있다. 애플은 과거 55%의 성장을 보인 놀라운 성과를 보이는 회사이고 시장가치로 볼 때 전세계에서 가장 큰 회사 중 하나이다. 경제적 측면에서 애플이 포트폴리오에 포함되면 매우 유리한 것이 사실이다. 이와 같이 사회책임투자의 대상이 되는 주식이 명확하지 않은 경우도 많이 존재하기 때문에 사회책임투자 포트폴리오가 전통적 포트폴리오와 크게 차이가 나지 않고 이로 인해 사회책임투자의 성과가 전통적 투자의 성과와 크게 차이가 나지 않는다는 것이다.

한편, 동태적 모형에 따르면 단기적으로는 SRI 포트폴리오의 성과가 낮을 수 있으나 학습효과로 인해 중기적으로는 SRI와 전통적 투자의 차이가 줄어든다(Bauer 등 2005, 2006). Girerd-Potin 등(2011)은 동태적 모형을 제시하는데, 이들에 의하면 1기에는 사회적 투자자들이 CSR 기업의 가치를 높게 평가하여 주가를 올리고 자본비용을 낮추지만, 2기에는 다시 균형으로 돌아온다. 즉, CSR 활동의 이점을 인식한 기업들이 CSR 활동을 증가시킬 것이고, 이러한 활동은 CSR 활동을 하는데 드는 비용이 이로부터의 이점을 상쇄하는 점에서 균형을 이룰 것이기 때문에 장기적으로 CSR 기업과 전통적 기업의 가치 사이에 차이가 없어지고 따라서 사회책임투자로부터의 이점도 사라진다는 것이다.

## 5 실증분석 결과

기업의 사회적 책임과 주식 시장의 반응에 대한 초기의 연구들은 1970년대 초부터 이루어졌다. Moskowitz(1972)는 사회적 의식이 있고 사회적 문제에 관심이 있는 경영진은 전통적 의미의 재무적 성과에서도 회사를 훌륭하게 경영할 수 있는 능력이 있고 따라서 이러한 기업들은 매력적인 투자 대상이 된다는 관점을 가지고 연구를 수행했다. 사회적 책임 실적이 좋은 14개의 기업에 대해 1972년 전반기의 주가 수익률을 계산하였는데, 14개 기업의 주가가 평균적으로 7.28% 증가한 데 반해 다우존수산업지수는 훨씬 낮은 상승률을 보였다. 그는 이러한 결과가 자신의 견해를 지지하는 결과라고 해석한다.

Vance(1975)는 사회적 책임을 다하는 기업은 이를 위해 지출해야 하는 추가적 비용 때문에 불리한 위치에 있다고 주장한다. 그의 논문이 발표되기 이전에 'Business and Society Review'가 학생과 사업가들을 대상으로 두 개의 설문조사를 각각 수행하였다. 하나는 45개의 선도기업들에 대해 사업가들에게 질문한 것이고, 다른 하나는 50개의 선도기업들에 대해 학생들에게 질문한 것이다. 설문에 근거하여 사회적 책임에 대한 인식을 평가하고 각 기업의 순위를 매겼다. 이후 순위와 주식 시장의 성과 사이의 관계를 검토하였는데 음의 상관관계가 나타나 사회책임투자가 부정적이라는 결론을 내리고 있다.

Alexander & Buchholz(1978)는 이전 논문의 문제점들을 지적한다. 즉 표본 기간이 너무 짧다. Moskowitz의 연구는 6개월, Vance의 연구는 12개월밖에 되지 않는다. 또한 이들의 연구는 위험조정수익률을 사용하지 않았다. 이러한 문제점들을 개선하기 위하여 1970-1974의 기간을 대상으로 주식배당과 주식분할을 조정하고, CAPM을 사용한 위험조정 수익률, 즉 젠슨의 $\alpha$를 계산하였다. 그 결과, 사회적 책임이 주가에 미치는 영

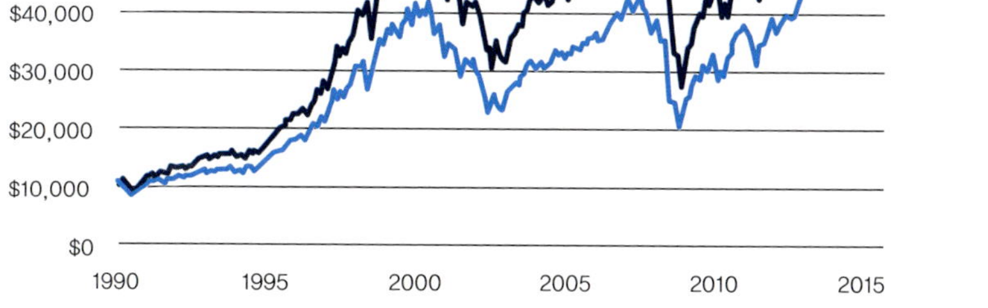


그림 7-3 S&P 500과 KLD 400의 추이

향은 없고, 주식시장은 효율적이라는 결과를 제시한다.

〈그림 7-3〉은 S&P 500지수와 KLD 400 사회지수의 변화를 보이고 있다. 1990년 이후 25년간 사회책임지수의 수익률이 일반 투자수익률보다 작지 않음을 보이고 있다. 1990년에 $10,000을 투자한 경우 2015년에 S&P 500지수는 $57,120으로 상승했고 KLD 400 사회지수는 $77,000으로 상승했다. 연복리수익률로 계산을 해보면 S&P 500지수는 7.2%, KLD 400 사회지수는 8.5%의 수익률을 시현하고 있다. 사회책임투자 활동가들은 이러한 자료에 근거하여 사회책임투자가 우월하다고 주장한다.

그러나 단순히 숫자의 크고 작음으로 사회책임투자의 성과를 판단하기는 어렵고, 두 지수 사이에 통계적으로 유의한 차이가 존재해야 한다. 또 다른 이슈는 비교하는 방식이다. 예를 들어, 지수 출범초기 5년 동안 영국의 대표적 사회책임지수의 하나인 'FTSE4Good'은 'FTSE전종목지수'보다 15%의 초과 성과를 보였다. 그러나 이는 위험 조정이 이루어진 수익이 아니어서 정확한 비교라고 할 수 없다(서울대학교 지속경영학회 2011). 사회책임투자의 성과에 관한 현재까지 문헌의 고찰을 해 보면 사회책임투자가 우월한 경우, 열등한 경우, 효과가 없는 경우, 상황에 따라 다른 경우가 모두 존재한다.

### 1) 긍정적 분석 결과

〈그림 7-4〉는 2003년 12월부터 2018년 12월까지 대표적 사회책임지수인 MSCI KLD 400 Social Index와 MSCI USA IMI의 성과를 보이고 있다. 두 지수 모두 사회적 책임을 강조하는 공통점이 있기 때문에 움직임이 매우 유사한 것을 알 수 있다. 그렇다면 사회적 책임을 강조하지 않는 일반 지수의 움직임과는 어떻게 다를까?

자료: MSCI, *MSCI KLD 400 Social Index*(USD).
https://www.msci.com/resources/factsheets/index_fact_sheet/msci-kld-400-social-index.pdf, 2019. 1. 22 접속

그림 7-4 사회책임지수의 성과

〈표 7-1〉과 이에 근거하여 작성한 〈그림 7-5〉를 보면 이에 대한 대답을 가늠할 수 있다. 사회책임투자 지수인 MSCI KLD 400 Social Index와 MSCI USA IMI, 그리고 대표적 일반 지수인 S&P500과 다우존스산업평균지수(Dow Jones Industrial Average; DJIA)를 비교하고 있는데, 우선 네 개의 지수 움직임이 크게 다르지 않다는 것을 알 수 있다. 이는 전체적 포트폴리오 구성에서 사회책임을 강조하는 지수나 일반 지수나 서로 아주 많이 다르지는 않다는 점을 시사한다. 그렇다고 아주 같은 것은 아니고 차이점도 존재한다. 〈표 7-1〉을 보면 네 개의 지수 수익률은 각각 10.22%, 11.21%, 8.91%, 8.04%로 두 개의 사회책임투자 지수의 수익률이 일반 지수의 수익률보다 높은 것을 알 수 있다.

위험도를 나타내는 표준편차를 보면 두 개의 사회책임투자 지수는 서로 비슷한 위험도를 보이고 있다. 일반 지수와 비교하기 위해 자료의 수가 많지는 않으나 통계적으로 차이가 나는지 분석을 해 보면 S&P500 지수는 변동성이 사회책임투자 지수들에 비해 더 크고, DJIA는 더 작은 것

**표 7-1 사회책임지수와 일반 지수의 수익률**

| 연도 | MSCI KLD 400 Social Index(1) | MSCI USA IMI (2) | S&P500 (3) | DJIA (4) | S&P500 지수 | DJIA 지수 |
|---|---|---|---|---|---|---|
| 2003. 1 | 28.47 | 31.01 | 32.19 | 30.22 | 855.70 | 8053.81 |
| 2004. 1 | 10.31 | 12.32 | 4.43 | 0.02 | 1131.13 | 10488.07 |
| 2005. 1 | 3.00 | 6.41 | 8.36 | 3.57 | 1181.27 | 10489.94 |
| 2006. 1 | 13.26 | 15.70 | 12.36 | 16.17 | 1280.08 | 10864.86 |
| 2007. 1 | 3.72 | 5.78 | −4.15 | 0.23 | 1438.24 | 12621.69 |
| 2008. 1 | −34.94 | −36.98 | −40.09 | −36.75 | 1378.55 | 12650.36 |
| 2009. 1 | 31.73 | 28.72 | 30.03 | 25.83 | 825.88 | 8000.86 |
| 2010. 1 | 11.89 | 17.17 | 19.76 | 18.12 | 1073.87 | 10067.33 |
| 2011. 1 | 1.60 | 1.23 | 2.04 | 6.22 | 1286.12 | 11891.93 |
| 2012. 1 | 13.24 | 16.41 | 14.15 | 9.73 | 1312.41 | 12631.91 |
| 2013. 1 | 36.20 | 33.39 | 18.99 | 13.26 | 1498.11 | 13860.58 |
| 2014. 1 | 12.72 | 12.51 | 11.92 | 9.34 | 1782.59 | 15698.85 |
| 2015. 1 | 0.94 | 0.64 | −2.74 | −4.07 | 1994.99 | 17164.95 |
| 2016. 1 | 10.92 | 12.66 | 17.45 | 20.63 | 1940.24 | 16466.30 |
| 평균 | 10.22 | 11.21 | 8.91 | 8.04 | 2278.87 | 19864.09 |
| 표준편차 | 16.46 | 16.61 | 17.12 | 15.74 | | |
| (1)−(3) | 1.31 | t=0.747 | p=0.234 | | | |
| (1)−(4) | 2.18 | t=1.020 | p=0.163 | | | |
| (2)−(3) | 2.31* | t=1.619 | p=0.065 | | | |
| (2)−(4) | 3.17* | t=1.706 | p=0.056 | | | |

자료: MSCI, *MSCI KLD 400 Social Index*(USD).
https://www.msci.com/resources/factsheets/index_fact_sheet/msci-kld-400-social-index.pdf, 2017. 2. 28 접속.
S&P500과 DJIA 지수는 Morningstar에서 추출.
http://quotes.morningstar.com/indexquote/quote.html?t=0P00001FJG, 2017. 2. 28 접속.
주: 통계분석은 쌍체비교로 단측검증을 한 것임. * 은 10% 수준에서 통계적으로 유의함을 나타냄.

으로 나타난다. 수익률의 차이와 위험도를 모두 감안한 후 사회책임투자 지수와 일반지수와의 차이가 있는지를 보기 위하여 쌍체비교로 단측검증을 한 결과, MSCI USA IMI지수가 2003년부터 현재까지 평균적으로 볼

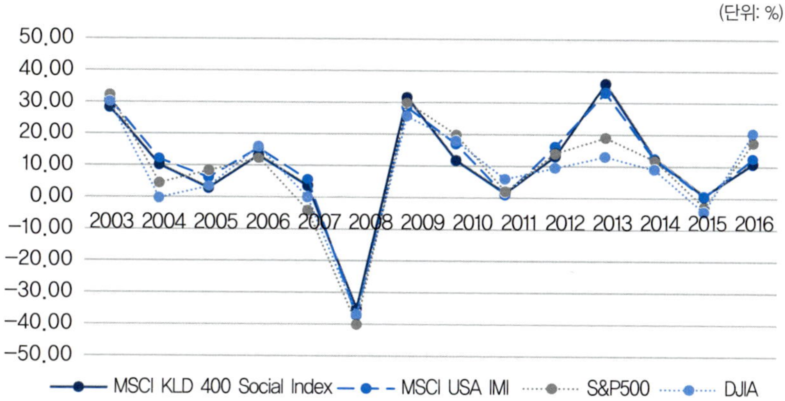


그림 7-5 사회책임지수와 일반 지수의 수익률

때 다른 두 일반 지수에 비해 유의하게 수익률이 높았다는 것을 알 수 있다. 해석싱 조심할 바는 표본의 수가 크지 않기 때문에 확정적으로 말하기는 어렵다는 점이다.

사회책임투자 지수의 성과가 더 우월하기 위해서는 이에 포함된 기업들의 CSR 성과가 전통적 기업, 즉 비CSR기업에 비해 좋아야 한다. CSR 기업들의 성과에 대해 CSR 활동이 비용을 올리고 기업의 성과에 부정적일 것이라는 초창기 우려와는 달리 ESG 투자의 운용성과가 양호하다는 연구결과가 축적되고 있다. 예를 들어, Friede 등(2016)은 기업의 ESG 점수와 기업재무성과 사이의 관계를 분석한 선행연구들을 비교 분석하였다. 기업의 ESG 점수가 재무성과에 미치는 영향을 네 가지 유형(긍정적, 중립적, 부정적, 불명확)으로 분류하여 유형별 연구 수를 집계하였는데, 1,816개 연구 중 48.2%가 긍정적, 23.0%가 중립적, 10.7%가 부정적, 나머지 18.1%는 명확한 분류가 어려운 것으로 나타났다. 따라서 CSR 기업들의 성과가 긍정적이라는 연구의 수가 월등히 많았다는 것을 알 수 있다.

기존의 지수가 아닌 사회책임투자를 표방한 펀드의 성과에 대한 연구로 Guerard(1997a), Gil-Bazo 등(2010)은 사회책임(Social Responsibility; SR) 펀드의 성과가 전통적 펀드에 비해 더 좋음을 보인다. 이러한 사회책임투자의 긍정적 효과는 여러 가지 요인에 의해 나타날 것인데 Luther 등(1992), Hamilton 등(1993), Luther & Matatko(1994), Mallin 등(1995)은 윤리적 펀드 운영자의 종목선정 능력을 주요 요인으로 꼽고 있다. 또한 Cummings(2000)와 Barnett & Salomon(2006)은 단기적으로는 사회책임 펀드의 효과가 크지 않을지라도, 학습효과 등으로 인해 장기적으로는 SRI의 성과가 전통적 투자보다 높아진다는 결과를 보인다. Bauer 등(2005, 2006)도 정보비대칭으로 인한 불리점이나 여러 가지 비용 요인으로 인해 단기 SRI 성과는 전통적 투자에 비해 열등한 것으로 나올 수 있으나 장기적으로는 학습효과로 인해 SRI 투자가 더 우월해질 수 있음을 보이고 있다.

Statman(1999)는 기존의 자산가격결정모형에 선호(affect)라는 요인을 포함시킨 행동자산가격결정모형을 제시하였다. 즉 나쁜 속성과 같은 비호감 요인을 포함시킨 것이다. Statman 등(2008)은 이러한 주관적 위험요인을 포함한 자산가격결정모형을 검증하였는데, 주식에 대한 선호를 측정하기 위해 존경받는 주식과 거절의 대상인 주식에 대한 포춘지(Fortune) 응답자의 주관적인 선호율을 사용하였다. 1992-2007년 기간의 수익률을 검토한 결과 기대수익률이 투자자들의 주관적인 느낌 요인에 의해 영향을 받음을 발견하였다. 즉, 사회적 책임 투자 성향을 가진 투자자의 수익률이 전통적 투자 수익률보다 높다.

단순히 사회책임투자의 결과가 전통적 투자에 비해 높다는 연구 이외에 연구자들은 다양한 관점에서 사회책임투자가 긍정적이라는 결과를 제시하고 있다.

## ● 경영자 보상

Brander(2006)는 1992-2003 기간을 대상으로 S&P 500 지수에 포함되어 있는 기업들을 도미니사회책임지수(DSI)에 포함되어 있는 기업과 그렇지 않은 기업으로 구분하여 둘 사이에 차이가 있는지 검토하였다. 그 결과 사회책임지수에 포함되어 있는 기업이 CEO나 경영자에 대한 보상이 낮으면서도 재무적인 성과는 더 높은 것으로 나타났다. 구체적으로 DSI에 포함되어 있는 기업들의 현재 보상과 스톡옵션을 포함한 미래 보상의 합이 DSI 지수에 포함되어 있지 않은 기업보다 12% 낮다.

## ● 지배구조

Gompers 등(2003)의 연구에 의하면 주주권리보호가 강한 기업은 기업가치, 이익, 매출성장률, 주식 수익률이 높고, 주주 권리 보호가 약한 기업은 유의하게 이 값들이 낮다. 그러나, 이에 대한 반박으로 Core 등(2006)은 만일 좋지 않은 지배구조가 낮은 시장수익률을 초래한다면 지배구조가 나쁜 기업이 나쁜 성과를 보였을 때 주식 시장이 부정적으로 반응하여야 한다고 주장한다. 그러나 이들의 결과는 이러한 가설을 지지하지 않는 것으로 나타나 지배구조의 긍정적 측면을 부정하고 있다.

## ● 환경

Guenster 등(2005)은 1997-2004 기간을 대상으로 환경 효율성 지표(eco-efficiency ratings)와 기업 성과 사이의 관계를 검토하였다. 그 결과, 환경효율성이 영업성과와 시장가치에 긍정적 영향을 미치고, 환경 성과에 대한 시장의 평가가 시간에 따라 다르다는 결과를 얻었다. 처음에는 환경적 선도 기업들의 성과가 후발 기업에 비해 높지 않았으나 시간이 지남에 따라 가치의 차이가 유의하게 증가했다. 이러한 결과는 기업 경영자는 환경에 대한 투자 때문에 기업의 성과가 떨어진다는 우려를 하지 않아도 되고, 투자자들은 투자할 때 자신들의 환경에 대한 소신을 반영하여 투자하면 된다는 의미이다.

## ● 인수합병

Aktas 등(2010)은 Innovest의 무형자산가치평가(Intangible Value Assessment, IVA) 점수를 사용하여 합병회사의 초과수익률과 피합병회사의 사회적, 환경적 성과 사이의 관계를 검토하였다. 그 결과 둘 사이에 양의 관계가 있음을 발견하여 사회적 성과가 높은 기업은 인수합병시 가치를 높게 평가받는다는 것을 보이고 있다.

## ● 운용능력

Ooi & Lajbcygier(2013)는 SRI 펀드 운영자들의 투자 능력을 검토하였다. Fama-French 3 요인 모형을 사용하여 α를 좀 더 정확히 추정하고자 노력하였다.[24] 구체적으로, Fama-French 3 요인을 구성할 때 무기, 술, 담배, 도박 관련 산업을 제외함으로써, 과연 SRI 펀드 운영자들이 부정 선별을 한 포트폴리오보다 높은 성과를 창출하는지 검토하였다. 그 결과 전통적인 Fama-French 3 요인 모형을 사용했을 때와는 달리 통계적으로 유의한 α를 발견하였다. 이는 SRI 펀드 운영자들이 단순히 SRI 지수에

24 CAPM 모형에 의하면 자산의 수익률이 시장포트폴리오의 수익률 한 가지 요인에 의해 결정된다. 그러나 Fama-French 모형은 시장요인에 장부가대시장가 요인, 기업 규모 요인이 추가되어 3요인 모형이 된다. 초과수익의 지표인 α를 좀 더 정확히 추정하기 위해 시장포트폴리오 수익률에 두 가지 요인을 추가한 모형을 사용한다.

투자하는 전략 이상의 수익을 올릴 수 있는 능력이 있다는 것을 의미한다.

### ● 가치 지향 투자

일반적으로 가치주는 저평가 되어 있어서 PER가 낮고, 배당이 높으며, 성숙기 산업에 속해 있고, 화학, 에너지, 전기 회사와 같이 SRI 기준을 맞추기 어려운 기업들이 많다. Abramson & Chung(2000)은 1990-2000 기간을 대상으로 SRI 기준을 가치 지향적(value-oriented) 투자 스타일에 적용하게 되면 성과가 낮아지는지를 검토하였다. 이를 위해 가치 지향적 SRI 포트폴리오(value-oriented SRI portfolios)를 가치주 지수(value-oriented indexes)와 비교하였다. 가치 지향적 SRI 포트폴리오는 Domini 400 Social Index(DSI)로부터 S&P 지수보다 배당이 1.25배 높고 매출 대비시장가치가 직전 5년 평균에 비해 최소 1 표준편차 낮은 기업들로 구성되었다. 그 결과, 포트폴리오가 매 기간 재구성되는(rebalanced) 경우에는 SRI 포트폴리오가 가치 지향적인 비교 기준에 비해 더 높은 수익률 및 샤프비율(Sharpe ratio)을 창출했다. 재조정하지 않고 그대로 가지고 있는 매입-보유 전략(buy-and-hold strategy)은 비교 기준에 비해 수익률은 높게 나타났으나 샤프비율은 낮게 나타났다. 전체적으로, 가치 지향적 투자에서도 SRI 기준을 적용하면 투자성과가 높아진다는 결과이다.

### ● 자금흐름

만일 사회적 가치가 투자자들에게 중요하다면, SRI 투자의 위험조정 수익률이 전통적 투자의 수익률보다 낮다고 할지라도 SRI 투자가 계속 성장할 것이고, SRI 펀드의 자금 흐름이 전통적 펀드에 비해 과거 성과에 덜 민감할 것이다. 이와 일관성 있게 Renneboog 등(2005)과 Bollen(2007)은 SRI 펀드의 자금흐름 변동성이 전통적 펀드의 자금흐름 변동성보다 낮다는 결과를 발견하였다. 구체적으로, Bollen(2007)은 1961–2002의 장기에 걸쳐 생존편의(survivorship bias)가 제거된 미국 뮤추얼펀드 자료를 사용하여 사회책임 뮤추얼펀드 투자자의 현금흐름 변화를 검토하였다.[25] 비교가능성(comparability)을 높이기 위해 펀드의 위험 노출 정도에 따라 사회책임 펀드와 전통적 펀드를 대응시켜 분석하는데 사회책임 펀드는 사회책임투자포럼(Social Investment Forum)에 의해 사회책임 펀드라고 인정된 펀드를 사용하였다. 그 결과 투자자 현금흐름의 월별 변동성이 전통적 펀드에 비해 사회책임 펀드가 더 작다는 것을 발견했다. 세부적으로 보면, 양의 수익률이 발생한 경우 펀드로 흘러 들어 오는 현금흐름의 민감도가 전통적 펀드에 비해 사회책임 뮤추얼펀드가 더 높다. 반면 음의 수익률이 발생한 경우 펀드로부터 흘러나가는 현금흐름의 민감도는 사회책임 펀드가 전통적 펀드에 비해 덜 민감하다. 이는 투자자들이 사회적 책임성을 중요하게 생각한다는 증거인데 특히 양의 수익률이 발생한 경우에 더 그렇다고 해석할 수 있는 결과이다.

Renneboog 등(2011)도 SRI 펀드의 현금흐름을 검토하였다. 12년의 표본기간 동안, 미국, 영국, 유럽, 아시아, 태평양 연안 21개국으로부터 321개 주식 펀드를 추출하여 분석하였다. 그 결과, Bollen(2007)과 같이 SRI 현금흐름이 펀드의 과거 수익률에 덜 민감하다는 결론을 얻었다. 즉, 윤

25 많은 경우 연구자들이 사용할 수 있는 자료를 보면, 연구 시점에 영업을 하고 있는 기업에 대한 자료는 있으나 이미 도태된 기업에 대한 자료는 없다. 제대로 된 분석을 하기 위해서는 이미 사라진 기업도 자료에 포함시켜야 하는데, 자료의 제약으로 생존해 있는 기업만 포함시키는 경우 생존편의가 발생한다. 가령 SRI 투자의 성과가 전통적 투자의 성과에 비해 높다고 하자. 그렇다면, 망한 기업들 중에는 상대적으로 SRI 펀드에 비해 전통적 펀드가 더 많을 것이다. 이 경우 설사 생존해 있는 기업들만 비교할 때는 사회책임투자의 성과가 유의하게 높다는 결과를 얻지 못할지라도, 망한 펀드들까지 포함하여 모든 펀드를 다 포함시킨다면 SRI 투자의 성과가 유의하게 높게 나올 수 있다.

리적 자금은 전통적인 펀드보다 과거의 음의 수익률에 덜 민감하였는데, 이는 SRI 펀드 투자자들이 재무적 성과보다는 윤리적이고 사회적인 면에 더 관심이 있다는 의미이다. 이러한 경향은 SRI 펀드가 동물실험 기업이나 유전자조작식품을 생산하는 기업의 주식을 제외하는 부정 선별을 사용하여 구성되는 경우 더욱 뚜렷하게 나타났다. 과거에 양의 수익률을 거둔 SRI 펀드는 현금유입이 증가할 것인데, 사회적 특성, 예를 들어 지역사회 활동이나 인권보호 등을 강조하는 SRI 펀드는 현금유입과 과거의 양의 수익률 사이의 관계가 약하다. 그러나, 환경적인 선별을 하는 펀드들에 대한 현금흐름은 전통적 펀드보다 과거의 양의 수익률에 더 민감하게 반응한다. 하지만 현금유입이 더 많은 SRI 펀드의 수익률이 전통적 펀드의 수익률보다 높다는 증거는 발견할 수 없었다.

## ● 선별 방법

Kempf & Osthoff(2007)는 KLD Research & Analytics의 사회책임 평가에 근거하여 높은 평가를 받은 주식을 매입하고 낮은 평가를 받은 주식을 매도하는 전략을 수행하였다. 그 결과 최대 연 8.7%에 달하는 초과수익을 달성하였다. 최대 초과수익률은 투자자들이 최고 선별(best-in-class) 전략을 사용할 때, 여러 가지 사회책임 선별 방식을 동시에 사용할 때, 매우 높은 사회책임 평가를 받은 주식에만 투자할 때 달성되었다. 이러한 결과는 합리적 수준의 거래비용을 반영하여도 결과에 변화가 없었다.

Statman 등(2008)에 의하면 높은 사회책임 점수를 가진 기업을 포함시키는 긍정선별은 수익률에 긍정적 영향을 미치지만, 나쁜 사회책임 점수를 가진 기업들을 제외하는 부정선별은 수익률에 부정적 영향을 미치기 때문에, 두 방식을 함께 적용하면 긍정적 효과가 부정적 효과로 상쇄

된다는 결과를 보인다.

## ● 비체계적 위험, 분산투자

Hickman 등(1999)은 91/12 – 95/11 기간의 자료를 사용하여 6개의 사회책임뮤추얼펀드(Socially Responsible Mutual Funds; SRMF)를 효율적 프론티어 상에서 S&P와 비교하였는데, 그 결과가 〈그림 7-6〉에 나타나 있다. S&P는 6개의 SRMF를 이용한 효율적 프론티어에 의해 지배되는 결과가 나와 사회책임투자의 수익률이 더 우월함을 보이고 있다. 일반적으로 사회책임투자는 모든 투자 가능성을 이용한 효율적 프론티어에 제약을 가하는 것이기 때문에 전통적 투자보다 더 열등하다는 것이 현대 포트폴리오 이론의 예측이다. Renneboog 등(2008b)이 이러한 예측을 실증분석하기 위하여 투자자들이 사회책임투자를 하기 위하여 분산가능한 위험을 지게 되는 기회 비용을 검토하였는데 그러한 비용은 발생하지 않

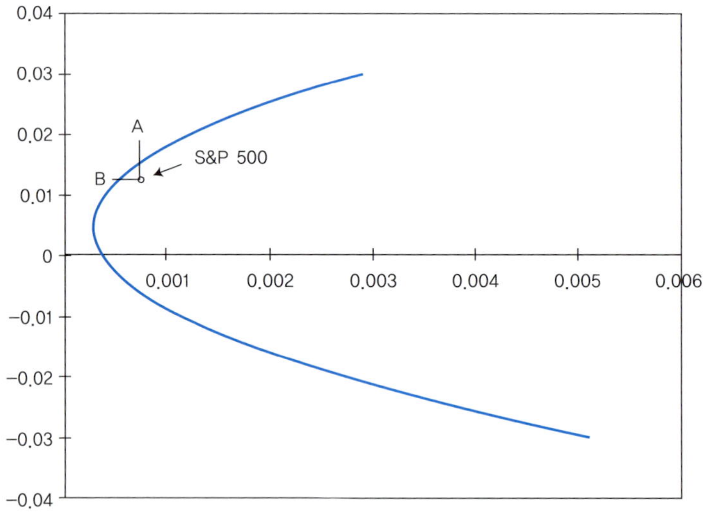


그림 7-6 사회책임투자 펀드와 S&P 성과

는 것으로 나타났다.

더 나아가 사회적 책임을 다하는 기업은 예를 들어 스캔들로 인해 법적인 소송에 휘말릴 위험이나 보이콧 발생 위험이 낮아지기 때문에 비체계적 위험이 오히려 낮아진다는 주장이 있다. Boutin-Dufresne & Savaria(2004)는 캐나다 기업들을 대상으로 한 연구에서 이러한 가설을 지지하는 결과를 얻었다. Lee & Faff(2009)는 글로벌 Dow Jones Sustainability Index를 구성하는 기업들을 국가, 산업, 규모로 대응표본을 구성하여 비교하였는데 사회책임기업들의 포트폴리오가 전통기업의 포트폴리오보다 비체계적 위험이 18% 낮다는 결과를 얻었다.

이러한 결과에 근거하여 Hoepner & McMillan(2009)은 사회적 책임투자를 하는 펀드가 꼭 열등한 분산투자로부터의 단점이 그리 크지 않다는 가설을 세우고 실증분석을 하였다. 그 결과, 긍정선별이나 최고선별(best-in-class) 전략을 사용하는 펀드들은 오히려 표준편차가 낮은 CSR 기업들에 투자함으로부터의 이점이 발생하고, 이러한 이점이 열등한 분산투자로 인해 상관관계를 더 낮출 수 있는 기회를 잃는 단점보다 더 높다는 결과를 얻었다. 유사한 맥락에서, Humphrey & Lee(2011)가 1996-2008 기간 동안 24개 호주 SRI 지분펀드(equity fund)와 전통적 펀드 사이의 성과를 비교한 결과 긍정 선별은 유의하게 위험도를 낮춘다는 결과를 얻었다. 그러나 부정 선별은 위험을 유의하게 높이고, 잘 분산된 포트폴리오를 구성하는 것에 대한 제약으로 작용하여 펀드의 분산투자 역량을 낮추는 것으로 나타났다.

### 2) 부정적 분석 결과

Mueller(1991)는 사회책임 제약조건을 부과하는 10개 펀드의 성과를 검토하였다. 5년 수익률로 볼 때 10개 중 9개의 펀드가 자신이 속한 분야의 평균보다 위험조정 수익률이 낮았고, 비교 대상 펀드와 비교해도 연 1% 정도의 손해가 나는 것으로 나타났다.

Geczy 등(2005)은 SRI 투자로부터의 비용은 투자자가 SRI 펀드에 투자하는 비율, 벤치마크로 사용하는 자산가격결정모형, 그리고 펀드 운영자의 투자 능력에 대한 가정에 따라 매우 다르다고 주장한다. 투자에 있어 SRI 제약조건을 부과하는 경우 이로부터의 비용은 한 달에 1 또는 2 베이시스 포인트 정도로 낮을 수 있다. 이는 투자자가 CAPM과 같이 자산가격이 결정된다고 믿고, 또한 펀드운영자가 어떠한 능력도 없다고 판단하는 경우, 그리고 SRI 펀드에 대한 자산배분이 최소한에 그치는 경우이다. 그러나 자산가격결정모형으로 Fama–French 3요인 모형(1993)이나 Carhart 4요인 모형(1997)을 사용하고, 자산 운영자가 능력이 있다고 판단하여 최적 포트폴리오를 구성하는 경우는 SRI 제약조건으로 인한 손해가 상당할 수 있음을 보인다.[26] 이러한 SRI 투자로부터의 손해는 투자자가 모든 자산을 SRI 펀드에 투자하는 경우에 가장 크게 발생한다.

Sanchez & Sotorrio(2009)는 2003–2007 기간을 대상으로 펀드 평가회사인 Vigeo/Avanzi SRI Research가 자료를 가지고 있는 모든 유럽의 SRI 주식 펀드 중 자료가 가용한 178개 펀드의 수익성을 분석하였다. 이 펀드들은 오스트리아, 스위스, 독일, 스페인, 프랑스, 영국, 아일랜드, 이태리, 벨기에, 룩셈부르크에서 영업하는 펀드들인데, 규모, 기업 연령, 수수료 등에서 유사한 전통적 펀드 178개를 대응표본으로 구성하여 성과를 비교하였다. 평균차이 검증과 구조방정식 모형을 사용한 결과 투자의사

26 Carhart 4요인 모형은 Fama–French 모형에 관성 요인(momentum factor)을 추가한 모형이다. 상승하던 주가가 향후 더 상승하는 경향, 하락하던 주가가 향후 더 하락하는 경향을 통제하는 것이 관성요인이다.

결정에 사회적 요인을 고려하는 것은 낮은 수익률을 초래한다는 결론을 내리고 있다. 특히 이 결과는 대응표본을 사용하여 펀드 수익률에 영향을 미치는 주요 요인들을 통제하고 난 이후의 결과이기 때문에, 펀드의 성과가 열등한 이유는 펀드 매니저들이 선택한 사회책임 주식들의 성과가 나쁘기 때문이라고 설명할 수 있다. 시장이 완전하다면 SRI 투자는 전통적 펀드에 비해 제약조건이 더 있는 것이기 때문에 성과가 나쁠 수 밖에 없다. 또한 이들은 SRI 펀드는 운영하는 데 있어 비용이 더 많이 든다는 점도 지적하고 있다.

사회책임투자의 전체적 성과도 중요하지만 이러한 성과를 발생시키는 요인을 이해하는 것도 매우 중요하다. 앞 절에서 사회책임투자의 성과가 긍정적 또는 부정적일 것이라는 다양한 논거를 살펴보았는데 부정적 사회책임투자의 성과를 만들어 내는 요인들에 대한 연구들을 살펴본다.

### ● 분산투자, 종목선정, 시점선정

Girard 등(2007)은 1984-2003 기간 동안 116개의 사회책임 뮤추얼펀드를 대상으로 비교 기준 대비 종목선정 비용(selectivity cost), 분산투자 비용(diversification cost), 시점선정 능력(market timing ability)을 비교하였다. 분산투자 비용은 사회책임투자라는 제약조건으로 인해 효율적 분산 투자로부터 멀어짐으로 인해 발생하는 비용을 의미하고, 순종목선정 비용(net selectivity)은 저평가된 증권을 선정함으로부터의 긍정적 수익률에서 불완전한 분산투자로 인한 비용요인을 차감한 것을 의미한다. 실증결과를 보면, 사회책임 뮤추얼펀드는 종목선정 능력, 순종목선정 능력, 시점선정 능력이 열등하다. 펀드의 규모는 성과에 영향을 미치지 않고, 더 오래된 펀드일수록 종목선정과 분산투자 측면에서 열등함을 보인다. 홍미로운 것은 최고의 윤리 선별을 거치는 펀드가 종목선정이나 순종목선정 측면에서 가장 열등한 것으로 보인다는 점이다. 그리고 사회책임 뮤추얼 펀드는 분산투자 결여로 인해 열등한 결과를 나타낸다.

Renneboog 등(2008b)은 3 지역 17개 국가에 소재한 사회책임펀드와 전통적 펀드의 성과를 비교 분석하였다. 포함된 국가와 지역은 유럽(프랑스, 스위스, 독일, 이태리, 벨기에, 네덜란드, 룩셈부르크, 노르웨이, 스웨덴, 영국, 아일랜드), 북미(미국, 캐나다), 아시아-태평양(호주, 일본, 말레이시아, 싱가폴) 등이다. 이들은 미국, 영국, 그리고 많은 유럽과 아태 지역 국가(캐나다, 아일랜드, 프랑스, 벨기에, 네덜란드, 스웨덴, 일본, 말레이시아, 싱가포르)들의 SRI 펀드가 다요인(Fama-French-Carhart 요인들) 모형을 사용한 국내 비교 기준에 비해 위험조정수익률이 -2.2%에서 - 6.5% 정도 낮은 것을 발견했다. 그러나, 프랑스, 스웨덴, 아일랜드, 일본을 제외하고는 SRI 펀드의 위험조정수익률이 전통적 펀드의 성과와 통계적으로 유의하게 다르지는 않았다. 이 국가들의 SRI α는 전통적 펀드의 α에 비해 4-7% 더 낮은 것으로 나타났다.

그러나 4요인 모형에 윤리 요인을 추가하여 5요인으로 추정한 결과 SRI 저성과는 꼭 윤리 스타일 요인 때문에 발생하는 것이 아니라는 것을 발견하였다. SRI 투자자들이 성과가 좋을 펀드에 많이 투자하고 성과가 나쁠 펀드에는 적게 투자하는 똑똑한 자금(smart money) 효과는 확정적이지 않았다. 즉 SRI 투자자들은 미래에 성과가 좋을 펀드를 선별하는 능력은 없었고, 미래에 성과가 나쁠 펀드를 선별하는 능력은 있는 것으로 나타났다. 그리고 기업지배구조와 사회적 기준에 근거한 선별은 낮은 위험조정수익률을 창출하였다.

## ● 죄악 주식(Sin Stock)

우리가 사는 세상에는 술, 담배, 성인물, 무기, 원자력 등 사회적으로 바람직하지 않은 제품을 생산하는 기업들이 존재한다. 이러한 기업들의 주식을 '죄악 주식(sin stock)'이라고 부르는데, 사회책임투자가 긍정적이라면 사회적으로 부정적 영향을 미치는 죄악 주식에 대한 성과는 비교 기준 대비하여 열등하게 나와야 한다. 그러나 Chong 등(2006)이 2002-2005 기간의 성과를 비교해 본 결과, 죄악 주식에 투자하는 죄악펀드(vice fund)가 도미니사회적펀드(Domini Social Equity Fund)와 S&P500 지수의 성과를 능가했다. 그리고 도미니사회적펀드는 S&P500 지수보다도 성과가 낮았다. 〈표 7-2〉는 죄악 주식에 대한 연구를 한 저자들과 지역, 표본 기간, 죄악 주식의 포함 범위, 초과수익 등을 보이고 있다. 전체적으로 볼 때, 죄악 주식의 성과가 열등하지 않거나 우월하게 나타나 사회책임투자가 수익률 면에서 부정적이라는 결과를 보이고 있다.

**표 7-2 사회적으로 문제가 있는 기업 포트폴리오의 성과**

| 논 문 | 지역과 기간 | 담배 | 술 | 게임 | 무기 | 원자력 | 생명공학 | 성인물 | α |
|---|---|---|---|---|---|---|---|---|---|
| Kempf & Osthoff(2007) | 미국<br>1991 - 2004 | X | X | X | X | X | | | +<br>(비유의) |
| Salaber(2007) | 유럽<br>1975 - 2006 | X | X | X | | | | | + |
| Fabozzi 등(2008) | 21개국<br>1970 - 2007 | X | X | X | X | X | X | X | + |
| Hong & Kacperczyk(2009) (2009) | 미국<br>1926-2006 | X | X | X | X | | | | + |
| Statman & Glushkov(2009) | 미국<br>1992 - 2007 | X | X | X | X | X | | | +<br>(비유의) |
| Visaltanachoti 등 (2009) | 중국<br>1975 - 2006 | X | X | X | | | | | + |

Kempf & Osthoff(2007)와 Statman & Glushkov(2009)는 Kinder, Lydenberg & Domini(KLD)자료를 이용하여 포트폴리오를 구성하여 연구하였다. KLD 자료는 술, 담배, 게임, 무기, 군대, 원자력 등의 사업분야에 대한 지표를 제공한다. Kempf & Osthoff(2007)에 의하면 매년 재구성(rebalance)된 나쁜 주식 포트폴리오의 성과는 4 요인 모형을 기준으로 한 초과수익률로 볼 때 양의 초과수익을 올렸다. Statman & Glushkov(2009)는 KLD 전체가 아닌 좀 더 좁힌 표본, 즉 KLD 기준으로 강점도 약점도 가지지 않은 기업들을 제외한 표본을 대상으로 하고, 조금 더 긴 표본기간을 분석하였는데 역시 4 요인 모형에 근거한 초과수익률이 양이라는 결과를 얻었다. 그러나 두 논문 다 통계적으로는 유의하지 않은 결과이어서 죄악 주식에 투자하는 것이 유리하다는 확정적 결론을 내리기는 어렵다.

하지만 여타의 많은 연구들은 죄악 주식이나 펀드에 투자하는 것이 통계적으로 유의한 양의 수익률을 창출한다고 보고하고 있다. 유럽 지역에 대한 연구로 Salaber(2007)는 18개 유럽국가의 158개 주식을 대상으로 하여 시장, 규모, 장부대시장가비율을 통제한 후의 수익률을 검토하였다. 그 결과, 나쁜 주식의 수익률이 그렇지 않은 주식의 수익률보다 평균적으로 연 4% 이상 높은 것으로 나타났는데, 이러한 성과의 차이는 소송의 위험이 높은 국가, 소비세(excise tax)가 높은 국가, 개신교가 강한 국가 등에서 더 크게 나타났다. 이러한 환경을 가진 국가들이 좀 더 악을 회피하는 경향이 있기 때문에 이러한 결과가 나타난 것으로 판단된다.

Fabozzi 등(2008)은 미국을 포함한 21개 국가의 자료를 사용하여 1970-2007년의 장기에 걸쳐 죄악 주식을 대표하는 7개 산업, 즉 술, 담배, 게임, 바이오텍, 무기, 원자력, 성인물 등을 생산하는 산업에 속한 267개 기업들의 수익률을 검토하였다. 결과가 〈표 7-3〉에 나타나 있는데, 조사 대상 21개국의 죄악 주식 포트폴리오에 대한 연수익률, 시장수익률, 초과수익률을 보이고 있다. 전체적으로, 통계적 유의미성이 없는 독일, 홍콩, 포르투갈과 음의 유의성을 가진 대만을 제외하고는 모두 나쁜 주식의 수익률이 위험 조정 후에도 각 나라 시장의 평균적인 수익률을 초과하는 것으로 나타났다. 가장 초과수익률이 높은 국가들은 미국(19.27%), 싱가포르

**표 7-3 21개국의 죄악 주식 수익률, 1970–2007**

| 국가 | 연수익률 | 시장수익률 | 초과수익률 |
|---|---|---|---|
| Australia | 21.12 | 8.95 | 12.17*** |
| Belgium | 9.76 | 7.87 | 1.89** |
| Canada | 19.24 | 8.43 | 10.81*** |
| Denmark | 12.64 | 9.63 | 3.01*** |
| Finland | 17.75 | 12.28 | 4.47*** |
| France | 18.79 | 9.48 | 9.31*** |
| Germany | 8.18 | 7.36 | 0.82 |
| Hong Kong | 13.08 | 12.85 | 0.23 |
| Italy | 22.97 | 10.27 | 12.70*** |
| Japan | 9.50 | 4.58 | 4.92*** |
| Korea | 21.11 | 14.57 | 6.54*** |
| Netherlands | 13.80 | 10.53 | 3.27*** |
| Norway | 20.02 | 9.50 | 10.52*** |
| Portugal | 9.96 | 10.94 | –0.98 |
| Singapore | 26.87 | 9.10 | 17.77*** |
| Spain | 12.76 | 9.03 | 3.73*** |
| Sweden | 26.87 | 11.32 | 15.55*** |
| Switzerland | 21.16 | 9.52 | 11.64*** |
| Taiwan | 6.55 | 8.96 | –2.41*** |
| United Kingdom | 13.02 | 7.13 | 5.89*** |
| United States | 27.46 | 8.19 | 19.27*** |

주: Fabozzi 등(2008)의 〈표5〉를 정리한 것임.
**, *** 은 각각 5%, 1% 수준의 통계적 유의성을 의미함.

(17.77%), 스웨덴(15.55%), 이태리(12.7%), 호주(12.17%) 등으로 10% 이상의 상당한 초과수익률을 보이고 있다. 한편, 초과수익률이 낮은 순으로는 대만(−2.41%), 포르투갈(−0.98%), 홍콩(0.23%), 독일(0.82%), 벨기에(1.82%) 등으로 음의 초과수익률이거나 0 보다 조금 높은 초과수익률을 보이고 있다.

Hong & Kacperczyk(2009)은 미국시장에서 술, 담배, 게임 관련 제품을 생산하는 죄악 주식(sin stock)은 공공연기금과 같이 공공선에 민감한 기관투자자들이 덜 선호한다고 주장한다. Karolyi(2008)에 의하면 미국 20개 주의 법률이 주의 연금 펀드가 테러와 관련된 지역에 투자하는 것을 금지하고 있다. 죄악 주식은 요구수익률이 높은데 그 이유는 소송에 휘말릴 위험이 높고, 투자자들이 사회적 규범 때문에 무시하여 잊혀지게 되며 투자를 충분히 하지 않아 수요가 적어 가격이 낮아지기 때문이다. Hong & Kacperczyk(2009)은 시장, 장부가대비시장가, 관성효과(momentum effects)를 통제한 후에도 나쁜 주식 포트폴리오는 연 4.5% 이상 유사한 다른 주식의 수익률을 능가한다는 결과를 얻었다.

죄악 주식이 양의 초과수익률을 창출한다는 많은 연구들과는 달리 Shank(2005)는 다른 결과를 보이고 있다. 그는 가장 사회적 책임을 다하는 11개 주식 포트폴리오와 Ahren's Vice Fund에 포함되는 나쁜 주식들 중 보유비중이 가장 많은 10개 주식으로 이루어진 포트폴리오를 구성하여 S&P500 지수와 비교하였다. 그 결과, 경제적 하강기인 2000−2003 동안 나쁜 주식들의 포트폴리오가 광범위한 일반 주식들보다 위험조정 수익률이 더 높다는 증거를 발견하지 못하였다. 또한 2003년을 최종 기한으로 한 5년 또는 10년 포트폴리오도 S&P 500 지수보다 성과가 높지 않았다. 또한 과거 10년의 성과를 볼 때 나쁜 주식들이 좋은 분산투자 전략의 소재라는 주장도 지지되지 않았다. 한편, 가장 사회적 책임을 다하는 주식들에 대한 결과를 보면 3년 기간을 볼 때 전통적 지수의 성과를 초과하지 않았다. 그러나, 5년과 10년의 성과를 보면 S&P 500 지수보다 좋은 성과를 보였다. 이러한 결과에 바탕하여 Shank(2005)는 사회적 책임을 다하는 주식들을 잘 선택하게 되면 투자성과를 유의하게 상승시킬 가능성을 보인다고 주장한다.

전체적으로 볼 때 죄악 주식은 투자의사결정시 무시할 수 없는 대안인 것으로 보인다. 대부분의 연구가 죄악 주식에 대한 투자가 양의 초과 수익률을 창출한다는 것을 보이고 있기 때문이다. 그러나 죄악 주식의 성과가 좋다고 하여 CSR 기업들의 성과가 나쁠 것이라고 하는 것은 논리적 비약이기는 하다. 사실상 죄악 주식을 명확히 가려 내는 것은 불가능할지도 모른다. 6세기 그레고리 교황이 7가지 중요한 악을 전파한 후 1500년이 지난 2008년 3월 11일 교황청은 7가지의 사회적 악을 발표했다. 이것은 생물윤리 위반, 지나친 부의 축저, 약물 남용, 불결함, 유선석 조작, 빈부격차를 늘리는 일, 빈곤을 만드는 일 등이다. 이와 같이 현대적으로 보면 개념상 명확히 악이라고 단정지을 수 있는 경우가 드물고, 개념상 명확하다고 할지라도 이를 실제에 적용하기에는 상당한 어려움이 따른다. 모든 면에서 다 부정적 또는 긍정적인 기업은 존재하지 않기 때문이다.

### 3) 무효과

Vermeir 등(2005)은 2000-2004 기간을 대상으로 SRI 지수와 전통적 지수의 성과를 비교하였다. 대표적 SRI 지수 6개 중 5개가 전통적 지수의 성과보다 높았으나 통계적 유의성이 없었다. 이와 같이 가장 쉽게 사회책임투자의 효과를 검토하는 방법은 사회책임지수와 전통적 지수를 비교하는 것이다. 지수를 비교하는 것이 펀드를 비교하는 것보다 결과의 해석상

수월할 수 있는데, 그 이유는 펀드를 비교할 때는 펀드의 거래비용, 펀드 운영자의 종목선정 능력이나 시점 선정 능력을 고려해야 하는데 지수를 비교할 때는 이런 요인들을 고려할 필요가 없어서 좀 더 정확한 비교가 가능하기 때문이다. 연구자가 사회적 관점의 선별을 하지 않은 주식 그룹과 선별을 한 주식 그룹을 구성하여 그 차이를 보는 경우도 마찬가지로 펀드 운영자의 능력이나 여타의 펀드 운영과 관련이 있는 요인의 영향이 없기 때문에 좀 더 정확한 사회책임투자의 효과를 검토할 수 있다. 예를 들어, Guerard(1997a)는 어떠한 선별도 하지 않은 1,300개 주식 포트폴리오와 선별을 거친 950개 주식의 포트폴리오를 비교하였다.

Schröder(2007)는 29개의 SRI 지수가 전통적 지수와 비교하여 성과의 차이가 있는지 검토하였다. 결과는 SRI 지수들이 전통적 지수에 비해 위험조정 수익률에 차이가 없었다. 그러나 많은 SRI 지수들은 전통적 지수에 비해 위험도가 더 높았다. 실무에서도 대표적인 교육자들을 위한 펀드인 TIAA-CREF(현재는 TIAA)의 연구(2014)에 따르면 주요 SRI주식 지수가 장기적으로 볼 때 광범위한 시장 벤치마크와 비교할 때 수익률에 차이가 없다(TIAA-CREF Asset Management 2014). 이외에도 Sauer(1997), Statman(2006), Kurtz & DiBartolomeo(2011)도 지수를 비교한 연구를 하였으나 사회책임투자 지수가 전통적 벤치마크 대비하여 통계적으로 유의하게 성과가 다르다는 결과를 얻지 못하였다. 이러한 결과는 주식 선택에 있어 ESG 요인을 감안한다고 하여도 추가적인 비용 요인을 지는 것은 아니라는 것을 보이는 것인데, 자신들의 소신에 따라 투자를 하여도 최소한 이로 인해 손해를 입지는 않는다는 뜻이다.

펀드의 성과를 검토한 연구들은 한 국가를 대상으로 한 연구와 여러 국가나 국제적 표본을 대상으로 한 연구로 구분해 볼 수 있다. Statman(2000)은 미국, Bauer 등(2006)은 호주, Bauer 등(2007)은 캐나다의 펀드를 대상으로 사회책임투자의 성과를 검토하였는데 전통적 펀드에 비해 성과의 차이가 없다는 결과를 얻었다. Xiao 등(2017)은 2요인 다기간 CAPM 모형(intertemporal CAPM) 사용하여 미국주식시장을 대상으로 분석하였는데 역시 사회책임투자의 성과가 특별한 것이 없었다. 그러나, 최소한 부정적 영향은 없으므로 사회적 책임을 다하는 펀드나 기업에 투자하는 것을 거리낄 필요가 없다.

여러 국가의 표본을 대상으로 한 연구로 Schröder(2003)는 16개의 독일 및 스위스 SRI 펀드와 30개의 미국 SRI 펀드의 성과를 젠슨의 α로 비교하였다. 그 결과, 대부분의 펀드가 비교 대상과 유사한 성과를 보였다. Kreander 등(2005)은 7개 유럽 국가를 대상으로 SRI 펀드와 전통적 펀드의 성과를 비교하였는데 둘 사이에 큰 차이가 없었다. Xiao 등(2013)은 전 세계 기업들로 구성된 표본을 대상으로 기업의 지속가능성에 대한 위험 프리미엄이 존재하는지 검토하였다. Fama-French 요인을 통제한 이후에도 지속가능성 요인에 대한 위험프리미엄이 존재하는가를 검토하였는데 지속가능성 투자가 전세계적으로 지분 수익률에 영향을 미치지 않는다는 결과를 얻었다. 따라서 대규모 기관투자자들은 수탁자의 의무를 위반한다는 걱정을 할 필요 없이 지속가능투자를 해도 무방하다.

이외에도 단순한 수익률의 비교가 아닌 수익률에 영향을 미치는 다양한 요인에 대한 연구가 이루어졌다.

### ● 시점선별(market timing)

Kreander 등(2002)은 1996-1998 기간의 주별 자료를 사용하여 7개 국가로부터 추출된 40개 윤리 펀드의 성과를 검토하였다. 성과지표로는 젠슨(Jensen), 샤프(Sharpe), 트레이너(Treyner) 지수를 사용하였는데 결과는 윤리 펀드들의 위험조정수익률이 전세계 벤치마크와 유사하였다.[27] 시장 가격이 유리할 때를 찾아 매수와 매도를 적절히 수행하는 펀드의 시점선별 능력은 어느 펀드도 긍정적 능력이 없었고, 몇몇 펀드는 오히려 열등한 시점 선별 능력을 보였다.

Ferruz 등(2012)은 1994-2010 기간 동안 미국 시장의 종교적 뮤추얼펀드 운영자의 재무성과와 경영능력을 검토하였다. 경영능력으로는 주식선별과 시점선별(market-timing), 스타일시점선별(style timing)을 살펴보았다. 좀 더 정확한 분석을 위하여 광범위한 표본을 수집하고, 대응표본(matched-pair)으로 전통적 펀드를 구성하여 종교적 펀드와 비교하였으며, 생존편의를 제거하였다. 결과를 보면 우선 종교적 펀드는 시장과 비교하여도 또한 대응표본으로 구성한 전통적 펀드와 비교하여도 성과가 열등한 것으로 나왔다. 이러한 결과는 우선 죄악 주식을 포트폴리오에서 제외함으로써 주식선별 능력이 떨어졌고, 가격이 낮을 때 매입하고 가격이 높을 때 매도하는 시점 선별 능력도 없었기 때문이다. 또한 규모, 장부가대시장가, 추세에 근거한 스타일시점 선정 능력도 보여 주지 않았다.

## ● 종목선별

펀드의 성과가 좋으려면 기본적으로 좋은 종목을 포트폴리오에 포함시켜야 한다. Benson 등(2006)은 1994-2003 기간 동안 SRI 펀드와 전통적 펀드 사이의 성과를 검토하였는데 차이가 없다는 결과를 얻었다. 좀 더 자세한 분석을 위하여 각 산업에 대한 투자가 SRI 펀드와 전통적 펀드 사

27 샤프지수나 트레이너 지수는 위험조정투자수익을 평가하는 지표들이다. 투자 성과를 측정할 때 수익률만을 보는 것은 의미가 없으므로 위험 한 단위당 수익률을 보는 것이다. 두 지수 모두 무위험 수익률을 상회하는 부분인 초과수익률을 위험의 척도로 나누어 계산하는데, 샤프지수는 위험의 척도로 표준편차를 사용하고 트레이너 지수는 체계적 위험의 척도인 베타를 사용한다.

이에 차이가 나는지를 검토하였는데, 둘 사이에 차이가 나기는 하지만 매년 투자 비중이 변동하여 일률적 결론을 내리기 어려웠다. 산업보다 더 작은 단위로 SRI 펀드와 전통적 펀드 사이에 주식 선정 능력의 차이가 있는지를 검토하였으나 역시 차이가 나지 않았다.

Humphrey 등(2016)도 수익률보다 더 자세한 분석을 수행하였는데, 개인적 특성과 실제 펀드의 자산 보유 비율 검토함으로써 펀드 운영자의 스타일을 비교하였다. SRI 펀드 운영자는 여성인 경향이 더 많고, 근무기간도 더 길었다. 그러나 이로 인해 주식 선별과 타이밍 등 성과에는 차이를 보이지 않았다.

## ● 선별방식

Guerard(1997b)는 회귀분석을 사용하여 1987-1997 기간 동안 1) 환경, 2) 술, 담배, 도박, 3) 무기, 4) 핵 물질 등 네 가지 기준을 각각 적용하여 선별을 한 포트폴리오의 성과를 선별하지 않은 포트폴리오의 성과와 비교하였다. 그 결과, 선별을 한 포트폴리오가 선별을 하지 않은 포트폴리오보다 더 높은 초과 수익률을 달성함을 보인다. 일관성 있게 투자자 수익률이 나쁘게 나오는 선별은 1992-1996 기간의 무기 관련 선별 전략이었다. 그러나 저자는 표본기간 동안 사회적으로 선별된 포트폴리오와 선별되지 않은 포트폴리오 사이에 통계적으로 유의한 차이는 없다고 결론짓는다.

Humphrey & Tan(2014)은 경영 능력, 거래 비용과 수수료 등 펀드의 성과에 영향을 미칠 수 있는 요인들을 제외하고 부정 선별과 긍정 선별 방식이 수익률에 미치는 영향을 검토하였다. 결과는, 각각의 방식이 적용되어 선별된 포트폴리오와 그렇지 않은 포트폴리오 사이에 수익률과 위험에 있어 차이가 없었다.

## 4) 사회책임투자 주제별 성과의 차이

사회책임투자에는 환경, 종업원, 지역사회, 지배구조 등 다양한 주제가 포함된다. 특정 사회책임투자의 주제를 대상으로 사회책임투자를 하는 경우의 성과를 분석한 연구들이 다양하게 존재한다. 〈표 7-4〉는 지역, 표본 기간, 주제별로 이러한 연구들의 예를 보이고 있다.

### ● 환경

Cohen 등(1997)은 1987-1991 기간 동안 IRRC가 작성한 환경성과와 기업성과 자료를 사용하여 S&P 500 기업의 환경 성과와 재무 성과와의 관계를 검토하였다. IRRC는 법과 규정 준수, 화학 물질 방출, 화학물질 유출

**표 7-4 여러 가지 SRI 주제와 초과수익률**

| 연구 | 지역 | 기간 | 환경 | 종업원 | 다양성 | 인권 | 지역 사회 | 생산품 | 지배 구조 |
|---|---|---|---|---|---|---|---|---|---|
| Derwall 등(2005) | 미국 | 1995-2003 | P | | | | | | |
| Kempf & Osthoff(2007) | 미국 | 1991-2004 | P | P | P/NS | P/NS | P | N/NS | |
| Statman & Glushkov(2009) | 미국 | 1992-2007 | NS | P | NS | N/NS | P/NS | NS | N/NS |
| Edmans(2011) | 미국 | 1984-2006 | | P | | | | | |
| Galema 등(2008) | 미국 | 1992-2006 | NS | P/NS | NS | NS | P/NS | NS | NS |
| Van de Velde 등(2005) | 유럽 | 2000-2003 | NS | NS | | | NS | NS | NS |
| Brammer 등(2006) | 영국 | 2002-2005 | NS | NS | | | NS | | |

주: Derwall 등(2011)의 표2를 수정 확장한 것임.
'P'는 CSR 활동과 초과수익률 사이에 양의 관계가 있음을 나타냄.
'N'은 CSR 활동과 초과수익률 사이에 음의 관계가 있음을 나타냄.
'NS'는 CSR 활동과 초과수익률 사이에 유의한 관계가 없음을 나타냄.

사고, 유해물질 제거 장치, 환경 소송 건수에 대한 자료를 제공하는데, 산업의 고유 위험과 수익률의 변동을 통제하기 위하여 같은 산업 내의 기업을 대응하여 두 개의 포트폴리오를 구성하였다. 하나는 높은 오염기업 포트폴리오이고 다른 하나는 낮은 오염 기업 포트폴리오인데 이들의 ROA, ROE와 같은 회계적 수익률과 위험조정 시장수익률을 비교하였다. 결과는, 환경친화 포트폴리오에 투자하는 것이 불리하다는 증거를 찾지 못했고, 많은 경우 낮은 오염 포트폴리오가 높은 오염 포트폴리오나 S&P 500보다 높은 수익률을 달성하였다.

그러나 IRRC는 좋은 환경 성과가 높은 수익과 연관이 있다는 것이 환경 성과를 향상시키는 기업이 수익을 증가시킨다는 의미는 아니라고 지적한다. 오히려 원인 결과가 반대일 가능성이 높다는 것이다. 즉, 재무적으로 강건한 기업은 '좋은 기업 시민(good citizens)'이 될 정도로 자원과 역량이 있기 때문에 환경에 대한 투자도 할 수 있고 이로 인해 환경적 성과도 좋은 것이라고 주장한다.

Derwall 등(2005)은 환경효율성 점수를 사용하여 해당 산업에서 상위 30%에 드는 주식들로 포트폴리오를 구성하고 성과를 살펴보았다. 그 결과 환경효율성이 높은 기업들은 4요인 모형을 기준으로 하여 연 4.15% 초과수익을 올리는 것으로 나타났다. 반면 가장 낮은 환경효율성 점수를 보이는 주식들은 연 -1.8%의 초과수익을 보이나 통계적으로 유의하지는 않았다. 이러한 관계는 여러 가지 거래비용을 사용하여 강건성 검증을 하여도 성립하였다.

Koellner(2007)는 지속가능투자펀드(sustainable investment funds)가 초래한 환경 영향이 전통적 펀드가 초래한 환경적 영향보다 적다는 것을 발견하였다. 그러나 이러한 차이의 이유는 확실하지 않은데, 두 포트폴리오 사이에 보유 종목의 차이가 크지 않았기 때문이다. 시사점은 지속가능투자펀드의 운영자들은 포트폴리오 구성시 좀 더 환경적 요인을 고려할 필요가 있다는 것이다.

Ibikunle & Steffen(2017)은 유럽의 175개 그린 펀드를 화석연료와 자연자원을 사용하는 259개 블랙 펀드와 976개의 전통적인 뮤추얼펀드와 비교하였다. 1991-2014의 전체 기간 동안에는 평균적으로 그린 펀드가 전통적 펀드에 비해 유의하게 열등한 성과를 보였고, 그린 펀드와 블랙 펀드 사이에는 유의한 위험 조정 성과의 차이가 없었다. 환경 친화적인 투자펀드들은 소규모 성장주에 대한 투자를 많이 하였고, 블랙 펀드들은 가치주(value stocks)에 투자를 많이 하였다. 특이한 사항은 그린 펀드의 위험 조정 수익률이 점점 향상되어 그린 펀드와 전통적 펀드 사이에 차이가 없어지는 정도까지 좋아진다. 또한 이들 연구의 최근의 기간인 2012-2014 동안에는 그린 펀드가 블랙 펀드의 성과를 유의하게 앞지르기 시작했다.

이상의 연구들은 환경 관련 사회책임투자의 성과가 긍정적이라는 결과를 보고하고 있다. 그러나 Climent(2011)가 1987-2009 기간 동안 미국의 환경관련 뮤추얼펀드(US green mutual funds)를 전통적 뮤추얼펀드와 비교한 연구는 조금 다른 결과를 보고한다. 즉 CAPM 기반 모형을 사용하여 성과를 비교한 결과 환경 뮤추얼펀드의 성과가 유사한 속성을 가진 전통적 펀드의 성과보다 열등하게 나타났다. 그러나, 좀 더 최근의 기간인 2001-2009에는 환경 뮤추얼펀드의 성과가 여타 SRI 펀드나 전통적 펀드의 성과와 다르지 않다는 결과를 얻었다.

Munoz(2014)는 1994-2013 기간을 대상으로 미국(18개)과 유럽(89개)의 환경 SRI 뮤추얼펀드(green funds)의 성과를 검토하였다. 좀 더 정확한 분석을 위해 펀드의 목표와 관련된 여러 가지 요인을 통제하고, 국내투자 대 국제투자, 위기 기간과 정상 기간을 구분하여 살펴보았다. 미국 환경 펀드의 결과를 보면, 위기 기간에는 성과의 차이가 없었으나 정상 기간에는 시장보다 열등한 성과를 보였다. 그러나, 그린 펀드를 다른 형태의 SRI 펀드와 비교할 때는 성과의 차이가 없었다. 유럽의 그린 펀드는 위기 기간과 관계 없이 시장과 차이가 없는 것으로 나타났다. 유럽의 그린 펀드도 다른 형태의 SRI와 비교할 때 성과의 차이가 없었다.

## ● 지배구조

기관투자자 위원회(Council of Institutional Investors)는 미국에서 8,000억 달러 이상의 자산을 운용하고 있는 사적, 공적 연기금의 연합이다. Opler & Sokobin(1995)은 1991, 1992, 1993 년에 이 위원회의 요주의 기업 명단에 든 96개 기업의 비교 기준 대비 성과를 검토하였다. 이 명단에 들기 전년에는 주가 움직임이 좋지 않았으나 명단에 포함된 이후에는 평균적으로 S&P 500 지수 대비 11.6%의 주가 상승률을 보였다. 이는 기관투자자들이 협동하여 주주행동주의 활동을 하는 것이 기업의 가치를 증가시킨다는 증거이다.

Smith(1996)는 1987-1993 기간 동안 CalPERS의 목표가 된 기업들의 지배구조, 주주의 부, 영업 성과 등을 분석하였다.[28] 분석 결과, 기업의 규모와 기관투자자 지분이 크면 CalPERS의 목표가 될 가능성이 높아지고, 1988년 이후 목표가 된 기업의 72%가 CalPERS가 제안한 변화를 채택하거나 CalPERS와 합의할 수 있는 수준의 변화를 이루었다. CalPERS의 주주행동으로 제안된 것을 수용한 기업들의 주주들의 부는 상승하였으나 저항한 기업들의 부는 감소하였다. 그러나 영업 성과의 유의한 변화

28 CalPERS는 California Public Employees' Retirement System의 약자로 미국 캘리포니아주의 160만명 이상의 공무원, 은퇴자, 그리고 이들의 가족을 위해 연금과 건강 보험을 운영하는 기관이다. 미국에서 가장 큰 공공연금펀드를 운영하는 기관 중의 하나이다.

는 감지되지 않았다.

Shleifer & Vishny(1997)는 지배구조를 '기업에 자본을 제공하는 사람들이 자신들의 투자에 대한 수익을 확보하기 위한 제반 방안'이라고 정의하는데 그렇다면 다른 형태의 SRI보다 지배구조 SRI가 수익률이 더 높을 수 있다. 이와 일관성 있게 Scholtens & Zhou(2008)의 연구에 의하면 지배구조 SRI는 수익률에 긍정적 영향을 미쳤으나 더 좋은 종업원 관계는 수익률과 음의 관계를 보이고 있다. 지배구조 주제 펀드의 성과가 다른 주제의 SRI 펀드의 성과보다 더 좋은 또 다른 이유로 분산비용의 규모를 들 수 있다. 즉 현실적으로 환경이나 사회적 측면보다 지배구조를 개선한 기업이 많기 때문에 분산비용이 다른 두 가지 측면보다 낮을 수 있다. Revelli & Viviani(2015)도 지배구조 SRI의 효과가 더 크다는 점을 보이고 있다.

Sustainalytics는 기업들의 환경, 사회, 지배구조 측면에 대한 평가를 하여 각 측면에 대해 점수의 시계열 자료를 발표한다.[29] 0점이 가장 낮은 점수이고 100점이 가장 높은 점수이다. Auer(2016)는 Sustainalytics의 자료를 이용하여 유럽시장을 대상으로 하여 2004-2012 기간의 성과를 평가하였다. 구체적으로, 유럽의 주식 시장 벤치마크에 투자하는 수동적 투자와 벤치마크로부터 평가가 없는 주식을 제외한 포트폴리오의 성과를 비교하였다. 지속가능성에 대한 평가가 존재하지 않는 기업은 매우 지속가능성이 낮은 기업이라고 추측할 수 있는데 이들을 제외한 포트폴리오의 성과가 그렇지 않은 벤치마크에 비해 성과가 유의하게 높았다. 한편, 환경과 사회 점수에 근거하여 추가로 나쁜 주식을 제외하는 부정 선별 전략은

29 Sustainalytics는 환경, 사회, 지배구조 측면에 근거하여 상장기업들의 지속가능성을 평가하는 기관이다. 1992년 Sustainalytics의 현 CEO인 Michael Jantzi가 토론토에 기업의 지속가능성을 평가하는 연구기관인 Jantzi Research를 설립한다. Jantzi Research와 유럽의 지속가능성 평가 기관의 합병으로 Sustainalytics가 탄생했다. 2017년말 기준으로 전세계 13개 도시에 사무실이 있고 450명 이상의 기관투자자를 상대로 서비스를 제공하고 있다.

포트폴리오 가치에 별 영향을 미치지 않았다. 반면에 지배구조에 근거한 선별 전략은 포트폴리오 성과를 유의하게 증가시킨다. 이러한 결과는 성과 측정치, 기간, 포트폴리오 가중 방법, 무위험수익률의 추정 방법, 거래 비용 등을 고려하여도 결과가 바뀌지 않았다.

결론적으로, 기업지배구조에 근거한 사회책임투자 전략은 매우 긍정적이라는 것을 알 수 있다. 막대한 규모의 자산을 운용하고 있는 연금이나 펀드들의 지배구조 개선을 통한 사회책임투자에 대한 영향력도 매우 긍정적 효과를 발휘하고 있다.

## ● 종업원 관계

Edmans(2011)는 1984-2009 기간에 포춘지가 선정하는 '미국에서 가장 일하고 싶은 100대 회사(100 Best Companies to Work for in America)' 자료를 사용하여 종업원 만족도와 장기 주식수익률 사이의 관계를 분석하였다. 매년 새로 가치 가중 포트폴리오를 구성하여 4요인 모형을 기준으로 검토한 결과, α-값이 3.5%이었고, 수익률이 산업 벤치마크보다 2.1% 높았다. 이 결과는 기업특성을 통제하고, 표본기간을 연장하며, 가중 방법, 이상치 제거 등의 방법을 달리하여도 결과가 달라지지 않았다. 또한 최고의 기업들은 수익이 기대치보다 유의하게 높은 긍정적 수익 충격(earnings surprises)을 보였고, 이로 인해 높은 공시 수익률을 시현했다.

Edmans의 결과는 몇 가지 시사점을 제시한다. 첫째, 기업의 인적자본 중심의 이론과 일관성 있게 종업원의 만족도가 주주의 수익성과 정의 상관관계에 있다. 둘째, 주식 시장은 대기업에 대한 공개적인 서베이가 독립적으로 기업가치를 증명한다고 할지라도 무형자산의 가치는 충분히 반영하지 못한다. 따라서 종업원 만족도 측면에서 높은 점수를 받은 기업들이 유사한 산업의 경쟁자, 또는 유사한 기업특성을 가진 경쟁기업에 비해 더 높은 수익률을 달성한다. 셋째, 투자자들은 특정 SRI 선별을 사용함으로써 투자 수익률을 향상시킬 수 있다. 넷째, 흔히 KLD 자료가 SRI 관련된 연구나 주식시장의 분석에 사용되지만, 다른 자료를 사용하여도 유사한 결과가 얻어지므로 KLD 자료가 독보적인 차별성을 가지는 것은 아니다.

Derwall 등(2011)도 종업원과의 관계와 기업 성과 사이의 연관성을 연구하였다. 각 포트폴리오의 성과를 측정하기 위하여 각 기간의 α를 추정하는데 처음에는 1992-2002 기간에 대해 α를 추정하고 그 이후로는 1개월씩 추정기간을 늘리면서 α를 추정하였다. 〈그림 7-7〉이 주요 연구 결과인데 좋은 종업원 관계를 가진 기업들과 사회적으로 기피되는 기업들의 주식 성과를 보이고 있다. 사회적으로 기피되는 주식의 성과는 모든 추정기간에 있어 통계적으로 유의한 양의 초과수익을 보인다. 그러나 좋은 종업원 관계를 가진 기업들은 추정 기간이 짧을 때에는 기피 주식들보다 통

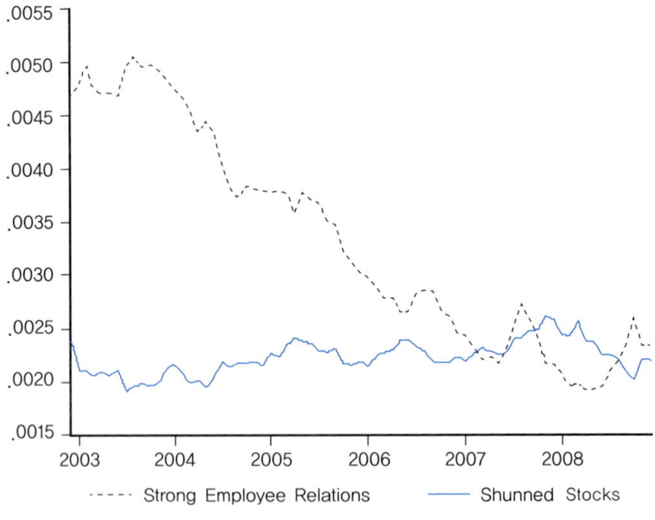


그림 7-7 좋은 종업원 관계를 가진 기업들의 성과

계적으로 유의하게 높은 초과수익률을 올리지만 추정 기간이 점점 길어짐에 따라 유의하지 않은 양의 초과수익률을 보인다.

저자들은 이를 '기대의 오류 가설(errors-in-expectations hypothesis)'로 설명한다. 즉 투자자들이 이러한 사회적 책임의 효과에 대한 기대를 형성할 때 초기에는 정확한 정보가 없기 때문에 오류로 인해 초과수익이 발생하지만 시간이 지남에 따라 더 많은 정보가 누적되기 때문에 점점 정확한 성과에 대한 추정이 가능해진다는 것이다. 이러한 결과로 볼 때 좋은 종업원 관계를 가지고 있다는 사실이 단기적으로는 긍정적일 수 있으나 장기 균형 투자 성과에는 긍정적 영향 또는 부정적 영향을 미치지 않는다는 것을 알 수 있다.

## ● 여러 주제 성과 비교

사회책임과 관련된 여러 주제를 동시에 다루는 논문도 다수 존재한다. Diltz(1995b)는 28개의 보통주를 대상으로 1989-1991 기간 동안 11개의 윤리적 선별 기준, 그리고 3개의 혼합기준을 근거로 좋은 점수를 받은 기업들의 포트폴리오와 나쁜 점수를 받은 기업들의 포트폴리오를 구성하여 비교하였다. 계절적 요인과 기타 요인을 통제하기 위하여 여러 가지 방식을 시도하면서 시장 위험을 조정한 초과수익률을 검토하였는데, 전체적으로 이러한 선별이 포트폴리오 성과에 특별한 영향을 미치지 않는 것으로 나타났다. 효과가 있는 경우만 검토해 보면, 좋은 환경 관련 실적, 핵과 무기 관련 산업 제외 등은 좋은 결과를 보였으나, 자녀 양육과 육아, 일자리 공유, 존속 지원과 같은 가족 관련 혜택에는 부정적 결과를 보였다.

Kempf & Osthoff(2007)는 KLD의 여러 가지 사회투자지표를 사용하여 높은 점수와 낮은 점수로 구분하여 포트폴리오를 구성하였다. 종업원 관계에서 상위 10%의 포트폴리오는 연 3.5%의 초과수익률을 보이고, 하위 10%와의 차이는 연 6%에 달했다. 지역사회 참여 기준으로는 최상위포트폴리오가 연 3%의 초과수익률을 달성했고 최하위 포트폴리오와 비교해서는 연 4.5%의 차이가 난다. 이러한 결과는 여러 가지 거래비용으로 강건성을 검증해도 유지되었다. 환경, 다양성, 인권, 생산품 기준으로 상·하위 포트폴리오를 구성하여 검증한 결과도 최상위와 최하위 포트폴리오 사이에 양의 초과수익률이 나타났으나 항상 유의하지는 않았다. 가장 큰 양의 효과를 보인 경우는 투자자들이 여러 가지 기준의 조합을 사용하고 이에 근거한 최상위 최하위 포트폴리오를 구성하여 두 포트폴리오 사이의 차이를 보았을 때이다.

Statman & Glushkov(2009)도 Kempf & Osthoff(2007)과 같이 KLD의 여러 가지 사회투자지표를 사용하였다. 지역사회 기여, 종업원 만족도, 환경, 다양성 등 여러 가지 사회책임 영역에 대해 특별히 고안한 산업조정 점수를 기준으로 상위 1/3과 하위 1/3에 해당하는 동일가중치 포트폴리오를 구성하여 1992-2007 기간의 성과를 비교하였다. 또는 2개 또는 3개의 CSR기준으로 상위 1/3에 해당하면서 다른 CSR기준에서는 하위 1/3에 포함되지 않는 주식들로 구성된 전체 우수기업과 반대의 경우로 구성된 전체 열등기업을 서로 비교하였다. 분석 결과 상위그룹이 하위그룹을 능가하였는데, 가치 가중 포트폴리오를 사용하여도 종업원 관계와 전체 우수기업과 열등기업의 차이는 유의한 위험조정 성과를 보였다. 그리고, 대부분의 초과성과는 전반 하위기간인 1992-1999에 집중되었다. 역시 초기에는 사회책임투자가 잘 알려지지 않아 미리 투자한 사람들은 초과수익을 창출하지만 점차 이러한 초과수익이 사라지는 것으로 판단된다.

Galema 등(2008)도 KLD 정보를 사용하여 1992-2006 기간을 대상으로 SRI의 성과를 평가하였다. 일반적으로 동일기간의 성과를 비교하는 경우 각각 다른 포트폴리오 수익률 사이에 높은 상관관계가 존재하는데, 이러한 점을 통제하기 위하여 GMM 방법을 사용한 초과수익률을 계산하였다. 결과는 포트폴리오 구성을 할 때 각 주식에 대해 어떠한 가중치를 적용하는가에 따라 차이가 났다. 동일가중치로 포트폴리오를 형성했을 때는 지역사회참여 부문에서 높은 점수를 받은 포트폴리오가 낮은 점수를 받은 포트폴리오보다 수익률이 높았고, 가치가중치를 사용하여 구성했을 때는 종업원관계 측면에서 높은 점수를 받은 포트폴리오가 낮은 점수를 받은 포트폴리오의 수익률을 능가했다. 그리고 다양성, 환경, 생산품에서 긍정적인 점수를 얻은 포트폴리오의 수익률이 높았다.

기업의 환경 및 사회적 책임 활동을 평가하는 기관들은 매우 다양한 차원을 평가한다. Girerd-Potin(2014)은 이러한 다양한 차원을 소수의 독립적 차원으로 구분하기 위해 Vigeo 평가원(Vigeo rating agency)이 사용하는 6개 하위 분야에 근거하여 주성분분석(principle component analysis)을 수행하였다. 그 결과 세 가지 주요 분야를 도출하였는데,(1) 사업 이해관계자(종업원, 고객, 공급자),(2) 사회적 이해관계자(환경과 사회)(3) 재무 이해관계자(주주와 채권자)가 그것이다. 사회적 책임을 수행하지 않는 주식을 보유하는 데는 위험 프리미엄이 추가된다. 따라서 사회적 책임을 다하는 기업은 자기자본비용이 더 낮다. 2003-2010 기간의 평균 위험프리미엄을 보면 사업과 재무 이해관계자 차원의 위험 프리미엄이 사회적 이해관계자 차원의 위험 프리미엄보다 더 높다. 사회적 이해관계자 차원의 위험 프리미엄은 2008년 이후 존재한다. 2008년 이후에는 환경과 공동체 참여(community involvement)가 중요한 요인으로 부각 되었다. 세 가지 차원을 볼 때 비사회적인 대기업이 가장 불리하게 되었고, 사회적 책임을 다하는 소기업이 가장 보상을 받았다.

### 5) 펀드의 성과

한편, 〈그림 7-8〉은 윤리성과 포트폴리오 성과의 관계를 보이고 있다. 이는 윤리적 행위를 하는 기업의 효과라는 측면과는 달리 그러한 기업에 투자하는 펀드의 성과와 관련된 이슈이다. 펀드의 성과는 투자 대상이 되는 윤리적 기업들의 성과에 의해 결정되기도 하지만 펀드 운영과 관련된 요인들에 의해서도 영향을 받는다. 매우 다양한 요인들이 영향을 미치는데, 우선 분산(Diversification)은 윤리성을 고려해야 하는 제약 조건 때문에 발생하는 포트폴리오 분산의 상실을 의미한다. 일반적으로 실제 투자에 있어서는 적은 수의 주식으로도 상당한 분산 효과를 볼 수 있기 때문에 분산투자 상실로부터의 효과는 그리 크지 않을 수도 있다.

결국 실증분석의 결과가 중요한데 〈표 7-5〉는 1990년대, 2000년대, 2010년대의 펀드 성과에 대한 연구 목록을 보이고 있다. 분산투자의 효과에 대해 Bello(2005)는 미국 시장을 대상으로 1994-2001 기간에 SRI 펀드와 무작위로 선정한 유사한 순자산을 가지는 전통적 펀드를 비교하였다. 결과는 두 가지 형태의 펀드 사이에 분산정도가 차이가 나지 않는 것으로 나타났다. Barnett & Salomon(2006) 역시 미국 시장을 대상으로 Bello(2005)보다 긴 1972-2000 기간의 자료를 사용하여 펀드의 성과를 검토하였다. 결과를 보면 사회책임투자를 위한 검증이 강화될수록 낮은 정도의 분산투자 때문에 오는 손실이 더 나은 증권을 선택할 수 있게 됨으로 인해 상쇄되었다. 그리하여 검증 기준의 수가 증가함에 따라 처음에는 초과수익이 감소하지만 이후 검증 기준의 수가 최대가 될 때까지 다시 초과수익이 높아지는 형태를 보였다.

변동성은 윤리적 정책이 포트폴리오의 변동성에 미치는 효과를 의미한다. 분산과 연관 지어서 생각해 보면 윤리성 제약 조건이 비체계적 위험을

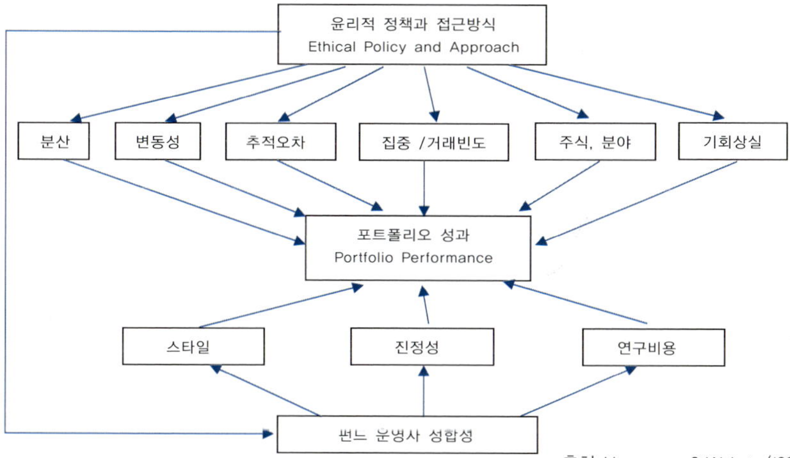

출처: Havemann & Webster(1999)

그림 7-8 사회책임투자의 성과

완전히 제거할 수 없도록 할 수 있기 때문에 변동성에 변화를 가지고 올 수 있다. 그러나 다른 한편으로 SRI 펀드에 포함되는 주식들은 단기적 수익률의 변화보다는 장기적 성과를 더 중요시하기 때문에 SRI 펀드의 변동성이 더 낮아질 수도 있다. 〈표 7-5〉의 2010년대 연구 중 López-Arceiz 등(2018)의 논문에 의하면 SRI 펀드의 성과가 전통적인 펀드의 성과에 비해 우월하게 나타났다. 그런데 이것이 주로 위험 요인에 근거한 것이어서 후자의 주장을 지지하고 있다.

추적오차(Tracking Error)는 윤리적 펀드의 비교기준으로 시장 전반을 나타내는 FTSE All-Share Index와 같은 지수를 사용할 때 추적오차가 발생할 수 있음을 의미한다. 즉 전통적 지수는 모든 주식을 포함하기 때문에 윤리적 펀드의 성과를 파악하기 위한 비교 기준으로 전통적 지수를 사용한다면 윤리적 펀드의 성과를 제대로 파악하지 못할 것이다. 이는 윤리적 펀드가 그 자체로 성과에 긍정적인가 부정적인가의 이슈가 아니고 성과를 측정하는 방식에 따른 기술적 문제점을 지적하는 것이다. 예를 들어, 〈표 7-5〉에서 보는 바와 같이 Luther 등(1992)은 영국 시장을 대상으로 1984-1990 기간 동안의 자료를 살펴보았다. SRI 펀드가 전통적 지수보다 성과가 더 좋다는 약한 지지 결과를 얻었다. 그러나, SRI 펀드와 전통적 지수 사이에 추적오차가 존재하기 때문에 약한 지지 결과는 좀 더 정교한 연구방법을 사용하면 쉽게 뒤집힐 수도 있다. Luther & Matatko(1994)는 이러한 가능성을 지지하는 결과를 보이는데, 이들은 윤리적 기업들의 특성이 규모가 작다는 점에 착안하여 Luther 등(1992)의 연구에 소기업 지수를 추가하여 다시 분석을 시도하였다. 그 결과 이전의 긍정적 영향이 사라지고 SRI 펀드가 전통적 지수와 차이가 없다는 결과를 얻었다.

**표 7-5 펀드의 성과**

**1990년대**

| 연구 | 지역 | 기간 | SRI(전통) 펀드수 | 내용 |
|---|---|---|---|---|
| Luther 등 (1992) | 영국 | 1984-1990 | 15 | SRI 펀드가 전통적 지수보다 성과가 더 좋다는 약한 지지. |
| Hamilton & Statman (1993) | 미국 | 1981-1990 | 17,15 (170,150) | SRI 펀드 성과가 전통적 펀드와 유사한 성과를 보임. |
| Luther & Matatko (1994) | 영국 | 1985-1992 | 9 | SRI 펀드 성과가 전통적 펀드와 유사한 성과를 보임. |
| Mallin 등 (1995) | 영국 | 1986-1993 | 29(29) | 젠슨의 α, 트레이너 지수, 샤프지수 등과 같은 위험조정 수익률로 평가할 때 윤리적 펀드의 성과가 그렇지 않은 펀드의 성과를 능가함. |
| Gregory 등 (1997) | 영국 | 1986-1994 | 18(18) | 평균적으로 SRI 펀드가 전통적 펀드와 유의하게 다른 성과를 보이지 않음. |
| Reyes & Grieb (1998) | 미국 | 1986-1995 | 15(4개의 비교지수) | 모든 펀드가 비교 대상 펀드와 공적분 관계에 있지 않음. SRI 펀드의 위험조정수익률은 비교 대상 펀드와 유의하게 다르지 않음. |

| 연구 | 지역 | 기간 | SRI(전통) 펀드수 | 내용 |
|---|---|---|---|---|
| M'Zali & Turcotte (1998) | 미국, 캐나다 | 1990-1997 | 환경 6(4), 윤리 12(10) | 환경 책임 캐나다 펀드와 사회 책임 미국 펀드의 성과 분석. 샤프 지수와 트레이너 지수 사용. 시장과 성과가 유사. 차이가 있어도 이것이 환경 또는 사회적 책임을 다하기 때문이라는 증거는 없음. |

## 2000년대

| 연구 | 지역 | 기간 | SRI(전통) 펀드수 | 내용 |
|---|---|---|---|---|
| Kreander 등 (2002) | 유럽 7 개국 | 1996-1998 | 40(40) | 평균적으로 SRI 펀드가 전통적 펀드와 유사한 수익률을 올림. |
| Geczy 등 (2005) | 미국 | 1963-2001 | 35(894) | 최적 펀드 투자에 대한 SRI 제약조건은 CAPM 모형을 기준으로 초과수익률을 계산했을 때에는 그리 큰 문제가 아니었으나, 다요인모형을 기준으로 계산했을 때에는 손실요인으로 나타남. CAPM 모형은 펀드운영자가 운영상 시장보다 더 우월하다는 가정을 배제함. 그러나 다요인모형은 펀드운영자가 주식 선택의 우월성을 보일 수 있다고 가정하는데 이 경우 SRI 제약조건은 한달 기준 1.5% 정도의 손실을 가져올 수 있음. |
| Bauer 등 (2005) | 미국, 영국, 독일 | 1990-2001 | 103(309) | SRI 펀드와 전통적인 펀드는 스타일은 다르지만 전체적으로 초과수익은 비슷함. 1990년대 초반에는 SRI 펀드가 전통적인 펀드에 비해 초과수익이 낮았으나 그 이후로 유사해짐. |
| Bello(2005) | 미국 | 1994-2001 | 42(84) | SRI 펀드와 무작위로 선정한 유사한 순자산을 가지는 전통적 펀드의 보유자산, 분산정도, 투자성과 비교. 차이가 없음. 두 형태의 펀드 모두 Domini 400 Social Index와 S&P 500보다 열등한 성과를 보임. |
| Barnett & Salomon (2006) | 미국 | 1972-2000 | 61(-) | 검증이 강화될수록 낮은 정도의 분산투자 때문에 오는 손실이 더 나은 증권선택으로 인해 상쇄됨. 검증 기준의 수가 증가함에 따라 처음에는 초과수익이 감소하지만 이후 검증기준의 수가 최대가 될 때까지 다시 좋아짐. |

| 연구 | 지역 | 기간 | SRI(전통) 펀드수 | 내용 |
|---|---|---|---|---|
| Bauer 등 (2006) | 호주 | 1994 – 2003 | 35(291) | 호주의 경우 SRI 펀드와 전통적인 펀드는 투자 스타일은 다르지만 전체적으로 초과수익은 비슷함. 1992–1996 기간 동안 SRI 펀드의 경우 전통적인 펀드에 비해 초과수익이 낮았으나 그 이후로 유사해짐. |
| Bauer 등 (2007) | 캐나다 | 1994 – 2003 | 8(267) | 캐나다의 경우 SRI 펀드와 전통적인 펀드는 Bauer 등의 두 선행 연구에 비해 펀드 사이의 스타일 차이는 더 적었으며 전체적으로 초과수익이 비슷함. |
| Gregory & Whittaker (2007) | 영국 | 1989 – 2002 | 32(160) | SRI 펀드와 전통적인 펀드는 성과가 비슷함. 단기 성과는 SRI 펀드가 전통적인 펀드에 비해 더 지속적임. |
| Renneboog 등(2008b) | 17 국가 | 1991 – 2003 | 463 (16,036) | 주로 국제적 투자를 하는 유럽과 아시아의 SRI 펀드는 국내 요인 모형보다 성과가 더 낮음. 그러나 대부분의 국가에서는 SRI 펀드의 성과가 전통적인 펀드에 비해 낮지 않음. |
| Amenc & Le Sourd (2010). | 프랑스 | 2002–2009 | 69 | α–값이 유의하지 않은 음수. SRI 펀드가 경제위기에 대한 보호막이 되지 못함. |

## 2010년대

| 연구 | 지역 | 기간 | SRI(전통) 펀드수 | 내용 |
|---|---|---|---|---|
| Ayadi 등 (2011) | 캐나다 | 1988–2008 | 67 (517) | SRI 펀드의 위험 조정 수익률은 전통적 펀드의 수익률보다 높다고 할 수 없으며, 또한 시점 선택 능력도 없음. |
| Laurel (2011) | 유럽 | 1980–2010 | 177 | 선별의 수가 수익률에는 영향이 없으나 위험도에는 역 U자 형의 영향을 미치는 것으로 나타나 선별의 수가 적은 범위에서는 선별이 더 까다로와질수록 위험이 더 높아짐. |
| Capelle–Blancard & Monjon (2014) | 프랑스 | 2004–2007 | 116 | 선별강도가 강하면 재무적 성과가 낮아지지만, 선별이 아주 강해지면 성과가 오히려 올라감. 죄악 주식을 제외하는 선별은 재무적 성과를 낮추지만, 포괄적 선별(예를 들어 UN Global Compact Principles, ILO/Rights at Work)은 영향이 없음. 더 높은 전략적 차별성은 SRI 펀드의 재무적 성과에 긍정적 영향을 미침. |

| 연구 | 지역 | 기간 | SRI(전통) 펀드수 | 내용 |
|---|---|---|---|---|
| Borgers 등 (2015) | 미국 | 2004-2012 | 72 | 사회적으로 민감한 주식에 대한 노출 정도를 측정. 사회적 이슈에 대해 민감한 투자자를 고객으로 하는 펀드들은 민감한 주식에 대한 노출 정도가 낮음. 죄악주식(sin stock)에 대한 노출이 많으면 수익률이 유의하게 높지만, 사회적으로 민감한 투자 전반으로 범위를 확장하는 경우에는 수익률의 차이가 없어짐. |
| Humphrey 등(2016) | 미국 | 2003-2012 | 151(3,637) | 펀드운영자의 개인적 특징과 펀드가 보유한 포트폴리오의 주식보유 상황 분석. SRI 운영자는 좀 더 경력이 길고, 여성일 확률이 더 높음. 그러나 이러한 차이가 전통적인 펀드와의 성과차이로 나타나지는 않음. |
| López-Arceiz 등 (2018) | 룩셈부르크, 미국 등 | 2004-2014 | 488(488) | SRI 펀드의 성과가 전통적 펀드보다 우월. 이는 수익률보다는 위험도의 차이로 나타났으며, 위험도의 차이는 문화와 밀접한 관련. 같은 문화권의 SRI와 전통적 펀드의 차이는 다른 문화권의 SRI 펀드 차이보다 작음. |

집중과 거래빈도(Concentration/Churn)는 펀드 운영에 윤리성을 고려하면 이로 인해 특정 분야나 주식에 집중이 발생할 수 있고, 거래빈도 또한 달라질 수 있다는 점을 의미한다. 윤리적 투자는 풀이 작기 때문에 펀드 운영자들은 좀 더 투자할 주식에 대한 지식을 높일 수 있다. 또한 윤리적 펀드는 장기적으로 투자되는 경향이 있다. 이유는 사회적 가치를 추구하는 투자자들은 전통적 투자자와는 달리 경제적 변화에 따라 주식을 빈번하게 거래하지 않을 수도 있기 때문이다. 실제로 Renneboog 등(2005)과 Bollen(2007)은 SRI 펀드의 자금흐름 변동성이 전통적 펀드의 자금흐름 변동성보다 낮음을 보고하고 있다. 투자할 주식의 수가 적고, 장기적 성과에 초점을 맞추는 것은 거래 빈도를 줄이기 때문에 거래비용을 줄일 수 있다.

분야와 주식 효과(Sector and Stock Effects)란 윤리적 제약조건을 가하게 되면 이러한 제약 이후에 투자 가능한 주식 집합의 규모와 구조가 바뀔 수 있게 됨을 의미한다. 예를 들어, 윤리적 펀드는 전통적 펀드보다 중소기업에 투자할 가능성이 높다. 왜냐하면 큰 기업은 여러 가지 사업 분야에 걸쳐 있기 때문에 이 중에 하나라도 윤리성이 떨어지면 투자 대상에서 제외되기 때문이다. 중소기업은 대기업에 비해 단기적으로 더 변동성이 높기 때문에 윤리적 투자가 위험도 면에서 불리할 수 있다. 또한 윤리적 투자가 가능한 주식의 풀은 서비스 분야에는 과잉 투자를, 담배, 제약산업, 공업, 은행 등의 분야에는 과소 투자를 하는 경향이 있다. 선정된 분야는 어떤 것은 성과가 더 높고, 어떤 것은 성과가 더 나쁠 수도 있다. 따라서 어떠한 분야가 더 많이 선정되는가에 따라 전통적 펀드와의 차이가 양으로 나타날 수도 있고 음으로 나타날 수도 있다. 그러나 장기적으로는 이러한 분야의 독특성이 서로 상쇄되어 큰 효과가 나타나지 않을 수도 있다.

기회상실(Missed Opportunities)이란 윤리적 투자가 성과가 좋을 수 있는 주식을 제외하기 때문에 수익성을 높일 수 있는 기회를 상실하게 한다는 점을 의미한다. 예를 들어, 술이나 담배를 생산하는 소위 죄악 주식(sin stock)은 윤리적 포트폴리오를 구성할 때 제외될 것이지만 이러한 주식들의 수익성이 높다면 윤리성 제약은 수익성을 높일 수 있는 기회를 상실하게 만든다. 〈표 7-5〉의 2010년대 논문들 중 Capelle-Blancard & Monjon(2014)은 프랑스 시장에 대해 2004-2007 기간의 자료를 분석하였는데, 죄악 주식을 제외하는 선별이 재무적 성과를 낮추는 것으로 나타났다. Borgers 등(2015)은 미국 시장에 대해 2004-2012 기간의 자료를 사용하여 사회적으로 민감한 주식에 대한 노출 정도를 측정하였다. 사회적 이슈에 대해 민감한 투자자를 고객으로 하는 펀드들은 민감한 주식에 대한 노출 정도가 낮았다. 또한 죄악주식(sin stock)에 대한 노출이 많으면 수익률이 유의하게 높은 것으로 나타나 사회책임투자가 수익성을 높일 수 있는 기회를 잃게 만드는 효과가 있음을 지지하고 있다.

윤리적 포트폴리오의 성과에 영향을 미치는 또 다른 축은 〈그림 7-8〉에 보는 바와 같이 펀드 운영자의 역량이다. 즉 펀드 운영자의 정합성(Fund Manager Fit)을 의미하는데, 펀드 매니저의 기법과 스타일이 윤리 펀드의 제약조건과 잘 맞지 않으면 포트폴리오 성과가 낮게 된다. 예를 들어, 펀드 매니저는 석유화학 산업에 강점이 있는데, 윤리적 투자로 인해 환경을 강조하면 이 펀드 매니저가 운영하는 펀드는 타격을 입을 수 밖에 없다. 또 다른 이슈로, 많은 경우 SRI 펀드의 투자 대상 기업들은 규모가 상대적으로 작은데, 이렇게 작은 규모의 기업에 투자하는 스타일의 펀드를 규모를 고려하지 않은 벤치마크와 비교하면 펀드의 성과에 오류가 발생할 가능성이 있다. 이러한 이유 때문에 많은 연구들이 기업의 규모뿐만 아니라 장부가대시장가비율, 모멘텀 요인 등의 펀드 운영 스타일을 통제한 후의 초과수익을 계산한다.

〈표 7-5〉를 보면 Bauer 등(2005)은 미국, 영국, 독일을 대상으로 1990-2001 기간에 103개의 SRI 펀드와 309개의 전통적 펀드를 비교하였다. SRI 펀드와 전통적인 펀드는 스타일은 다르지만, 이를 통제한 후의 전반적 초과수익은 비슷하였다. 구체적으로는, 1990년대 초반에는 SRI 펀드가 전통적인 펀드에 비해 초과수익이 낮았으나 그 이후로 유사해지는 패턴을 보였다. Bauer 등(2006)은 호주 시장을 대상으로 1994 - 2003 기간의 자료를 분석하였다. 호주의 경우도 역시 SRI 펀드와 전통적인 펀드는 투자스타일은 다르지만 전체적으로 초과수익은 비슷한 것으로 나타났다. Bauer 등(2005)의 결과와 유사하게 초기인 1992-1996 기간 동안 SRI 펀드가 전통적인 펀드에 비해 초과수익이 낮았으나 그 이후로 유사해 지는 모양을 보이고 있다. Bauer 등(2007)은 캐나다 시장에 대해 1994 - 2003 기간의 자료를 살펴보았는데, 캐나다의 경우 SRI 펀드와 전통적인 펀드

는 Bauer 등의 두 선행 연구에 비해 펀드 사이의 스타일 차이는 더 적었으며 전체적으로 초과수익이 비슷한 것으로 나타났다.

Renneboog 등(2008b)은 1993-2003 기간 동안 SRI 펀드의 성과를 추정하는데 있어 스타일 요인을 통제하기 위하여 4요인 모형을 기준으로 사용했다. 결과는 17개국에서 평균적으로 SRI 펀드가 성과가 낮았다. 그러나, 전통적인 펀드와 비교했을 때에는 17개국 중 15개국에서 SRI의 저조한 성과가 비유의적으로 나타났다. Humphrey 등(2016)은 미국 시장의 2003-2012 기간 자료를 사용하여 펀드운영자의 개인적 특징이 투자스타일의 차이를 가져오고 이로 인해 펀드가 보유한 포트폴리오의 구성이 달라지고 궁극적으로 성과가 달라지는지 분석하였다. 그 결과 SRI 운영자는 좀 더 경력이 길고, 여성일 확률이 더 높았다. 그러나 이러한 차이가 전통적인 펀드와의 성과 차이로 나타나지는 않았다.

한편, 펀드 운영(Fund management)을 함에 있어 기업의 진정성, 즉 환경적, 사회적 실적을 검토하는 것은 기업의 재무적 성과에 대한 좋은 통찰력을 제시해 준다. 윤리적 관점에서 긍정적으로 받아들여지는 측면, 예를 들어 좋은 노사관계, 환경경영시스템 구축은 회사가 잘 운영되고 있다는 사실을 나타낼 수 있다. 마지막으로 연구비용(Research Costs) 측면이 있는데 윤리적 기업을 찾기 위한 연구는 펀드 운영에 있어 비용을 수반할 수 밖에 없다. 그러나 이러한 비용이 더 충성스런 투자자를 확보할 수 있도록 한다면 장기적으로는 큰 문제가 아닐 수도 있다.

CHAPTER 08

# 각국의 사회책임투자성과

제8장

# 각국의 사회책임투자성과

사회책임투자의 성과는 국가나 지역에 따라 달리 나타날 수 있다. 각 국가나 지역은 다른 역사와 문화적 배경을 가지고 있기 때문에 가치 체계가 서로 다를 수 있고, 서로 다른 가치 체계는 사회책임투자의 성과에 다른 영향을 미칠 수 있다. 또한 사회책임투자가 구체적으로 자본시장의 투자행위에 본격적으로 반영되기 시작한 시기가 서로 다르기 때문에 국가나 지역에 따라 역시 효과가 다르게 나타날 수 있다. 본 장에서는 문헌에 나타난 지역과 국가의 차이에 따른 사회책임투자의 효과를 살펴본다.

## 1 북미

### 1) 미국

사회책임투자의 효과에 대해 가장 연구가 활발한 국가는 역시 미국이다. 발표된 논문의 편수도 압도적으로 많고, 결과도 긍정적, 부정적, 무효과가 모두 존재한다. 먼저 사회적 책임 투자가 긍정적 효과를 발생시킨다는 연구의 예를 들면, Ahmed 등(2010)은 1998-2003년 동안 Fortune 지의 '미국에서 가장 일하고 싶은 100대 기업(100 Best Companies to Work for in America)'에 포함된다는 뉴스가 기업의 가치에 미치는 영향을 검토하였다. 해당 뉴스는 매우 유의한 정의 초과수익률을 발생시켰는데 이는 기업이 종업원에 대한 사회적 책임을 다하고, 이로 인해 해당 기업에 대한 긍정적 이미지가 구축되면, 기업의 가치가 올라가고, 주식시장에서는 해당 기업의 수익률에 긍정적 영향을 미친다는 의미이다.

유사한 관점에서 Edmans(2011)도 '미국에서 가장 일하고 싶은 100대 기업'의 가치 가중 포트폴리오 구성하여 종업원 만족도와 장기 주식수익률 사이의 관계를 검토하였다. 결과를 보면, 4-요인 α-값이 1984-2009 기간 동안 연간 3.5%로 나타나 산업 평균보다 2.1%나 높다. 이러한 높은 초과 성과가 사회책임투자 이외의 다른 요인으로 인해 발생했을 가능성을 통제하기 위해 기업 특성을 반영하고, 가중 방법을 달리 하고, 이상치를 제외하여 다시 분석하여도 동일한 결과가 얻어졌는데, 이는 SRI 투자가 긍정적 투자 성과를 만들 수 있다는 의미이다. 특히 상당히 긴 표본기간을 사용했기 때문에 결과의 유의미성이 높다고 하겠다.

이외에도 Hamilton 등(1993)은 윤리적 펀드가 종목선정 능력이 있음을 보고하고 있고, Goldreyer & Diltz(1999)는 SRI 펀드 운영자는 전통적 펀드 운영자에 비해 의사결정시 투자하고자 하는 기업에 대한 좀 더 자세하고, 완전하며 높은 수준의 정보가 필요한데 이러한 정보의 우위가 의사결정의 위험도를 낮춘다고 보고한다. 또한 특정한 윤리적 기준에 따라 활동하면 펀드가 좀 더 효율적이고 더 잘 운영되므로 시장에서 성과가 더 높다는 결과도 존재한다(Hamilton 등 1993, Goldreyer & Diltz 1999).

사회책임투자의 부정적 영향을 보고하는 논문의 예로는 Chang & Witte(2010)를 들 수 있는데 이들은 미국 SRI 뮤추얼펀드의 15년간의 성과를 검토하였다. 그 결과, SRI 펀드들은 운영비용, 연간 거래량, 세금, 위험도가 상대적으로 낮아 유리한 위치에 있음에도 불고하고 벤치마크 대비 열등한 위험 조정 수익률을 보였다. SRI 측면을 제외하고는 같은 유형의 펀드와도 비교를 하였는데, 미국의 SRI 펀드는 전통적 펀드에 비해 경쟁력 있는 수익률을 창출하지 못하였다. 이러한 결과는 SRI 투자가 전통적 투자에 비해 성과에 차이가 없거나 또는 비용이 덜 든다는 다른 연구들과는 상반되는 결과이다. 이들은 또한 SRI 뮤추얼펀드가 동질적이지 않다는 것을 보이는데, 특히 균형(balanced) 또는 고정수익증권에 투자하는 SRI 뮤추얼펀드의 최근 3년간의 성과를 보면 전통적 펀드에 비해 위험은 낮고, 수익률은 오히려 높다는 결과를 얻었다.

사회책임투자가 전통적 투자와 비교하여 성과나 투자 특성이 유의하게 다르지 않다거나, 또는 긍정적 또는 부정적이라고 일률적으로 단정할 없음을 보이는 연구도 다수 존재한다. Reyes & Grieb(1998)는 1986-1995 기간 동안 15개의 SRI 펀드와 4개의 비교 지수를 사용하여 이들 사이에 공적분 관계가 있는지 검토하였다. 그 결과, 모든 SRI 펀드가 비교 대상인 전통적 펀드와 공적분 관계에 있지 않다는 것을 발견했다. 이는 SRI 펀드와 전통적 펀드가 서로 다른 시계열적 특성을 가진다는 의미로, SRI 투자의 영향력이 있다는 것으로 해석할 수 있다. 그러나 SRI 펀드의 위험조정수익률은 비교대상 펀드와 유의하게 다르지 않다는 결과를 얻었다. Statman(2000)은 1990-1998 기간 동안 Domini Social Index(DSI)의 성과를 살펴보았는데 전통적 시장 지수인 S&P 500 지수와 성과가 다르지 않다는 결과를 얻었다. 한편, SRI 펀드의 성과는 S&P 500 지수 또는 DSI보다는 성과가 낮았으나 전통적 펀드 보다는 성과가 나쁘지 않다는 결과를 얻었다.

사회책임투자가 긍정적 효과를 가진다면, 가령 이해관계자와 관련된 ESG 성과와 기업의 영업성과 및 시장 가치는 양의 관계가 성립할 것이고, 따라서 ESG 성과가 높으면 장래 수익이 많이 날 것으로 예상할 수 있다. 이러한 가설을 입증하기 위하여 Peiris & Evans(2010)는 1991-2006 기간 동안 Domini 400 Social Index(DSI)와 S&P 500 비교하면서 DSI의 성과가 높은 이유가 포함된 주식들의 ESG 점수가 높기 때문인지를 검토하였다. 그 결과, ESG 점수가 높은 그룹과 낮은 그룹의 평균수익률 차이가 유의하지 않고, ESG 점수와 주가수익률 사이의 관계가 일률적이지 않다는 결과를 얻었다. 그리고, 규모, 스타일, 모멘텀을 통제한 후 측정한 α-값으로 볼 때도 ESG 점수가 높은 집단과 낮은 집단 사이에 차이가 나타나지 않았다. 그러나 주요 이해관계자를 대변하는 ESG 요인을 살펴보았을 때는 이러한 요인과 장부가대시장가 비율 및 ROA가 양의 관계를 보여, 종업원들의 고용조건과 관련된 요인이 다른 이해관계자 요인들보다 중요한 요인이라는 점을 시사한다. 그리고, 기업이 일반적이거나 비핵심적인 이해관계자 관련 사회적 이슈에 관여하게 되면 영업 성과와 주가수익률에 부정적 영향이 나타난다는 결과를 보이고 있다.

Muñoz 등(2015)은 투자 스타일을 통제한 후 미국의 전통적 펀드와 SRI 펀드 사이에 주식 선별 능력이나 스타일-시점(style-timing) 선정 능력에 차이가 있는지를 검토하였다. 구체적으로 펀드의 투자 스타일로는 기업의 규모와 장부가대시장가 비율에 근거한 스타일, 모멘텀 스타일 등을 사용하였다. 그러나 두 집단 사이에 주식 선별 능력이나 시점 선정 능력의 차이가 없는 것으로 나타났다.

사회책임투자의 효과와 더불어 사회책임투자를 하는 주체들의 특성과 행태를 연구하는 논문들의 결과도 흥미롭다. Hong & Kacperczyk(2009)은 펀드 운영자의 정치적 후원 행태를 대상으로 하여 펀드 운영자의 특징과 자산 운용 사이의 관계를 검토하였다. 흥미롭게도 민주당에 선거 자금 기부를 한 펀드 매니저들이 담배, 무기, 방위산업, 나쁜 노사관계, 낮은 다양성 등의 관점에서 사회적으로 무책임한 기업들의 주식을 덜 보유한다는 결과를 얻었다. 이들은 이러한 결과가 진정으로 정치적 성향 때문인지, 아니면 다른 요인들이 정치적 성향으로 표현이 된 것인지를 판단하기 위해 유사한 속성의 전통적 펀드와 비교하거나, 여타 펀드매니저들의 특성을 통제한 후 추가 분석을 수행하였다. 결과는 이러한 잠재적 요인들을 다 통제하고도 SRI 펀드가 민주당 성향의 펀드매니저들에 의해 운용되는 경향이 있다는 것이 확인되었다.

이러한 경향은 다른 논문에서도 확인된다. Durand 등(2013)은 사회적 책임을 다하는 주식을 '성인 주식(Saints)'이라고 명명하고 이를 죄악 주식(Sinners)과 비교 분석하였다. 구체적으로, 이들이 분석에 사용한 성인주식이란 가장 많이 사용되는 SRI 지수 중의 하나인 MSCI KLD400에 포함되어 있는 주식을 의미한다. Hong & Kacperczyk(2009)의 결과와 유사한 맥락에서 사회적으로 무책임한 투자에 대한 비난이 높을 수 있는 기관투자자일수록 죄악 주식을 보유하지 않음을 발견했다. 사회적 규범에 의해 강하게 압력을 받는 기관투자자들은 성인 주식을 보유하는 경향이 있고, 따라서 성인 주식이 죄악 주식보다 좀 더 높은 가치를 갖는 것으로 평가된다.

Borgers 등(2015)도 비슷한 결과를 얻었다. 이들은 2004-2012 기간 동안 미국의 주식 뮤추얼펀드가 보유하고 있는 주식을 검토함으로써 이들이 투자의사결정을 할 때 SRI가 얼마나 중요한 고려 요인인지 살펴보았다. 이들은 사회적으로 민감한 주식에 대한 노출 정도를 측정하였는데, 사회적 이슈에 대해 민감한 개인이나 기관 투자자를 주요 타겟으로 하는 펀드들은 사회적으로 민감한 주식에 대한 노출 정도가 낮았고, 이러한 현상은 해당 지역의 정치적 종교적 배경과 관련이 있었다. 죄악주식(sin stock)에 대한 노출이 많은 경우 수익률이 유의하게 높았으나, 사회적으로 민감한 투자로 주제의 범위를 더 확장하는 경우에는 수익률의 차이가 없어졌다.

죄악주식의 성과도 흥미로운 부분인데, Durand 등(2013)은 Hong &

Kacperczyk(2009)과 같이 죄악주식이 양의 위험조정 수익률을 얻음을 발견했다. 그렇다고 해서 성인 주식이 음의 위험조정 수익률을 보이지도 않았는데, 이는 Kempf & Osthoff(2007)가 성인주식의 성과가 긍정적이라는 결과를 보인 것과는 다른 결과이다. 죄악 주식 기업들은 주식보다 부채에 의존하고 좀 더 현금을 많이 보유하는 것으로 나타났다. 이것도 Hong & Kacperczyk(2009)의 연구와 일관성이 있는 것으로 주식시장은 죄악주식을 기피하기 때문에 이러한 기업들은 좀 더 부채를 많이 쓰게 되고 최적이 아닌 재무구조를 가지게 된다. 반면, 성인 주식 기업들은 배당이나 주식재매입의 형태로 주주들에게 수익을 더 돌려 주고 대리인 비용을 낮추는 재무정책을 채택한다.

### 2) 캐나다

캐나다의 사회책임투자에 대한 연구는 대체로 사회책임투자로 인한 효과가 미미하다는 결과가 지배적이다.

M'Zali & Turcotte(1998)은 1990-1997 기간 동안 환경 책임을 강조하는 캐나다 펀드의 성과를 분석하였다. 샤프 지수(Sharpe Index)와 트레이너 지수(Treynor Index)를 계산하여 검토한 결과 환경펀드들의 성과가 시장 전반의 성과와 유사한 것을 알 수 있었다. 저자들은 설사 차이가 있는 펀드의 경우에도 이것이 환경 또는 사회적 책임을 다하기 때문이라는 증거는 없다고 주장한다. 유사한 관점에서 Asmundson & Foerster(2001)는 1990-1999 기간 동안 6개의 캐나다 SRI 펀드를 대상으로 연구하였는데, 젠슨의 $\alpha$로 추정한 결과 SRI 펀드의 성과는 비교기준인 TSE 300 Total

Return Index에 비해 우월하지도 열등하지도 않다는 결론을 얻었다.[30]

Bauer 등(2007)은 기존 연구에 비해 연구방법의 개선을 모색하였다. 이를 위해 수익률에 영향을 미치는 다양한 요인을 고려하는 Carhart(1997) 모형과 펀드의 체계적 위험을 변동시키는 모형을 적용하였다. 그 결과 표본기간인 1994-2003 동안 SRI 펀드의 성과가 일반 펀드와 차이가 없는 것으로 나타났다.

Renneboog 등(2008b)은 유럽, 북미, 아시아-태평양 지역에 소재한 17개 국가를 대상으로 사회책임펀드와 전통적 펀드 사이에 성과 차이가 있는지를 검토하였다. 캐나다의 경우 CAPM과 4 요인 모형으로 α-값을 추정했더니 SRI 펀드와 전통적 펀드 사이의 차이가 각각 -2.79%, -3.11%로 나타났다. 이는 SRI 펀드의 위험조정수익률이 전통적 펀드보다 낮다는 것인데, 그러나 통계적 유의성이 없어서 SRI 펀드의 성과가 단정적으로 나쁘다고 말하기는 어렵다.

Ayadi 등(2011)은 캐나다의 SRI 펀드들이 과연 종목 선택(selection) 능력과 시점 선택(timing) 능력이 있는지를 검토하였다. 생존편의(survivorship bias)를 고려한 광범위한 표본에 대한 검토 결과, 운영 비용을 차감하기 전에는 위험조정 수익률이 통계적으로 유의한(+)로 나타났으나 운영비용을 차감하면(-)로 바뀌었다. 또한, 이들은 초과수익률을 계산하기 위해 사용되는 기본 모형(return-generating process)으로 CAPM과 Carhart(1997) 모형을 사용하였는데, 기본 모형을 무엇으로 하는가에 따라 결과가 민감하게 달라졌다. 결론적으로, SRI 펀드의 위험 조정 수익률은 전통적 펀드

30 TSE 300 지수는 토론토 주식시장(Toronto Stock Exchange)에서 거래되는 300개의 유력 종목의 가격을 기준으로 하여 지수를 계산하는 캐나다의 주가지수이다. 1977년부터 시작되었고, 2002년 5월 1일부터는 S&P/TSX종합지수(S&P/TSX Composite Index)로 대체되었다.

의 수익률보다 높다고 할 수 없으며, 따라서 SRI 펀드들은 종목 선택 능력도 시점 선택 능력도 없다.

## 2 유럽

### 1) 유럽 지역

유럽 지역 전체를 대상으로 사회책임투자의 효과를 연구한 논문들은 긍정, 부정, 무효과 결과가 혼재되어 있다. 먼저 사회책임투자가 중요한 투자의 기준이라는 결과를 보이는 연구로 Salaber(2007)를 들 수 있는데, 1975–2006 기간 동안 18개 유럽국가를 대상으로 하여 술, 담배, 게임 상품을 생산하는 죄악주식의 평균수익률을 검토하였다. 흥미롭게도 해당 국가의 법적, 제도적, 문화적 특징, 예를 들어, 종교적 선호, 물품세의 수준, 소송 위험의 정도에 따라 결과가 달라진다. 카톨릭 국가에서는 죄악주식이 비정상수익률을 창출하지 않지만, 개신교 국가에서는 죄악주식의 위험조정 수익률이 유의하게 양이다. 이는 카톨릭 보다는 개신교가 더 죄악주식을 회피하는 경향이 있고, 이로 인해 죄악주식에 대해 유의한 위험 프리미엄을 요구한다는 의미이다. 또한, 물품세가 높은 국가일수록 죄악주식의 위험조정 수익률이 높고, 소송위험이 높은 지역일수록 죄악주식의 수익률이 높다. 역시 죄악주식에 투자함으로써 발생할 수 있는 위험에 대한 보상을 높게 요구하기 때문이다. 이러한 결과는 시장포트폴리오나 장부가대시장가 비율과 같은 전통적인 위험요인을 고려한 후에도 성립한다.

Consolandi 등(2009)은 다우존스지속가능성지수(Dow Jones Sustainability Stoxx Index; DJSSI)를 이용하여 사회책임투자의 성과를 연구하였다. DJSSI는 Dow Jones Stoxx 600 Index 중 CSR 점수가 가장 높은 유럽기업들을

선별하여 지수를 계산한다.[31] 결과는, 첫째 2001-2006 기간 동안 DJSSI의 성과를 비SRI 기업들과 비교해 보았더니 점점 더 CSR 성과가 자산 배분 활동의 중요한 기준이 되었다. 둘째, DJSSI에 포함되거나 탈락되는 사건에 근거하여 시장의 반응을 검토하였는데, 포함되는 경우에는 긍정적 성과, 탈락되는 경우에는 부정적 성과가 나타났다. 그리고 탈락되는 경우의 부정적 영향이 더 크게 나타났다.

유럽시장에 대한 결과는 미국의 결과보다 SRI 효과가 덜 분명하게 나오고, 대체로 표본이 작은 특징이 있다. 사회책임투자의 효과가 별로 없다는 결과를 보고하는 논문으로는 Van de Velde 등(2005), Kreander 등(2005), Cortez(2009)가 있다. Van de Velde 등(2005)은 프랑스의 연구기업 Vigeo의 CSR 점수를 사용하여 2000-2004 기간 동안 유럽통화동맹(European Monetary Union; EMU) 지역의 SRI 성과를 연구하였다. CSR 점수를 기준으로 하여 최상 최하 포트폴리오를 구성하고 3 요인 모형으로 초과수익을 계산한 결과, 전반적으로 CSR 점수가 높은 포트폴리오의 성과가 좋으나 통계적으로 유의하지는 않았다. 5개 CSR 하위기준 중 4개의 기준, 즉 인적자원, 사회와 지역공동체, 환경, 지배구조에서 CSR 점수가 높은 포트폴리오의 성과가 좋게 나왔으나 모두 통계적으로 비유의적이다.

Kreander 등(2005)은 1995-2001 기간 동안 4 국가에서 영업하는 60개의 유럽지역 SRI 펀드를 대상으로 연구하였다. 구체적으로, 영국 34개, 스웨덴 14개, 독일 8개, 네덜란드 4개가 연구에 포함되었는데, 사회책임펀드의 성과가 일반 펀드의 성과와 유사하다는 결과를 얻었다. Cortez(2009)

31 STOXX 600은 STOXX Europe 600 또는 SXXP로도 불리는데, 17개 유럽 국가에서 거래되는 대기업, 중기업, 소기업 중 600개 기업을 선별하여 계산하는 주가지수이다. 이 지수는 그 범위를 Eurozone에 한정하지 않으며 유럽 주식 시장의 시장가 기준 90% 정도를 포함한다. 이 지수에 포함되는 국가는 아일랜드, 영국, 프랑스, 독일, 스위스, 오스트리아, 벨기에, 네덜란드, 룩셈부르크, 체코슬로바키아, 덴마크, 노르웨이, 스웨덴, 핀란드, 이태리, 포르투갈, 스페인이다. 이 지수는 1998년 시작되었고 지수에 포함되는 종목은 매년 4번(3, 6, 9, 12월)에 걸쳐 조정된다.

는 유럽 7개국에서 영업하면서 국제적 분산투자를 하거나 유럽지역에 투자하는 SRI 펀드들의 성과를 검토하였다. 연구방법으로 비조건부와 조건부 모형을 사용하였는데 전반적으로 SRI 펀드의 성과는 전통적인 펀드와 비교할 때 중립적인 성과를 보였다.[32] 따라서 사회책임투자자들은 SRI 투자를 할 때 최소한 사회책임투자로 인해 성과가 나빠지지는 않으므로 수익률에 대한 걱정 없이 사회책임투자를 하여도 됨을 시사한다.

마지막으로, 사회책임투자를 함으로써 투자자들이 불이익을 받을 수 있다는 논문들도 존재한다. Sanchez & Sotorrio(2009)는 투자의사결정에 사회적 요인을 고려하는 것은 낮은 수익률을 초래한다는 결과를 보인나. Ortas 등(2014)도 사회책임투자의 부정적 측면을 보고하는데, 2001-2010 기간 동안 사회적, 환경적 선별이 유럽의 SRI 전략의 성과에 미치는 영향을 검토하였다. 구체적으로, 유럽의 주요 SRI 지수인 Dow Jones Sustainability Stoxx Index(DJSI-Stoxx)와 Dow Jones Sustainability EuroStoxx Index(DJSI-EuroStoxx)를 대상으로 위험조정수익률인 젠슨의 α와 체계적 위험을 구하여 공식적 비교 기준으로 제시된 시장 지수와 비교하였다. 결과를 보면, SRI 지수들의 위험조정수익률이 비교기준에 비해 열등하지는 않았으나 위험도가 더 높았다. 이러한 위험 요인의 불리점은 경기가 좋지 않을 때 더 심했는데, 이는 SRI 지수가 시장의 변동에 더 민감한 주식들을 포함하여 경기변동에 더 민감하기 때문이다.

Laurel(2011)은 1980-2010 기간 동안 유럽의 177개 SRI 펀드를 대상으로 선별 조건의 수가 성과에 미치는 영향을 연구하였다. 그 결과, 선별

32 조건부 모형이란 Ferson & Schadt(1996)가 제안한 것으로 투자자산이나 포트폴리오의 위험이 일정하지 않고 시간에 따라 가변적일 수 있다는 점을 반영한 모형이다. 예를 들어, 체계적 위험의 척도인 베타가 일정하지 않고 상황에 따라 변할 수 있다는 것이다. Christopherson 등(1998)은 이들의 모형을 확장하여 경제적 상황에 따라 위험뿐만 아니라 성과의 추정치도 가변적인 모형을 제안했다.

조건의 수가 수익률에는 영향을 미치지 않으나 위험도에는 역 U자 형의 영향을 미치는 것으로 나타났다. 이는 선별의 수가 적은 범위에서는 선별이 더 까다로워질수록 위험이 더 높아지고 선별의 수가 일정 수준을 넘으면 선별의 수가 많아질수록 위험도가 낮아진다는 의미이다.

다음에서는 유럽의 각 나라별로 사회책임투자의 효과가 어떻게 나타나는지 검토한다.

## 2) 영국

영국에서도 사회적 책임 투자에 대한 연구가 활발하게 이루어졌는데, 결과는 긍정적 성과, 부정적 성과, 차이가 없다는 결과가 혼재되어 있다. 초기의 연구로 Luther 등(1992)이 15개의 윤리적 단위 신탁(unit trust)의 수익률과 위험을 고찰하였는데 이러한 사회책임펀드의 성과가 더 낮다는 증거는 없고 미약하지만 전통적인 펀드의 성과를 능가한다는 결과를 보이고 있다. 또한 대부분의 영국 윤리적 단위 신탁의 변동성은 영국 국내의 비교기준보다 국제적으로 분산된 지수에 더 가깝다. 윤리적 단위 신탁의 수익률에 영향을 미치는 요인은 세 가지이다. 작은 기업에 투자를 많이 하고 있었고, 국제적으로 분산 투자를 하고 있었으며, 배당 수익률이 낮은 종목에 투자하고 있었다. Mallin 등(1995)도 1986-1993 기간을 대상으로 젠슨의 α, 트레이너 지수, 샤프지수 등과 같은 위험조정 수익률로 평가해보면 윤리적 펀드의 성과가 그렇지 않은 펀드의 성과를 능가한다는 결과를 보인다.

Havemann & Webster(1999)는 윤리적 투자에 대한 다섯 가지의 다른 접근방식을 검토하였다. 비록 각 방식이 주식의 선별, 제외되는 시장의 비율, 채택된 정책으로 결정되는 산업분야 등이 상당히 다르기는 하나 표본

기간 8년 반 동안 윤리적 투자가 시장과 유사한 수익률과 위험을 보였다. 이는 '윤리적 투자'라는 제목 아래 다양한 접근방식이 존재할 수 있다는 것을 의미한다. 또한 이들의 연구 결과는 윤리적 투자를 위해서는 비용이 수반된다는 일관성 있는 증거를 보이지 못하고 있다. 추가적으로 이들은 실제 현실에서의 윤리적 투자 성과를 검토하기 위해 15개의 영국 윤리적 펀드의 장기수익률을 연구하였다. 그 결과 윤리적 펀드들이 유사한 재무적 목표와 지역적 특성을 가진 다른 펀드들보다 총 위험이 낮다는 것을 발견했다. 비록 이 펀드들이 평균적으로 약간 낮은 수익률을 보이지만, 포지션이 매우 다양하고 많은 펀드들이 상당한 기간 동안 상대적으로 좋은 성과를 보였다. 이들은 이것이 윤리적 틀을 적용해도 좋은 재무성과를 올릴 수 있다는 주장을 지지하는 결과라고 해석한다.

사회책임투자의 긍정적 성과에 대한 비교적 최근의 연구로 Brzeszczynski & McIntosh(2014)는 '전세계 100대 최고 지속가능성 기업(Global-100 Most Sustainable Corporations in the World)' 목록에서 영국 기업들을 추출, 2000-2010 동안의 성과를 검토하였다. 그 결과 이렇게 구성된 SRI 포트폴리오의 수익률이 시장 지수의 수익률보다 높았고, 배당을 포함한 총수익률을 비교하여도 SRI 포트폴리오의 수익률이 FTSE100에 비해 5.26%, FTSE4GOOD에 비해 5.69% 더 높다는 것을 발견했다.[33] 위험조정 지표, 예를 들어 수정샤프비율(modified Sharpe Ratio), 확실성 등가 수익률을 사용하거나 거래비용을 포함해도 유사한 결과가 나타났다. 또한 Fama-French와 Carhart 다요인 모형을 사용하여도 SRI 포트폴

33 FTSE 100은 Financial Times Stock Exchange 100 Index의 약자로 FTSE 100 Index, FTSE 등으로도 불린다. 런던증권거래소(London Stock Exchange; LSE)에 상장되어 있는 주식 중 가장 규모가 큰 기업 100 종목을 선발하여 계산한다. 런던증권거래소 그룹의 자회사인 FTSE Group이 유지 관리한다. FTSE4Good 지수도 FTSE Group이 관리하는데 2001년 시작한 일련의 윤리적 투자 주가지수이다. 다양한 기업의 사회적 책임 관련 기준에 근거하여 지수 포함 여부가 결정되는데 영국, 미국, 유럽, 일본 등 많은 종류의 주가지수가 존재한다.

리오의 수익률이 이러한 전통적 요인들만으로는 다 설명되지 못함을 발견하여 SRI 포트폴리오의 수익률이 전통적 투자의 수익률보다 우월함을 제시하고 있다.

한편, 사회책임투자가 전통적 투자보다 더 열등한 성과를 초래한다는 연구들도 존재한다. Wood(1992)는 영국의 SRI 포트폴리오가 1988-1991 기간 동안 시장 평균 수익률인 Financial Times-All Share Stock Index 보다 열등하다는 결과를 제시한다.[34] Biehl 등(2011)은 1998-2010 기간 동안 50개 영국 SRI 펀드를 조사하였는데, 가장 높은 사회적 평가를 받은 포트폴리오의 성과가 유의하게 낮다는 결과를 얻었다. 그러나, 가장 낮은 사회적 성과를 받은 포트폴리오는 그렇지 않았다.

마지막으로 영국의 경우 다수의 연구 결과는 사회책임투자가 전통적 투자에 비해 유의한 성과의 차이가 없다는 것이다. Gregory 등(1997)과 Gregory & Whittaker(2007)는 성과 측정상의 문제점을 개선하여 분석한 결과 사회책임펀드의 성과와 전통적인 펀드의 성과에 차이가 없다는 점을 발견하였다. 특히 Gregory & Whittaker(2007)는 영국 윤리 펀드의 성과와 지속성을 검토하기 위해 생존편의(survivorship bias)를 조정한 후 비SRI 펀드와 비교하였다. 그 결과, 위험과 스타일을 조정한 후에는 SRI 펀드와 비SRI 펀드 모두 유의한 저성과를 보이지 않았다. 특기할 점은 성과가 시간에 따라 변하고, 지속성 또한 보인다는 것이다. 즉 영국 국내 시장에 투자하면서 과거의 성과가 좋았던 펀드는 동일하게 국내에 투자하는 성과가 나빴던 펀드에 비해 위험 조정 후 수익률이 우월했다.

34 Financial Times-All Share Stock Index는 런던증권거래소에 상장되어 있는 약 600개의 기업들을 대상으로 만들어지는 지수인데 이들 기업들의 합은 LSE의 총 시장규모의 약 98%에 해당한다. 매15초마다 수정되며 대표성을 확보하기 위하여 매분기 기업들을 평가하여 필요한 조정을 한다. 이 지수는 FTSE 100, FTSE 250, FTSE Small Cap 지수에 포함되어 있는 모든 기업을 포함하며, 각 종목의 시장가치로 가치가중을 하여 지수를 계산한다.

Luther & Matatko(1994)는 윤리적 펀드의 수익률은 시장 지수에도 관련이 되어 있지만 소기업지수에도 밀접하게 관련이 되어 있다고 주장한다. 따라서 이 두 요인을 모두 포함하여 성과를 구하는 것이 적절한 연구방법인데 이에 의하면 윤리적 펀드의 평균 비정상 수익률은 0과 유의하게 다르지 않았다. Gregory 등(1997)도 윤리적 단위 신탁이 소규모 기업과 관련이 있음을 보인다. 이들은 윤리적펀드의 성과를 보기 위하여 1986-1994 자료를 가지고 횡단면 분석과 함께 시계열 대응표본 분석을 수행하였다. 결과는, 윤리적 단위 신탁이 일반 단위 신탁에 비하여 유의하게 소규모 기업에 노출되어 있고 이러한 효과를 제거하기 위해 적절히 조정을 한 후 젠슨의 α를 구하여 보면 윤리적 펀드가 고평가 또는 저평가 되어 있다는 증거를 발견할 수 없었다.

Brammer 등(2006)은 영국에 대해 Ethical Investment Research Institute Services(EIRIS) 자료를 사용하여 연구하였는데 이 자료는 450여개 기업에 대해 2002년 7월부터 자료가 존재한다. 이들은 여러 가지 양적 질적 CSR 정보를 3개 영역으로 점수화하여 1년, 2년, 3년 보유수익률을 검토하였다. 3개 영역은 환경(환경정책의 질, 환경경영시스템, 환경보고서), 종업원 책임(건강과 안전 체계, 종업원 훈련과 개발, 기회균등, 호의적 종업원 관계, 일자리 창출 및 보호), 지역사회 참여이다. CSR 점수를 기준으로 포트폴리오를 구성한 후 성과를 측정한 결과, 하위 1/3 포트폴리오가 상위 1/3 포트폴리오보다 더 높은 수익률을 보였으나 통계적 유의성은 없었다.

Mill(2006)은 좀 더 정확하게 사회책임투자의 영향을 보기 위하여 영국의 단위투자신탁 중 전통적 투자를 하다가 SRI 투자를 하는 것으로 전략 변경을 선언한 단위투자신탁과 계속 전통적 투자를 하는 단위투자신탁을 비교하였다. 결과는 둘 사이에 위험조정 성과에 차이가 없었다. Humphrey

등(2012)은 영국 기업들을 대상으로 기업의 사회적 성과가 자본비용과 위험에 영향을 미치는지 분석하였다. 그 결과, 사회적 성과의 높고 낮음이 기업의 위험조정 수익률에 영향을 미치지 않고, 사회적 성과가 높은 기업과 낮은 기업 사이에 비체계적 위험의 차이도 없다는 것을 발견하였다. 따라서 투자자들은 위험과 수익률 면에서 손해를 보지 않으면서 SRI 투자를 할 수 있다.

### 3) 프랑스

Amenc & Sourd(2008)는 2002-2007 기간 동안 프랑스 투자자들이 투자할 수 있는 62개 SRI 펀드의 성과를 검토하였다. 그 결과, 대부분의 펀드가 통계적으로 비유의한 음의 α-값을 보여 SRI 펀드의 긍정적 효과를 발견하지 못하였다. 또한 시간에 따라 SRI에 대한 인식 변화가 발생할 수 있기 때문에 펀드의 업력을 기준으로도 검토하였으나 업력이 긴 펀드와 짧은 펀드 사이에도 성과 차이가 없었다. 그러나, 어떠한 주제나 관심사를 근거로 투자하는 주제 펀드(thematic funds)는 양의 성과를 보였다. 그러나 이것이 SRI 특성 때문이라고 하기에는 무리가 있는데 그 이유는 주제펀드는 일반적 SRI 펀드와는 다른 것으로 보아야 하기 때문이다. 즉, 주제펀드는 관심이 있는 특정 산업이나 분야, 예를 들어 물, 재생 에너지 등과 같은 분야에 투자하는 것인데 주제펀드가 양의 수익률을 보인 것은 해당 산업 분야가 성장하기 때문이지 일반적 SRI 특성 때문이라고 보기에는 무리가 있다. 또한 이 연구는 표본 기간이 짧아 SRI 펀드가 미래에도 긍정적 효과를 발생시키리라는 보장이 없다.

Amenc & Sourd(2010)는 위에 언급한 자신들의 과거 논문의 표본기간에 세계경제위기 기간인 2008-2009를 포함시켜 추가 분석을 했다. 최고선별 펀드(best-in-class funds)와 환경펀드(green funds)를 구분하여 분석하였는데, 자신들의 이전 논문의 결과와 같이 대부분의 경우 α가 비유의한 음수를 보였다. 금융위기 기간에 초점을 맞추어 보면, SRI 펀드의 위험 중 극단적 위험(extreme risks) 부분이 상당히 증가하여 이러한 펀드가 전체 경기가 하강하는 것에 대한 보호 역할을 하지 못한다는 것을 발견하였다. 마지막으로, 최고선별 펀드와 환경펀드의 성과를 비교해 본 결과, 장기적으로 볼 때 환경펀드가 최고선별 펀드에 비해 극단적 위험을 포함하여 전체적 위험도가 더 높고 α도 더 높아 고위험 고수익 형태의 성과를 보인다

일반적으로, 기존 연구에서 SRI 성과를 분석하기 위한 비교기준으로 사용되는 SRI 지수들은 각 지수의 목적에 따라 부정 선별 또는 긍정 선별과 같은 선별작업을 한 후 기준을 통과한 주식들에 대해 가치가중치를 구하거나 사회책임 점수를 기준으로 가중치를 구하여 계산한다. 즉 포트폴리오 이론이 제시하는 바와 같이 각 주식들 사이의 상관관계를 고려한 효율적 포트폴리오를 구성하지 않는 것이다. 이러한 단점을 극복하기 위하여 Sourd(2012)는 SRI 펀드의 성과를 비교하기 위한 기준으로 효율적 포트폴리오를 구성하였다. 결과는 일반적인 SRI 지수를 비교기준으로 사용하는 경우보다 SRI 펀드들의 성과가 더 나쁘게 나타났다. 이는 당연한 결과인데 효율적 포트폴리오가 일반적인 SRI 지수보다 성과가 더 높을 것이기 때문에 비교기준으로 전자를 사용했을 때 SRI 펀드의 성과가 더 낮게 나타날 것이기 때문이다. Sourd의 방식을 사용하는 것이 논리적으로 더 설득력을 갖는데 그 이유는 효율적 포트폴리오를 구성하는 데 비용이 크게 들지 않기 때문에 특히 적극적으로 SRI 주식을 선정하는 펀드들의 경우에는 그 성과를 측정할 때 비교기준이 되는 포트폴리오로 효율적 포트폴리오를 구성하여 비교하는 것이 더 타당하기 때문이다. 저자의 분석에 따르

면 비교기준이 되는 포트폴리오를 SRI 주식들로 구성을 하건, 전통적 지수에 포함되는 주식들로 구성을 하건, 효율적 포트폴리오를 구성하여 비교해 보면 SRI 펀드의 성과가 긍정적인 경우는 매우 드물다.

Renneboog 등(2008b)은 유럽, 북미, 아시아–태평양 등 세 지역에 소재한 17개 국가를 대상으로 사회책임펀드와 전통적 펀드 사이에 차이가 있는지를 검토하였다. 프랑스의 경우 CAPM과 4 요인 모형으로 α–값을 추정한 후 SRI 펀드와 전통적 펀드 사이의 차이를 구했더니 각각 –4.06%, –4.08%의 수치를 보였다. 이는 통계적으로 유의한 수치이기 때문에 SRI 펀드의 위험조정수익률이 전통적 펀드보다 매우 낮다는 것을 알 수 있다.

Plantinga & Scholtens(2001)는 1994–1999 기간 동안 벨기에, 프랑스, 네덜란드의 800여개 펀드의 성과를 분석하였다. 그 결과 대부분의 프랑스 펀드들은 SRI 펀드의 성과가 전통적 펀드의 성과와 크게 다르지 않았다.

Capelle–Blancard & Monjon(2014)은 프랑스 SRI 펀드를 대상으로 선별강도와 펀드성과 사이의 관계를 분석하였다. 그 결과, 선별강도가 강하면 재무적 성과가 낮아지지만, 선별이 아주 강해지면 재무적 성과가 오히려 올라가는 현상을 발견했다. 또한, 죄악 주식을 제외하는 선별은 재무적 성과를 낮추지만, 포괄적 선별(예를 들어 UN Global Compact Principles, ILO/Rights at Work)은 영향이 없는 것으로 나타났다. SRI 선별 과정의 질이 성과에 미치는 영향도 검토하였는데, SRI 시장의 주요 참여자인 Novethic사의 평가에 근거한 선별은 성과에 영향을 미치지 않았다. 그러나 선별 과정의 질에 대한 정보로 다른 기준, 즉 SRI 펀드 중에서의 좀 더 높은 전략적 차별성을 사용하는 경우에는 SRI 투자가 재무적 성과에 긍정적 영향을 미치는 것으로 나타났다.

전반적으로, 프랑스의 SRI 투자는 전통적 투자와 성과 면에서 크게 다르지 않거나 대부분 더 열등한 결과를 보이지만, 선별 과정의 질이 높은 경우 긍정적 효과가 나타나기도 한다.

### 4) 스페인

Lozano(2006)에 의하면 스페인에서는 1997년 최초의 SRI 뮤추얼펀드가 출현하였고, 1999년 말부터 주요 스페인 펀드 운영회사와 매니저들이 SRI 뮤추얼펀드를 출시하기 시작했다. López-Arceiz 등(2018)은 문화의 유사성을 기준으로 스페인, 프랑스, 이탈리아를 프랑스 모형(French Model)으로 분류하였는데 이 중 스페인 SRI 시장이 같은 시기에 출발한 프랑스나 이탈리아에 비해 발달이 늦다. Lozano는 그 이유가 기관투자자들이나 NGO들이 SRI를 수익을 올리기 위한 또 하나의 방편으로만 인식하고, 투자자들 또한 SRI 펀드에 대한 인식이 부족하기 때문이라고 분석하고 있다.

Fernandez-Izquierdo & Matallin-Saez(2008)는 SRI 펀드의 성과를 전통적 펀드의 성과와 비교하였다. 먼저, 펀드의 유형(style)을 반영하여 다요인 모형 회귀분석 실시하였는데, 이 경우 모든 SRI 펀드가 전통적 펀드에 비해 우월하거나 유사한 재무 성과를 시현하였다. 다음으로 SRI 펀드와 전통적 펀드 사이에 동질성을 확보하고 좀 더 강건한 분석을 위해 bootstrap 방법을 사용하였는데, 이 경우에는 윤리적인 펀드의 집단과 그렇지 않은 집단 사이에 차이가 없는 것으로 나타났다.

Ortas 등(2014)은 2008년 세계경제위기를 대상으로, 환경, 사회, 지배구조를 반영하는 투자가 경제위기 상황을 극복하는데 도움이 되는지 검토하였다. 스페인의 SRI 지수인 FTSE4Good-IBEX를 대상으로 M-GARCH를 사용하여 분석한 결과, 윤리적 투자자들이 심각한 경제위기 상황을 효

과적으로 극복함을 발견하였는데 그 중요한 요인이 SRI 투자 때문이다.[35]

종합하면, 스페인에서는 비록 SRI 투자 시장이 유사한 문화권의 국가들보다 발달이 늦기는 했지만 최소한 윤리적 투자가 부정적 성과를 가져오지는 않는 것으로 보인다.

### 5) 독일

Schröder(2004)는 16개의 독일과 스위스 사회책임펀드의 성과와 더불어 10개의 특별 SRI 지수를 검토하였다. 그 이유는 펀드의 성과는 펀드에 포함되는 기업의 성과와 더불어 펀드 운영자의 역량도 혼재되어 나타나기 때문에 사회적 책임을 다하는 기업들의 성과만을 파악하기 어렵기 때문이다. 우선, 사회책임펀드의 성과를 분석하는 데 있어 사회적 특성의 효과를 좀 더 정확히 측정하기 위하여 펀드 운영자의 시점 선정(market timing) 능력을 통제하였고, 또한 평가 시점의 공공정보를 반영한 후의 성과를 보기 위하여 조건부 성과 척도(conditional performance measure)를 사용하였다. 결과는 대부분의 SRI 펀드가 비교기준보다 유의하게 낮은 성과를 보이지는 않는 것으로 나타났다. 또한 SRI 펀드가 작은 기업에 투자하는 비중이 높다는 것을 발견하였는데, 이는 Luther & Matatko(1994)나 Gregory 등(1997)이 영국 윤리적 펀드들이 소기업에 많이 투자를 하고 있다는 결과를 얻은 것과 일관성이 있다.

한편, SRI 지수의 성과에 있어서는 두 개의 SRI 지수가 비교기준보다

35 FTSE4Good IBEX Index는 FTSE Group이 Bolsas y Mercados Españoles(BME)와 합작으로 만든 지수이다. 이 지수는 BME의 IBEX 35 지수와 FTSE Spain All Cap Index에 포함되어 있는 주식들 중 기업의 사회적 책임 측면에서 기준을 만족시키는 주식들에 근거하여 지수값을 계산한다. 이 지수에 포함되는 기업들은 환경적 지속가능성, 이해관계자와의 긍정적 관계 설정, 전반적 인권의 신장 등을 위해 노력한다.

더 성과가 낮았는데, 유럽 전반을 대상으로 하는 FTSE4Good 지수의 성과는 비교 기준보다 유의하게 나빴다. 그러나 SRI 자산의 성과가 비교기준 대비 나쁘지 않다는 가설을 기각할 수는 없었다. SRI 펀드나 지수의 주요 거시경제 요인에 대한 민감도도 검토하였는데 많은 독일과 스위스 펀드는 OECD 산업 생산, 장기 미국 이자율, 미국 달러 환율의 예기치 않은 변화에 유의한 영향을 받았다.

Bauer 등(2005)은 1990-2001 기간을 대상으로 103개의 독일, 영국, 미국의 윤리적 뮤추얼펀드의 성과를 연구하였다. 시장 지수 이외에 규모, 장부가대시장가 비율, 추세(momentum) 요인을 포함하는 Carhart 다요인 모형을 사용하여 위험조정 수익률을 계산한 결과 사회책임펀드의 성과가 일반 펀드의 성과보다 나쁘지 않다는 결과를 얻었다. 흥미롭게도 SRI 펀드는 1990년대 초반의 추격 기간(catching-up phase)이 지난 후 1998-2001 기간에는 전통적 펀드에 상응하는 수익률을 보였는데 이는 아마도 학습효과 때문인 것으로 보인다. 전통적 비교 기준 대비 독일과 영국의 펀드는 소규모 기업에 투자한 비율이 더 높은 반면, 미국 기업들은 대규모 기업에 투자한 비율이 더 높았다.

Renneboog 등(2008b)은 유럽, 북미, 아시아-태평양 등 세 지역에 소재한 17개 국가를 대상으로 사회책임펀드와 전통적 펀드 사이에 차이가 있는지를 검토하였다. 이 중 독일의 경우 CAPM과 4 요인 모형으로 α-값을 추정한 결과 SRI 펀드의 위험조정수익률이 전통적 펀드와 유의하게 다르지 않았다.

이러한 실증결과에 근거해 볼 때, 독일에서는 사회책임투자의 성과가 전통적 성과와 크게 다르지 않다는 것을 알 수 있다.

### 6) 네덜란드

Plantinga & Scholtens(2001)는 1994–1999 기간 동안 Euronext 주식시장을 대상으로 펀드 운영 스타일을 분석하였다. 구체적으로 벨기에, 프랑스, 네덜란드의 800여개의 펀드를 검토하였는데, 네덜란드의 경우에는 1/3 정도의 펀드에서 SRI가 펀드 운영에서 중요한 요인으로 나타났고, 잘 알려진 사회책임지수와의 연관성이 높은 펀드들이 SRI와 관련이 없는 펀드들에 비해 성과가 높았다.

Scholtens(2005)는 2001–2003 기간 동안 12개의 SRI 뮤추얼펀드의 성과를 분석하였다. 비교대상으로 SRI 지수와 전통적 지수를 사용하였는데, SRI 지수는 DJSI World, DJSI STOXX, FTSE4Good Global, FTSE4Good Europe, Impax ET50을 사용하고 전통적 지수로는 AEX, DJ World, DJ World Tech/Energy, DJ STOXX 등을 사용하였다.[36] 시장 포트폴리오만을 고려한 CAPM을 사용한 결과 SRI 펀드의 성과가 전통적 펀드의 성과보다 높았으나 통계적 유의성이 없었다. 수익률 창출 모형을 바꾸어 Carhart 다요인 모형을 사용한 경우는 전통적 펀드가 SRI 펀드의 성과보다 우월하게 나왔으나 역시 통계적 유의성이 없었다.

Renneboog 등(2008b)은 유럽, 북미, 아시아–태평양 등 세 지역에 소재한 17개 국가를 대상으로 사회책임펀드와 전통적 펀드 사이에 차이가 있는지를 검토하였다. 네덜란드의 경우 CAPM과 4 요인 모형으로 $\alpha$–값을 추정한 결과 SRI 펀드와 전통적 펀드 사이의 차이가 각각 1.65%, –1.50%로 나타나 SRI 펀드의 위험조정수익률이 전통적 펀드보다 낮았으나 통계적 유의성이 없다.

36 여러 가지 지수에 대한 설명은 사회책임투자지수 부분에 자세히 제시되어 있음.

따라서 네덜란드의 경우 SRI가 중요한 펀드 운영 기준이고 긍정적 성과가 나타나기도 하지만 전반적으로 SRI 펀드의 성과와 전통적 펀드의 성과가 대동소이함을 알 수 있다. 이는 사회책임투자의 성과가 전통적 투자의 성과와 크게 다르지 않은 독일의 경우와 비슷한 결과이다.

### 7) 벨기에

Liedekerke 등(2007)은 조건부 4요인 모형(conditional 4-factor model)을 사용하여 벨기에 SRI 펀드를 전통적 펀드와 비교하였다. 결과는 SRI 펀드와 전통적 펀드 사이에 차이가 없었다. 그렇다면 왜 벨기에 투자자들은 SRI 투자에 대한 관심이 낮은가? 일반적으로 벨기에의 금융산업은 Anglo-Saxon 계 국가에 비해 늦다. 투자자들은 자신들의 투자를 결정할 때 전문가의 의견을 청취하는데, 이러한 전문가가 SRI를 받아들이는 데 있어 영미계 국가들보다 늦다면 당연히 SRI에 대한 투자가 늦을 것이다. SRI 투자가 낮은 것은 이러한 낮은 수준의 SRI 마케팅에 있기 때문에 향후 SRI 투자가 성장할 가능성이 있다.

Renneboog 등(2008b)은 유럽, 북미, 아시아-태평양 등 세 지역에 소재한 17개 국가를 대상으로 사회책임펀드와 전통적 펀드 사이에 차이가 있는지를 검토하였다. 벨기에의 경우 CAPM과 4요인 모형으로 α-값을 추정한 결과 SRI 펀드와 전통적 펀드 사이의 차이가 각각 -3.70%, -4.48%로 나타나 SRI 펀드의 위험조정수익률이 전통적 펀드보다 낮았으나 통계적 유의성이 없다.

따라서 벨기에의 경우 사회책임투자에 대한 관심이 해당 연구들이 수행될 당시에는 낮은 수준에 머물렀고, 이로 인해 사회책임투자라고 하여도 진정한 의미의 SRI 투자가 아니어서 전통적 투자와의 성과 차이가 통계적으로 유의하게 나타나지 않은 것으로 판단된다.

## 3 북부 유럽

### 1) 스웨덴

스웨덴의 SRI 성과에 대한 연구결과는 긍정, 부정, 무효과가 다 제시되어 어느 한 방향으로 결론을 내기 어렵다. 긍정적 측면을 제시한 연구로 Stenström & Thorell(2007)을 들 수 있는데 스웨덴에 등록된 23개 SRI 펀드와 42개 보통 펀드의 성과를 비교하였다. 특기할 점은 분기별로 보유 상황 자료를 활용하였는데, 좀 더 정확한 비교를 위하여 모방포트폴리오(replicating portfolio)를 구성하여 SRI 포트폴리오로 사용하기 위함이다. 펀드의 성과는 두 가지 요인에 의해 결정되는데 하나는 기업수준 성과(firm level performance)이고 다른 하나는 펀드운용성과(fund management performance)이다. 기업수준 성과는 포트폴리오에 포함되는 기업 자체의 성과이고, 펀드운용성과는 펀드매니저의 운용 능력에 따른 성과이다. SRI 포트폴리오에 포함되는 기업들이 사회책임활동으로 인해 좋은 성과를 낸다고 할지라도 펀드운영능력이 부족하면 전체 펀드의 성과는 부정적이 될 수도 있는 것이다. 모방 포트폴리오는 가치기준 선별(norm-based screening)을 사용하여 보통 펀드에서 비윤리적인 종목을 제거하여 구성하였다.

결과를 보면, SRI 펀드는 보통 펀드만큼 성과를 보이지 못했는데 이는 두 가지 요인이 함께 작용한 것이다. 기업수준 성과를 파악하기 위하여 모방포트폴리오를 사용하였는데 모방포트폴리오는 보통 펀드보다 성과가 좋았다. 이는 기업이 사회적 책임을 다하고자 하는 시도가 긍정적일 수 있다는 점을 시사한다. 그러나 펀드 운영은 보통 펀드가 SRI 펀드보다 더 나은 것으로 보인다. 따라서 투자자들은 펀드 운영자의 성과와 펀드의 구성을 함께 보아야 하고, 전통적 펀드의 운영자들은 SRI를 반영하는 것이 성과 향상에 도움이 될 수 있다는 것을 알아야 한다.

사회책임투자가 투자성과에 부정적이라는 연구 결과로 Renneboog 등(2008b)이 유럽, 북미, 아시아-태평양 등 세 지역에 소재한 17개 국가를 대상으로 사회책임펀드와 전통적 펀드 사이에 차이가 있는지를 검토한 연구를 들 수 있다. 스웨덴의 경우 CAPM과 4 요인 모형으로 α-값을 추정한 결과 SRI 펀드의 위험조정수익률이 전통적 펀드의 위험조정수익률보다 각각 6.31%, 6.97% 낮게 나타났다. 이는 통계적으로 매우 유의한 수치이어서 SRI 투자가 전통적 투자에 비해 성과가 낮다는 결과이다.

SRI 투자나 전통적 투자 사이에 차이가 없다는 연구로 Hoepner & Schopohl(2018)을 들 수 있다. 투자 가능 대상 자산으로부터 분야에 근거하여 제외(sector-based exclusion)하거나 국제적 규범을 위반한 주식을 제외(norm-based exclusion)하는 부정선별의 영향력을 검토하였다. 전 세계에서 가장 큰 공공부문 펀드 중 하나인 Sweden's AP-funds를 대상으로 대중이 원하는 윤리적 기준을 적용하여 분석하였는데 이러한 부정선별이 재무성과에 영향을 미치지 않는 것으로 나타났다.

### 2) 노르웨이

노르웨이의 연구는 SRI 투자가 재무적 성과에 영향을 미치지 않거나, 부정적이기는 하지만 비유의적이라는 결과를 제시하고 있다.

Hoepner & Schopohl(2018)은 전 세계에서 가장 큰 공공부문 펀드의 하나인 노르웨이의 Government Pension Fund-Global(GPFG)에 대해

대중이 원하는 윤리적 기준을 적용하는 부정 선별의 영향을 분석하였다. 결과는 부정 선별이 재무적 성과에 영향을 미치지 않았다.

Renneboog 등(2008b)은 유럽, 북미, 아시아-태평양 등 세 지역에 소재한 17개 국가를 대상으로 사회책임펀드와 전통적 펀드 사이에 차이가 있는지를 검토하였다. 노르웨이의 경우 CAPM과 4 요인 모형으로 α-값을 추정하여 SRI 펀드와 전통적 펀드 사이의 차이를 구한 결과 각각 -0.08%, -3.09%로 나타나 SRI 펀드의 위험조정수익률이 전통적 펀드보다 낮았으나 통계적 유의성이 없다.

## 4 아시아 태평양 지역

### 1) 아태지역

Ortas 등(2013)은 청정 생산 투자(cleaner production investments)를 수행함으로써 기업활동에 ESG 이슈를 통합하는 기업들에 투자하는 것이 투자 성과에 미치는 영향을 살펴보았다. 이를 위해 다우존스지속가능성아태지수(Dow Jones Sustainability Asia Pacific index; DJSI-AP)를 사용하는데 이유는 이 지수가 최고(Best-in-Class) 선별 방식을 채택하기 때문에 청정 생산 투자를 장려할 것이기 때문이다.[37] 이 지수를 공식적 벤치마크인 다우존스세계총주식시장지수(Dow Jones Global Total Stock Market Index; DJ-G)의 성과와 비교하였는데, DJSI-AP가 위

37 Dow Jones Sustainability Asia/Pacific Index는 RobecoSAM이 기업의 지속가능성을 평가하여 선정한, 아태지역 지속가능성 분야 선도 기업들을 포함하는 지수이다. 이 지수에 포함되는 기업들은 S&P Global BMI의 아태지역 선진 경제의 가장 큰 기업 600개 중에서 선정되는데, 장기적인 경제, 환경, 사회적 기준을 적용할 때 상위 20%에 해당하는 기업들이다.

험조정수익률에서 벤치마크보다 열등하지 않다는 결과를 얻었다.[38] 또한 DJSI-AP가 위험측면에서 DJ-G보다 덜 위험한 것으로 나타났는데 이러한 경향이 특히 세계경제위기 기간을 포함하는 2007-2011에 두드러진다.

이러한 결과는 SRI 투자의 선별작업으로 인해 분산투자가 약해지고 위기 기간에 성과가 더 나쁠 것이라는 기존의 의견을 반박하는 것이다. 예를 들어, Amenc & Sourd(2010)는 프랑스의 경우 위기 기간에 SRI 투자의 극단적 위험이 증가하여 사회책임투자가 안전한 투자가 아니고 성과에도 부정적이라는 결과를 제시한다. Ortas 등(2013)의 결과는 이와는 반대로 오히려 DJSI-AP에 포함된 기업들은 환경 효율성(eco-efficiency)으로 인해 이익을 본다는 결과를 제시하고 있다. 환경 효율성은 청정 생산과 환경 효율적 활동으로 인해 비용을 절감하고, 환경 친화 활동의 선두주자(first mover)가 되어 위험을 낮춤으로써 달성된다. ESG 요인을 통합하는 것이 기업으로 하여금 추가적 비용부담을 하도록 하는 것은 아니며, SRI가 재무 성과에 부정적 요인으로 작용 하지도 않는다. 결론적으로 아태지역에서는 투자자들이 청정생산과정을 향상시킴으로써 환경 성과를 높이고자 하는 기업에 투자하는 것이, 이러한 기업들을 지원하면서도 자신들의 투자 성과도 향상시키는 방안이 될 수 있다.

### 2) 호주

Tippet(2001)은 3개의 주요 공공 윤리펀드의 성과를 검토하였다. 1998년까지 7년 동안은 비록 시장 지수에 비해 평균적으로 성과가 낮기는 하

38 Dow Jones Global Total Stock Market Index는 전세계 주식시장을 광범위하게 포함하는 지수이다. 선진경제와 신흥경제를 포함한 65개국 이상으로부터 12,000개 이상의 종목을 근거로 지수를 산출한다.

였으나 긍정적, 부정적 결과가 혼재되어 있었다. 그러나 1995년까지의 4년간과 1996년까지의 5년간 성과는 부정적으로 나타났는데 평균 보유기간 수익률이 무위험수익률보다도 낮았다.

Jones 등(2008)은 기존 연구들이 표본이 작거나, 성과비교를 위한 기간이 일관성이 없거나, 투자수익률 계산을 위한 모형이 서로 상이한 점 등을 지적하면서 방법론 상의 개선을 시도하였다. 1986–2005의 기간 동안 89개 윤리적 펀드를 사용하여 규모, 장부가대시장가 비율, 지속성(momentum)을 반영하는 다요인 모형을 추정한 결과, 윤리적 펀드가 시장 전체보다 위험조정수익률이 0.88 – 1.52% 정도 낮음을 발견하였다.

Cummings(2000)는 7개의 비상장 공공 윤리단위신탁(ethical unit trust)의 성과를 3개의 시장 지수(소기업 지수, 산업지수, 전체시장지수)와 비교하였다. 위험 조정 지표를 사용한 결과 단기 및 중기 성과에는 차이가 없는 것으로 나타났다. 그러나 장기적으로 존재한 펀드들은 성과가 우월하여 SRI 투자가 장기적으로는 유리할 수 있다는 결론을 얻었다. 저자는 그 이유로 사회적 책임을 다하는 기업들은 환경 재앙 처리 비용, 노동 관련 분쟁 비용, 건강과 안전 관련 비용이 낮을 것이라는 점을 들고 있다.

Bauer 등(2006)은 1992–2003 기간에 대해 투자스타일, 베타의 시간 가변성, 모국 편의(home bias)를 조정한 후 조건부 다요인 모형(conditional multi–factor model)을 사용하여 사회책임투자의 성과를 검토하였다. 그 결과 사회책임투자의 위험조정수익률이 일반 펀드와 차이가 없는 것으로 나타났다. 이는 호주의 경우 SRI 펀드와 전통적인 펀드가 투자 스타일은 다르지만 전체적으로 초과수익은 비슷하다는 점을 보여준다. 특기할 점은, 초기인 1992–1996 기간 동안은 SRI 펀드가 전통적인 펀드에 비해 초과수익이 낮았으나 그 이후로 유사해졌다는 점이다. 이는 윤리적 뮤추얼 펀드는 전통적 펀드와 성과가 유사해지기 이전에 전통적 펀드를 추격하는 기간을 거친다는 것을 시사하는데 이는 Cummings(2000)의 결과와도 일관성이 있다.

Renneboog 등(2008b)은 유럽, 북미, 아시아-태평양 등 세 지역에 소재한 17개 국가를 대상으로 사회책임펀드와 전통적 펀드 사이에 차이가 있는지를 검토하였다. 호주의 경우 CAPM과 4 요인 모형으로 α-값을 추정한 결과 SRI 펀드와 전통적 펀드 사이의 차이가 각각 -1.71%, -2.21%로 나타나 SRI 펀드의 위험조정수익률이 전통적 펀드보다 낮았으나 통계적 유의성이 없다.

Humphrey & Lee(2011)는 1996-2008 기간 동안 24개 호주 SRI 지분펀드(equity fund)와 전통적 펀드 사이의 성과를 비교한 결과 둘 사이에 뚜렷한 차이가 없다는 것을 발견하였다. 선별 기준과 성과 사이에 관련이 있을 가능성을 검토하기 위해 긍정적, 부정적, 종합 선별, 그리고 이들 선별에 사용되는 기준의 수와 성과와의 관계를 검토하였다. 그 결과, 긍정, 부정 선별은 성과와 거의 관계가 없으나, 약하기는 하지만 선별 기준 수가 많을수록 위험조정수익률이 높아지는 결과를 얻었다. 위험에 대한 영향을 보면 긍정 선별은 유의하게 위험도를 낮춘다. 그러나 부정 선별은 유의하게 위험을 높이고 펀드의 분산투자 역량을 낮추는 것으로 나타났다.

Newell & Acheampong(2002)은 윤리적 펀드의 성과를 검토하기 위해 1998-2001 기간 동안 ASX300을 비교 기준으로 사용하였다.[39] 그 결과 81%의 윤리적 펀드가 양의 위험조정초과수익률을 보임을 보고하고 있다.

전체적으로 볼 때, 호주의 SRI 투자는 부정적이거나(Tippet 2001, Jones

39 ASX 300 지수는 호주증권거래소(Australian Securities Exchange; ASE)에 상장되어 있는 주식을 대상으로 시장가치를 가중치로 하여 계산한 지수이며 Standard & Poor's사가 제공한다. S&P/ASX 200 지수에 포함되어 있는 200개 종목에 추가적으로 100개의 소기업을 포함하여 300개 기업으로 지수를 계산하며 반년마다 S&P 사가 지수의 구성 종목을 검토한다.

등 2008), 전통적 펀드에 비해 큰 차이가 없다(Cummings 2000, Bauer 등 2006, Renneboog 등 2008b, Humphrey & Lee 2011)는 결과가 지배적이다. 그러나 예외적으로 Newell & Acheampong(2002)은 긍정적 결과를 보고하고 있다.

### 3) 일본

일본에서는 연금 자산의 규모가 커짐에 따라 이러한 연금의 사회책임투자에 대한 관심도 증대되고 있다. 이러한 상황에서 과연 사회책임투자를 의무적으로 강제하는 것이 좋은지에 대한 논란이 일고 있다. 이에 대해 Jin 등(2006)은 일본에서 운영 중인 신규 확정기여형 연금(defined contribution pension plans)의 수익률과 위험에 SRI 지수에 대한 투자가 영향을 미치는지 검토하였다. 이들은 SRI 펀드는 옵션 사항으로 추가될 수 있으나 비용이 발생하며, 따라서 SRI 포트폴리오에 의무적으로 투자하는 것은 정당화될 수 없다고 주장한다.

Renneboog 등(2008b)은 유럽, 북미, 아시아-태평양 등 세 지역에 소재한 17개 국가를 대상으로 사회책임펀드와 전통적 펀드 사이에 차이가 있는지를 검토하였다. 일본의 경우 CAPM과 4요인 모형으로 α-값을 추정하고 각각에 대해 SRI 펀드와 전통적 펀드 사이의 차이를 구한 결과 각각 -5.76%, -5.84%라는 수치를 얻었다. 이는 통계적으로 유의한 수치이며, 일본에서는 SRI 펀드의 위험조정수익률이 전통적 펀드보다 낮다는 것을 알 수 있다.

위의 두 논문의 결과에 근거한다면, 일본에서는 사회책임투자가 오히려 투자 성과를 약화시키기 때문에 사회적으로 의미 있는 투자를 하기 위해서는 일정 부분 비용을 감수해야 한다는 시사점을 도출할 수 있다.

## 5 기타 지역

### 1) 브라질

Ortas 등(2012)은 브라질 기업 지속성 지수(Brazilian Corporate Sustainability Index)를 사용하여 사회책임투자의 효과를 검토하였다. 그 결과, 주식시장이 호황인 경우에는 투자자들이 SRI 투자를 하더라도 손해를 보지 않는 것으로 나타났다. 그러나 위기 기간에는 이러한 투자가 투자자들로 하여금 더 위험하고 수익성은 낮은 포트폴리오를 보유하도록 한다. 이는 Amcnc & Sourd(2010)의 프랑스의 SRI 펀드에 대한 결과와 유사하다.

Arias Fogliano de Souza Cunha & Samanez(2013)는 브라질 상품선물주식거래소(Brazilian Mercantile, Futures and Stock Exchange; BM&FBOVESPA)의 기업지속가능성지수(Corporate Sustainability Index, ISE)를 사용하여 2005-2010 동안 지속가능성 투자의 성과를 분석하였다. 구체적으로, ISE 포트폴리오를 시장포트폴리오인 IBOVESPA 및 BM&FBOVESPA의 섹터 지수와 비교하였다. 성과를 비교하기 위해 유동성, 수익과 위험 지표, 샤프 지수 및 트레이너 지수 등을 사용하였는데, 사회책임투자가 만족할 만한 재무성과를 달성하지 않았다. 이는 이런 형태의 투자를 하기 위해 부과된 제약조건으로 인해 더 나은 위험과 수익의 상관관계를 희생하여야 하기 때문인 것으로 보인다. 전체적으로 브라질에서는 사회책임투자를 하는 경우 추가적인 비용이 발생하는 것으로 판단할 수 있다.

### 2) 이슬람 권

Hussein & Omran(2005)은 호황기(1996. 1. – 2000. 3.)와 불황기(2000. 4. – 2003. 7.)로 나누어 이슬람 지수들의 성과를 살펴보았다. 이슬람 지수들은 전체 기간과 호황기 기간 동안 전통적 지수보다 성과가 우월했다. 그러나 불황기에는 이슬람지수의 성과가 오히려 전통적 지수에 비해 열등했다.

Nainggolan 등(2016)은 좀 더 장기인 1984–2010 기간을 대상으로 이슬람 지분 펀드(Islamic equity funds)의 성과를 검토하였다. 이슬람 지분 펀드는 한 달에 평균 약 0.4% 정도로 전통적 펀드보다 열등한 성과를 보인다. 세계금융위기 기간 동안에는 전통적인 펀드보다 우월한 성과를 보였으나 다른 위기 기간이나 높은 변동성을 가지는 기간에는 그러한 증거를 찾지 못했다.

Abdelsalam 등(2014)은 2001–2011 기간 동안 SRI 펀드와 이슬람 펀드를 비교하였다. SRI 펀드의 성과가 이슬람 펀드보다 조금 높으나 전체적으로 차이가 없는 것으로 나타났다. 좀 더 자세한 연구를 위해 효율성의 차이에 따른 두 펀드 사이의 성과 차이를 검토하였다. 효율성은 수익률과 위험을 고려한 효율적 프론티어와 실제 펀드의 위치 사이의 거리로 측정하였다. 가장 비효율적인 펀드에서는 SRI 펀드의 성과가 이슬람 펀드에 비해 월등히 높았다. 그러나 최고 수준의 펀드에서는 SRI 펀드의 우월성이 사라지고 오히려 이슬람 펀드의 성과가 더 높은 경우도 있었다.

이러한 연구에 근거해 볼 때 이슬람 펀드와 전통적 펀드 사이에는 성과의 우월성이 조건에 따라 달라서 일률적으로 말할 수 없고, SRI 펀드와 이슬람 펀드 사이의 비교에 있어서도 일률적인 성과의 우위를 발견할 수 없었다.

## 월마트(Walmart)

1962년 7월 2일 창업자 샘월튼(Sam Walton)이 미국 아칸소주 로저스에서 1호점 개점 후 약 50년간 성장하여 현재는 매주 약 2억 6,000만명이 방문하는 전세계에서 가장 큰 소매체인이 되었다. 2019년 기준으로 27개국에 11,300개의 점포가 있으며 10개국에 온라인 쇼핑몰을 운영하고 있다. 2019년 초 매출은 5,144억 달러이며 전세계적으로 220만명, 미국에서만 150만명을 고용하고 있다. 1969년 10월 31일 주식회사가 되었으며 1970년부터 장외시장에서 거래되기 시작했고, 2년 후 뉴욕증권거래소에 상장되었다.[40]

### 미성년 노동 문제

2005년 말 라디오 캐나다(Radio Canada)는 월마트에 납품하는 제품을 만드는 방글라데시의 두 공장에서 미성년 고용을 하고 있음을 보도한다. 10–14살의 미성년자들이 이 공장들에서 한 달에 50달러 미만의 임금을 받으며 캐나다로 수출될 월마트 브랜드의 상품을 만들고 있었다는 것이다. 당시 월마트의 정책은 위반사례가 적발되면 해당 납품업자와의 관계를 끊는 것이었는데, 'Maquila Solidarity Network'라는 NGO는 이러한 정책은 가장 나쁜 처방이라고 비판했다. 이유는 이런 정책을 지속하는 경우 일자리를 잃을 것을 우려하여 공장 노동자들이 회사의 감사팀에게 거짓말을 할 것이며, 납품업자들은 노동착취 사실을 숨기거나 다른 공장에 하청을 주어 조사를 피할 것이라는 것이다. 그럼에도 불구하고 월마트는 두 공장과의 영업관계를 즉각적으로 중단했고, 자신들이 모든 공장을 조사하고자

40 Walmart, 'Walmart Corporate', http://walmartstores.com/AboutUs/(2019. 2. 23 접속).

노력하고는 있으나 전세계에 퍼져 있는 수천 개의 하청업자들에게 월마트의 운영 규칙을 모두 적용하기는 어렵다고 주장했다.

## 월마트의 CSR 관련 조치

월마트는 1992년에 처음으로 월마트에 납품하는 공급자들의 행위규범을 만들었다. 그러나 이는 주로 공급자의 질적인 기준에 초점을 맞춘 정도에 그친 것이었다. 이후 2006년에 '윤리적 대외구매 보고서(Report on Ethical Sourcing)'라는 제목의 월마트 최초의 포괄보고서가 발간되었는데 이에는 공급자, 고객, 종업원 등에 대한 내용이 모두 포함되어 있었다. 이후 이 보고서는 성차별 사건과 언론의 주목을 받았던 방글라데시 미성년자 고용 등의 사건을 거치면서 개선되었다. 월마트는 2007년부터 연차보고서를 회사의 웹사이트에 게재하기 시작하였는데, 처음에는 세계지속가능보고서(Global Sustainability Report)라고 명명했으나 2011년에 세계책임보고서(Global Responsibility Report)라고 명칭을 바꾸었다. 이는 사람(People), 지구(Planet), 이윤(Profit)이라는 세 가지 관점에 근거하여 작성되며 성평등과 노동력 구성의 다양성을 강조한다.

미성년자 고용 사건을 거치면서 한 명이라도 미성년자 고용이 발견되면 비즈니스 관계를 끊던 전략이 2005년 현실적 상황을 반영하여 수정된다. 수정된 바에 의하면 만일 두 명의 미성년 고용이 발견되면 해당 공장은 경고를 받으며 다음 감사 때까지 문제를 시정해야 한다. 만일 두 명 이상의 미성년 고용이 발견되거나 또는 공급자가 시정조치를 취하지 않으면 그 공급자는 영원히 월마트에 납품하는 제품을 생산할 수 없다. 이 결정은 미성년자 고용 사건이 발생한 이후 방글라데시 NGO의 조언에 따른 것이다.

2009년에는 양성평등과 다양성에 관한 고문단을 조직하여 한 단계 더

CSR 활동을 격상시켰다. 이 조직의 목적은 회사의 상위 직급에 대한 진급에 있어 모든 사람에게 차별 없이 더 나은 기회를 제공하는 것으로, 이로 인해 여성 고위직급자가 상당폭 증가했다.

월마트는 지속가능보고서에 세가지 목표를 정해 놓고 있다: 100% 재생에너지 사용, 쓰레기 제로, 사람과 환경을 위해 지속가능한 제품의 판매. 이 기준은 2012년 말에 만들어졌는데 이후 매년 완수한 목표와 진행 중인 목표의 상황을 보고한다. 객관적으로 측정할 수 있는 것으로는 2025년까지 미국 점포에서 땅에 묻는 쓰레기가 나오지 않도록 하여 쓰레기 없는 월마트를 달성하는 목표를 제시하고 있다.

월마트는 지속가능보고서 작성의 국제적 표준인 GRI 지침(GRI Guidelines)을 따르지는 않지만 감사를 용이하게 할 수 있는 측정 가능한 목표를 세우고 있다. 예를 들어, 중국에서 장난감을 생산하는 공급자들에게 'ICTI CARE Process'에 대한 서명을 의무화 하고 있다. 이는 전세계적으로 안전하고 인간적인 장난감 공장 환경을 만들기 위해 국제 장난감 산업에서 제정한 것이다. 추가적으로 외부구매윤리팀에 의한 내부감사를 진행하여 ICTI CARE 과정이 제대로 수행되고 있고 이것이 월마트에 납품하는 공급자들이 지켜야 하는 기준을 만족하는지 확인한다.

전반적으로 월마트는 납품하는 회사들과의 계약관계를 바탕으로 CSR 관련 범세계적 입법자로서의 역할을 하고 있다. 또한 월마트의 보고 문화는 시장의 다른 기업들이 추종하는 바가 되어 전세계 CSR 기준을 선도하고 있다.

CHAPTER 09

# 메타분석

제9장

# 메타분석

SRI 투자에 대한 사회적 관심이 증가됨에 따라 SRI 투자의 성과에 대한 많은 연구들이 수행되었다. 그러나 지금까지의 실증분석 결과를 보면 알 수 있는 바와 같이 사회책임투자의 효과에 대해 현재까지 긍정, 부정, 무효과에 대해 결론이 나지 않은 상태이다. 따라서 기존 연구를 종합하고자 하는 시도가 있어 왔다(Kurtz 1997, 2005; Renneboog 등 2008a; Chegut 등 2011; Capelle-Blancard & Monjon 2012). 그러나 이러한 연구들은 저자의 주관적 판단으로부터 자유롭지 못하고, 방법론도 과학적이기보다는 저자의 논리 체계에 따른 질적인 측면의 종합이 이루어졌다.

기존에 발표된 수많은 논문들을 종합하고자 시도할 때 부딪히는 가장 큰 문제는 서로 다른 연구들이 서로 다른 표본에 대해 다양한 연구방법을 사용하기 때문에 단순 비교하기가 쉽지 않고, 더구나 연구의 결과가 일관성 있게 긍정적, 또는 부정적으로 나오는 것이 아니라 긍정적, 부정적, 무효과, 상황에 따라 변동 등 모든 결과가 혼재되어 있다는 점이다. 따라서 전체적으로 기존 논문들을 종합하고 체계적으로 SRI의 효과를 검토하는 것이 필요한데 이러한 형태의 연구를 메타분석(Meta-analysis)이라고 한다.

Frooman(1997)은 27개의 사건연구 논문을 대상으로 메타분석을 시도하였다. 결과를 보면 사회적으로 책임 있고 합법적으로 투자하는 것이 투자자 부를 증가시키는 충분조건은 아니지만 필요조건이라는 시사점이 제시되었다. 사건연구 논문들은 사회적으로 무책임하고 불법적인 행위를 저지른 회사에 대해 사건일 주위의 시장 반응을 측정하였다. 이러한 연구들을 종합한 결과, 무책임하고 불법적 행동을 하는 기업은 주주의 부가 통계적으로 유의하게 감소하는 것으로 나와 이기적인 기업들도 사회적 책임을 다하고 불법적 행위를 하지 않는 것이 회사의 이익에 부합한다는 시사점을 제시하고 있다.

Rathner(2013)는 25개 연구의 517개 결과를 비교하여 종합하였다. 결과를 보면 다음과 같다. 첫째, 517개 비교 중 75%는 두 펀드 사이에 차이가 없는 것으로 나타났고, 13%는 긍정적 효과, 15%는 부정적 효과를 나타내어 거의 긍정과 부정이 비슷한 빈도로 나타나고 있다. 둘째, 가장 많이 연구가 진행된 기간은 1991-2000 기간이며 50% 정도의 연구는 미국시장을 대상으로 하고 있다. 셋째, 생존편의(survivorship bias)를 감안하여 분석하면 SRI 펀드의 성과가 전통적 펀드의 성과에 비해 높아진다. 넷째, 미국 SRI 펀드의 성과가 다른 지역의 SRI 펀드의 성과보다 높은 경향이 있다. 다섯째, 통제기업을 대응절차를 거쳐 선정한 경우 SRI 펀드의 성과가 높게 나오는 경향이 있다.

Revelli & Viviani(2015)는 85 논문으로부터 190개의 분석 결과를 수집하여 메타분석을 수행하였다. 분석기간은 1972-2012년으로 미국, 유럽을 포함하여 여러 나라에 대한 실증분석 결과를 바탕으로 하였다. 결과는 다음과 같다. 첫째, SRI를 고려하는 것이 장점도 아니고 단점도 아니다. 가중평균효과크기로 볼 때 전체적으로 SRI가 투자성과에 미치는 영향이 없거나 미미하다. 둘째, 좋은 지배구조를 가진 기업의 재무성과가 높다. 셋째, 영미계 SRI 연구가 유럽계 SRI 연구에 비해 높은 SRI 성과를 보인다. 넷째, 시장의 전문 운영자가 구성한 SRI 포트폴리오 성과는 전통적인 포트폴리오에 비해 유의하게 성과가 나쁘고, 연구자들이 구성한 SRI 포트폴리오 성과는 전통적인 포트폴리오에 비해 유의하게 좋은 성과를 보인다. 다섯째, SRI 주식 포트폴리오의 성과가 채권이나 주식과 채권을 균형되게 보유하는 SRI 포트폴리오보다 SRI 효과가 더 높다. 여섯째, Song 등(2000)이 주장하는 바와 같이 통계적 유의성이 있거나 흥미로운 결과를 가진 논문들이 학술지에 게재되는 경향, 소위 게재편의(publication bias)가 존재한다. 일곱째, 경제 또는 일반 경영 학술지가 SRI 성과가 높은 연구를 더 게재하는 경향이 있다. 이외에도 시장, 재무성과척도, 투자기간, SRI 주제, 가족투자, 저널효과 등 연구방법에 대한 검토를 하고 있다.

SRI 논문들에 대해 정리를 시도한 점에서 이들 논문은 중요한 공헌을 하였다. 그러나 Frooman(1997)의 연구는 아직 사회책임투자의 효과를 연구하는 논문이 많지 않은 초기 단계의 논문들을 종합하였기 때문에 분석에 포함된 논문수 자체가 27편밖에 되지 않는다. 또한 사회책임투자는 시장의 장기적 반응을 보아야 하는데 사건연구와 같이 단기적 반응을 검토한 논문을 종합하였기 때문에 사회책임투자의 효과를 검토하기에는 원천적 한계점이 있다. Rathner(2013)의 논문 역시 25편의 논문만 검토하여 대표성이 부족하고 또한 방법론 상의 정교함이 떨어진다. Revelli & Viviani(2015)는 이러한 점에서는 개선을 하였으나, 모든 국가의 결과를 다 포함시킨 관계로 서로 다른 국가와 문화가 혼재되어 SRI 성과를 선명하게 알 수 없다는 단점을 가지고 있다 López-Arceiz 등(2018)은 문화가 SRI 성과에 영향을 미치는 중요한 요인임을 보이는데, 따라서 다른 문화적 배경을 가진 국가를 통합하면 연구자들이 SRI 성과에 대한 정확한 판단을 하기 어렵게 된다. 이하에서는 가장 최근의 메타분석 연구인 Kim(2018)의 논문에 근거하여 SRI 투자 효과를 설명한다.

## 1 논문 수집

기존 문헌을 살펴보면 SRI 투자에 대한 방대한 연구가 존재한다. 메타 분석은 대표성이 매우 중요하기 때문에 가능한 한 많은 논문들을 포함시

**표 9-1 주제어 검색**

이 표는 주제어 검색 과정을 보이고 있다. 1열(주제어)은 사용된 주제어를 보이고 있고, 2열(N)은 해당 주제어로 검색한 결과 나타난 논문들의 수를 보이고 있다. 3열(dN)은 메타분석을 수행하기 위한 여러 가지 조건을 만족시키는 추가적인 논문들의 수를 보이고 있다. 4열(검색일자)은 자료원에 접근하여 검색한 일자이고 5열(검색조건)은 검색시 단어별 또는 전체 문구별 일치 조건을 보이고 있다.

| 주제어 | N | dN | 검색일자 | 검색조건 |
|---|---|---|---|---|
| socially responsible investment | 1,555 | 136 | 2016-10-03 | 최소 한 단어 포함 |
| socially responsible investing | 1,226 | 2 | 2016-10-03 | 최소 한 단어 포함 |
| SRI | 328 | 1 | 2016-10-05 | 최소 한 단어 포함 |
| RI | 85 | 0 | 2016-10-05 | 최소 한 단어 포함 |
| responsible investment | 2,315 | 4 | 2016-10-05 | 최소 한 단어 포함 |
| responsible investing | 1,794 | 0 | 2016-10-06 | 최소 한 단어 포함 |
| Ethical investment | 2,856 | 3 | 2016-10-06 | 최소 한 단어 포함 |
| Ethical screening | 794 | 1 | 2016-10-06 | 최소 한 단어 포함 |
| ethical investing | 2,103 | 1 | 2016-10-06 | 최소 한 단어 포함 |
| social investing | 75 | 0 | 2016-10-06 | 모든 단어 포함 |
| social investment | 260 | 2 | 2016-10-07 | 모든 단어 포함 |
| socially conscious investing | 3 | 0 | 2016-10-06 | 모든 단어 포함 |
| socially aware investing | 2 | 0 | 2016-10-06 | 모든 단어 포함 |
| green investing | 15 | 1 | 2016-10-06 | 모든 단어 포함 |
| value-based investing | 5 | 0 | 2016-10-07 | 모든 단어 포함 |
| mission-related investing | 3 | 0 | 2016-10-07 | 모든 단어 포함 |
| mission-based investing | 3 | 0 | 2016-10-07 | 모든 단어 포함 |
| sustainable investment | 59 | 0 | 2016-10-07 | 모든 단어 포함 |
| sustainable investing | 22 | 0 | 2016-10-07 | 모든 단어 포함 |
| impact investing | 9 | 0 | 2016-10-07 | 모든 단어 포함 |
| Total | | 151 | | |

키려는 노력이 필요하다. 이를 위하여 전세계 논문들과 학술지를 모아 놓은 자료원을 대상으로 주제어 검색을 수행하였는데 그 결과가 〈표 9-1〉에 나타나 있다. 가장 처음 'socially responsible investment'라는 검색 문구를 사용하여 이 중 최소 한 단어라도 포함되어 있는 논문을 검색하였다. 그 결과 1,555개의 논문이 검색되었는데 이 중에서 논문의 주요 주제

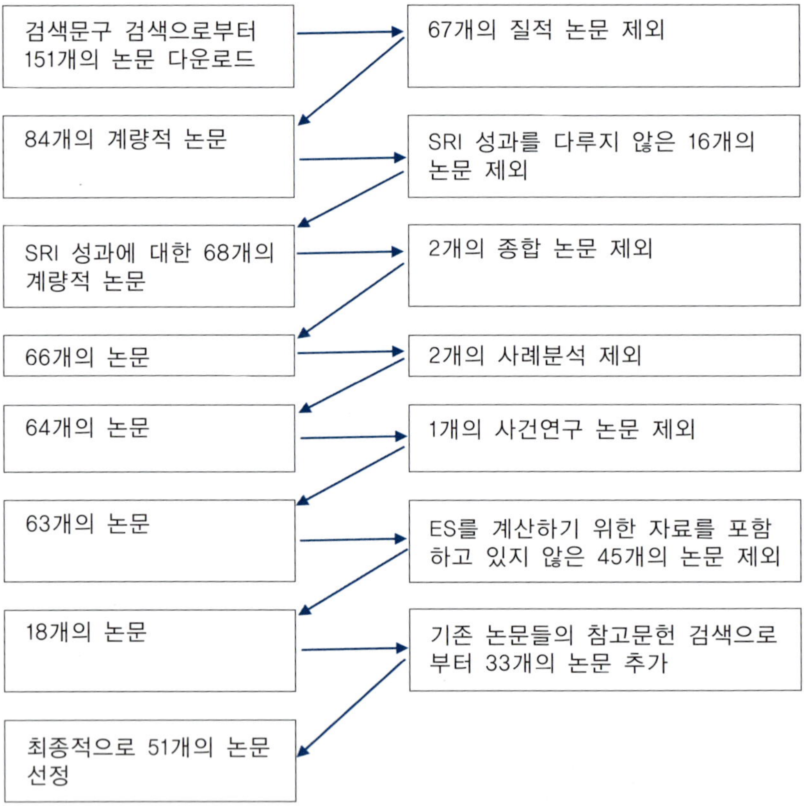


이 그림은 분석에 포함된 논문의 선정과정을 보이고 있다. 〈표 9-1〉의 검색으로부터 총 151편의 논문이 추출되었다. 이로부터 질적인 논문 67편 제외, SRI 관련 논문이기는 하지만 SRI 성과를 연구하지는 않은 논문 16편 제외 등 일련의 조건을 적용하여 18편의 논문이 선정되었다. 이에 추가적으로 기존 연구들의 참고문헌 부분을 검색하여 메타분석에 필요한 자료를 포함하고 있는 33편을 발굴하여 총 51편의 논문이 선정되었다.

**그림 9-1 논문 선정과정**

가 사회책임투자가 아닌 논문, 명백한 오류가 있는 논문 등을 제외하니 136개의 논문이 선정되었다. 다음으로 'socially responsible investing'이라는 검색어를 사용한 결과 1,226개의 논문이 추출되었는데 이 중 많은 논문들이 이전의 검색과 중복되어 추가적으로 2개의 논문이 더 선정되었다. 이러한 과정을 반복하다가 'social investing'이라는 검색문구부터는 모든 단어가 포함되어 있는 경우로 조건을 바꾸었다. 그 이유는 이전의 검색문구를 사용했을 때의 논문들이 계속 반복적으로 추출되기 때문에 정확한 문구를 포함하는 논문들로 제한하여도 큰 무리가 없었기 때문이다. 이리하여 총 151개의 논문이 추출되었고 이를 다운로드하였다.

다운로드한 151개의 논문들을 정독한 결과 추가적으로 제외하여야 할 논문들이 발생하였는데 이 과정이 〈그림 9-1〉에 나타나 있다. 151개의 논문 중 67개의 논문은 계량적 분석이 아니어서 메타분석을 위한 자료가 아예 없었고, 16개의 논문은 SRI가 주요 주제이기는 하나 성과를 다루지 않아서 제외하였다.

이와 같이 여러 기준을 적용하여 제외한 결과 18편이 남게 되었다. 이에 기존 논문들의 참고문헌 부분을 정밀 검색하여 메타분석에 필요한 자료를 구비하고 있는 33편의 논문을 추가하여 총 51편의 논문을 선정하였다. 이 논문들에서 205개의 분석결과를 추출하여 SRI의 투자성과를 분석하였다. 각 논문에는 투자성과에 영향을 미치는 여러 가지 각도의 분석이 제시되기 때문에 복수의 분석결과가 존재하는데 각 분석결과로부터 메타분석을 위한 자료를 추출하였다.

## 2 효과크기

메타분석에서는 효과크기(Effect Size; ES)를 측정하여 원인이 되는 정책이나 사회 현상이 결과에 미치는 영향을 분석한다. SRI 투자의 성과가 전통적 투자 성과에 비해 어떻게 차이가 나는가도 효과크기를 계산하여 분석한다. 효과크기는 각 개별 분석에 대해 계산되는데 통상 Hedges' $g$라고 불리며 다음과 같이 계산된다(Hedges 1981).

$$g = \frac{\overline{P^T} - \overline{P^C}}{\sigma} \tag{1}$$

여기서, $\overline{P^T}$와 $\overline{P^C}$는 SRI 투자 표본(treatment group)과 비 SRI 투자 표본(control group)의 평균 투자성과를 의미하는데, 이 두 집단의 평균투자성과의 차이를 표준화하기 위하여 다음과 같이 분산을 계산하여 평균투자성과의 차이를 나눈다.

$$\sigma = \sqrt{\frac{(N^T - 1)V^T + (N^C - 1)V^C}{(N^T + N^C - 2)}} \tag{2}$$

이 식에서 $N^T$와 $N^C$는 각각 SRI 투자 표본과 비 SRI 투자표본의 관측수, $V^T$와 $V^C$는 SRI 투자집단 성과와 비 SRI 투자집단 성과의 분산을 나타낸다.

기존의 논문에서 투자성과는 총수익률, 초과수익률, 젠슨의 α, 샤프비율(Sharp Ratio) 등 다양한 방법으로 측정되는데, 이러한 성과 측정치가 무엇이 되었든간에, 해당 측정방식에 의한 성과차이를 이와 일관성 있는 표준편차로 나누어줌으로써 표준화를 시키고 이러한 과정을 거쳐서 각 연구들 사이의 비교가 가능한 효과크기를 계산하는 것이다. 효과크기에 대한 해석은 〈표 9-2〉에 보는 바와 같이 그 값이 0.01 이면 효과가 매우 작음, 0.5 정도이면 중간, 0.8 정도이면 효과가 큼, 2 이상이면 예외적으로 효과가 크다고 해석한다.

**표 9-2 효과크기의 해석**

이 표는 효과크기와 이에 대한 해석을 제시하는 기존 연구들을 보이고 있다. 원래는 Cohen(1988)이 작음, 중간, 큼의 세 가지로 구분했던 것을 Sawilowsky(2009)가 확장하여 여섯 가지의 구분을 제시하였다.

| 구 분 | 효과크기(Effect Size) | 연 구 |
|---|---|---|
| 매우 작음(Very Small) | 0.01 | Sawilowsky, 2009 |
| 작음(Small) | 0.20 | Cohen, 1988 |
| 중간(Medium) | 0.50 | Cohen, 1988 |
| 큼(Large) | 0.80 | Cohen, 1988 |
| 매우 큼(Very Large) | 1.20 | Sawilowsky, 2009 |
| 예외적으로 큼(Huge) | 2.00 | Sawilowsky, 2009 |

Kim(2018)에 의하면 전체 205개의 분석에 대해 효과크기를 계산한 결과 중앙값은 0.015, 평균은 0.016으로 나와 SRI 투자는 전통적인 투자에 비해 더 수익률이 높기는 하지만 매우 작은 효과를 가지는 것으로 해석할 수 있다. 미국 시장에 대해 SRI의 투자성과를 검토한 개별 연구들도 이와 유사한 결과를 보이는 경우가 다수 존재한다(Hamilton 등 1993, Reyes & Grieb 1998, Goldreyer & Diltz 1999, Statman 2000, Humphrey 등 2016). 이들은 각각 다른 표본과 표본기간에 대해 연구하였는데 SRI 투자효과가 전통적 투자와 유의미한 차이를 보이지 않는다는 결론을 얻었다.

전통적 투자 대비 SRI 투자 성과를 좀 더 정확하게 산출하기 위해서는 각 분석의 중요도에 따라 가중치를 달리하여 평균을 구하는 것이 필요하다. 가령 두 연구가 있는데 한 연구는 표본수가 매우 작고 다른 연구는 표본수가 매우 크다면, 표본수가 큰 연구의 결과가 더 신빙성이 있을 것이다. 효과크기의 평균을 계산할 때 이러한 차이를 반영하는 방법 중의 하나가 각 분석의 분산의 역수를 이용한 가중치를 사용하여 가중평균효과크기를 계산하는 것이다.

### 표 9-3 기존 논문의 SRI 성과

| 저자 | 출판연도 | 저성과 | 무성과 | 고성과 | 전체 |
|---|---|---|---|---|---|
| Mueller | 1991 | 3 | 0 | 0 | 3 |
| Hamilton 등 | 1993 | 0 | 2 | 0 | 2 |
| Gregory 등 | 1997 | 1 | 5 | 0 | 6 |
| Goldreyer 등 | 1999 | 3 | 9 | 0 | 12 |
| Statman | 2000 | 0 | 2 | 0 | 2 |
| Bauer 등 | 2005 | 4 | 22 | 4 | 30 |
| Bello | 2005 | 0 | 6 | 1 | 7 |
| Kreander 등 | 2005 | 0 | 7 | 0 | 7 |
| Bauer 등 | 2006 | 1 | 8 | 2 | 11 |
| Benson 등 | 2006 | 10 | 32 | 0 | 42 |
| Bauer 등 | 2007 | 0 | 6 | 0 | 6 |
| Bollen | 2007 | 2 | 8 | 5 | 15 |
| Gregory & Whitaker | 2007 | 0 | 4 | 2 | 6 |
| Koellner 등 | 2007 | 0 | 5 | 1 | 6 |
| Liedekerke 등 | 2007 | 0 | 5 | 1 | 6 |
| Stenström & Thorell | 2007 | 1 | 0 | 0 | 1 |
| Kempf & Osthoff | 2008 | 0 | 2 | 0 | 2 |
| Renneboog 등 | 2008b | 25 | 107 | 0 | 132 |
| Derwall & Koedijk | 2009 | 0 | 23 | 9 | 32 |
| Sánchez & Sotorrío | 2009 | 6 | 2 | 0 | 8 |
| Spekl | 2009 | 5 | 1 | 0 | 6 |
| Chang & Witte | 2010 | 10 | 20 | 4 | 34 |
| Gil-Bazo 등 | 2010 | 6 | 52 | 39 | 97 |
| Humphrey & Lee | 2011 | 0 | 8 | 0 | 8 |
| Kryzanowski 등 | 2011 | 0 | 36 | 0 | 36 |
| 전체 | | 77 | 372 | 68 | 517 |
| 전체(%) | | 14.90 | 71.95 | 13.15 | |

출처: Rathner(2013)로부터 재구성

205개의 분석에 대해 이러한 가중치를 적용하여 계산한 효과크기의 평균을 계산하였는데 값이 −0.068이고 통계적으로 매우 유의하다. 위에서 구한 단순평균은 부호가 양이었으나 가중평균은 부호가 음이 되어 가중 평균하는 것이 중요함을 알 수 있다. 그러나 이 역시 〈표 9-2〉의 결과에 따르면 매우 작은 정도의 효과크기에 해당하므로 SRI 투자효과는 전통적 투자와 비교하여 거의 차이가 없다는 것으로 이해해야 할 것이다. 이러한 결과는 역시 SRI 투자가 전통적 투자에 비해 성과의 차이가 거의 없다는 기존의 많은 연구결과와 일관성이 있다(Sauer 1997, Hoepner & Schopohl 2016).

〈표 9-3〉은 Rathner(2013)가 기존 논문들에서 SRI의 성과와 전통적 성과를 비교하여 SRI의 성과가 전통적 성과보다 저조하다고 보고하는 결과의 빈도, 둘 사이에 차이가 없다고 보고하는 결과들의 빈도, 그리고 마지막으로 SRI의 성과가 전통적 성과에 비해 우월하다고 보고하는 결과의 빈도를 보이고 있다. 전체 517개의 결과 중에서 둘 사이에 차이가 없다고 보고하는 빈도는 372로 약 72%를 차지하고 있다. SRI의 저성과와 고성과를 나타내는 빈도는 각각 77(14.9%), 68(13.2%)로 서로 비슷하다. 결국 둘 사이에 차이가 없다고 보고하는 빈도가 압도적으로 많아서 본 메타분석의 결과와 매우 일관성이 있는 결과를 보이고 있다.

## 3 효과크기에 영향을 미치는 요인

비록 SRI 투자의 전체적인 효과크기는 미미하게 나타났다고 할지라도 이러한 효과크기에 영향을 미치는 요인들로 구분해 보면 매우 유의미한 결과가 나타날 수도 있다. 이러한 관점에서 다음에서는 효과크기에 영향을 미치는 요인들(moderators)이 무엇인지 살펴본다. 기존 연구들의 효과크기에 영향을 미치는 요인은 매우 다양하게 나타날 수 있으나 크게 두 가지 집단으로 나눌 수 있다. 하나는 연구의 표본과 관련된 것이고 다른 하나는 추출된 표본에 적용된 연구방법에 관련된 것이다. 표본이 다르면 동일한 연구방법을 적용하여도 다른 결과가 나타날 수 있다. 다른 한 편으로는 표본이 동일하다고 하여도 연구방법이 다르면 역시 결과가 달리 나타날 수 있다. 이러한 두 가지 측면을 고려하여 SRI 투자의 성과와 전통적 투자 성과의 차이, 즉 효과크기에 영향을 미치는 요인들을 검토한다. 이러한 작업은 기존 연구들 사이에 SRI 투자 성과에 대한 매우 다른 결과가 보고되고 있으나 이들 사이에 어떤 체계적 차이를 초래하는 요인이 있는지를 알 수 있도록 해 준다.

### 1) 표본과 관련된 요인

표본과 관련해서는 논문의 게재 여부, 논문이 게재된 시기, 저자가 학자인지 현장 전문가인지의 여부, 한 저자가 발간한 논문의 수, SRI 투자의 비교대상으로 사용된 통제집단의 속성, SRI 투자대상이 국내에 한정되는지 또는 국제적으로 확장되는지 여부, SRI 포트폴리오를 구성할 때 사용되는 선별방식, 뮤추얼펀드 여부 등에 따라 효과크기가 달라진다.

#### (1) 게재여부

Zivney & Bertin(1992)은 학계에서의 논문 게재를 위한 경쟁 상황을 자세히 묘사하고 있다. 이들의 제목 '게재하느냐 망하느냐(Publish or Perish)'가 나타내는 바와 같이 지명도 높은 학술지에 게재하는 것은 학자들의 생존에 필수적이며 이는 엄청난 경쟁을 유발한다. 그러다 보니 학술지에 논문을 게재하는 것은 점점 더 어려워지고 확실하게 차별화가 되는 논문들만이 학술지에 게재되게 되는데, 이러한 차별성 중의 하나가 통계적 유의성이다. 즉 통계적으로 유의한 결과를 보이는 논문들이 학술지에 대다수 발표되고 그렇지 않은 논문들은 게재되지 않아 의미 있는 논문임에도 불구하고 사장되는 경향이 있다는 것이다(Song 등 2000). Kim(2018)의 메타분석도 이러한 경향에서 자유로울 수 없을 것인데, 메타분석을 위해 선정된 논문들이 주로 학술지에 게재된 논문이라면 통계적으로 유의한 결과들이 많기 때문에 도출된 효과크기가 진정한 효과크기에 비해 크게 나타날 수 있다는 것이다.

이러한 편의(bias) 여부를 확인하기 위하여 수집된 논문들에 대하여 게재여부를 나타내는 가변수(게재논문 = 1, 비게재논문 = 0)를 사용하여 효과크기를 검토하였다. 또한 가장 많이 쓰이는 통계패키지인 STATA 14.0의 게재편의(publication bias) 분석인 Egger 검증을 수행하였다. 그 결과 Kim(2018)의 연구는 게재편의가 없는 것으로 판명되어 학술지에 게재된 논문과 그렇지 않은 논문이 효과크기에 있어 뚜렷한 차이를 보이지 않는다는 점이 확인되었다. 즉 게재여부에 따라 효과크기가 크게 다르지 않기 때문에 메타분석을 위해 선정된 논문들 사이의 편의가 적고 따라서 결과의 해석에 있어 좀 더 신뢰성을 가질 수 있다.

### (2) 게재연도

일반적으로 어떠한 현상에 대한 연구는 변증법적인(dialectic) 과정을 따르는 경향이 있다(O'Connor 2003). 어떤 가설이 세워지면(정) 이에 대한 반대의 가설이 나타나고(반), 이 둘 사이의 긴장 상태가 지속되면 이를 해소하고 종합하는 제3의 가설이 나타난다(합). SRI 연구에서도 이러한 과정이 나타날 것이라고 예측할 수 있다. 처음에는 SRI 투자의 도덕적이고 긍정적인 면을 부각시키는 연구들이 출현하고, 다음으로는 이에 대한 반대 입장을 지지하는 연구들이 나타나고, 마지막으로는 이 둘을 절충하여 긍정적 또는 부정적 효과가 그리 크지 않다거나, 상황에 따라 결과가 달라짐을 보고하는 논문들이 나타날 것으로 예상할 수 있다.

연구방법의 발달 측면을 고려하여도 SRI 투자의 효과가 시간이 지남에 따라 감소하는 형태로 학술연구의 결과가 보고될 가능성이 있다. 즉, 처음에는 SRI의 긍정적 효과를 보고하는 논문들이 나타날 것이지만, 이러한 효과에 회의적인 학자들이 연구방법상의 개선을 통해 기존 논문의 SRI 투자 성과가 분석 모형을 잘못 설정하여 나타난 것이라는 결과를 보일 것이다. 예를 들어 초과수익을 추정하는 모형에서 처음에는 단일 요인 모형을 사용함으로써 통계적으로 유의한 SRI 투자 성과가 나타났으나, 다요인 모형을 사용하면 이러한 투자 성과가 사라짐을 보이는 형태이다.

이러한 효과가 존재하는지 보기 위하여 1970년대부터 최근까지 10년씩을 단위로 하여 효과크기를 분석한 결과 효과크기의 절대치와 효과크기 사이의 표준편차가 시간이 지남에 따라 감소한다는 결과를 얻었다. 효과크기의 평균치가 감소한다는 것은 학자들이 보고하는 SRI 투자 성과가 시간이 지남에 따라 감소하였다는 사실을 반영한다. 효과크기의 표준편차가 감소한다는 것은 초기에는 SRI 투자 성과에 대해 매우 긍정적 효과를 주장하는 학자들과 부정적 효과를 주장하는 학자들이 혼재하였으나 시간이 지남에 따라 이들 사이의 의견 차이가 감소하여 왔음을 보이는 것이다.

효과크기의 부호에 있어서도 초기에는(+)의 효과크기를 보였으나 시간이 지남에 따라 부호가 변동하는 패턴을 보여 정-반-합의 형태로 이론이 전개된다는 주장을 지지하는 결과를 보였다. 이는 SRI 운동의 역사적 발전 과정과도 일치하는데, 초기에는 사회활동가나 종교 집단들이 경제적 성과를 포함하여 SRI 투자의 다양한 긍정적 측면을 역설하였으나, 이후 SRI

투자의 재무적 성과에 대한 좀 더 면밀한 검토가 이루어지면서 이러한 초기의 긍정적 분위기에 대한 반박이 이루어졌다. 그 다음에는 SRI 투자의 성과가 미미하거나 존재하지 않는다는 연구들이 다수 출현하였는데 이는 긍정적 입장과 부정적 입장이 절충된 것으로 볼 수 있다.

### (3) 저자의 형태

SRI 투자 성과에 대한 연구는 크게 대별해보면 학자 집단과 현장의 전문가들에 의해 이루어졌다. 이 두 집단은 연구의 동기나 연구 결과로 인한 보상에 있어 차이가 나는데 이러한 차이가 효과크기의 차이로 이어질 수 있다. 즉 학자들은 일반적으로 자산가격결정(asset pricing)에 관심이 많은 반면, 현장의 전문가들은 자산가격결정모형과 같은 이론적 측면보다는 실질적으로 이익을 창출할 수 있는 거래전략을 발견하는데 더 관심이 있다(Vaihekoski 2004).

자산가격결정 분야에서는 효율적 시장 가설이 중요한 주제 중의 하나인데, 자본시장이 효율적이라면 초과수익을 올리는 것이 매우 어렵다. 현재 학계에서 보편적으로 받아들여지는 효율적 시장 가설과 유사한 결과, 즉 SRI 투자로부터 초과수익을 창출하기 어렵다는 결과를 얻는다면 기존 학계의 입장과 배치되지 않기 때문에 연구 결과가 상대적으로 쉽게 받아들여진다. 그러나 SRI 투자로부터 초과수익이 발생한다는 결과를 얻는다면 연구자는 이에 대한 이유를 설명해야 하는데 이것이 쉽지 않은 과정이다. 한편 현장의 전문가 입장에서는 아무런 수익 창출 기회도 없는 거래전략을 발견하는 것은 의미가 없기 때문에 SRI 투자로부터 초과수익이 발생한다는 결과가 더 유리하다. 이러한 두 집단 사이의 유인 차이 때문에 학자들의 연구가 현장 전문가들의 연구에 비해 효과크기가 더 작게 나타날 가능성을 배제할 수 없다.

실증분석 결과, 효과크기의 절대치에 있어 현장 전문가들이 수행한 연구가 학자들이 수행한 연구에 비해 통계적으로 유의하게 더 크다는 결과를 얻었다. 또한 효과크기가 통계적으로 유의하게 나타난 연구들만으로 두 집단 사이의 차이를 검토한 결과도 역시 학자들이 연구한 결과가 현장 전문가들의 연구에 비해 효과크기가 유의하게 낮게 나타났다. 이는 위에 언급한 학자 집단과 현장 전문가 사이의 연구 동기나 연구 성과에 대한 효용의 차이를 지지하는 결과이다.

### (4) 논문의 수

SRI 투자 성과를 연구하는 분야에는 논문을 여러 편 게재한 연구자들이 존재한다. 이러한 연구자들은 일반적으로 SRI 투자의 성과가 전통적 투자에 비해 그리 크지 않거나 차이가 없다는 결과를 보고할 가능성이 있다. 그 이유는 이 연구분야에 더 정통한 연구자일수록 연구 모형을 좀 더 정교하게 다듬을 것이고, 이러한 과정에서 방법론상의 오류로 인한 가공의 SRI 효과(spurious SRI effects)를 발견할 가능성이 줄어들기 때문이다. 이러한 예측과 일관성이 있게 한 연구자가 SRI 투자 성과를 연구한 논문의 수와 해당 연구자가 보고한 논문으로부터 도출된 효과크기 사이에는 통계적으로 유의한 음의 관계가 나타났다.

### (5) 통제집단(Control Group)

연구자들은 SRI 펀드나 포트폴리오를 다양한 통제집단과 비교한다. 예를 들어, Muñoz 등(2015)은 SRI 뮤추얼펀드를 전통적인 뮤추얼펀드와 비교하였고, Edmans(2011)는 SRI 포트폴리오를 시장지수와 비교하였다.

일반적으로 비교대상인 통제집단이 SRI 펀드나 SRI 포트폴리오와 다를수록 SRI 투자로 인한 성과 차이가 크게 나올 것이다.

첫째, SRI 포트폴리오를 시장지수(market index)와 비교하는 경우와 SRI 포트폴리오를 시장지수가 아닌 전통적인 포트폴리오와 비교하는 경우를 생각해 보자. SRI 포트폴리오는 ESG를 고려하는 것이 투자에 대한 제약으로 작용하여 분산투자를 충분히 하지 못할 것이지만 시장지수는 매우 분산이 잘 되어 있다. 따라서 다른 조건이 같다고 한다면 둘 사이의 차이가 크고 따라서 성과의 차이도 크게 나타날 공산이 크다. 한편 전통적인 투자 포트폴리오는 SRI 포트폴리오와의 비교 가능성을 염두에 두고 저자들이 구성하는 것이기 때문에 시장지수와 비교해 볼 때 역시 불완전 분산투자로부터의 약점을 가지고 있다. 따라서 SRI 포트폴리오와 시장지수를 비교하는 경우가 SRI 포트폴리오와 전통적 포트폴리오를 비교하는 경우에 비해 효과크기가 클 것이다. 통제집단으로 시장지수 사용 여부에 따른 더미 변수를 사용하여 실증분석을 한 결과 이러한 예측을 지지하는 결과를 얻었다.

둘째, 통제집단으로 전통적인 시장지수를 사용하는 경우로만 하위 표본을 구성한 경우, SRI 표본으로 SRI 포트폴리오를 사용하는 경우와 SRI 지수를 사용하는 경우를 생각할 수 있다(Statman 2006). 이 경우 두 지수, 즉 SRI 지수와 전통적인 시장지수 사이의 차이가 SRI 포트폴리오와 전통적인 지수 사이의 차이보다 더 적다고 할 수 있다. 예를 들어, 도미니사회책임지수(Domini Social Index)는 1990년에 만들어진 가장 오래되고 대표적인 사회책임지수 중의 하나인데, 처음부터 S&P 500 지수를 기반으로 하면서 여러 가지 ESG 기준을 적용하여 가치가중지수(market capitalization-weighted index)를 계산하였다. 따라서 많은 기업들이 도미니사회책임지수와 전통적 지수인 S&P 500지수에 동시에 포함되어 있어 두 지수 사이의 유사성이 높다(diBartolomeo & Kurtz 1999, Brander 2006). 그렇다면 SRI 지수와 전통적 시장지수를 비교하는 경우가 SRI 포트폴리오와 전통적 지수를 비교하는 경우보다 효과크기가 작을 것으로 예측할 수 있는데, 실증결과 역시 이러한 예측을 지지하는 것으로 나타났다.

### (6) 투자대상(Investment Universe)

SRI의 영향을 연구하기 위해서는 문화적인 요인에 대한 검토가 필요하다(Hill 등 2007, López-Arceiz 등 2016). 그 이유는 SRI 투자를 할 때 고려하는 ESG 요인에 대한 가치 판단이 주관적이어서 문화와 지역에 따라 다르기 때문이다. 예를 들어, 여성들이 차도르를 착용하는 관행은 아랍지역에서는 자신들의 전통문화를 지키는 복식으로 긍정적으로 인정될 수 있지만, 유럽 지역에서는 여성들의 인권을 배려하지 않는 사회적 관행으로 인식되어 부정적으로 받아들여진다. 펀드매니저들은 포트폴리오를 구성할 때 그들이 몸담고 있는 사회에서 중요하다고 인식되는 가치관을 반영할 것인데(Louche & Lydenberg 2006), 만일 SRI 투자를 함으로써 전통적인 투자에 비해 수익률이 높아진다면, 유사한 문화권에 속한 투자 대상에 투자할 때 수익률이 더 높게 나타날 것이다. 만일 펀드매니저가 속한 사회와 다른 문화나 가치관을 가지고 있는 지역의 자산에 대해 펀드매니저가 속한 사회의 가치관에 맞추어 SRI 투자를 한다면, 해당 지역에서는 선별된 자산이 ESG를 반영한다고 인식하지 않을 수도 있기 때문에 투자성과의 차이가 나타나지 않을 수도 있다.

이러한 효과를 검토하기 위하여 SRI 투자가 이루어지는 시장을 국내와 해외로 나누어 더미변수를 구성하였다. 그 결과 국내시장을 나타내는 더미 변수의 계수가 통계적으로 유의한 양으로 나타나 이러한 예측을 지지하는 결과를 얻었다. Jones 등(2008)의 연구도 국제시장에 대한 투자가 많은 SRI 펀드의 수익률이 국내 시장을 대상으로 한 SRI 펀드의 수익률보다 연 3% 정도 낮다는 결과를 보고하고 있다. 이러한 결과는 유사한 문화권에 속한 투자대상에 투자하는 SRI 투자의 수익률이 더 높다는 것을 지지하는 것으로 SRI 투자 성과에 있어 문화적 요인의 중요성을 상기시키는 결과이다.

### (7) 선별방식

사회책임투자 포트폴리오를 구성하는 방식에는 부정 선별(negative screening)과 긍정 선별(positive screening)이 있다. 부정 선별은 사회적으로 바람직하지 못한 기업들을 포트폴리오에서 제외하는 것인데, 이 과정에서 산업 전체가 제외되는 경우도 있으며 이는 포트폴리오 프론티어(portfolio frontier)의 심각한 축소를 초래한다. 또한 현실적으로는, 사회적으로 부정적 측면이 있는 소위 죄악주식(sin stock)의 투자수익률이 높은 경우도 많은데, 예를 들면 잘 나가는 주류 회사가 그것이다. 이 경우 부정 선별을 사용하게 되면 SRI의 투자 성과가 전통적 방식의 투자 성과보다 열등할 수 있다(Fabozzi 등 2008, Hong & Kacperczyk 2009).

그러나 긍정 선별은 사회적으로 바람직한 기업들을 추가로 편입하는 형태이기 때문에 포트폴리오 프론티어의 축소 문제가 부정 선별의 경우보다 덜 심각하다. 또한 SRI 투자자나 펀드매니저들이 자신들의 포트폴리오에 추가하는 기업들에 대해 잘 알고 있기 때문에 기계적으로 광범위한 분산투자를 하는 경우에 비해 수익률이 높을 수 있다(Kacperczyk 등 2005, Girard 등 2007). 따라서 부정 선별을 사용하는 SRI 투자는 긍정 선별을 사용하는 SRI 투자에 비해 수익률이 낮을 것으로 예상할 수 있다.

실증분석 결과 긍정 선별을 사용하는 펀드의 수익률이 부정 선별을 사용하는 펀드의 수익률보다 더 높아 효과크기가 더 크게 나타났는데, 이는 이러한 예상을 지지하는 결과이다. 이는 긍정 선별은 펀드의 위험도를 유의하게 낮추지만 부정 선별은 분산투자를 할 수 있는 기회를 상당히 손상시키기 때문에 펀드의 위험도를 높인다는 Humphrey & Lee(2011)의 연구와도 일관성이 있는 결과이다. 좀 더 직접적인 연구로, Goldreyer & Diltz(1999)와 Statman & Glushkov(2009)는 긍정 선별은 포트폴리오 성과에 긍정적 영향을 미치지만, 부정 선별은 포트폴리오 성과에 부정적 영향을 미친다는 결과를 보이고 있다.

### (8) 뮤추얼펀드

기존 문헌을 살펴보면 SRI 투자의 성과를 연구하기 위하여 많은 연구자들이 SRI 뮤추얼펀드를 표본으로 삼고 있다(Geczy 등 2005, Chang & Witte 2010, Climent & Soriano 2011, Muñoz 등 2014). 한편, 또 다른 연구자들은 자신들의 연구 목적에 따라 SRI 포트폴리오를 구성하여 연구를 수행한다(Diltz 1995a, Gompers 등 2003, Core 등 2006). 이 두 집단 사이의 연구결과는 차이가 있을 것으로 예상할 수 있는데, 뮤추얼펀드를 연구표본으로 하는 논문들의 SRI 투자 성과가 더 낮게 나타날 가능성이 있다.

그 이유는 첫째, 뮤추얼펀드의 성과를 연구하는 많은 논문들이 이들 펀드의 성과가 시장 평균 성과를 넘기 어렵다는 결과를 보인다는 점을 지적할 수 있다(Jensen 1968, Ferson & Schadt 1996, Ferson & Warther 1996, Carhart 1997). 둘째, 연구자들이 직접 구성한 포트폴리오의 경우에는 유동성 제약, 거래비용, 운영자 보상과 같은 시장의 마찰적 요인들을 명시적으로 고려하지 않고 성과를 측정한 경우가 많다. 그러나 뮤추얼펀드는 마찰적 요인이 존재하는 상황에서 거래가 이루어지기 때문에, 마찰적 요인이 반영되어 수익률이 결정되고, 또한 대부분의 뮤추얼펀드 대상 연구가 거래비용을 감안하여 성과를 측정한다. 그렇다면, 뮤추얼펀드를 표본으로 하는 논문들의 SRI 투자 성과는 연구자들이 포트폴리오를 구성하여 진행한 논문들의 SRI 투자성과에 비해 낮을 것이다(Adamsson & Hoepner 2015). 이러한 추론과 일관성이 있게 실증분석 결과 SRI 뮤추얼펀드의 효과크기가 SRI 포트폴리오의 효과크기보다 유의하게 작게 나타났다.

## 2) 연구방법과 관련된 요인

효과크기는 연구에 사용된 방법에 따라 달라질 가능성이 있다. 특별히, 시장이 효율적이라면 SRI투자와 전통적 투자 사이에 성과의 차이가 존재하지 말아야 한다. 왜냐하면 SRI 관련 정보는 관심이 있는 사람이면 누구나 접근할 수 있는 공공정보(public information)이므로 SRI 요인을 고려한다고 하여 초과수익을 올릴 수는 없기 때문이다. 그러나, 연구방법이 잘못 설계되어 중요한 요인을 누락하는 등의 실수를 하면 SRI 투자 성과와 전통적 투자 성과 사이에 가상의 차이(spurious difference)가 나타나는 잘못된 결과가 얻어질 수 있다. 일 예로, Gregory 등(1997)은 이전의 연구에서 나타난 영국의 SRI 펀드의 우월한 성과가 시장포트폴리오와 기업 규모를 포함하는 두 요인으로 연구모형을 수정한 경우 사라진다는 점을 보고하고 있다.

일반적으로 시장이 효율적이라면 좀 더 정확한 모형을 설정하는 경우 SRI의 초과 수익률은 점점 더 작아질 것으로 예측할 수 있다. 연구방법상의 차이에 대한 실증 결과를 보면, 위험조정 방식과 성과측정치, 기준이 되는 모형, 가중평균 방법, 대응절차(matching procedure), 자료의 정확성에 따라 효과크기에 차이가 존재함을 알 수 있다.

### (1) 성과측정치

성과측정치를 무엇으로 사용하는가에 따라 SRI 투자 성과와 전통적 투자 성과 사이의 차이인 효과크기가 달라질 수 있다. 우선, 성과측정치를 위험이 조정된 성과와 위험을 조정하지 않은 성과로 구분할 수 있다. 위험을 조정하지 않은 경우는 총수익률이 포트폴리오 성과의 추정치이고, 위험을 조정한 경우는 젠슨의 α(Jensen's alpha), 샤프비율(Sharpe ratio), 트레이너비율(Treynor ratio) 등 다양한 방식으로 성과를 측정한다.

가령 SRI 포트폴리오와 전통적 포트폴리오가 서로 다른 위험 요인을 가지고 있다고 하자. 이 경우 위험을 조정하지 않고 총수익률을 성과의 척도로 사용하면, 사실은 두 포트폴리오 사이에 위험을 제대로 감안한다면 차이가 없을 것임에도 불구하고 마치 차이가 있는 듯이 보이는 가상의 성과 차이가 나타날 수 있다(Becchetti & Ciciretti 2009). 따라서 위험을 조정하여 분석한 연구의 성과차이가 그렇지 않은 연구의 성과차이보다 작게 나타날 것이라고 예상할 수 있다.

실증분석 결과, 대부분의 연구가 위험조정 성과 추정치로 젠슨의 α를 사용하였고, 소수의 연구들이 샤프비율이나 트레이너비율을 사용한 것으로 나타났다. 이렇게 위험을 조정하여 성과측정을 한 연구는 위험에 대한 고려 없이 총수익률을 사용한 연구들에 비해 SRI 투자와 전통적 투자 사이에 성과의 차이가 적다고 보고하는 경향을 보이고 있다. 이는 위에 언급한 바와 같이 성과 측정치를 무엇으로 사용하는가에 따라 효과크기에 차이가 나타날 것이라는 예상을 지지하는 결과이다.

### (2) 기준모형(Benchmark Model)

대부분의 연구들이 위험 조정 성과 측정치로 젠슨의 α를 사용하는데 이를 계산하기 위해서는 초과성과의 기준이 되는 수익률 창출 모형(return generating model)을 설정해야 한다. 이러한 기준모형으로는 단일 지수 모형(single index model) 또는 복수 요인 모형(multi-factor model)이 사용된다. 단일지수모형을 사용한 연구들로는 Bello(2005), Goldreyer & Diltz(1999), Hamilton 등(1993), Reyes & Grieb(1998), Statman(2000) 등이 있다.

그러나 단일지수모형은 시장 포트폴리오 이외의 다른 요인들을 통제하지 않기 때문에 왜곡된 결과를 도출할 수 있다. 많은 기존 연구들이 SRI 펀드와 전통적 펀드는 투자 대상 증권, 포트폴리오 전략 등이 다르기 때문에 규모, 장부가대시장가 비율(book-to-market ratio), 관성 요인(momentum factors) 등을 통제해야 한다고 주장한다(Bauer 등 2005, Renneboog 등 2008a). 이러한 점을 반영하기 위해서는 복수요인모형을 사용해야 한다(Fama & French 1993, Carhart 1997, Galema 등 2008, Edmans 2011). Luther 등(1992), Luther & Matatko(1994), Gregory 등(1997)은 복수 요인 모형을 사용하여 초과수익률을 산출하였는데, 복수 요인모형을 사용하면 모형 설계의 오류로 인한 SRI 포트폴리오와 전통적 포트폴리오 사이의 가상의 차이가 사라질 것이기 때문에 효과크기가 작게 나타날 것이다. 실증결과 복수요인모형을 나타내는 가변수의 계수가 통계적으로 유의한 음으로 나타나 이러한 주장을 지지하는 결과를 얻었다.

### (3) 단순평균 대 가중평균

포트폴리오의 수익률을 계산할 때 이론적으로 가치가중(value-weighting) 수익률을 구하는 것이 단순가중(equal-weighting) 수익률을 구하는 것보다 더 타당하다. 금융산업 현장을 고려하더라도 가치가중치를 구하는 것이 현장의 상황을 더 잘 반영한다(Humphrey & Tan 2014). 특히 SRI 시장의 대부분을 차지하는 것이 기관투자자인데 이들을 고려한다면 더더구나 가치가중을 하는 것이 타당하다(Trinks & Scholtens 2017). 기존 연구를 보면 두 개의 가중방법에 따라 결과가 다르게 나오는 경우가 종종 있다. 예를 들어, Statman & Glushkov(2009)는 가치가중을 한 경우의 초과수익률이 단순가중을 한 경우보다 더 낮다는 결과를 보이고 있다.

만일 Luther & Matatko(1994), Schröder(2003)가 언급하는 바와 같이 SRI 뮤추얼펀드가 전통적인 펀드보다 소기업에 대한 투자를 많이 한다면, 단순가중을 하는 경우 SRI 투자와 전통적인 투자 사이의 성과를 계산할 때 오류가 발생될 수 있다. 시장이 효율적인 상황에서 제대로 가치를 반영한 가중치를 사용하게 되면 전통적 투자와 SRI 투자 사이에 차이가 나타나지 않겠지만, 단순가중을 하게 되면 방법상의 오류로 인해 둘 사이에 차이가 발생하여 효과크기가 더 크게 나타날 가능성이 있다. 특히 SRI 펀드는 전통적인 펀드에 비해 소기업에 대한 투자가 더 크기 때문에 가치를 고려하지 않고 단순가중을 하면 두 펀드 사이에 가공의 차이가 발생할 수 있다. 실증분석결과, 가치 가중을 하는 경우 SRI 투자와 전통적인 투자 사이에 성과의 차이가 더 작은 것으로 나타나 위와 같은 주장을 지지하고 있다.

### (4) 대응표본 구성 방법

자연과학에서는 어떠한 처치나 치료의 효과를 파악하기 위하여 처치집단(treatment group)을 구성하고, 처치를 하지 않았을 뿐이지 이와 아주 흡사한 통제집단(control group)을 무작위 추출로 구성하여 비교하는 매우 통제된 실험(controlled experiment)이 가능하다. 그러나 사회과학에서는 어떠한 정책이나 행위의 효과를 검토하고자 할 때 처치를 한 사실 이외에는 처치집단과 동일한 비교대상(counterfactual)을 구성하기가 매우 어렵기 때문에 자연과학과 같은 통제된 실험은 거의 불가능하다. SRI 투자의 효과를 보기 위한 경우에도, 아주 엄정한 연구방법은 SRI 펀드와 모든 조건이 동일하고 다만 ESG를 고려하지 않고 투자하는 펀드를 찾아 SRI 펀드와 비교해야 한다.

그러나 현실적으로 이러한 비교대상은 존재하지 않기 때문에 가능한 한 SRI 펀드와 유사한 펀드를 SRI의 비교대상으로 설정하고 연구를 진행한다. 이러한 맥락에서 기존 논문의 저자들은 SRI 펀드와 전통적 펀드를 비교할 때 혼란을 초래할 수 있는 요인(confounding factors)들을 최대한 통제하기 위하여 노력했다. 즉 SRI 펀드와 유사한 규모, 지역, 포트폴리오 구성, 시간 등을 가진 대응표본을 구성하여 SRI 펀드와 전통적 펀드의 성과를 비교하는 것이다(Derwall & Koedijk 2009, Ferruz 등 2012, López-Arceiz 등 2016). 이론적으로 볼 때 대응표본으로 사용된 펀드가 SRI 펀드와의 유사성이 높으면 높을수록 효과크기가 줄어들 것이다. 그 이유는 대응이 잘 못 되는 경우 SRI 투자 이외 요인들의 차이로 인한 가공의 차이가 커질 것이기 때문이다.

메타분석 결과, 연구방법으로 대응표본을 사용한 논문들의 효과크기가 대응표본을 구성하지 않은 논문들의 효과크기보다 낮아 이러한 추론을 지지하고 있다. 추가적으로, 1:1로 대응을 시키는 경우에 비해, SRI 펀드 당 여러 개의 전통적 펀드를 대응시키는 경우의 효과크기가 더 낮은 것으로 나타났다. 이는 1:1로 대응시키는 경우에는 연구자가 인지하지 못한 대응된 기업의 독특한 속성에 의해 SRI 펀드와 전통적 펀드 사이의 성과의 차이가 나타날 가능성이 있는데, 여러 개의 대응 기업을 사용하게 되면 이러한 독특성이 완화되어 두 형태의 펀드 사이에 차이가 크게 나타나지 않을 것이기 때문이다.

### (5) 자료의 정확성

수익률을 계산할 때 어떤 논문들은 Shank 등(2005)과 같이 배당이나 주식분할 등을 고려하여 정확한 수익률을 계산하기 위해 노력하지만, 이러한 점을 엄밀히 고려하지 않은 논문들도 많다. 연구에 투입되는 자료의 정확성이 결여되면 이로 인해 SRI 포트폴리오와 전통적 포트폴리오 사이에 가공의 차이가 발생할 수 있다. 예를 들어, Luther 등(1992)이나 Luther & Matatko(1994)의 연구에서 보이는 바와 같이 만일 SRI 펀드가 일반적으로 전통적 펀드에 비해 소규모 기업에 투자를 더 많이 하는 경우 배당을 무시하고 수익률을 계산하면 SRI 투자와 전통적 투자 사이에 가공의 차이가 발생할 수 있다. 왜냐하면, 작은 기업들은 큰 기업들에 비해 투자기회가 더 높다고 볼 수 있기 때문에, 다른 조건이 같다면 SRI 투자 대상인 주식들의 배당이 전통적 투자 대상인 주식들의 배당에 비해 낮을 것이기 때문이다. 이러한 오류로 인해 설사 두 집단 사이에 성과의 차이가 없다고 할지라도 연구자는 두 집단 사이의 차이가 있다는 결과를 얻을 가능성이 있다.

메타분석 결과, 수익률의 계산에 있어 배당이나 주식 분할 등을 명시적으로 고려한 논문들의 효과크기가 그렇지 않은 논문들의 효과크기보다 유의하게 낮아 이러한 추론을 지지하는 결과를 얻었다.

### 야후(Yahoo!)

야후는 1994년 초부터 인터넷과 함께 성장해왔다. 당시 스탠포드 대학의 대학원생이었던 Jerry Yang과 David Filo가 사람들로 하여금 인터넷을 편리하게 사용할 수 있도록 하기 위해 만든 간단한 웹사이트 디렉토리인 "Jerry and Dave's Guide to the World Wide Web"을 만들면서 시작되었고, 이듬해인 1995년 Delaware 기업으로 창업하였다. 1996년 4월 12일 최초공모를 하여 나스닥 시장에 상장하였으며 캘리포니아의 Sunnyvale에 본사를 두고 있다. 2015년 12월 31일 현재 총자산 452억 달러, 매출 49.7억 달러, 정규직 종업원수 10,400명이며, 35개국에서 영업 중인 다국적 기업이다.[41] 2017년 미국의 통신회사인 'Verizon Communications'가 야후의 인터넷 사업을 대부분 인수하였다.[42]

## 이슈

2000년대 초 야후는 표현의 자유를 주장하는 중국의 반체제활동가를 확인하고 체포하는 과정에서 회사의 서버에 저장되어 있는 자료를 중국 당국에 제공하였다. 중국 당국은 이 정보를 법위반의 증거로 사용하였고 중국 법원은 야후가 제공한 동 정보를 근거로 최소 4명의 반체제활동가에게 실형을 선고하였다.

이에 대해 2006년 '국경없는기자회(Reporters Without Borders)'는 야후의 행위를 공개적으로 통렬히 비난했고, 2006년 2월 야후를 포함한 인터넷 대기업들이 미국 하원의 대외정책위원회에서 중국의 반체제인사 사건에 대한 증언을 해야 했다.

41 Yahoo! 2015 Annual Report, http://static.tumblr.com/7drgjla/Csuo7onwp/yahoo_ar15_annual_report.pdf 2017. 2. 21 접속.

42 야후는 한 때 가장 큰 인터넷 기업이었으나 2000년 후반부터 서서히 기울기 시작했다. 2017년에 Verizon Communications가 야후의 대부분의 인터넷 사업 부문을 44억 8,000만 달러에 인수하였다. 그러나 야후의 도메인 웹사이트는 아직도 가장 인기 있는 사이트 중의 하나이다.

2007년 세계인권조직(World Organization for Human Rights)이 언론인 Wang Xiaoning의 이름으로 야후를 고소하였다. 내용은 야후가 부당하게 중국 당국에게 서버에 있는 정보를 제공하여 해당 인사가 10년의 실형을 선고받게 하였다는 것이다. 같은 해 국제사면위원회(Amnesty International)는 "중국의 표현의 자유 침해. 야후, 구글, 마이크로소프트의 역할(Undermining freedom of expression in China. The role of Yahoo!, Google and Microsoft)"라는 제목의 보고서를 발표했다.

## 사회책임투자자들의 행동

2005에 국경없는기자회는 표현과 인터넷의 자유에 대한 공동투자자선언을 채택했다. 선언의 의미는 선언에 참여한 투자자가 인권존중과 특히 표현의 자유에 대한 존중을 매우 중요하게 생각한다는 것이다. 참여한 기업들은 인권을 억누르는 국가에서의 웹기업들의 활동을 감시감독하기로 하였다. 35개 기관투자자가 참여하고 있으며 이들이 운영하는 총자산 규모는 1,040억 달러에 달한다.

자료원: Amnesty International

뉴욕시재정국(New York City Comptroller)은 뉴욕시의 5개 연금을 운영하고 있는데 야후로 하여금 중국이나 여타 유사한 전략을 구사하는 국가에서 웹사이트를 적극적으로 검열하지 말라고 요구하는 주주제안을 제출했다. 캘리포니아 자산관리기업인 Harrington Investments는 2005년부터 야후 회사 내에 인권위원회를 설치할 것을 요구하는 주주제안을 제출했다. 중국활동가이며 NGO인 Humanitarian China의 의장인 Jing Zhao는 2005년부터 시작해서 야후가 인권을 존중하는 정책을 도입하도록 요구하는 주주제안을 제출하였다.

이러한 노력들은 2008년 Global Network Initiative(GNI)의 결성으로 이어졌는데 여기에는 NGO들, 학자들, 미국사회책임투자자들(Domini Social Investments, Trillium Asset Management, Calvert)과 영국사회책임투자자들(F&C Investments)과 함께 산업의 주요 기업들이 참여했다. 참여한 기업들은 페이스북, 야후, 구글, 마이크로소프트, 웹센스(Websense), 에보카(Evoca) 등이다. GNI 원칙에 서명함으로써 이 기업들은 국제적 영업에 있어서 인권, 표현의 자유, 프라이버시를 존중할 것을 결의하는 한편, GNI의 실천강령에 나타난 바와 같이 특별 영향력 연구를 통해 인권침해에 대한 위험을 평가하고 위반이 보고될 수 있는 내부고발 장치를 만들었다.

유럽투자자들, 특히 스칸디나비아의 투자자들도 이러한 회사와의 대화에 참여했으며, 야후를 제외하는 회사들도 나타났다. 예를 들어, 2005년에 노르웨이의 가장 큰 생명보험회사인 KLP가 자신의 투자풀에서 야후를 제외했고, 2007년는 스웨덴의 AP7 연금도 제외했다. 스웨덴의 AP1, AP2, AP3 AP4 연금들은 공동으로 윤리위원회를 만들어서 인권과 특히 표현의 자유에 관해 야후와 대화를 시작했다.

## 회사의 전략

야후의 초기 대응은 회사가 영업을 하려면 해당 국가의 법을 따라야 하기 때문에 어쩔 수 없다는 식이었다. 그러나 비판이 높아지자 곧 전략을 수정하였다. 2006년 당시 부사장이며 야후의 법률담당 임원인 Michael Samway는 회사의 블로그에 표현의 자유와 개인정보의 보장 등에 대한 대화를 지원하기 위해 사회적책임 담당 부서를 설치하였다고 언급하였다. 그리고 사회적책임 투자자, 회사의 비즈니스와 인권에 관한 UN 전문가, NGO등 다양한 이해관계자와 대화를 진행하고 있다고 언급하였는데 이것이 2008년의 GNI 결성으로 이어진다. 야후는 GNI의 창립멤버이며 논란이 거세질 때마다 이러한 활동을 알리는 데 주력했다. 2007년에는 반체제인사의 가족들이 회사를 상대로 제기한 소송을 취하하는 것에 동의하는 조건으로 야후인권펀드를 조성하였다. 이 펀드는 온라인상에 자신들의 소신을 표현하다가 구금된 반체제인사와 가족들에게 법적 재정적 지원을 하는 역할을 담당했다.

2008년에는 '야후 사업과인권 프로그램(Yahoo! Business and Human Rights Program)'을 개설했는데 이 프로그램의 목적은 회사의 의사결정 과정에 인권 요인을 포함시키고 현실 생활의 활동을 통해 인권과 개인정보 보호를 증진시키는 것이다. 야후는 인권에 관한 주요 국제원칙을 존중하며 이러한 원칙을 경영지침에 반영하고 있다고 강조하고 있다. 또한 새로운 시장에 진입하거나 신제품을 출시할 때는 인권에 대한 영향력 검증을 실시하고 있다. 마지막으로, 비즈니스와 인권에 대한 연례학술대회를 조직하고 새로운 정보와 소통 기술 관련하여 표현의 자유와 개인정보보호에 대한 연구를 하는 연구자와 언론인들에게 연구비를 지급한다. 야후의 윤리지침은 2008년에 개정되었는데 개인정보사용, 인권존중, 표현의 자유 등을 포함하고 있다.

야후는 또한 2005년 야후의 중국포탈을 알리바바에게 넘긴 후 지속적으로 인권문제에 대해 압력을 가해 왔다고 강조한다. 2008년에는 부시행정부에서 국무장관을 역임한 콘돌리자 라이스에게 쓴 편지에서 야후의 공동창업자인 제리양은, 중국에서 반체제인사들이 감금된 것에 대한 깊은 유감을 표명하면서 미국이 중국정부를 압박해서 반체제인사들이 석방되도록 노력해 줄 것을 부탁한 바 있다.

야후의 사례는 다국적기업이 당면한 근본적인 어려움을 잘 나타내고 있다. 기업이 외국에서 영업을 하면서 인권문제에 봉착할 때 과연 어떠한 전략을 택해야 하는가? 현지의 실정법을 위반한다면 그로 인한 벌금 및 영업제한 등 회사에 대한 타격은 얼마나 클 것인가? 실정법을 위반하지 않기 위해 인권이나 개인정보보호에 대한 국제적 원칙을 침범한다면 해당기업의 명성과 이로 인한 전세계적 매출의 감소가 불가피할 것이다. 회사의 입장에서는 매우 어려운 결정이 아닐 수 없다.

CHAPTER 10

# 사회책임투자 시 고려사항

제10장

# 사회책임투자 시 고려사항

사회책임투자는 일률적으로 효과가 나오는 것이 아니고 다양한 요인의 영향을 받아 효과가 달라진다. 현장에서 사회책임투자를 하기 위해서는 현장의 경험과 학계의 연구 결과를 심도 있게 고찰해 보아야 한다. 이 장에서는 사회책임투자를 수행하기 위해서 고려해야 하는 요인들을 살펴본다.

## 1 시장의 수요 파악

사회책임투자를 수행하기 위해서는 당연히 일차적으로 이에 대한 수요를 파악하여야 한다. 〈그림 10-1〉은 CFA Institute(2015)가 포트폴리오 운영자이거나 투자분석가인 44,000여명의 회원을 대상으로 설문조사를 한 결과이다. 이들이 ESG 요인을 투자에 반영하는 가장 큰 이유는 ESG 요인이 투자위험관리에 도움이 되기 때문이라는 것이다. 포트폴리오 이론에 따르면, ESG 반영이라는 조건이 추가되는 경우 효율적 프론티어가 축소되기 때문에 상대적으로 제약조건이 없는 전통적 투자에 비해 SRI 투자의 성과가 낮아야 한다. 그럼에도 불구하고 현장의 포트폴리오 투자자들이 ESG 요인을 반영하는 것이 투자 위험관리에 도움이 된다고 답하는 것은 이것이 성과에 긍정적이기 때문일 것이다. 즉, 포트폴리오 운영자들이

(단위: %)

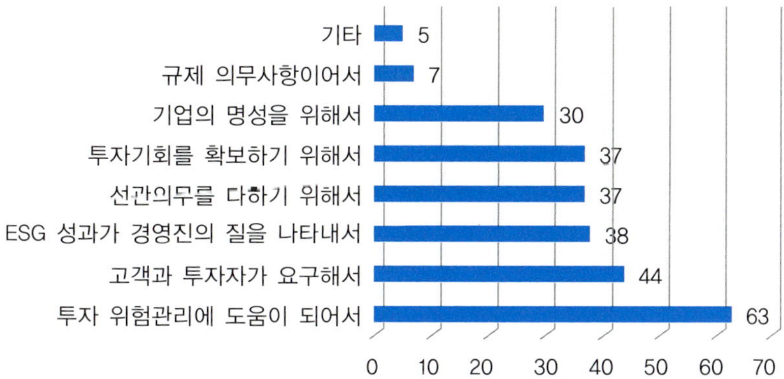


자료원: CFA Institute(2015)

그림 10-1 ESG 요인을 투자에 반영하는 이유

현장에서 자산을 선택할 때는 이론에서와 같이 경제에 있는 모든 자산을 고려하는 것이 아니기 때문에 저분산으로부터의 비용은 크지 않고, 오히려 ESG 요인을 고려하는 것이 기존의 투자전략과의 관계에서 유리한 측면을 제공하는 것이라고 볼 수 있다. 특히 ESG 요인을 고려하는 것은 지속가능성을 검토하는 것이기 때문에 장기적인 성과 측면이나 위험관리 측면에서 긍정적일 수 있다.

두 번째 중요 요인은 고객과 투자자들이 ESG 요인을 고려하도록 요청하기 때문이라는 것이다. 포트폴리오 운영자는 개인고객이나 기관고객의 자금을 위탁 받아 운영하는 경우가 많기 때문에 이들이 요구하는 경우는 아주 예외적인 경우를 제외하고는 이들의 요청에 따를 수 밖에 없다. 따라서 위탁하는 자금의 규모가 큰 연기금 등에 대한 교육과 이들의 역할이 중요하다. 국제적으로 사회책임투자에 대한 관심이 점점 높아지고 다양한 조직과 기관이 만들어지는 것은 ESG 요인을 적극적으로 고려하도록 하는 측면에서 매우 긍정적이다.

그 이외의 주요 요인으로는 ESG 성과가 경영진의 질을 나타내기 때문에, 선관의무를 다하기 위해서, 투자기회를 확보하기 위해서 등이다. 이러한 이유들은 사회책임투자 자체가 기업의 경영에 도움이 된다는 의견의 피력이다. ESG 성과가 높은 기업은 경영의 질이나 재무적 성과도 높다는 인식이 시장에 상당히 확산되어 있다는 반증이다. 선관의무와 관련하여 과거에는 비재무적 성과를 반영하는 것이 선관의무에 반한다는 의견이 지배적이었으나 이 역시 변하고 있는 것이다. 사회책임투자가 추가적인 투자기회를 확보하는 데 도움이 된다는 의견도 사회책임투자가 실질적으로 긍정적 영향을 미친다고 인식하는 증거이다.

한편, 기업의 명성을 위해서 수동적으로 사회책임투자를 고려한다든지, 규제의무사항 때문이라든지 하는 답변은 상대적으로 빈도가 낮아 자본시장이 사회책임투자의 긍정적 효과를 점차 인지하고 있는 것으로 보인다.

〈그림 10-2〉는 ESG 요인을 투자의사결정에 반영하지 않는다고 답변한 집단을 대상으로 그 이유를 물어본 것이다. 가장 큰 요인이 고객과 투자자의 요구가 없었기 때문이라는 것이다. 위에 언급한 바와 같이 수탁기관

(단위: %)

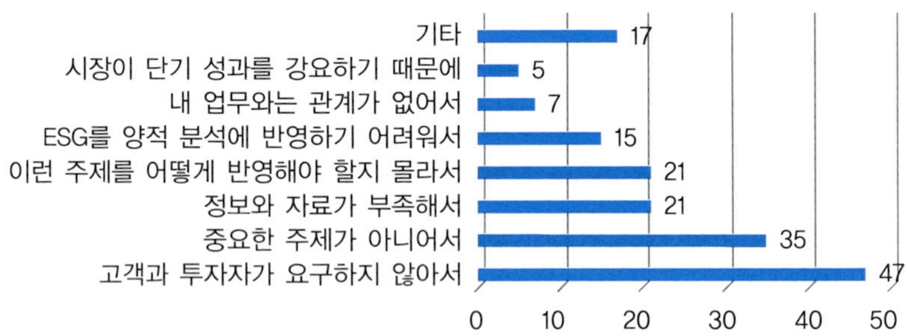


자료원: CFA Institute(2015)

그림 10-2 ESG 요인을 투자에 반영하지 않는 이유

(단위: %)

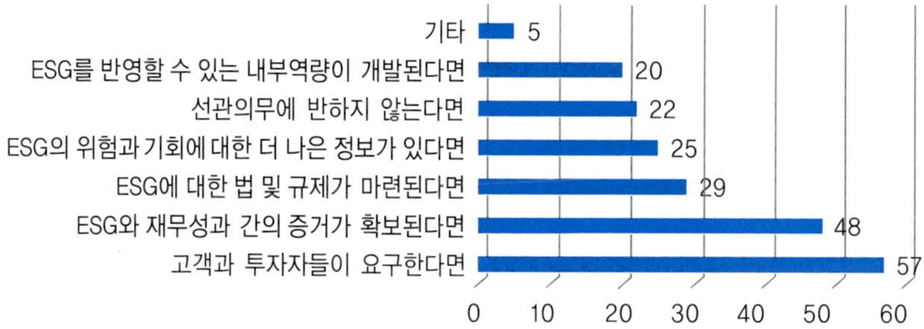


자료원: CFA Institute(2015)

그림 10-3 ESG 요인을 투자에 반영할 것이라면 그 이유

의 포트폴리오 운영자의 입장에서는 위탁자들의 요구 사항을 반영하지 않을 수 없기 때문에 자금을 위탁하는 개인투자자 및 기관투자자들을 대상으로 하는 SRI 투자 교육이 중요함을 알 수 있다. 두 번째 이유는 ESG가 당장 중요한 주제가 아니기 때문이라는 것이다. ESG 요인이 성과와 위험관리를 위해 새로운 기회를 제공한다고 응답한 ESG 반영 집단과 비교하면 매우 극명한 차이가 나는 부분이다. 또한, ESG에 대한 정보나 자료가 부족하다거나, 이를 현장에 어떻게 접목시킬지 모르겠다거나, 특히 양적인 분석이 주를 이루는 투자분석에서 ESG 요인을 어떻게 반영시킬지 모르겠다는 응답이 중요하게 나온 것은 역시 이들을 대상으로 한 교육이 중요함을 알려주는 대목이다. 이 경우 일반적인 사회책임투자의 당위성뿐만 아니라 성공적으로 ESG 요인을 반영하여 투자성과가 높아지는 구체적인 기법과 사례에 대한 전문적 교육도 중요하다.

〈그림 10-3〉은 아직 ESG 요인을 투자의사결정에 반영하지 않는 집단을 대상으로 어떠한 경우에 이를 반영할 것인지 질문한 것이다. 당연히 고

객과 투자자들이 요구하면 반영을 하는 것이고, 그 다음으로 중요한 것이 ESG 고려와 재무성과간의 관계에 대한 확신이 없다는 것이다. 즉 ESG 요인이 포트폴리오의 성과에 도움이 된다는 확신이 필요하다는 것인데, 기존의 논문들을 검토한 본서의 결과에 의하면 최소한 ESG 요인을 반영하는 것이 비용으로 작용하지는 않기 때문에 사회책임투자를 수행할 동기는 충분히 있다. 다만 이러한 내용에 대한 홍보와 교육을 통해 투자자들의 인식의 변화를 도모하는 것이 중요하다.

## 2 경영진의 인식 전환

Lewis & Juravle(2010)의 결과에 의하면 사회책임투자를 성공시키기 위해서는 투자담당이사(Chief Investment Officers; CIOs)나 CEO를 포함한 투자기관 경영진의 공감 및 인식의 전환과 지원이 필수적이다. 경영자의 중요성과 관련한 이들의 설문에 대해 대표적 답변들은 다음과 같다.

"만일 최고 경영진이 사회책임투자의 효과를 믿고, 지원하고, 공개적으로 지지하지 않으면, 사회책임투자는 일어나지 않는다."

"사회책임투자가 일어난 주요 이유는 사장과 그 다음으로는 부사장이 ESG 이슈가 중요하다고 진정으로 생각했기 때문이다."

일반적으로 금융산업에서는 사회책임투자와 같은 개념은 진정한 수익성과는 관계가 없고, SRI에 대해 언급하는 사람들은 이단아 취급을 하는 것이 통례이다. 이러한 상황에서 최고 경영진이 SRI의 효과를 진정으로 신뢰하고 지원하지 않으면 기관투자자들이나 금융산업에서의 SRI 활동은 이루어질 수 없다. 이를 위해서 중요한 것은 실제 SRI 성공 사례를 보이는 것이다. 또한 SRI 성과에 대한 꾸준한 연구를 하여 사실에 근거한 주장과 계도를 해야 하고, 성공적 재무성과를 제시하도록 노력해야 한다.

## 3 사회 문화적 차이

Hill 등(2007)은 가장 규모가 큰 SRI 뮤추얼펀드들를 대상으로 미국, 유럽, 아시아의 사회책임투자의 성과를 검토하였다. 젠슨의 α를 사용하여 성과를 측정하였는데, 단기(3년)적으로는 유럽시장만이 SRI 성과가 전체 주식시장에 비해 긍정적으로 나타났다. 중기(5년)적으로는 세 지역 모두 유의미하게 다르지 않았고, 장기(10년)적으로는 유럽과 미국의 SRI 뮤추얼펀드가 시장 전체의 성과를 능가하는 것으로 나타났다. 흥미 있는 것은 아시아 시장도 장기에 있어서는 통계적으로 유의미한 방향으로 진행하고 있다는 점이다.

Hill 등(2007)은 이러한 결과를 문화의 차이로 설명한다. 구체적으로 Thomas & Au(2002)의 수직적 집단주의(vertical collectivism)와 수평적 개인주의(horizontal individualism) 개념을 이용하여 설명한다. 즉 유럽은 개인의 권리와 자유를 찾기 위해 긴 역사적 과정을 거쳤고, 이 과정에서 수평적 개인주의가 강하게 형성되었기 때문에 기업의 사회적 책임에 매우 민감하게 반응하고 이에 따라 유럽에서는 단기에서도 SRI 투자의 성과가 나타난다. 그러나 아시아의 경우에는 개인의 권리나 자유보다는 집단이 우선시되어 가령 노동자들이 적절한 처우를 받지 못하더라도 집단을 위해 참고 희생하는 분위기이다. 따라서 기업의 사회적 책임에 대한 요구나 주주행동주의가 강하게 나타나지 않는다. 그러나 이러한 문화의 차이가 시간이 흐름에 따라 국제화 등의 영향으로 간극이 좁혀지고 이로 인해 아시아권에서도 장기적으로는 SRI 투자의 성과가 점차 중요해지게 되는 것이다.

Duuren 등(2016)은 전통적 펀드 운영자들에 대한 국제적 서베이를 실시하여 자산관리자들이 투자과정에서 ESG 요인을 어떻게 반영하는지 검토하였다. 그 결과 이들이 투자 과정에서 사회적 책임 요인을 반영한다는 것을 발견하였고, 문제의 발생 가능성이 높아지는 것에 대비하여 경고를 하거나 위험을 관리하기 위해 ESG 요인이 활용되고 있었다. 역시 지역에 따라 SRI에 대한 태도가 달리 나타났다. 미국의 포트폴리오 운영자들은 사회적 책임 성과에 대해 회의적이지만, 유럽의 포트폴리오 운영자들은 사회적 책임 성과의 이점에 대해 매우 낙관적이다. Hill 등(2007)의 연구에서 유럽 지역의 사회책임투자 성과가 높게 나타난 것과 일관성이 있는 결과이다.

López-Arceiz 등(2018)은 2004-2014 기간 동안 전세계 488개의 사회책임 뮤추얼펀드를 대상으로 연구를 진행하였다. 대부분의 펀드는 Luxembourg(31.7 %)에 위치하고 다음으로 미국(24.7 %), 프랑스(12.5 %), 오스트리아(10.3 %), 영국(6.3 %), 벨기에(6.3 %) 등에 분포하였다. 연구 방법의 엄정성을 위하여 생존편의가 없도록 하고, 유사한 규모, 지역, 포트폴리오 구성, 투자 기간(time horizon)을 가진 통제 집단을 구성하여 SRI 펀드와 비교하였다. 이들은 사회책임투자 펀드를 연구할 때 펀드에 의해 사용되는 윤리적인 틀이나 CSR은 펀드의 문화적인 맥락에 따라 해석되어야 한다고 주장한다. 즉 SRI 펀드의 성과가 다른 것을 문화적 측면에서 설명하여야 한다는 것이다.

이들은 〈표 10-1〉에 보는 바와 같이 영미모형, 독일모형, 프랑스모형, 북구모형의 네 가지 문화적 분류를 제시하고 있다. 분류 기준은 가치관, 종교, 이해관계자의 결속도, 법적 체계, 경제 체제 등인데 영미모형이 뚜렷하게 나머지 세 모형과 다르다. 영미모형은 관습법 체계를 따르지만 다른 지역은 로마법 체계를 따르고, 영미 지역은 시장 중심 경제체제이지만 다른 지역은 금융기관 중심 체제로 경제가 운영된다. 약간 다르긴 하여도 가장 유사성이 높은 것은 독일모형과 프랑스모형이다. 둘 다 협동조합주의 가치관을 가지고 있고, 로마법 체계를 따르며, 금융기관중심으로 경제운

**표 10-1 각 나라의 사회 문화적 차이**

| 구분 | 영미모형 (Anglosaxon Model) | 독일모형 (German Model) | 프랑스모형 (French Model) | 북구모형 (Scandinavian Model) |
|---|---|---|---|---|
| 국가 (Countries) | 미국, 영국 | 오스트리아, 독일, 폴란드 | 프랑스, 스페인, 이태리 | 스웨덴, 노르웨이, 덴마크 |
| 가치관 (Sphere of Values) | 자유주의 (Liberal) | 협동조합주의 (Corporatist) | 협동조합주의 (Corporatist) | 사회민주주의 (Social Democratic) |
| 종교 (Religion) | 개신교 (Protestantism) | 카톨릭/개신교 (Catholic/ Protestantism) | 카톨릭 (Catholic) | 개신교 (Protestantism) |
| 이해관계자 (Stakeholder) | 낮은 통합 (Low Integration) | 높은 통합 (High Integration) | 낮은 통합 (Low Integration) | 높은 통합 (High Integration) |
| 법적 체계(Legal System) | 관습법 (Common Law) | 로마법 (Roman Law) | 로마법 (Roman Law) | 로마법 (Roman Law) |
| 경제 체제(Credit System) | 시장 중심 (Market) | 금융기관 중심 (Financial Institutions) | 금융기관 중심 (Financial Institutions) | 금융기관 중심 (Financial Institutions) |

출처: López-Arceiz 등(2018), 부록.

용을 하고 있다. 이해관계자 사이의 결속도를 보면 미국 영국 등 영미모형 국가들과 프랑스, 스페인, 이태리 등 프랑스모형 국가들이 낮은 결속력을 보이고, 독일모형과 북구모형을 따르는 오스트리아, 독일, 폴란드, 스웨덴, 노르웨이, 덴마크 등은 높은 통합 정도를 보이고 있다. 이러한 문화의 차이에 따라 사회적으로 바람직한 것을 판단하는 기준도 달라지고, 법과 제도도 달라지기 때문에 SRI의 발전 정도와 그 성과도 차이가 나게 된다.

Louche & Lydenberg(2006), Rathner(2013), Revelli & Viviani(2015) 등도 같은 맥락의 연구를 수행하였다. 펀드의 성과는 해당 펀드가 운영되는 지역의 문화를 고려해야만 하는데 이유는 펀드 운영자가 이러한 가치를 자신의 가치로 수용하고 있을 것이기 때문이다. 결과적으로 모든 곳에 공통적으로 통용되는 윤리적 기준이나 사회적 책임 기준은 없다. 같은 문화적 배경을 가지는 SRI펀드와 전통적 펀드 사이의 수익률, 위험, 성과의 차이는 다른 문화권의 SRI 펀드 사이의 차이보다 더 유사성이 있다. 개신교의 가치가 지배하는 Anglo-Saxon 지역에서는 의사결정 과정에서 자율성을 중요시하기 때문에 부정 선별을 사용하지만 유럽지역에서는 긍정 선별을 사용하는 경향이 있다(Revelli & Viviani 2015).

기업이 사회책임활동을 선언하는 것은 어떤 영향을 미칠까? 이에 대한 자본시장의 반응이 긍정적이라면 기업은 좋은 일을 하면서도 기업 가치를 높일 수 있고 이런 기업들에 투자하는 사회책임투자의 효용도 높아질 것이다. 이 역시 해당 국가나 사회의 역사적, 문화적 기반에 따라 효과가 달리 나타난다. McMillan(1996)은 1990년 맥도날드(McDonald's Corporation)가 쓰레기를 줄이겠다고 하는 환경 선언에 시장이 긍정적으로 반응함을 발견하였다. 그러나 1997년 12개의 미국 대기업이 워싱턴 포스트(Washington Post)지에 설리반 원칙(Sullivan Principles)을 채택하고, 남아프리카공화국의 흑인 노동자들에 대한 직장에서의 처우 개선을 결의했을 때는 주식시장의 반응이 별로 유의하지 않았다.[43] 이로 미루어 보면, 모든 종류의 사회적 책임 활동이 자본시장에서 긍정적으로 받아들여지는 것은 아니고, 해당 국가의 사람들이 중요하게 생각하는 주제에 초점을 맞추어야 한다. 이를 위해서는 정치, 경제, 사회, 문화와 더불어 역사적 배경 등에 대한 깊은 이해가 전제되어야 한다.

43 설리반 원칙(Sullivan principles)은 아프리카계 미국인 목사인 설리반(Leon Sullivan)이 기업의 사회적 책임을 촉구하면서 주창한 두 개의 기업 행동 강령(corporate codes of conduct)의 명칭이다. 원래의 설리반 원칙은 인종차별에 반대하여 남아프리카공화국에게 경제적 압박을 가하기 위하여 1977년에 주창되었다. 이 원칙은 남아프리카공화국에서 영업하는 미국계 기업들에게 광범위한 지지를 얻었다. 새로운 설리반 원칙은 1999년 설리반 목사와 코피 아난(Kofi Annan) UN 사무총장이 공동으로 주창한 것으로, 원래 남아프리카공화국의 인종차별에 초점을 맞춘 것에서 범위를 확장하여 기업들이 인권과 사회정의를 위해 국제적 차원의 활발한 참여를 하도록 촉구하고 있다.

## 4 사회책임투자의 투자지역

Jones 등(2008)의 연구는 국제시장에 대한 투자 비중이 높은 SRI 펀드의 수익률이 국내 시장 종목으로 구성된 SRI 펀드의 수익률보다 연 3% 정도 낮다는 결과를 보고하고 있다. SRI 펀드 운영자들은 자신이 속한 지역의 가치관이나 SRI 기준은 잘 알지만, 타국이나 타 지역의 SRI 기준이나 문화는 잘 모를 것이다. 만일 SRI 펀드가 초과수익을 창출할 수 있다면 펀드 운영자들이 잘 아는 지역의 종목을 대상으로 구성된 펀드가 그렇지 않은, 예를 들어 국제적으로 분산투자되는 SRI 펀드의 수익률보다 높을 것이다.

기존의 SRI 투자성과에 대한 논문을 종합하여 메타분석을 실시한 Kim(2018)의 연구도 국내 종목을 대상으로 한 SRI 펀드의 수익률이 국제적으로 종목을 분산하여 투자하는 SRI 펀드의 수익률보다 높다는 결과를 보이고 있다. 이러한 결과는 국내 시장이나 유사한 문화권에 속한 투사대상에 투자하는 SRI 수익률이 이질적 문화권에 속한 종목을 대상으로 하는 SRI 투자에 비해 더 높다는 것을 지지하는 것으로 SRI 투자 성과에 있어 문화적 요인의 중요성을 상기시키는 결과이다.

그러나 다른 한편으로 보면 국내용 SRI 투자자들이 국제적 분산투자를 함으로써 SRI 제약으로 인한 분산투자 손실을 완화할 수 있다는 주장도 성립한다. Miralles-Quirós & Miralles-Quirós(2017)는 다변수 VAR-GARCH 방법을 사용하여 북미, 유럽, 아시아 태평양 지역의 대표적 SRI 지수의 가격과 변동성의 전이 효과를 검토하였는데 매우 유의한 상호 의존성을 발견하였다. 이들이 이 기법을 사용하여 시간 가변 수익률과 변동성 예상에 근거하여 최적 포트폴리오를 구성하고 추정기간 외(out-of-sample) 성과를 측정한 결과가 〈그림 10-4〉에 나타나 있다. 보다시피 이들이 구성한 최적포트폴리오의 수익률이 단순한 사회적 책임 포트폴리오

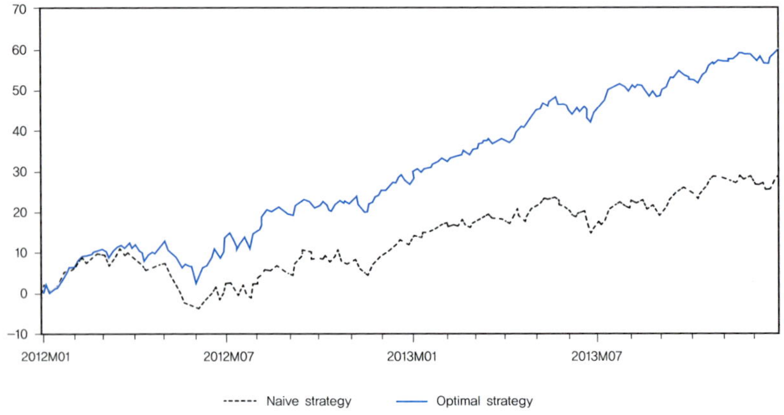


그림 10-4 최적포트폴리오의 성과

구성 방법에 의한 포트폴리오나 전통적 시장 포트폴리오에 비해 월등히 높다. 결과의 강건성을 보기 위하여 거래비용을 포함시키거나 포트폴리오 재구성 기간을 변화시켜 다시 검증을 시도하였으나 원래의 결과에 크게 변화가 없었다.

종합적으로, SRI 펀드의 투자지역과 관련하여 자신이 속한 지역이나 국가의 SRI 기준에 정통한 펀드 운영자는 국내 종목으로 SRI 펀드를 구성하는 것이 유리하겠으나, 그렇지 않은 SRI 펀드 운영자는 현재까지 개발되어 있는 효과적 기법을 사용하여 국제적 분산 투자를 함으로써 SRI 펀드의 성과를 올릴 수 있다.

## 5 장기적 관점

Hill 등(2007)의 연구를 보면 단기 SRI 성과는 미국, 유럽, 아시아 지역

중 유럽에서만 긍정적으로 나타났으나 장기적으로는 유럽과 미국의 SRI 성과가 시장 전체의 성과를 능가하는 것으로 나타났다. 흥미 있는 것은 아시아 시장도 장기에 있어서는 통계적으로 유의미한 방향으로 진행하고 있다는 점이다. 이러한 결과에 대해 이들은 문화의 차이와 이로 인한 사회책임투자 성과의 차이가 장기적으로는 국제화 등의 영향으로 차이가 줄어들기 때문이라고 해석한다.

사회책임투자가 장기적 관점을 유지해야 한다는 점을 지지하는 실증결과로 Cummings(2000)와 Barnett & Salomon(2006)은 단기적으로는 사회책임펀드의 효과가 크지 않지만 장기적으로는 사회책임투자의 성과가 전통적 투자보다 높아진다는 결과를 보인다. 이는 학습효과로 인해 시간이 지남에 따라 SRI 펀드가 점차 더 지속가능성 측면에서 우위를 보이기 때문이다. Bauer 등(2005, 2006)도 정보비대칭 등 여러 가지 비용 요인으로 인해 SRI 성과가 단기적으로는 전통적 투자에 비해 낮지만 장기적으로는 학습효과로 인해 사회책임투자의 성과가 더 높아질 수 있음을 보이고 있다.

학계의 연구뿐만 아니라 현장에서도 사회책임투자가 장기적 관점을 가져야 함을 강조하고 있다. 일 예로, 캐나다에서 자산운영자와 자산소유자를 대상으로 SRI 투자를 하는 이유를 물어본 결과 가장 중요한 이유는 장기적으로 위험을 낮추고자 하는 것이고, 다음으로는 장기적으로 수익률을 올리기 위한 것이라고 응답했다(Responsible Investment Association, 2019).

또한 시장이 효율적이지 않다는 증거가 누적되고 있는 상황을 감안하면 비재무 위험이 시장가격에 충분히 반영되어 있지 않을 개연성이 높다. 그렇다면 ESG 요인을 투자 의사결정에 포함시키면 중장기 운용성과가 개선될 수 있다. 또한, 비재무위험 요인을 자산운용에 반영하는 것이 수탁자의 충실의무에 위반되지 않는다는 인식이 확산되고 있다. 그 예로, 2005년 UNEP FI의 Freshfields 보고서는 지속가능성장 요소나 비재무요인을 통합하여 중장기 운용성과의 개선을 도모하는 것이 수탁자책임과 반하는 것은 아니라는 입장을 취하고 있다(UNEP FI 2005).

## 6 선별방식

지역에 따라 사회책임투자의 선별방식이 조금씩 다르게 나타난다. 일반적으로 미국은 주주행동주의(shareholder activism)와 부정 선별(negative screening) 경향이 좀 더 강하고, 유럽은 긍정 선별(positive screening)과 분야의 최고를 포트폴리오에 포함시키는 경향이 더 강하다. 한편, Lozano(2006)에 의하면 스페인은 부정 선별을 사용하는 뮤추얼펀드가 대부분인데 부정 선별에 대한 정의나 절차가 제대로 확립되어 있지 않다.

선별방식에 따라 사회책임투자의 성과도 달라지는데 부정 선별이 분산을 충분히 하지 못함으로부터의 비용이 더 높기 때문에 수익률이 긍정 선별에 비해 낮을 것이고, 따라서 미국시장의 성과가 유럽보다 낮을 수 있다. 그러나, 다른 면으로 보면 미국은 SRI 시장이 잘 발달되어 학습효과가 높기 때문에 유럽보다 성과가 더 높을 수 있다. Revelli & Viviani(2015)는 미국 쪽의 효과가 더 높다는 결과를 보이고 있는데 이는 이런 추론과 일관성이 있다.

그러나 대체적으로 보면 부정 선별이 수익성에 부정적 영향을 미치는 것으로 보인다. Statman & Glushkov(2009)가 1992-2007 기간에 대해 분석한 결과, 사회적 책임을 다하는 기업을 선택하는 투자자들은 전통적인 투자자들보다 수익률이 높았다. 하지만 부정 선별을 하는 경우는 투자자들에게 불리하게 작용되었다. 즉, 높은 사회적 책임을 다하는 기업들에 대한 투자는 긍정적 효과를 나타내었으나, 담배, 술, 도박, 무기, 낮은 사회적 책임을 수행하는 기업들을 제외하는 투자는 부정적 효과를 나타내었다. 따라서 투자자들은 부정 선별을 하지 말고, 최고 선별(best-in-class) 방법을 수행하면 부정 선별의 피해를 낮추면서 긍정 선별의 이점을 누릴 수 있다.

좀 더 정교한 형태의 연구로 Trinks & Scholtens(2017)는 14가지의 논란의 여지가 있는 산업에 대한 연구를 진행하였다. 즉, 낙태, 피임, 성인물, 술, 담배, 도박, 동물실험, 모피, 유전공학, 배아줄기세포, 고기, 돼지고기, 무기, 핵발전 분야에 대해 1991-2012 기간 동안 1,763개의 주식에 대하여 4 요인 모형을 사용하여 시계열 평균을 구하고 중앙값 회귀분석을 수행하였다. 그 결과 부정 선별을 하는 경우 투자할 수 있는 대상이 유의하게 줄어드는 것을 발견하였는데, 그 정도는 분야에 따라 상이했다. 성인물, 모피, 배아줄기세포 분야는 투자가능 주식의 수나 가치 면에서 부정 선별이 제한적 영향을 미치나 술이나 핵발전은 매우 심각한 영향을 미쳤다. 부정 선별의 수익률에 대한 영향을 보면, 성인물, 낙태, 도박, 무기, 핵발전, 고기, 돼지고기, 배아줄기세포 등의 분야는 5% 수준에서 수익률에 대한 부정적 영향이 유의하게 크지 않았다. 그러나 술, 담배, 동물실험, 모피, 피임, 유전공학 등은 5% 수준에서 이 분야의 주식을 제외하지 않는 것이 유의하게 수익률이 더 높았다.

죄악주식에 대한 결과도 사회적으로 부정적 영향을 미치는 주식들의 수익률이 더 높다는 결과가 지배적이고, 많은 논문을 과학적으로 종합하고자 한 Kim(2018)의 메타분석 결과도 부정 선별의 낮은 수익률을 지지하고 있다. 따라서 현장에서 사회책임투자를 하는 경우 부정 선별보다는 긍정 선별 방식을 추구하는 것이 더 나은 사회책임투자 전략인 것으로 판단된다.

단순히 부정 선별과 긍정 선별을 대별하는 것이 아니고 선별 기준의 수나 선별강도가 수익률과 위험에 어떠한 영향을 미치는지 연구한 논문들도 존재한다. Barnett & Salomon(2006), Lee 등(2010), Capelle-Blancard & Monjon(2014)은 선별의 강도가 높아지면 재무적 성과가 낮아진다는 결과를 보이고 있다. 구체적으로 보면, Barnett & Salomon(2006)은 1972-2000 기간 동안 미국의 61개 SRI 펀드를 대상으로 선별 강도가 SRI 펀드의 재무성과에 미치는 영향을 살펴보았다. SRI 펀드의 사회적 선별의 수가 증가할수록 재무적 수익률이 처음에는 감소하다가 다시 증가하는 패턴을 발견하였다. 그러나 선별의 수가 증가하더라도 한 가지 선별방식을 적용하는 펀드의 성과에는 미치지 못했다. 주제별로는 지역사회 관계 선별은 재무성과를 증가시키지만, 환경과 노동 관련 선별은 재무성과를 하락시켰다.

Lee 등(2010)도 Barnett & Salomon(2006)과 같은 표본인 61개 미국 SRI 펀드에 대해서 기간을 좀 더 최근으로 하여 선별강도의 영향을 연구하였다. 그 결과 1989-2006 기간 동안 선별 강도가 위험을 조정하지 않은 수익률이나 비체계적 위험에는 영향을 미치지 않았다. 그러나 Carhart 모형으로 α를 계산한 결과, 선별 한 단위마다 α가 0.7% 하락하는 것으로 나타났다. 이와 같이 선별의 수가 늘어날수록 성과가 하락하지만 총위험도 하락하는데 이는 체계적 위험의 하락 때문이다. 이는 SRI 펀드 운영자들이 SRI 제약이 펀드의 위험을 증가시킬 수 있다는 비판을 회피하기 위하여 총위험을 최소화하기 위하여 노력하는데 이를 위해 베타가 낮은 주식들을 선택하기 때문인 것으로 보인다.

Capelle-Blancard & Monjon(2014)은 프랑스 SRI 펀드를 대상으로 연구하였다. 역시 선별강도가 강하면 재무적 성과가 조금 낮아진다. 그러나 선별이 아주 강해지면 재무적 성과가 오히려 올라가서 Barnett & Salomon(2006)과 같이 U자형 패턴을 보였다. 죄악 주식을 제외하는 선별은 재무적 성과를 낮추지만, 포괄적 선별(transversal screen)은 영향이 없다. 죄악주식을 선별하는 과정은 술, 담배, 도박 등 사회적으로 문제가 있는 산업에 속한 기업들은 모두 제외가 되는 반면, 포괄적 선별은 어떤 기준, 예를 들어 UN Global Compact Principles, ILO/Rights at

Work 등을 만족시키지 않는 기업들만 제외하는 것이다. 분야를 모두 제외하는 경우 분산투자의 이점을 상실하는 정도가 더 크기 때문인 것으로 보인다. 이들은 선별과정의 질도 성과에 영향을 미친다는 결과를 보인다. Novethic의 평가와 같은 SRI 선별 과정의 질은 성과에 영향을 미치지 않지만, SRI 펀드 사이의 좀 더 높은 전략적 차별성을 제시하는 또 다른 선별 과정은 재무적 성과에 긍정적 영향을 미쳤다.

Biehl 등(2011)은 1998–2010 기간 동안 50개 UK SRI 펀드를 대상으로 연구하였다. 가장 높은 사회적 평가를 받은 포트폴리오의 성과는 유의하게 낮았으나 가장 낮은 사회적 성과를 받은 포트폴리오는 그렇지 않았다. 가장 높은 사회적 평가를 받기 위해서는 여러 가지 검증 기준을 통과해야 하는데 역시 검증의 강도가 높아질수록 성과가 낮다는 결과이다.

Renneboog 등(2008b)은 전세계 17개국으로부터의 440개 SRI 펀드에 대해 1991–2003 기간 동안 선별 작업이 위험조정 수익률과 위험 부하에 미치는 영향을 검토하였다. 주제별로 나누어 선별의 강도가 수익성에 미치는 영향을 살펴보았는데, 사회적 선별(기업재무구조, 사업 관행, 지역사회, 노동 다양성, 노사관계, 인권, 해외 영업)의 수는 재무성과를 유의하게 낮추지만, 윤리적 선별(동물실험, 낙태, 유전자공학, 보건, 이슬람)의 수, 죄악 선별(술, 담배, 도박, 포르노, 무기)의 수, 환경 선별(환경, 핵, 재생에너지)의 수는 유의한 영향이 없었다. 그러나 이들은 선별의 수와 수익률 사이의 비선형적 관계에 대해서는 검증하지 않았다.

선별의 강도가 수익성에 부정적 영향을 미친다는 결과와는 다른 결과를 제시하는 연구들도 존재한다. Laurel(2011)은 1980–2010 기간 동안 유럽의 177개 SRI 펀드를 대상으로 연구한 결과 선별의 수가 수익률에는 영향이 없고, 다만 위험도에는 역 U자 형의 영향을 미친다는 결과를 보고하고 있다. Humphrey & Lee(2011)는 1996–2008 기간 동안 24개 호주

SRI 펀드를 살펴본 결과, 호주에서는 선별강도가 위험조정수익률을 낮추는 것이 아니라 오히려 상승시킨다는 결과를 얻었다.

전체적으로 볼 때, 선별방식은 부정 선별을 사용하는 것 보다는 긍정 선별 방식을 사용하는 것이 좋고, 특히 죄악주식을 제외하는 부정 선별은 수익성에 부정적 영향을 미치는 것으로 보인다. 선별의 강도는 일부 예외적 논문들이 있기는 하지만 강도가 심해질수록 수익성을 낮추는 경향이 있다. 따라서 지나치게 ESG 기준을 적용하는 것은 피해야 할 것으로 보인다. 그러나 ESG 세부 주제에 따라 부정 또는 긍정 선별방식이나 선별방식의 강도가 수익성에 미치는 영향은 일관성 있는 결과가 나타나지 않아 향후 이에 대한 연구가 더 축적되어야 이를 의사결정에 반영할 수 있을 것으로 보인다.

## 7 투자대상 증권

기존 연구의 대부분은 주식 포트폴리오를 사용하여 사회책임투자를 분석하였다. 그러나 현장에서는 주식뿐만 아니라 채권도 중요한 투자 대상이기 때문에 SRI 채권 포트폴리오나 채권과 주식이 혼합된 포트폴리오의 성과에 관심이 쏠릴 수 있다. 특히 연금 기금이나 많은 공공 또는 민간 펀드의 성과를 결정짓는 가장 중요한 요인은 같은 형태의 증권 안에서 종목 선정을 잘 하는 것보다는 서로 다른 형태의 자산 사이의 자산배분(asset allocation)이기 때문에 SRI 채권 펀드의 성과는 매우 중요한 의미를 가진다.

Hutton 등(1998)과 D'Antonio 등(2000)은 SRI 채권 포트폴리오나 채권과 주식이 균형을 이룬 포트폴리오(balanced portfolio)의 성과가 SRI 주식 포트폴리오의 성과보다 높다는 결과를 보인다. 구체적으로 Hutton 등(1998)은 1990-1996 기간을 대상으로 도미니400사회지수(Domini 400

Social Index; DSI)에 포함된 기업들로 구성된 채권 포트폴리오를 만들어 전통적 채권 지수인 'Lehman Brothers Corporate Bond Index(LBC)'와 비교하였다. 결과는 SRI 포트폴리오의 수익률이 약간 높게 나왔으나, 월별 포트폴리오 수익률의 변동성 또한 LBC보다 높았다. 따라서 위험과 수익률을 모두 고려한다면 둘 사이의 차이가 크다고 볼 수는 없다는 결론을 내린다. D'Antonio 등(2000)은 채권을 SRI 포트폴리오에 편입하는 것은 가능한 투자전략을 다변화하고 위험관리에 추가적인 융통성을 부여하여 분산비용을 낮추기 때문에 주식만으로 포트폴리오가 되어 있는 경우보다 수익률이 더 높다는 결과를 보이고 있다. Derwall & Koedijk(2009)의 연구에 의하면 SRI 채권펀드는 일반 채권펀드의 성과와 차이가 없으나, SRI 균형펀드(SRI balanced fund)는 일반 균형펀드에 비해 성과가 연 1.3% 높았다.

결론적으로 SRI 채권펀드에 투자하는 것은 다양한 투자 전략을 가능하게 해주기 때문에 사회책임투자의 성과를 올리는 데 기여하는 것으로 판단된다. 최소한 전통적 채권펀드보다는 수익률이 높고, 위험을 함께 고려하여도 위험조정수익률이 전통적 채권펀드와 대등하다. 한편 채권과 주식이 혼합된 형태의 SRI 포트폴리오는 주식만으로 이루어진 포트폴리오나 또는 전통적 혼합 펀드에 비해 수익률이 높은 것으로 판단된다. 따라서 현장의 SRI 포트폴리오 전략에서는 SRI 채권 포트폴리오를 적극적으로 활용하는 방안을 검토하는 것이 좋겠다.

## 8 사회책임투자 전문회사

Gil-Bazo 등(2010)은 1997-2005 기간 동안 미국의 지분 뮤추얼펀드(equity mutual fund)를 대상으로 사회책임투자의 성과를 연구하였다.

연구방법의 엄정성을 높이기 위해 대응추정치를 사용하고, 수수료(fee)를 포함하는 경우와 포함하지 않는 경우를 모두 검토하였다. 결과는, 수수료 포함 여부와 관계 없이 SRI 펀드의 성과가 다른 전통적 펀드의 성과보다 위험 조정 후 성과가 더 우수한 것으로 나타났다. 흥미 있는 사실은 이렇게 우월한 성과가 나타난 이유가 SRI 펀드의 운용에 전문화한 자산운용회사가 운용하는 뮤추얼펀드의 성과가 우월했기 때문이다. 반면, SRI 펀드 운용에 전문화하지 않은 자산운용회사의 펀드는 전통적 펀드에 비해 성과가 열등했다. 그리고, 흔히 SRI 펀드가 일반적으로 규모가 더 작아 규모의 비경제가 발생하고 수수료가 비싸다는 비난이 있는데 이를 지지하는 증거는 발견하지 못하였다.

이러한 실증결과로부터의 시사점은 자산운용회사가 사회책임투자를 수행할 때는 상당한 정도의 전문성을 확보하기 위해 노력해야 한다는 것이다. 사회책임투자에 관한 기존의 연구를 심도 있게 검토하고, 성공적으로 사회책임투자를 수행하고 있는 기업들의 경쟁력이 무엇인지 파악해야 한다. 또한 사회책임투자의 경험이 많이 쌓인 국가들의 사례를 수시로 접하도록 노력하여야 한다.

## 9 실질적 차별성

Kempf & Osthoff(2008)는 1991-2004 기간 동안 미국 주식 펀드 대상으로 SRI 펀드가 위장된 전통적 펀드라는 주장을 검증한다. 사회적이고 환경적 기준과 관련하여 SRI 펀드 포트폴리오의 보유 비중을 전통적 펀드의 보유 비중과 비교하였다. 미국 주식 펀드에 대한 실증분석 결과 SRI 펀드가 전통적 펀드보다 유의하게 높은 윤리적 순위를 가지고 있는 것으로 나타났다. 즉, SRI 펀드가 위장된 전통적 펀드가 아니라는 것이다. 이러한 결과는 이들이 검토한 모든 윤리적 기준에 공히 나타났다. 시간이 지남에 따라서도 안정적인 결과를 보였고, 여러 가지 펀드의 특징을 통제한 후에도 유사한 결과를 얻었다.

한편, diBartolomeo & Kurtz(1999)는 SRI 투자와 전통적 투자와의 성과 차이는 포함된 기업들의 사회적 책임 활동 때문이 아니라, 선별과정에 내재되어 있는 경제적 차이나 분야에 대한 노출이 다르기 때문이라고 주장한다. 1990-1999 기간을 대상으로 살펴본 결과 DSI 포트폴리오는 S&P 500 지수보다 좀 더 성장성이 높은 주식으로 되어 있고, 베타도 높았다. 또한, 거시경제적 측면의 노출 정도도 다르다.

그러나 SRI 펀드가 전통적 펀드와 크게 다르지 않고 따라서 SRI 펀드에 기대되는 사회적 역할을 충분히 하고 있지 못하다는 주장도 다수 존재한다. Statman(2006)은 1990-2004 기간 동안 Calvert Index, Citizens index, DJ Sustainability index-US, DS 400 index 등 4개의 사회적 책임 지수와 S&P 500 지수를 비교하였다. 그 결과, 사회책임투자 지수와 일반 지수 사이에 수익률의 차이가 거의 없고, 사회책임투자지수의 수익률과 전통적 지수의 수익률 사이의 상관계수가 상당히 높다는 것을 발견했다. 이는 사회책임투자지수와 S&P500 지수가 포함되는 기업들의 명단에 상당한 유사성이 존재하기 때문인 것으로 판단된다. Cortez(2009)는 7개 국가로부터 88개 유럽 SRI 펀드들을 살펴본 결과 이 펀드들의 수익률이 사회책임투자지수보다 전통적 지수와 더 관련이 있는 것으로 나타났다. 또한 사회책임투자 펀드의 수익률이 SRI 벤치마크보다는 전통적 벤치마크의 수익률에 의해 더 잘 설명되었다. 이러한 결과는 이전 연구와 일관성이 있는 것으로(Bauer et al. 2005, 2006), SRI 펀드에 선정된 종목들이 실질적으로 전통적 펀드와 다른가에 대한 의문을 제기한다.

사회책임투자를 강조하다 보면 분산이 잘 이루어지지 않아 편중현상이 발생하고 투자 리스크가 확대될 위험이 있으며 이로 인해 투자자들의 최대 관심사인 수익률을 희생하는 결과가 나타날 수도 있다. 그러나 한국의 경우, 어느 특정 분야에 집중투자가 일어나서 투자 리스크가 높아질 정도로 SRI 투자방식을 고수하는 펀드는 존재하지 않는다. 대부분 SRI 펀드 운용에 있어 운용자산의 55~65%는 중대형 가치주/성장주에 투자함으로써, 일반 주식형 펀드의 전형적 운용방식을 따르고 있다. 오히려 SRI 펀드는 실제 종목 구성에 있어 일반 주식형과 차이가 나지 않아 무늬만 SRI라는 지적을 받고 있다. 이러한 현상이 초래되는 이유는 실제 ESG 평가 우수기업이나 거래소의 SRI지수 편입종목이 결국 KOSPI 200과 같은 대형주 중심으로 이루어져 있기 때문이다.

미국에도 대표적 SRI 지수인 IShares MSCI KLD 400 Social Index가 S&P 500지수와 그 구성 면에서 크게 다르지 않다. 즉 S&P 구성종목 중 제일 비중이 높은 Microsoft, IBM, Procter & Gamble, Johnson & Johnson, Wells Fargo가 IShares MSCI KLD 400 Social Index에도 포함되어 있다. 또 다른 미국 SRI 지수인 IShares MSCI USA ESG Select Social Index에는 SRI와 특별한 관계가 없이 선도 전자시스템 업체인 Eaton, 커피전문업체인 Starbucks, 컴퓨터 업체인 Dell, 스포츠 용품 업체인 Nike 등이 포함되어 있다. 또한 과거와는 달리 여러 가지 SRI ETF 상품이 출시되고 있으나, SRI ETF의 투자대상기준이 불명확하여 일부 펀드는 원자력을 포함한 유틸리티 기업에 집중 투자하고 있고, SRI와 큰 관련이 없는 유명세가 있는 기업들이 SRI ETF에 포함되어 있다(박태준 2011).

따라서 투자자 및 운용주체의 SRI에 대한 근본적 인식 개선과 더불어 SRI가 무늬만 SRI가 되지 않도록, 자산운용사의 SRI 상품개발 방식이 수정되어 다양한 사회책임투자 전략을 활용한 펀드들이 출시되어야 한다.

## 10 사회책임투자의 평가지표

기업의 환경 활동과 역량에 대한 평가는 수십억 달러의 사회책임투자에 영향을 미칠 뿐 아니라 소비자, 활동가, 잠재적 피고용자에게 영향을 미친다. Chatterji 등(2009)은 가장 널리 사용되는 평가 지표인 Kinder, Lydenberg, Domini Research & Analytics(KLD) 평가지표가 과거의 성과나 미래의 성과에 대한 예측을 얼마나 잘 하는지를 검토한다. 그 결과 KLD의 '요주의(concern)' 평가는 과거의 환경 성과를 잘 요약하는 상당히 정확한 추정치임이 밝혀졌다. 예를 들어, 과거의 오염 수준이 높았다면 KLD의 총 환경 요주의 항목과 3개의 개별 KLD 요주의 항목—유해쓰레기, 규제문제, 상당한 배출 정도—에 포함될 가능성이 높았다.

그리고, KLD 요주의 평가가 많은 기업들은 추후에 통계적으로 유의하게 더 환경오염과 규제 위반이 많은 것으로 나타났다. KLD 순환경점수(환경 강점 점수 – 환경 약점 점수)와 KLD 총환경 약점 점수는 미래의 오염 수준, 이후의 제재로 인한 벌금의 가치 및 회수, 그리고 이후 궁극적으로 기업이 주된 유출 사고를 일으키는지를 예상하는 데 도움이 되었다. 그러나 KLD의 총 환경 강점 점수는 환경오염 수준이나 위반 정도를 정확하게 예측하지 못했다. 그리고 KLD 평가 점수가 미래의 배출이나 벌금을 예상하는 설명력은 이전의 배출이나 벌금의 설명력보다 낮은 것으로 나타났다. 이는 KLD 평가가 과거 성과 대비 경영의 질에 대해 어떻게 중요도를 배정하는지에 관계없이 과거의 공공자료를 최적으로 종합하지 못한다는 의미이다.

KLD 지수와 KLD 평가 점수는 가장 전통이 있고 많이 사용되는 평가지표의 하나이다. Chatterji 등(2009)의 연구가 보이는 바와 같이 KLD 평가지표는 여러 면에서 장점이 있지만 단점 또한 존재한다. 사회책임투자를 확산하고 사회적 성과를 높이기 위해서는 평가지표와 사회적 투자 성과 사이의 상관관계가 상당히 높아야 한다. 이에 대한 시장참여자의 신뢰가 무너지면 SRI 분야는 존립의 근거를 잃게 된다. 따라서 우수한 평가지표의 생성에 지속적인 관심과 투자가 이루어져야 한다.

## 코카콜라(Coca Cola)

코카콜라는 1886년 미국 조지아주 아틀란타에서 하루에 9개의 음료를 파는 소규모 소다 생산자로 출발하였다. 1920년대부터는 국제적 확장을 시작하였는데 처음에는 카리브 해 연안국과 캐나다 시장, 다음으로 아시아, 유럽, 남아메리카, 소련 등으로 확장하였다. 20세기 말에는 거의 모든 국가에서 영업을 하게 되었으며, 2005년에는 비주류 음료와 시럽을 생산하고 유통 판매하는 가장 큰 제조업체가 되었다. 뉴욕증권거래소에 상장되어 있다.

### 문제의 발단과 진행과정

코카콜라는 2000년 남부 인도의 Kerala에 있는 Plachimada 지역에서 음료 생산을 시작했는데 주민들이 코카콜라 공장 설립 후 물이 부족해졌다고 호소했다. 이에 따라 2003년 주 정부가 조사를 시작해서 Kerala 고등법원이 코카콜라의 지하수 사용을 금지시켰다. 당시 코카콜라는 2기 생산에 대한 허가를 받아야 하는 상황이었는데, 이를 위해 2004년까지 공장 가동을 정지시키고 지하수 고갈은 지역의 강우량 감소 추세 때문이라고 주장하여 재계약에 성공하였다. 공장 재가동에는 성공했으나 Kerala 정부가 살충제 검출을 이유로 생산과 판매를 다시 금지시킨다. 그러나 같은 해 Kerala 법원의 결정이 인도고등법원에서 번복되는 등 우여곡절 끝에, 2010년 3월 주정부 패널이 Kerala의 물과 토질을 오염시킨 잘못을 물어 코카콜라의 인도 지사에 4,700만 달러의 벌금을 부과할 것을 권유하게 된다.

코카콜라의 생산공장으로 인해 동 지역의 물과 토양은 엄청나게 오염되었는데 회사는 들과 강에 오수를 무단 방출하여 수질 오염을 초래했다고 많은 비난을 받았다. 실제로 인도의 공식 보건기구가 우물과 펌프 주위에 인간이 먹기에는 적합하지 않는 물이라고 사인을 붙여야 할 정도로 지하수와 토질 오염이 심각했다.

코카콜라의 인도 생산공장의 문제점이 전세계적으로 알려지게 된 것은 2003년 인도 NGO인 Centre for Science and Environment(CSE)가 코카콜라 제품에서 유럽의 기준을 초과하는 살충제 성분이 검출되었고, 코카콜라가 과다하게 지하수를 추출하고 수질을 오염시키고 있다는 보고서를 발표하면서부터이다. 이 보고서는 당시 엄청난 사회적 파장과 함께 언론의 주목을 받았고 이로 인해 코카콜라는 인도뿐 아니라 전세계적으로 신뢰도와 브랜드 이미지의 추락을 감수해야 했다.

CSE의 보고서 발표 이후 인도정부는 합동위원회를 구성하여 조사를 진행하였고 그 결과 유럽기준은 위반하였으나 인도 기준으로는 위반이 아니어서 법률 위반에 따른 조치는 내려지지 않았고 개선의 필요성을 권유하였다. 2006년 CSE의 두 번째 보고서가 발표되는데, 유럽기준의 24배가 검출되었다는 결과가 나왔다. 당시 인도에서도 유럽과 동일한 기준을 적용하도록 되어 있었는데, 동 보고서는 정부와 위원회가 회사와의 부적절한 이해관계가 있어 이로 인해 개선이 되지 않았다고 주장하였다. 2008년 최종적으로 독립 검사 기관인 The Energy and Resources Institute(TERI)가 살충제 성분이 없다고 결론지으면서 종결되었다.

## 시사점 및 교훈

2003년 물 문제가 불거지기 2년 전부터 코카콜라는 GRI 지침(GRI Guidelines)을 채택하고 지속가능성을 보고하기 시작한다. 그러나 실제 문제가 그 이후 여러 차례 발생하는데 이를 미루어 볼 때 회사는 형식만 갖추는데 급급했던 것으로 보인다. 회사가 정상적으로 가동되고 있을 때는 당장 가시적으로 보이지 않는 기업의 사회적 책임 문제가 뒷전이 될 수밖에 없는 것이 현실이다. 그러나 문제가 발생되면 기업에 엄청난 손실이 발생한다는 것을 인식해야 한다. 실제로, 2003년 CSE 보고서가 발간되자마자 2주 동안 코카콜라의 매출은 40%나 하락하였고, 2003년 연 매출 기준으로는 15% 하락을 보였다. 이는 전년도의 25-30% 매출 신장과 비교할 때 엄청난 손실이다. 또한 인도의 코카콜라 영업 상태 소식을 들은 미국소비자들은 학생들의 불매운동이 벌어졌고, 10개의 대학에서 코카콜라 판매를 전면 금지시키기도 하였다.

2003년 문제가 공식적으로 거론되기 시작한 이후 코카콜라의 문제해결을 위한 접근 방식에도 문제가 있었다. 코카콜라는 지역주민의 생존과 관련된 우려에 진정성 있는 태도를 보이지 않고, 나타난 문제점들에 대한 반대 증거를 제시하며 합리화를 시도하였다. 이로 인해 소비자 신뢰는 급격히 추락하였고, 인도국민들은 코카콜라를 사람들의 건강보다 이윤 추구에 눈이 먼 나쁜 회사로 낙인 찍게 되었다. 실제로 2006년 코카콜라의 사회적책임보고서는 코카콜라가 나름 노력하고 있다는 점을 부각시키고 있으나 여전히 매출은 지속적 감소하였다.

상황이 지속적으로 악화되자 2008년 환경과 수자원 담당 부사장인 Jeff Seabright가 기존의 전략을 수정한다. 솔직하게 잘못을 인정하고 지역사회의 목소리에 공감하며 함께 문제를 해결하는 방향으로 선회한 것이다. 대표적 활동을 보면 우선 물의 고갈을 막기 위해 물 사용의 효율성을 높이고자 시도한다. 목표는 2012년까지 2004년 대비 물 사용량을 20% 축소하는 것인데 2010년 자료를 보면 16%의 개선을 보였다. 다음으로 2010년까지 정화를 통해 가능한 한 물을 재사용하고 생산공정에서 사용한 모든 물을 물고기가 살 수 있고 농사를 지을 수 있는 정도로 처리하여 자연으로 돌려보내는 계획을 세웠다. 이는 2011년 9월 기준으로 볼 때 목표대비 96% 달성을 보였다. 마지막으로 완제품을 만들기 위해 소비한 물의 양을 보전하기 위해 2020년까지 지역사회와 함께 자연을 보존하는 프로젝트—예를 들어, 수자원 보호 및 빗물 저장—를 수행한다. 코카콜라는 현재 전세계적으로 400여개 지역사회와의 파트너십이나 지역사회주도의 물 보존 프로젝트를 운영하고 있다.

CHAPTER 11

# 사회책임투자의 미래

제11장

# 사회책임투자의 미래

사회책임투자가 확산되고 사회에 긍정적 영향을 미치기 위해서는 여러 가지 측면의 준비와 개선이 필요하다. 기본적으로 투자자들 사이에 사회책임투자에 대한 인식과 저변이 확대되어야 하고, 금융업계는 사회책임투자 수요 창출에 일조해야 하고 창출된 수요를 만족시킬 수 있는 상품을 잘 디자인해야 한다. 정부 등 공공부문은 사회책임투자를 활용하여 예산을 절감하고 공공선을 더 효과적으로 달성하도록 노력해야 하며 이를 위해 관련된 법과 제도를 정비해야 한다.

## 1 투자자 관점

### 1) 사회책임투자의 중요성

사회책임투자 분야는 점차 이에 대한 인식이 높아지면서 수요가 증가하고 있다. 사회적 의식을 가진 개인뿐만 아니라 재단, 노동조합, 퇴직연금, 대학저축예금, 고액투자자 등의 사회책임투자에 대한 관심이 높아지고 있다. 기후변화는 전세계 모든 사람들의 관심사가 되었으며 관련 산업과 기업, 또한 이러한 산업에 투자하는 포트폴리오의 위험이 증가되어 이의 효과적 관리가 매우 중요하게 되었다. 주주행동주의 등의 SRI 전략을 추구하는 기관투자자 및 모자형 투자신탁도 증가하고 있다.

사회책임투자에 대한 투자 수요의 증가와 더불어 관련 시스템도 잘 정비해 나가야 한다. 예를 들어, 기관투자자나 자산관리자들은 ESG 이슈에 대한 대리투표 전략과 지침을 명확히 하고 의결권 행사 전략을 개발하여야 한다. 또한, 기업들과 의사소통을 강화하여 기업의 장기적 지속가능성을 높여 투자수익률로 연결될 수 있도록 하여야 한다.

### 2) 사회책임과 투자 수익성

투자자 관점에서 사회책임투자와 관련하여 기억할 점은 평균적으로 사회책임투자로부터의 손해는 발생하지 않는다는 점이다. 기존의 수 많은 개별 연구와 이러한 연구들을 종합하여 분석한 메타분석 등의 결론은 사회책임투자의 성과가 전통적 투자의 성과와 크게 다르지 않다는 것이다(Hamilton & Statman 1993, Reyes & Grieb 1998, Kreander 등 2002, Bauer 등 2005, Bello 2005, Wu 2006, Gregory & Whittaker 2007, Ayadi 등 2011, Revelli & Viviani 2015, Kim 2018). 그렇다면 개인이나 특정 목적을 달성하기 위한 기금들은 일반적으로 수익률을 손해 보지 않으면서 개인의 가치관이나 기금의 설립 목적에 부합하는 투자를 할 수 있다.

더구나 사회책임투자가 전통적 투자에 비해 중장기 성과가 더 높다는 연구들도 다수 존재하기 때문에 장기적 안목을 가지고 사회적 책임을 다하면서 투자 전략을 짜면 수익성과 사회적 책임 달성이라는 일석이조의 효과를 볼 수 있다(Luther 등 1992, Hamilton 등 1993, Luther & Matatko 1994, Mallin 등 1995, Guerard 1997a, Abramson & Chung 2000, Boutin-Dufresne & Savaria 2004, Brander 2006, Statman 등 2008, Aktas

등 2010, Gil-Bazo등 2010, Humphrey & Lee 2011, Ooi & Lajbcygier 2013, Friede 등 2016). 투자자들의 인식 개선과 더불어 사회벤처캐피탈, ESG 사모펀드 및 ESG 지수 추적 ETF 등 새로운 상품과 투자스타일이 개발되면 사회책임투자의 저변확대가 더욱 탄력을 받을 수 있을 것이다.

### 3) 단기주의 극복

Lewis & Juravle(2010)는 SRI가 성공하기 위해서는 단기주의를 극복해야 함을 강조하고 있다. 기본적으로 사회책임투자는 장기적 비전에 근거한 투자이다. 기업의 성과에 대해서도 단기보다는 장기적으로 투자자와 기업의 이해 관계를 일치시켜야 한다. 보상체계를 SRI 성과를 제대로 평가할 수 있도록 재설계해야 하며, 지나치게 경쟁적 문화를 지양해야 한다. Bauer 등(2005)은 1990-2001 기간의 자료를 대상으로 다요인 모형을 사용하여 독일, 영국, 미국의 윤리적 뮤추얼펀드의 성과를 연구하였다. 같은 조건으로 펀드의 성과를 평가하기 위해 투자 스타일을 통제한 후 전 기간에 대해 위험조정 수익률을 보았을 때 사회책임펀드의 성과가 일반 펀드의 성과보다 나쁘지 않았다. 특히, 성과의 시간에 따른 패턴을 보면 1990년대 초반의 추격 기간(catching-up phase)을 지난 후 1998-2001 기간에는 전통적 펀드에 상응하는 수익률을 보였다. 이는 학습효과 때문인 것으로 판단되며 펀드의 성과를 단기적으로 판단해서는 안 된다는 연구결과이다.

시간에 따라서 펀드 성과의 변화를 보이는 또 다른 연구로 Guenster 등(2005)을 들 수 있다. 이들은 1997-2004 기간을 대상으로 환경 효율성 지표(eco-efficiency ratings)와 기업 성과 사이의 관계를 검토하였다. 결과는 환경효율성이 영업성과와 시장가치에 긍정적 영향을 미치는 것으로 나왔는데, 특이한 점은 환경 성과에 대한 시장의 평가가 시간에 따라 다르다는 점이다. 초반에는 환경적 선구 기업들의 성과가 후발 기업의 성과에 비해 높지 않았으나 시간이 지남에 따라 환경적 선구 기업들의 성과가 후발 기업에 비해 유의하게 높은 증가를 보였다.

사회책임투자는 기본적으로 장기적으로 투자자와 기업 사이의 이해를 일치시키는 것이다. 만일 모든 펀드 운영자의 성과가 단기 위주로 결정되고, 투자자들도 단기 성과를 추구하며, 기업의 경영자들도 단기 운영 실적에 초점을 맞춘다면 사회책임투자는 그 존립 자체가 불가능하다.

### 4) 투자 포트폴리오 구성시 고려사항

투자자들은 투자 포트폴리오를 구성하거나 펀드를 선택할 때 단순히 사회책임투자의 효과가 좋은가 나쁜가 정도가 아닌 좀 더 구체적 정보가 필요하다. 가장 원론적인 수준에서 보면 두 포트폴리오나 펀드를 위험에 대한 고려 없이 발생된 기간 수익률만으로 평가하는 것은 투자 의사결정에 있어 상당한 오류를 가져올 수 있다. 다행히 대부분의 학계의 연구는 사회책임투자와 전통적 투자의 위험조정수익률을 검토하기 때문에 사회책임투자의 효과를 검토할 때 단순한 현장의 비교보다는 좀 더 정교한 분석 모형을 갖춘 학술적 연구를 심도 있게 검토하는 것이 필요하다.

또한 다양한 상황에 따른 사회책임투자 성과의 차이를 연구한 논문들은 실제 투자 의사결정에 실질적 도움을 줄 것이다. 예를 들어, 긍정 선별은 포트폴리오 성과에 긍정적 영향을 미치지만, 부정 선별은 포트폴리오 성과에 부정적 영향을 미치므로(Goldreyer & Diltz 1999, Statman & Glushkov 2009), 부정 선별을 하여 분산효과 측면에서 비용을 지불하는 펀드보다는 펀드매니저들이 자신들의 포트폴리오에 추가하는 기업들에 대해 잘 알고 있는 긍정 선별 펀드를 선택하는 것이 좋다(Kacperczyk

등 2005, Girard 등 2007). 죄악주식들은 사회적으로 바람직하지 못함에도 불구하고 수익성이 높으므로 이에 대한 고려가 필요하다(Fabozzi 등 2008, Hong & Kacperczyk 2009). 선별의 수나 강도에 따라서 수익률이 영향을 받으므로 이에 대한 고려도 필요하다(Laurel 2011, Capelle-Blancard & Monjon 2014).

사회책임투자를 하기 위해서는 해당 지역의 문화적인 요인에 대한 검토도 필요하다(Hill 등 2007, López-Arceiz 등 2016). 사회책임투자는 펀드 운영자가 잘 알고 있는 국내 지역에 투자하는 펀드가 국제적 분산을 하는 펀드보다 더 성과가 높을 수 있다(Jones 등 2008, Kim 2018). SRI 기준을 가치 지향적(value-oriented) 투자 스타일에 적용하여도 성과가 낮아지지 않으므로 가치 지향적 SRI 포트폴리오(value-oriented SRI portfolios)에 투자하는 것도 좋은 전략이다(Abramson & Chung 2000). 사회적 가치가 투자자들에게 중요하기 때문에 SRI 펀드의 자금 흐름은 전통적 펀드에 비해 과거 성과에 덜 민감하고, 따라서 SRI 펀드의 자금흐름 변동성이 전통적 펀드의 자금흐름 변동성보다 낮다(Renneboog 등 2005, Bollen 2007). 사회적 책임을 다하는 기업은 예를 들어 스캔들로 인해 법적인 소송에 휘말릴 위험이나 보이콧과 같은 위험이 낮아지기 때문에 비체계적 위험이 낮아진다(Boutin-Dufresne & Savaria 2004, Lee & Faff 2009). 합병회사의 초과수익률과 피합병회사의 사회적, 환경적 성과 사이에 양의 관계가 있으므로, 인수합병시 사회적 성과가 높은 기업은 가치를 높게 평가받는다는 점을 감안하여야 한다(Aktas 등 2010).

이와 같이 사회책임투자의 성과가 조건에 따라 다양하게 나타나기 때문에 투자자들은 실제 사회책임투자에 도움이 될 수 있는 정보를 획득하기 위해서 각 기업들에 대해 비재무정보를 더 많이 생산하도록 압박을 가하고, 증권회사에게는 이러한 비재무 정보에 근거하여 ESG를 고려한 연구를 다양하게 수행하도록 촉구하여야 한다. 자산관리자들도 투자의사결정에 ESG 연구 결과를 반영하려는 시도를 하는 것이 필요하고, 이를 위해 증권사나 기업들에게 더 나은 정보를 생산하도록 촉구해야 한다.

## 2 금융 산업 및 기업의 관점

### 1) 수탁자 책임에 대한 인식 전환

과거에는 효율적시장가설(Efficient Market Hypothesis, EMH)이 받아들여짐에 따라 시장가격이 비재무 위험도 이미 충분히 반영하고 있다고 생각했다. 또한, 현대투자이론(Modern Portfolio Theory)은 ESG 점수가 낮다고 하여 이러한 자산들을 포트폴리오에서 배제하면 분산투자의 이점을 희생한다고 간주하였다. 이러한 패러다임 하에서는 수탁자 책임(fiduciary duty) 범위도 매우 좁고 수익률에 대한 평가도 단기에 한정할 수밖에 없었다. 즉, 전통적인 위험-수익 패러다임 하에서 수탁자의 책임은 수익자에게 돌아가는 단기 위험조정수익(risk-adjusted return)을 극대화 하는 것이고, 수탁자가 윤리 기준을 설정하여 ESG 투자를 하는 것은 충실의무에 배치되는 것으로 간주되었다. 투자대상을 제한함으로써 단기 운용성과가 낮아지면 주의의무 위반으로 보았고, 중장기 운용성과를 위하여 비재무 정보를 활용할 여지가 크지 않았다.

그러나, 국내외에서 진행되고 있는 수탁자 책임 확대 움직임, 기업의 비재무정보 공개 증가 등으로 인해 연기금, 금융기관 등의 기관투자자가 중장기 운용성과에 영향을 미치는 비재무 위험을 체계적으로 관리하는 것이 수익자 이익에 부합하고 기관투자자의 수탁자 책임에 포함된다는 사회적 공감대가 형성되고 있다. 또한 스튜어드십코드(stewardship code)의 도입으로 기관투자자가 의결권을 적극적으로 행사하여 투자대상기업의 지속가능경영을 견인할 유인이 커져서, 기관투자자가 투자대상기업에 대한 사후점검을 강화할 수 있는 제도적 기반이 마련되고 있다.

### 2) 비재무정보의 생산 및 활용

시장 가격이 기업의 재무정보는 상당히 정확하게 반영하지만, 환경정책, 온실가스 배출 저감, 에너지 사용 감축, 임금 및 복리후생, 인권정책, 성 다양성, 임원의 윤리 준수, 이사회 투명성 등 비재무 정보의 반영이 미흡하다면 비재무 정보가 추가적인 수익률의 원천이 된다. 이 경우 비재무 정보에 대한 접근의 용이성이 ESG 투자를 활성화하는 주요 요인이 된다. 사회책임투자가 확산되기 위해서는 투자자가 기업의 비재무위험 상황이나 기관투자자의 ESG 투자 상황 등 비재무 정보를 정확히 파악할 수 있는 여건이 마련되어야 한다.

개별 기업들은 CSR 활동의 효과에 대한 메타분석에서 보다시피 ESG 관련 활동이 기업의 가치 증가와 연결되므로 비재무정보의 생산을 통해 해당 기업의 자본시장에서의 차별화를 달성할 수 있다(Margolis 2007). 금융기관들은 기업의 비재무정보를 자산 운용이나 투자 의사결정에 고려함으로써 추가적인 수익률을 달성할 수 있다. PRI/MSCI(2016)에 따르면 비재무정보에 대하여 정부 주도의 의무 정보공개 제도를 운영하고 있는 국가의 ESG 점수가 관련 제도를 운영하지 않는 국가에 비해 상대적으로 높다. 의무 공개제도를 가진 국가들의 ESG 점수가 정보 공개제도를 가지지 않은 국가들에 비해 33% 정도 높고, 자발적 공개제도를 가진 국가들의 ESG 점수는 그렇지 않은 국가들에 비해 11% 정도 높았다. 정보 공개제도를 가진 국가들에서 비재무 위험이 보다 효과적으로 관리되고 있다는 증거이다.

한국에서 비재무정보 활용이 활발하지 않은 이유는 포트폴리오에 편입 가능한 투자대상기업이 제한적이고, 정보의 비교가능성에 대한 신뢰가 부족하며, 대기업에 공개가 편중되어 있기 때문이다. 그러나 국민연금의 ESG 투자 관련 공시 강화, 스튜어드십코드 도입, 일본에서의 ESG 투자 급성장 등을 계기로 비재무정보 활용에 대한 사회적 공감대가 형성되고 있는 중이다. 금융기관들이 개별 기업들이 비재무정보를 보다 활발하게 생산할 수 있도록 유도하고 이에 근거하여 다양한 연구가 진행되면 기업의 가치 향상과 금융산업의 수익성 향상에 도움이 될 것이다.

### 3) 사회책임투자를 위한 인프라 정비

사회책임투자가 성공적으로 자리잡기 위해서는 각 시장참여기관들의 조직과 활동이 목적에 맞게 잘 정비되어야 한다. 자산운용사는 사회책임투자 방침을 확고히 하고 이를 달성하기 위한 프로세스, 시스템, 인력 개발 등 필요 인프라를 구축해야 한다. 또한, ESG 연구를 지속적으로 수행하여 자산운용시 ESG를 적절하게 반영하며 적정 수익률 확보 방안을 마련해야 한다.

투자분석기관은 투자 및 분석 과정에 ESG 이슈를 체계적으로 통합하기 위한 시스템을 갖추어야 한다. ESG 분석을 위한 장기적 목표를 설정하고 애널리스트에 대한 훈련 과정을 수립하며 이를 독려할 수 있는 유인책을 마련하여야 한다.

기관투자자들은 실제적인 사회책임투자 방침과 절차를 수립하고, 평가체계를 개발하며, 관련 인력을 양성해야 한다. 투자대상 기업에 대해 적극적으로 관여하고, 의결권 행사 결과를 공개하는 등 구체적 절차를 마련하여야 한다.

이 모든 과정에서 정보의 질과 양이 결정적 역할을 할 것인데, 정보제공회사, 투자자문회사, 금융회사 등이 비재무 정보를 수집, 가공, 분석할 수 있는 전제조건으로서 기업의 비재무 정보 공개 범위를 확대하고 정보에 대한 접근성을 대폭 높여야 한다.

증권거래소, 증권업협회, 자산운용협회 등은 UN PRI, UN Global Compact나 UNEP/Finance Initiative에 가입하고 교류를 강화함으로써 지속가능금융과 사회책임투자에 대한 금융기관의 의지를 공식적으로 표명할 수 있다. 이는 금융기관의 관심을 불러 일으키고, 관련 역량을 체계적으로 키울 수 있는 환경을 조성하는 데 매우 중요한 상징적 역할을 할 것이다. 특히 정책결정자와 금융기관장 수준에서 사회책임투자 논의가 활발하게 이루어져서 사회책임투자의 공감대가 형성될 수 있도록 하여야 한다. 또한 SRI 해외 조류를 국내에 신속히 전달함으로써 아직 매우 초기 단계에 있는 한국의 사회책임투자 분야를 선도하고 사회책임투자 관련 다양한 이슈를 교육하고 홍보하는 데 힘써야 한다.

사회책임지수의 개발 또한 매우 중요한 이슈이다. 전세계적으로 매우 다양한 사회책임지수가 개발되고 이를 이용한 금융상품들이 거래되고 있으나 한국은 아직 이러한 움직임의 초기 단계에 있다. 다양한 사회책임지수의 개발은 SRI 투자의 위험을 효과적으로 관리하고 적정 위험조정수익률을 확보하는 데 중요한 기여를 할 것이다.

### 4) 사회책임투자 상품의 개발

사회책임투자에 관한 기존 논문의 전반적 결과는 사회책임투자가 그리 긍정적이지도 부정적이지도 않다는 것이다. 그러나 상황과 지역에 따라서는 긍정적 성과가 나타나기도 하고 부정적 성과가 나타나기도 한다. 사회책임투자의 확산을 위해서는 재무적-사회적 수익률 간극(financial-social return gap)을 메우고 부정적 수익률에 대한 방안을 마련해야 하는데 최근 사회적 영향력을 높이기 위한 민관협력(Public Private Partnership; PPP) 모형이 주목을 받고 있다. 즉 사회적 효과를 높이려는 목적을 가진 공공부문이 좀 더 높은 위험을 지고, 민간부문은 공공부문의 신용보강을 기반으로 사회적 목적의 투자를 증대시키는 것이다. 사회책임투자가 활성화되고 지속가능해지려면 기존의 기부금이나 재정자금에 대한 의존을 탈피하고 시장을 확장시킬 수 있어야 한다. 이를 위한 한 가지 대안이 자본시장에서 발달한 금융공학 기법을 활용하여 사회책임투자 금융상품을 개발하는 것이다. 즉 투자대상 자산의 사회적 수익과 재무적 수익을 재조합하여 다양한 선호를 가진 투자자들을 만족시킬 수 있는 중층적 자본조달 구조를 가진 혼합자본 펀드(blended capital fund)를 개발하는 것이다.

일 예로, 독일의 사회책임투자 전문 자산운용사인 'Finance in Motion'은 총자산 17억 유로 정도의 사회책임투자 자산을 운용하고 있는데, 우선손실자본(first loss capital)을 활용하여 계층화부채펀드(tranched debt fund)를 개발하였다. 이는 우선순위에 따라 3개 계층으로 된 지분과 일정수익률을 보장하는 채권으로 이루어져 있다. 가장 후순위지분(junior shares)인 우선손실자본은 정부자금으로 유럽연합 및 각국 정부가 출자하고, 다음으로 중순위지분인 메자닌 지분(mezzanine shares)은 개발금융기관이나 국제금융기구가 출자하며, 그 다음으로 선순위 지분(senior shares)과 채권(notes)이 있다. 채권은 민간투자자가 투자하며 EURIBOR나 USD LIBOR보다 높은 수준의 확정이율을 받는다(연태훈 2017). 전체적으로 사회적 목적을 달성하고자 하는 정부자금인 우선손실자본이 가장 높은 위험을 감당해 줌으로써 레버리지를 극대화하고, 지속적으로 투자자본이 유입되도록 하며, 사회적 기업이나 프로젝트의 입장에서는 자금조달 비용이 절감되도록 하는 구조이다.

또한 과거에는 존재하지 않았던 ESG 관련 미국 또는 국제적 지수와 연동된 ETF 출시가 증가하고 있다. 일부 SRI ETF는 태양광, 풍력, 천연가스 등 청정에너지 기술(clean energy technologies)을 개발하는 에너지 전문기업과 대체 에너지, 하이테크 산업에 투자하고 있다(박태준 2011). 미래 산업의 방향을 고려하고, 환경이나 에너지 관련 기술에 투자할 수 있는 상품을 개발함으로써 시장의 잠재 수요를 창출할 수 있다.

현대 자본시장에서 발달한 금융공학 기법은 투자대상자산의 수익과 위험을 통합하고 재분류함으로써 매우 다양한 이해관계자들의 욕구를 충족시킬 수 있다. 어차피 사회적 목적을 달성하기 위하여 재정을 투입해야 하는 정부나 정부기관이 민간의 금융기법을 사용한다면 우선손실자본과 같이 위험지분에 투자하는 형태로 예산을 사용함으로써 사회책임투자에 소극적인 시장을 좀 더 적극적으로 만들 수 있다. 금융기관들이 PPP 모형을 활용하여 다양한 금융상품을 개발한다면 정부는 소기의 사회적 목적을 달성하고, 민간은 좋은 일을 하면서도 투자수익을 창출할 수 있는 상생의 기회가 열릴 수 있다.

### 5) 기관투자자 활용

기관투자자는 고객으로부터 대규모 자금을 모집하여 이를 유가증권에 투자하는 법인형태의 투자자이며 이에는 은행, 증권회사, 보험회사, 투자신탁회사, 기금을 관리 · 운용하는 법인, 공제사업을 영위 하는 법인 등이 포함된다. 기관투자자는 비재무 위험에 대한 분석을 수행함으로써 새로운 투자기회를 탐색할 수 있고, 중장기 운용성과를 개선하며, 사회책임투자 분야의 전문지식, 영향력 등을 좀 더 수월하게 확보해 갈 수 있다.

고무적인 것은 기관투자자가 가치평가, 위험관리, 사후점검 등의 기능을 수행하는 과정에서 비재무 정보를 체계적으로 활용할 수 있는 여건이 조성되고 있다는 점이다(PRI & MSCI 2016). 즉, 기관투자자가 자산의 운용을 위해 활용할 수 있는 비재무 정보의 생산과 유통이 증가하고 있고, 포트폴리오 운용 과정에서 비재무 정보를 통합하는 기관투자자의 수가 증가하고 있다. OECD(2017)는 비재무 정보 활용 정도에 따라 기관투자자를 전통적 투자자, 현대적 투자자, 다목적 투자자, 보편적 투자자의 네 가지로 구분하는데, 이 중 보편적 투자자(universal investors)는 분산투자만으로 비재무 위험을 관리하는 것의 한계를 인식하고 포트폴리오 운용에 비재무 정보를 통합하는 투자자이다. '자산소유자 정보공개 프로젝트(Asset Owners Disclosure Project)'에 따르면, 금융자산 축적이 진행됨에 따라 연기금, 대형 펀드 등이 보편적 투자자로 전환하고 있다. 예를 들어 2017년 기준 글로벌 500대 자산소유자 중 약 23%가 기후변화로 인한 위험과 기회를 관리하기 위한 실질적 행동을 취하고 있다.[44]

사회책임투자는 기관투자자의 비재무 위험관리 개선을 통해 기업의 지속가능성 제고를 지향하는 만큼, 기관투자자의 사회책임투자 수용이 사회적 확산의 중요한 동력이 될 수 있다. 기관투자자의 사회책임투자 활용이 보편화되는 경우, 관련 위험이 보다 체계적으로 관리됨에 따라 국가 전반의 비재무 위험 수준도 낮아질 수 있다. 해외 주요국은 기업경영의 투명성 제고를 통한 투자자 보호라는 차원에서 사회책임투자에 있어 기관투자자의 역할을 확대하고자 노력 중이며, 이로 인해 사회책임투자의 성장이 기관투자자에 의해 주도되고 있다. 한국도 기관투자자가 사회책임투자를 수용하면 비재무 위험을 효과적으로 관리하여 중장기 운용성과가 개선되고 국가 전반의 비재무 위험 수준도 낮아질 수 있을 것이다.

44 Asset Owners Disclosure Project, 'Global Climate 500 Index 2017'.

### 6) 국민연금의 활용

2015년 말 기준으로 기관투자자(민간+공적연기금)와 공모펀드가 운용하는 자산의 비율은 91.4%와 8.6%인데, 한국의 사회책임투자 규모에 있어 이러한 극단적인 양극화는 2012년부터 급속히 진행되기 시작하였다. 따라서 한국의 사회책임투자는 기관투자자, 그 중에서도 공적 연기금을 중심으로 한 기관투자자들의 장기투자에 기반한 시장 형성이 가장 현실적인 대안이다. 특히, 공적 연기금 중에서도 국민연금의 사회책임투자를 장려하여야 하는데, 국민연금은 압도적으로 큰 규모를 가지고 있기 때문에 민간 기관투자자들의 투자방식을 일정한 방향으로 유도할 힘을 가지고 있다. 따라서 국민연금이 다음과 같은 사항을 구축해 실행하도록 이해관계자들이 상시적으로 관여하고 감독할 필요가 있다. 첫째, 국민연금기금의 SRI 정책과 장기 로드맵을 수립해야 한다. 둘째, 국민연금기금의 ESG 기준 마련에 대한 공론화를 해야 하며 이 과정에서 기준의 정교화를 달성해야 한다. 국민연금은 국민연금법 개정에 따른 공시의무를 충족시키기 위해 ESG 기준을 마련해 공시하고는 있으나, 매우 간단한 도표를 제시하는 정도에 그치고 있으며, 이 기준도 공론화 없이 만들어진 것이다. 셋째, 사회책임투자 위탁운용사를 선정할 때 ESG 리서치 능력을 반영하고 ESG 분석기관에 대한 검증을 하여야 한다. 넷째, 성과평가 관련하여 사회책임투자에 부합하는 장기적 관점의 평가 시스템을 구축하고, SRI 시장 선순환 생태계를 조성하기 위해 노력하여야 한다. 다섯째, 전 자산군에 사회책임투자 원칙을 적용하여 운용하여야 한다. 사회책임투자의 긍정적 측면을 강조하는 기존 연구들도 많기 때문에 국민연금의 저조한 투자수익성에 대한 비판이 많은 상황에서 이러한 조치는 투자수익성 향상을 위해서도 도움이 될 것이다.

## 3 정부의 관점

### 1) 정책 방향

사회책임투자시장 육성정책은 시장참가자들이 수요와 공급 측면에서 시너지를 창출할 수 있는 생태계를 조성하는 방향으로 수립되어야 한다. 수요 측면, 공급 측면, 시장조성측면에 걸쳐 서로 효과적으로 연계되어 실시되는 종합적 정책이어야 한다. 사회책임투자시장의 공급측면에 있어 세부정책의 예로 사회적 투자은행 설립, 사회적 투자펀드 조성, 사회적 투자상품 개발, 객관적 측정을 위한 성과지표 개발 등을 들 수 있다. 수요측면에 있어 세부정책으로는 사회적 가치 확산과 수요를 진작시키기 위한 교육, 사회적 기업을 위한 인큐베이팅 및 투자준비 강화 등을 들 수 있다. 시장조성 측면의 세부정책으로는 사회책임투자를 장려하기 위한 인프라 구축, 제반 법 및 제도의 정비, 우선손실자본 공급을 통한 신용보강, 기술적 지원 등을 들 수 있다. 또한 해외 사례를 참조하여 투자원금에 대한 세액공제, 소득공제, 재투자되는 투자수익에 대한 저율 과세 또는 면세 등 다양한 세제혜택을 마련하고 보조금 지급을 고안하여야 한다. 그러나 여기서 잊지 말아야 할 것은 장기적 안목을 가지고 민간주도 성장이라는 대원칙을 견지해야 한다는 점이다. 정부가 모든 것을 주도하려고 하면 구축효과(crowding out effect)가 발생하여 지속가능한 시장을 형성할 수 없으므로 정부는 시장 왜곡을 보정하는 역할에 초점을 맞추어야 한다.

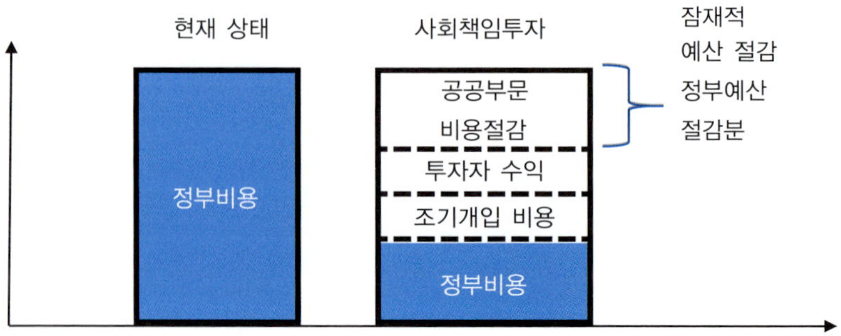


그림 11-1 사회책임투자의 정부예산절감 효과

사회책임투자와 이의 순기능이 자리를 잡으면 〈그림 11-1〉에서 보는 바와 같이 사회적 목적을 달성하거나 공공선을 위해 집행되어야 하는 예산을 좀 더 효율적으로 쓸 수 있게 된다. 예산 집행에 있어 가장 큰 문제는 비효율성, 책임소재의 부재, 예산 낭비 등이다. 자본시장의 메커니즘인 사회책임투자는 이러한 공공부문 예산 집행의 문제점들을 해소하면서 사회적 목적을 달성하는 매우 효과적인 방식이다.

## 2) 사회책임투자의 교육 및 홍보

전 세계적으로 ESG 요인과 같은 기업의 비재무적 요소 대응을 소홀히 하여 기업의 가치는 물론 존립 자체까지 위태롭게 하였던 사건들이 무수히 많다. 1991년 두산전자의 낙동강 페놀 사태, 90년대 후반의 나이키 소비자 불매운동 사태, 2002년 미국의 엔론사 회계부정 사건 등이 그 예이다. 두산전자는 이 사건으로 회장이 사퇴하고, 두산제품에 대한 불매운동이 전국적으로 확산되었다. 녹색연합에서는 1999년 1950년대 이후 발생한 대한민국 환경 10대 사건 중 낙동강 페놀 오염 사건을 1위로 선정하는 등 기업의 이미지와 가치에 치명적 사건이었다. 다른 사건들도 기업의 존립이 위태롭게 되거나 CEO가 징역형에 처해 지는 등 기업에 회복이 어려운 정도의 타격을 입혔다.

이제는 기업들이 비재무 위험을 관리하지 않고서는 장기적으로 생존하기가 어렵고, 금융산업도 비재무 위험을 잘 관리함으로써 중장기 운용성과를 개선할 수 있다는 인식을 공유해야 한다. 문제는 중장기 운용성과를 개선하는 것이 수익자의 이익에 부합하더라도 자산을 운용하는 기관들이 주로 단기 운용성과만으로 평가를 받고 있어서 ESG 투자를 수용할 유인이 크지 않다는 점이다. 따라서 정부는 투자자, 금융산업, 관련 기관을 대상으로 ESG 투자의 순기능을 효과적으로 홍보하고 교육함으로써 사회책임투자에 대한 미온적 인식을 바꾸는 작업을 하여야 한다. 사전적으로 ESG에 대한 교육과 홍보를 하는 것이 사후적으로 사회에 부정적 사건이 터졌을 때 이를 수습하는 비용에 비해 훨씬 저렴하다. 사회책임투자에 대한 긍정적 인식의 확산이 기관투자자가 단기 주의에서 벗어나 ESG 투자를 수용하기 위한 기본 조건이다. 기관투자자가 변하면 개인투자자도 긍정적 영향을 받아 개인투자자들의 사회적 의식이 높아지고 이것이 다시 기관투자자를 자극하여 사회에 긍정적 영향을 끼치는 선순환 구조가 확립될 수 있다.

### 3) 사회책임투자 관련 법 및 제도 구축

사회책임투자의 확산을 위해서는 관련 법과 제도가 잘 정비되어 있어야 한다. 사회적 책무성과 같은 공공선은 외부효과가 심한 분야인데 외부효과가 존재하는 경우 사람들의 행동은 쉽게 변하지 않는다. 따라서 이를 변화시키기 위해서는 외부효과(externalities)를 내재화해야 하는데, 이를 위해 정부의 규제가 필요하다. 영국을 비롯한 유럽 국가들은 기업들이 CSR

활동을 수행하고 이러한 활동을 투명하게 공개하도록 주요 개혁 법안들을 통과시켰다(Pensions Act Amendment 2000, The Companies Act 2006). Pensions Act Amendment는 사업장 연금의 수탁기관과 같은 중요한 재무적 기관들이 그들의 SRI 정책을 공시하도록 요구한다(http://www.csr.gov.uk/ukpolicy.shtml).

사회책임투자를 효과적으로 확산시키는 방법 중의 하나가 공적 · 사적 연금을 활용하는 것인데, 한국은 국민연금이 2009년 사회책임투자원칙에 대한 국제적 이니셔티브인 PRI에 가입했고, 같은 해 '의결권 행사지침'에 ESG 고려 원칙을 명시하였으며, 2015년 1월에는 ESG 고려와 공시 의무를 규정한 국민연금법을 개정하였다. 아직까지 국민연금의 사회책임투자는 매우 형식적으로 이루어지고 있기는 하지만 사회책임투자를 위한 법적 · 제도적인 환경의 구축은 이의 확산을 위한 필수조건이다.

한국에서 운용되고 있는 공적 연기금은 국민연금을 포함해 약 65개 정도인데, 공적 연기금의 기금 운용을 관할하는 최상위법은 국가재정법이기 때문에 공적 연기금의 사회책임투자를 촉진하기 위해서는 국가재정법을 개정해야 한다(이종오 등 2016). 국가재정법의 기금 조항에 국민연금법처럼 ESG 고려와 공시의무를 명시하여 모든 공적 연기금이 사회책임투자를 할 수 있도록 하는 근거조항을 만들어야 한다. 사회책임투자의 실증분석과 메타분석에서 볼 수 있는 바와 같이 사회책임투자가 평균적으로 최소한 수익률의 희생을 동반하지는 않으므로 이러한 조치가 국민들의 후생을 저해하는 것은 아니기 때문에 정당성을 확보할 수 있다. 그리고 이 법의 실효성 확보를 위해서는 매년 시행되는 연기금평가지침에 ESG와 관련된 다양한 지표들을 신설해 평가에 반영하는 것이 바람직하다. 예를 들자면, SRI 정책과 조직 유무, 전체 운용기금 대비 SRI 비중, SRI 위탁운용사 선정기준 마련(ESG 분석 능력 등) 여부, SRI 성과

평가 기준과 시스템 운영 수준, SRI 촉진을 위한 대외 활동, 스튜어드십 코드 도입 여부, 스튜어드십 코드 준수 정도(의결권 행사 실적 등)를 지표로 활용할 수 있다.

### 4) 공시 강화

사회책임투자는 기본적으로 장기투자를 전제로 하기 때문에 투자자들의 장기적 이익이 담보될 수 있는 제도적 지원이 필요하다. 특히 사회책임투자를 위해서는 연기금의 역할과 비중이 높아질 것인데 연기금은 기본적으로 상당한 기간에 걸친 장기투자가 이루어진다. 투자자들이 연기금의 장기투자로부터의 수익을 올리기 위해서는 장기투자를 하기 위한 정보의 제공이 필수적이며 공시를 강화하는 것은 이러한 맥락에서 매우 중요한 과제이다.

현재 공시의 양과 질을 전반적으로 높이기 위한 강제 규정은 없지만 기업들이 지속가능보고서 등을 자발적으로 발간하고 있고, 발간 기업의 수가 계속 증가하고 있기 때문에 제도의 도입은 상대적으로 용이할 것이다. 또한, EU의 회계 현대화 지침이나 미국의 엄격한 환경공시 규제를 감안할 때 이러한 지역에서 자금조달을 하거나 또는 지역거래소에 상장을 고려하고 있는 기업은 공시자료가 불비한 경우 위험관리능력이 약한 것으로 인식되어 불리할 수 있다. 기관투자자와 같은 금융기관의 경우에는 신뢰와 명성에 대한 수요가 갈수록 높아지기 때문에 공시와 정보에 대한 수요는 시간이 지남에 따라 더욱 커질 것이다.

정부는 공시제도를 활용하여 SRI 투자자 저변이 확대되고, 기업과 산업의 지속가능한 경영이 실현될 수 있도록 관련 환경을 구축해야 한다. 이와 관련하여 사회책임정보의 정보량 확대만이 능사가 아니고 양질의 정보를 보장하는 것이 더 긴요하다. 정보의 성격에 따라 협의의 사회책임투자 정보는 공시제도화가 조기에 이루어져야 기업간 비교가능성, 정확성, 신뢰성을 확보할 수 있다. 더불어 공시 미비나 부실공시에 대한 효율적 규제 및 집행 수단을 고안하여야 한다. 반면 광의의 사회책임정보에 대해서는 공시 강제화보다는 다른 방안을 찾는 것이 유용할 것으로 판단된다. 해당 기업과 산업에만 국한하여 적용되는 특유한 법률을 활용하거나 자율규제 등 시장의 압력을 통한 정보 공시방안이 효과적일 것이다(노희진 등 2008). 향후 공시범위, 공시상세내역, 공시수단, 진실담보수단, 규제 집행 수단 등 구체적인 제도화 방안에 대해 관련 정부 부처, 전문가, 이해관계자와의 심도 있는 연구가 진행되어야 할 것이다.

### 5) 비재무정보 공개 범위 확대

지금까지는 비재무 정보의 원천이 기업이 자발적으로 발간하는 지속가능보고서, 홈페이지상의 정보, 언론보도 등밖에 없어서, 투자자들이 비재무 정보를 얻을 수 있는 다양한 방식의 개발이 필요하다. 이를 위해서는 기업의 비재무정보 공개 확대 등이 성공적으로 정착되도록 관련 운영기준을 조기에 구체화 하려는 노력이 필요하다. 이미 해외 주요국에서는 기업의 비재무 정보 공개 범위를 확대하는 제도 도입이 증가하고 있다. 초기에는 〈표 11-1〉에 보는 바와 같이 비재무 정보 공개 범위 확대 움직임이 강제성이 약한 국제적 정보공개운동 중심으로 추진되었으나 점차 각 나라의 법적 규제로 발전하는 사례가 늘어나고 있다.

**표 11-1 비재무 정보 공개에 관한 주요 국제지침**

| 도입연도 | 명 칭 |
|---|---|
| 1997 | GRI Sustainability Reporting Standards |
| 2000 | UN Global Compact Principles |
| 2003 | CDP Climate Change |
| 2013 | International Integrated Reporting Council Framework |
| 2015 | Climate Disclosure Standards Board Framework |
| 2017 | Financial Stability Board Task Force on Climate-related Financial Disclosures Recommendation |
| 2018 | Sustainability Accounting Standards Board Standards |

Carrots & Sticks(2016)는 비재무 정보 공개와 관련된 제도의 변화를 매년 조사하고 있는 글로벌 프로젝트인데 이의 조사결과가 〈표 11-2〉에 나타나 있다. 2006년에는 19개 국가에서 60개 제도가 운영되고 있었으나, 2016년에는 71개 국가에서 383개의 정보공개 제도가 운영되고 있다.[45] 10년 사이에 도입한 국가의 수는 약 3.7배, 제도의 수는 약 6.4배 증가한 것이다. 이 제도들 중 약 2/3는 의무적인 제도이고 나머지는 자발적인 제도이며, 약 1/3이 증권거래소나 금융감독기구 등을 통해 도입되었다. 한국에서도 기업정보공시기준, 기업지배구조모범규준 등의 개선 논의가 진행 중이다.

해외 주요국들은 비재무 정보의 공개를 넘어 이미 비재무정보의 신뢰성, 완결성, 비교가능성을 높이기 위해 다양한 노력을 하고 있다. 이러한 노력은 사회책임투자가 보편화되고 그에 따른 긍정적 외부효과가 실현되기 위한 전제조건이다. 기업이 공개하는 비재무 정보의 공개 내용, 방식 등에 대한 표준화 기준을 제시하고, 기관투자자의 의결권 행사 내용, 이

45 Carrots & Sticks는 KPMG, GRI, UNEP, Centre for Corporate Governance in Africa 등 4개 기관이 공동으로 수행하는 지속가능성 보고 제도에 관한 조사 프로젝트이다.

**표 11-2 비재무 정보 공개 제도 도입 추이**

| | | 2006 | | 2010 | | 2013 | | 2016 | |
|---|---|---|---|---|---|---|---|---|---|
| 유형 | 의무 | 35 | 58% | 94 | 62% | 130 | 72% | 248 | 65% |
| | 자율 | 25 | 42% | 57 | 38% | 50 | 28% | 135 | 35% |
| | 합계 | 60 | | 151 | | 180 | | 383 | |
| 국가/지역 수 | | 19 | | 32 | | 44 | | 71 | |

자료: Carrots & Sticks(2016)

유, 방식 관련 공시 기준을 구체화 하여야 한다. 나아가 기업의 정보 공개를 위해 정책, 규제, 지침, 프레임워크, 기준 등을 다양하게 운용하고, 국제기구, 기관투자자 네트워크, 국제 NGO 등이 주도하는 정보공개 이니셔티브, 증권거래소 기준, 금융감독기준, 법적 규제 등을 종합적이고 전략적으로 활용하는 방안을 모색해야 한다.

### 6) 사회책임지수의 개발 및 활용

한국거래소는 2019년 현재 5개의 사회책임지수를 발표하고 있다. 환경(E), 사회책임(S), 지배구조(G) 등을 모두 반영한 ESG 통합점수가 높은 상위 150종목으로 구성된 'KRX ESG Leaders 150', 지배구조 점수가 높거나 과거보다 많이 상승한 100종목으로 구성하는 'KRX Governance Leaders 100', 환경점수가 높거나 과거보다 많이 상승한 100종목으로 구성하는 'KRX Eco Leaders 100', 사회책임(S) 분야 상위 기업을 대상으로 최소 130종목으로 구성하는 'KRX EGS 사회책임경영지수', 코스피 200 지수를 기반으로 상품성을 강화한 '코스피 200 ESG 지수'가 그것이다.

한국거래소는 사회책임투자 활성화 및 기업지배구조 개선을 유도하기 위하여 활용도가 저조한 기존 SRI 지수를 대체하면서 산출기준, 지수명칭

**표 11-3 한국의 사회책임투자지수 관련 ETF 상품**

| KRX EGS 사회책임경영지수 | | | | |
|---|---|---|---|---|
| 상품코드<br>290130 | 상품명<br>KBSTAR ESG<br>사회책임투자 | 상품타입<br>ETF | 상장일자<br>2018/02/27 | 자산운용사<br>케이비자산운용 |
| KRX ESG Leaders 150 | | | | |
| 상품코드<br>285690 | 상품명<br>FOCUS ESG<br>리더스 | 상품타입<br>ETF | 상장일자<br>2017/12/13 | 자산운용사<br>하이자산운용 |

자료: 한국거래소, 2019.

능을 전면 개편한 신 지수들을 개발해왔다. 신 지수들은 모든 산업에 걸쳐 고르게 종목 선정이 가능하고, 평가결과를 더 정확하게 지수에 반영할 수 있을 것이라고 판단하여 신 지수가 연기금 등의 성과평가를 위한 벤치마크지수가 되고 ETF 등 지수활용상품의 기초지수로 널리 활용될 것이라고 기대했다. 그러나 지금까지 전혀 이러한 기대가 충족되지 못하고 있다. 〈표 11-3〉은 2019년 2월 현재 5개 사회책임투자지수와 관련하여 ETF 상품이 운용되고 있는 현황이다. 'KRX EGS 사회책임경영지수', 'KRX ESG Leaders 150'과 관련하여 각각 1개씩의 ETF 상품이 운용되고 있고, 나머지 3개의 지수와 관련된 ETF 상품은 전무하다.

사회책임투자지수의 활용이 활성화되지 않는 이유로 가장 큰 것은 사회책임투자에 대한 인식이 저조하다는 점이다. 지수를 만들어도 상품이 개발되기 위해서는 상품을 운영하는 금융기관에서 마케팅을 진행하여 일반투자자들이 사회책임지수가 성장성 있는 기초자산이라고 인식하도록 유도하여야 하는데 아직 투자자들의 인식이 확립되지 않은 상황이다. 그리고 무엇보다 사회책임투자지수가 외면 받고 있는 것은 뚜렷한 성과가 없기 때문이라는 지적이 있으나, 단기적인 성과로 사회책임투자지수를 전통적 지수와 비교하는 것은 지양되어야 한다. 또 다른 문제는 기술적 문제인데 지수를 만들기 위해 시가총액 1,000억원, 연간 거래대금 500억원 이상인 모든 종목을 평가하다 보니 매년 30개 안팎의 종목이 교체되는 등 지수의 안정성이 떨어진다. 이는 이러한 지수를 활용한 상장지수펀드(ETF)의 운용에 매우 불리한 점으로 작용한다.

한국거래소는 '코스피 200 ESG 지수'와 같은 대표 지수의 활용도가 높아지면 자연히 다른 지수로도 관심이 옮겨갈 것이라고 예상하나, 시장의 수요가 낮은 것은 활용할만한 지수가 부족하기 때문이다. 한국은 외국에 비해 사회책임투자와 관련된 지수의 종류가 아직 많이 부족하다. 예를 들어, 현재의 ESG 지수들은 삼성전자, 포스코 등 대형주가 우선적으로 포함되는 구조인데 이를 중소형주 중심으로 재편하거나, 중소형주를 대상으로 한 지수를 개발하는 것이 필요하다. 대기업들은 너무 다양한 사업부문에서 사업을 하고 있기 때문에 사회책임투자와 관련하여 선명한 구분이 어렵고 외국의 연구를 보아도 사회책임투자와 관련이 높은 기업은 규모가 작은 경우가 많기 때문에 사회책임투자 확대를 위해 중소형주 중심으로 사회책임지수를 만들어달라는 현장의 수요도 있다. 다양한 사회책임투자지수가 만들어지면 연기금, 운용사 등에서 이러한 지수들을 특정 펀드 성과의 기준이 되는 벤치마크로 활용할 수 있는 기회가 더 많아지고 ESG 관련한 위험을 더욱 효과적으로 관리함으로써 중장기 수익률 제고에 기여할 수 있다.

## 참고문헌


강준영, 주요국의 사회적 거래소 현황과 시사점, Weekly KDB Report, 2017. 11.20.

국회예산정책처, 경제동향 & 이슈, 2018. 6월호.

김병연, 사회적 증권거래소의 설립을 통한 사회적 기업금융시장의 국제경쟁력 강화, 글로벌 법제전략 연구, 13-22-1-2, 한국법제연구원, 2013. 6. 30.

김선민, 해외 사회책임투자(SRI) 현황과 시사점, 2013.

김영권, 사회책임지수, 수익률 낮고 기업도 외면, 파이낸셜뉴스, 2017. 1. 23.

노희진, 류영재, 안수현, 안승광, 임대웅, 장영옥, 황은경, 사회책임투자를 위한 기업 정보공개, 한국증권연구원, 2008.

박태준, 사회책임투자 원칙을 준수하는 펀드 및 ETF의 증가, 자본시장 Weekly, 2011-18호, 2011.

서울대학교 지속경영학회.(2011). 해외 SRI 지수 현황: 기업의 지속가능성을 측정하다. http://snucsr.tistory.com/32.

안상아,(2012), 국내 사회책임투자(SRI) 현황과 시사점, 기업지배구조리뷰, 81-94.

안상아, 국내외 거래소 및 글로벌 지수 제공업체의 SRI 지수 운영 현황, CGS Report, 2013년 2호.

양준호, 윤효중, 금융배제 현상과 대안: 서민금융시장에 대한 국가의 조정 필요성, 한국사회경제학회 발표논문 초록집, 2013.

연태훈, 임팩트 투자와 정부의 역할, 금융브리프 26권 24호, 2017.

이종오, 김태한, 강가경, 한국의 사회책임투자 시장 현황 및 전망, 한국사회책임투자포럼, 2016.

Abdelsalam, O., Fethi, M. D., Matallín, J. C., & Tortosa-Ausina, E.(2014). On the comparative performance of socially responsible and Islamic mutual funds. *Journal of Economic Behavior & Organization*, 103(Supplement), 108 - 128.

Abramson, L. and Chung, D.(2000). Socially responsible investing: Viable for value investors? *Journal of Investing*, 9:3, 73 - 80.

Adamsson, H., and Hoepner, A.(2015). The 'price of sin' aversion: Ivory tower illusion or real investable alpha? Working paper. https://ssrn.com/abstract=2659098 accessed in December 2016.

Adler, T. and Kritzman, M.(2008). The cost of socially responsible investing. *Journal of Portfolio Management*, 35:1, 52 - 56.

Admati, A.R., Pfleiderer, P. and Zechner, J.(1994). Large shareholder activism, risk sharing, and financial market equilibrium. *Journal of Political Economy*, 102:6, 1097 - 1130.

Ahmed, P., Nanda, S. and Schnusenberg, O.(2010). Can firms do well while doing good? *Applied Financial Economics*, 20:11, 845 - 860.

Aktas, N., De Bodt, E., and Cousin, J.G.(2011). Do financial markets care about SRI? Evidence from mergers and acquisitions. *Journal of Banking & Finance*, 35:7, 1753 - 1761.

Alexander, G.J. and Buchholz, R.A.(1978). Corporate social responsibility and stock market performance. *Academy of Management Journal*, 21:3, 479 - 486.

Amenc, N. and Le Sourd, V.(2008). Socially responsible investment performance in France. Working paper, Edhec Business School, Nice.

Amenc, N. and Le Sourd, V.(2010). The performance of socially responsible investment and sustainable development in France: An update after the financial crisis. Working paper, Edhec Business School, Nice.

Arias Fogliano de Souza Cunha, Felipe and Samanez, Carlos Patricio(2013). Performance analysis of sustainable investments in the Brazilian stock market: A study about the corporate sustainability index(ISE). *Journal of Business Ethics* 117(1):19−36.

Ashoka, https://www.ashoka.org/en−KR/about−ashoka, 2019−2−2 접속.

Asmundson, P. and Foerster, S.R.(2001). Socially responsible investing: Better for your soul for your bottom line. *Canadian Investment Review*, 14:4, 20 - 34.

Association for Sustainable & Responsible Investment in Asia, *2014 Asia*

*Sustainable Investment Review*.

Auer, B.,(2016). Do socially responsible investment policies add or destroy European stock portfolio value? *Journal of Business Ethics*, 135, 381-397.

Ayadi, M., Ben-Ameur, H., and Kryzanowski, L.,(2011). Luck versus skill in the cross-section of ethical mutual funds, Les Cahiers du GERAD.

Barnett, M.L. and Salomon, R.M.(2006). Beyond dichotomy: The curvilinear relationship between social responsibility and financial performance. *Strategic Management Journal*, 27:11, 1101-1122.

Basso, A. and Funari, S.(2003). Measuring the performance of ethical mutual funds: A DEA approach. *Journal of the Operational Research Society*, 54:5, 521-531.

Baue, B. and Rheannon, F.(2008). ICCR defines the past, present and future of shareowner activism. https://www.financite.be/sites/default/files/references/files/47_0.pdf 2017. 2. 22 접속

Bauer, R., Koedijk, K. and Otten, R.(2005). International evidence on ethical mutual fund performance and investment style. *Journal of Banking & Finance*, 29, 1751-1767. doi 10.1016/j.jbankfin.2004.06.035.

Bauer, R., Otten, R. and Tourani Rad, A.(2006). Ethical investing in Australia: Is there a financial penalty? *Pacific-Basin Finance Journal*, 14:1, 33-48. doi 10.1016/j.pacfin.2004.12.004.

Bauer, R., Derwall, J., and Otten, R.(2007). The ethical mutual fund performance debate: New evidence from Canada. *Journal of Business Ethics*, 70:2, 111-124. doi 10.1007/s10551-006-9099-0.

Bechetti, L. and Ciciretti, R.(2009). Corporate social responsibility and stock market performance. *Applied Financial Economics*, 19:16, 1283-1293.

Beer, F.M., Estes, J.P. and Munte, H.J.(2011). The performance of the faith and ethical investment products: An empirical investigation of the last decade. *Journal of the Academy of Business and Economics*, 30, 101-124.

Bello, Z.Y.(2005). Socially responsible investing and portfolio diversification. *Journal of Financial Research*, 28:1, 41 – 57. doi 10.1111/j.1475-6803.2005.00113.x.

Benson, K.L., Brailsford, T.J. and Humphrey, J.E.(2006). Do socially responsible fund managers really invest differently? *Journal of Business Ethics*, 65:4, 337 – 357.

Benson, K.L. and Humphrey, J.E.(2008). Socially responsible investment funds: Investor reaction to current and past returns. *Journal of Banking & Finance*, 32:9, 1850 – 1859.

Biehl, C.F., Hoepner, A.G.F. and Wilson, J.O.S.(2011), SRI funds: Does more social mean less financial performance? Mimeo CEPII.

Blanchett, D.M.(2010). Exploring the cost of investing in socially responsible mutual funds: An empirical study. *Journal of Investing*, 19:3, 93 – 103.

Bollen, N.P.B.(2007). Mutual fund attributes and investment behavior. *Journal of Financial and Quantitative Analysis*, 42:3, 683 – 708.

Borgers, A., Derwall, J., Koedijk, K., and Horst, J.(2015). Do social factors influence investment behavior and performance? Evidence from mutual fund holdings, *Journal of Banking & Finance*, 60, 112–126.

Borsa Instanbul, BIST Sustainability Index, http://www.borsaistanbul.com/en/indices/bist-stock-indices/bist-sustainability-index, 2019-2-17 접속.

Boutin-Dufresne, F. and Savaria, P.(2004). Corporate social responsibility and financial risk. *Journal of Investing*, 13, 57 – 66.

Boxenhaum, E. and Gond, J. P.(2006), Micro-strategies of contextualization: Cross-national transfer of socially responsible investment. Working Paper No. 06-24. Danish Research Unit for Industrial Dynamics, Copenhagen.

Brammer, S., Brooks, C., and Pavelin, S.(2006). Corporate social performance and stock returns: UK evidence from disaggregate measures. *Financial Management*, 35:3, 97 – 116.

Brander, J.A.(2006). The effect of ethical fund portfolio inclusion on executive compensation. *Journal of Business Ethics*, 69:4, 317 – 329.

Brill, H., Brill, J. A., and Feigenbaum, C.(1999), *Investing with Your Values: Making Money and Making a Difference*(Bloomberg Press, Princeton, NJ).

Brill, J. A. and Reder, A.(1993), *Investing from the Heart – The Guide to Socially Responsible Investments and Money Management*(Crown Publishers, New York).

Brown, S. J., Goetzmann, W., Ibbotson, R. G., & Ross, S. A.(1992). Survivorship bias in performance studies. *Review of Financial Studies*, 5, 553–580.

Brzeszczynski, Janusz and Graham McIntosh.(2014). Performance of portfolios composed of British SRI stocks, *Journal of Business Ethics* 120:335 – 362. doi 10.1007/s10551–012–1541–x.

Butz, C.,(2003), Decomposing SRI performance – extracting value through factor analysis. Study published by Pictet Quants, https://wwws.pictet.com/content/dam/pictet_documents/pdf_documents/pam_sri/decomposing_sri_200410en.pdf(accessed September 2003).

BVSA, Bolsa de Valores Socioambientais, http://www.institutobmfbovespa.org.br/pt–br/projetos–monitoramento.asp, 2019–1–10 접속.

Camejo, P.(2002), *The SRI Advantage: Why Socially Responsible Investing Has Outperformed Financially*.(New Society Publishers, Gabriola, BC).

Capelle–Blancard, G. and Couderc, N.(2009). The impact of socially responsible investing: Evidence from stock index redefinitions. *Journal of Investing*, 18:2, 76 – 86.

Capelle–Blancard, G. and Monjon, S.(2012). Trends in the literature on socially responsible investment: Looking for the keys under the lamppost. *Business Ethics: A European Review*, 21:3, 239 – 250.

Capelle–Blancard, G. and Monjon, S.(2014). The performance of socially responsible funds: Does the screening process matter? *European Financial Management*, 20:3, 494 – 520.

Carhart, M. M.(1997), On persistence in mutual fund performance, *Journal of Finance* 52(1), 57 – 82.

Carrots & Sticks,(2016), *Global trends in sustainability reporting regulation and policy*.

CDP, https://www.cdp.net/en/info/about-us, 2019. 1. 6 접속.

CERES, https://www.ceres.org/networks/ceres-investor-network, 2019. 2. 13 접속.

CFA Institute, *Environmental, Social and Governance(ESG) Survey*, 2015, 2017, https://www.cfainstitute.org/ethics/Documents/esg_survey_report.pdf.

Chang, C.E. and Witte, H.D.(2010). Performance evaluation of US socially responsible mutual funds: Revisiting doing good and doing well. *American Journal of Business*, 25:1, 9 – 22.

Chatterji, A. K., Levine, D. I., and Toffel, M. W.(2009). How well do social ratings actually measure corporate social responsibility?, *Journal of Economics & Management Strategy*, Volume 18, Number 1, 125 – 169.

Chegut, A., Schenk, H. and Scholtens, B.(2011). Assessing SRI fund performance research: Best practices in empirical analysis. *Sustainable Development*, 19, 77 – 94.

Chong, J., Her, M. and Phillips, G.M.(2006). To sin or not to sin? Now that's the question. *Journal of Asset Management*, 6:6, 406 – 417.

Christopherson, J., Ferson W., and Glassman, D.(1998), Conditioning manager alphas on economic information: Another look at the persistence of performance, *Review of Financial Studies* 11(1), 111 – 142. doi 10.1093/rfs/11.1.111.

Climent, F. and Soriano, P.(2011). Green and good? The investment performance of US environmental mutual funds. *Journal of Business Ethics*, 103:2, 275 – 287.

Clow, R.(1999). Money that grows on trees. *Institutional Investor*, 33:10, 212 – 215.

Cohen, Jacob.(1988). *Statistical Power Analysis for the Behavioral Sciences*.

Routledge. ISBN 1-134-74270-3.

Cohen, M.A., Fenn, S.A. and Konar, S.(1997). Environmental and financial performance: Are they related? Working paper, Vanderbilt University.

Confluence Philanthropy, https://www.confluencephilanthropy.org/, 2018. 5. 17 접속.

Consolandi, C., Jaiswal-Dale, A., Poggiani, E., and Vercelli, A.(2009). Global standards and ethical stock indexes: The case of the Dow Jones Sustainability Stoxx Index. *Journal of Business Ethics*, 87, 185 - 197.

Core, J., Guay, W. and Rusticus, T.(2006). Does weak governance cause weak stock returns? An examination of firm operating performance and investors' expectations. *Journal of Finance*, 61:2, 655 - 687.

Cortez, M.C., Silva, F. and Areal, N.(2009). The performance of European socially responsible funds. *Journal of Business Ethics*, 87:4, 573 - 588.

Council of Institutional Investors(CII), https://www.cii.org/members, 2018. 5. 16. 접속.

Cowton, Christopher J.(1994) The Development of Ethical Investment Products. In: *Ethical Conflicts in Finance*. Blackwell Publishing, Oxford, pp. 213-232. ISBN 0631192646

Cummings, L.S.(2000). The financial performance of ethical investment trusts: An Australian perspective. *Journal of Business Ethics*, 25:1, 79 - 92.

D'Antonio, L., Johnsen, T., and Hutton, R.B.(1997). Expanding socially screened portfolios: An attribution analysis of bond performance. *Journal of Investing*, 6:4, 79 - 86.

D'Antonio, L., Johnsen, T., and Hutton, R.B.(2000). Socially responsible investing and asset allocation. *Journal of Investing*, 9:3, 65 - 72.

Derwall, J., Guënster, N., Bauer, R., and Koedijk, K.(2004). The eco-efficiency premium puzzle. Rotterdam School of Management, Erasmus University Working Paper.

Derwall, J., Guënster, N., Bauer, R. and Koedijk, K.(2005). The eco-efficiency premium puzzle. *Financial Analysts Journal*, 61:2, 51 - 63.

Derwall, J. and Koedijk, K.(2009). Socially responsible fixed–income funds. *Journal of Business Finance & Accounting*, 36:1 - 2, 210 - 229.

Derwall, J., Koedijk, K. and Ter Horst, J.(2011). A tale of values–driven and profit–seeking social investors. *Journal of Banking & Finance*, 35:8, 2137 - 2147.

Dhrymes, P.J.(1998). Socially responsible investment: Is it profitable? In Bruce, B.R.(Ed.), *The Investment Research Guide to Socially Responsible Investing*: 264 - 284. Plano, TX: Colloquium on Socially Responsible Investing.

diBartolomeo, D. and Kurtz, L.(1999). Managing risk exposures of socially screened portfolios. Working paper, Northfield Information Services, Boston.

Diltz, J.D.(1995a). Does social screening affect portfolio performance? *Journal of Investing*, 4, 64 - 69.

Diltz, J.D.(1995b). The private cost of socially responsible investing. *Applied Financial Economics*, 5:2, 69 - 77.

Dimson, E., Karakas, O. and Li, X.(2015). Active ownership, *Review of Financial Studies(RFS), Volume 28, Issue 12, pp. 3225–3268.*

Domini, A.(2001), *Socially Responsible Investing: Making A Difference and Making Money*(Dearborn Trade, Chicago, IL).

Domini, A. L. and P. D. Kinder: 1986, *Ethical Investing*(Addison–Wesley, Reading, MA).

Doucouliagos, C. and Laroche, P. 2003. What do unions do to productivity? A meta–analysis. *Industrial Relations*, 42:4, 650 - 691.

Doucouliagos, C. and Laroche, P. 2009. Unions and profits: A meta–regression analysis. Industrial Relations, 48:1, 146 - 184.

Drusch, L. and Lioui, A. 2010. French corporate social responsibility: Which dimension pays more? Working paper, Edhec Business School, Nice.

Durand, R. B., Koh, S., & Limkriangkrai, M.(2013). Saints versus sinners. Does morality matter? *Journal of International Financial Markets,*

*Institutions and Money*, 24(4), 166 - 183.

Duuren, E., Plantinga, A., and Scholtens, B.(2016). ESG integration and the investment management process: Fundamental investing reinvented. *Journal of Business Ethics* 139(3), 525–533. doi 10.1007/s10551-015-2610-8.

Edmans, A.(2011). Does the stock market fully value intangibles? Employee satisfaction and equity prices. *Journal of Financial Economics* 101, 621–640.

Elkington, J.(1997). *Cannibals with Forks: The Triple Bottom Line of 21st Century Business*. Capstone, Oxford.

Emerson, J. and Wachowicz, J., Riding the Bleeding Edge: A Framework for Tracking Equity in the Social Sector and the Creation of a Nonprofit Stock Market. REDF Box Set, 2000, www.redf.org.

Etzioni, A.(2000), *The Third Way to a Good Society*(Demos, London).

European Sustainable and Responsible Investment Forum(Eurosif), 2003, 2005, 2006. Socially Responsible Investment among European Institutional Investors. http://www.eurosif.org.

Eurosif, *European SRI Study*, 2003, 2012, 2016, 2018.

Fabozzi, F., Ma, K., and Oliphant, B.(2008). Sin stock returns. *Journal of Portfolio Management*, 35:4, 82 - 94.

Fama, E. F., & French, K. R.(1993). Common risk factors in the returns on stocks and bonds. *Journal of Financial Economics*, 33, 3–56.

Fehrenbacher, S.(2001), *Put Your Money Where Your Morals are: A Guide to Values-Based Investing*(Broadman & Holdman Publishers, Nashville, TN).

Fernandez-Izquierdo, A. and Matallin-Saez, J.C.(2008). Performance of ethical mutual funds in Spain: Sacrifice or premium? *Journal of Business Ethics*, 81:2, 247 - 260.

Ferruz, L., Muñoz, F., and Vargas, M.(2010). Stock picking, market-timing and style differences between socially responsible and conventional pension funds: Evidence from the United Kingdom. *Business Ethics: A European Review*, 19:4, 408 - 422.

Ferruz, L., Muñoz, F., and Vargas M.(2012). Managerial abilities: Evidence from religious mutual fund managers, *Journal of Business Ethics* 105, 503 - 517.

Ferson, W. E. and Schadt, R. W.(1996). Measuring fund strategy and performance in changing economic conditions, *Journal of Finance 51*(1), 425 - 461.

Ferson, W. E. and Warther, V. A.(1996), Evaluating fund performance in a dynamic market, *Financial Analysts Journal* 52(6), 20 - 28.

Friede, G., Busch, T., and Bassen A.(2016), ESG and financial performance: Aggregated evidence from more than 2000 empirical studies, *Journal of Sustainable Finance & Investment* 5(4), 210–233, doi 10.1080/20430795.2015.1118917.

Friedman, Milton. 1962, *Capitalism and Freedom*(Chicago University Press, Chicago).

Friedman, Milton, The social responsibility of business is to increase its profits, *The New York Times Magazine*, September 13, 1970.

Frooman, J. 1997. Socially irresponsible and illegal behavior and shareholder wealth: A meta–analysis of event studies. *Business and Society*, 36:3, 221 - 249.

FTSE Russell, FTSE Russell and Johannesburg Stock Exchange launch new ESG indexes, Press Release, 2015. 10. 12.

Galema, R., Plantinga, A., and Scholtens, B.(2008). The stocks at stake: Return and risk in socially responsible investment. *Journal of Banking & Finance*, 32:12, 2646 - 2654.

Geczy, C., Stambaugh, R.F. and Levin, D.(2005). Investing in socially responsible mutual funds. Working paper, Wharton School, University of Pennsylvania.

Gil–Bazo, J., Ruiz–Verdu, P. and Santos, A.A.P.(2010). The performance of socially responsible mutual funds: The role of fees and management companies. *Journal of Business Ethics*, 94:2, 243–263.

Girard, E., Rahman, H. and Stone, B.(2007). Socially responsible investment: Goody–two–shoes or bad to the bone? *Journal of Investing*, 16:1, 96–110.

Girerd–Potin, I., Jimenez–Garcès, S. and Louvet, P.(2011). The link between social rating and financial capital structure. *Finance*, 32:2, 9–52.

Girerd–Potin, I., Jimenez–Garcès, S. and Louvet, P.(2014). Which dimensions of social responsibility concern financial investors? *Journal of Business Ethics* 121:559–576. doi 10.1007/s10551–013–1731–1, 32:2, 9–52.

Giroud, X. and Mueller, H.M.(2011). Corporate governance, product market competition, and equity prices. *Journal of Finance*, 66:2, 563–600.

Glaeser, L., Scheinkman, J.(1998). Neither a borrower nor a lender be: An economic analysis of interest restrictions and usury laws. *Journal of Law and Economics* 41(1), 1–36.

Global Impact Investing Network(GIIN), https://thegiin.org/membership/, 2018. 5. 17 접속.

Goldreyer, E.F. and Diltz, J.D.(1999). The performance of socially responsible mutual funds: Incorporating sociopolitical information in portfolio selection. *Managerial Finance*, 25:1, 23–36. doi 10.1108/03074359910765830.

Gompers, P., Ishii, J. and Metrick, A.(2003). Corporate governance and equity prices. *The Quarterly Journal of Economics*, 118:1, 107–155.

Grameen Bank: Bank for the Poor, Home –> Methodology –> Credit Delivery System, http://www.grameen.com/credit–delivery–system/, 2018–2–10 접속.

Grameen Bank: Bank for the Poor, Home –> Methodology –> 16 Decisions, http://www.grameen.com/16–decisions/#, 2018–2–10 접속.

Grameen Bank. Monthly Report. No. 457. February 6, 2018.

Grameen Bank. Monthly Report. No. 469. February 20, 2019.

Gregory, A., Matatko, J., and Luther, R.G.(1997). Ethical unit trust financial performance: Small company effects and full size effects. *Journal of Business Finance & Accounting*, 24:5, 705 - 725. doi 10.1111/1468-5957.00130.

Gregory, A. and Whittaker, J.(2007). Performance and performance persistence of ethical unit trusts in the UK. *Journal of Business Finance & Accounting*, 34:7 - 8, 1327 - 1344. doi 10.1111/j.1468-5957.2007.02006.x.

GRI, Sustainability Disclosure Database, http://database.globalreporting.org/, 2019-1-6 접속.

Griffin, J.J. and Mahon, J.F.(1997). The corporate social performance and corporate financial performance debate: Twenty-five years of incomparable research. *Business and Society*, 36:1, 5 - 31.

Guenster, N., Derwall, J., Bauer, R. and Koedijk, K.(2005). The economic value of corporate eco-efficiency. Working paper, Erasmus University.

Guerard, J.B. Jr.(1997a). Is there a cost to being socially responsible? *Journal of Investing*, 6:2, 11 - 18.

Guerard, J.B. Jr.(1997b). Additional evidence on the cost of being socially responsible in investing. *Journal of Investing*, 6:4, 31 - 35.

Hamilton, S., Jo, H., and Statman, M.(1993). Doing well while doing good? The investment performance of socially responsible mutual funds. *Financial Analysts Journal*, 49:6, 62 - 66. doi 10.2469/faj.v49.n6.62.

Harrington, J. C.(1992), *Investing with Your Conscience: How to Achieve High Returns Using Socially Responsible Investing*(John Wiley & Sons, New York).

Hasselblad, V. and Hedges, L. V.(1995). Meta-analysis of screening and diagnostic tests. *Psychological Bulletin*, 117:1, 167 - 178.

Havemann, R. and Webster, P.(1999). Does ethical investment pay? Study published by Ethical Investment Research Service(EIRIS), London.

Hedges, L. V.(1981). Distribution theory for Glass's estimator of effect size and related estimators. *Journal of Educational Statistics*, 6(2), 107-

128. doi 10.2307/1164588.

Hedges, L. V. and Olkin I.(1985). *Statistical Methods for Meta-Analysis*. London: Academic Press.

Hedges, L. V., Shymansky, J. A., Woodworth, G.(1989), *A Practical Guide to Modern Methods of Meta-Analysis*, National Science Teachers Association, Washington, D. C. ISBN-0-87355-081-1.

Heinkel, R., Kraus, A., Zechner, J., 2001. The effect of green investment on corporate behavior. *Journal of Financial and Quantitative Analysis* 35, 431-449.

Hickman, K. A., Teets, W.A. and Kohls, J.J.(1999). Social investing and modern portfolio theory. *American Business Review*, 17, 72-78.

Higgins, J., Thompson, S., Deeks, J., and Altman, D.,(2003), Measuring inconsistency in meta-analyses, *British Medical Journal*, 327, 557-560.

Hill, R., Ainscough, T., Shank, T., & Manullang, D.(2007). Corporate social responsibility and socially responsible investing: A global perspective. *Journal of Business Ethics*, 70, 165-174.

Hoepner, A. and McMillan, D.G.(2009). Research on 'responsible investment': An influential literature analysis comprising a rating, characterization, categorization and investigation. Working paper, University of St Andrews.

Hoepner, A. G. F., & Schopohl, L.(2018). On the price of morals in markets: An empirical study of the Swedish AP-funds and the Norwegian government pension fund. *Journal of Business Ethics*, 665-692. doi 10.1007/s10551-016-3261-0.

Hong, H. and Kacperczyk, M.(2009). The price of sin: The effect of social norms on markets. *Journal of Financial Economics*, 93, 15-36.

Hong, H. and Kostovetsky, L.(2012). Red and blue investing: Values and finance. *Journal of Financial Economics*, 103, 1-19.

Humphrey, J.E. and Lee, D.D.(2011). Australian socially responsible funds: Performance, risk and screening intensity. *Journal of Business Ethics*,

102:4, 519 - 535.

Humphrey, J.E., Lee, D.D. and Shen, Y.(2012). Does it cost to be sustainable? *Journal of Corporate Finance*, 18:3, 626 - 639.

Humphrey, J.E. and Tan, D.T.(2014). Does it really hurt to be responsible? *Journal of Business Ethics*, 122, 375 - 386.

Humphrey J. E., Warren, G. J., and Boon, J.(2016), What is different about socially responsible funds? A holdings-based analysis, *Journal of Business Ethics*, 138:263 - 277.

Hunter, J.E. and Schmidt, F.L.(2004). *Methods of Meta-Analysis: Correcting Error and Bias in Research Findings*, 2nd edition. Thousand Oaks, CA: Sage Publications.

Hussein, Khaled and Mohammed Omran,(2005), Ethical investment revisited: Evidence from Dow Jones Islamic Indexes, *Journal of Investing*, 105-124.

Hutton, P., Director, MORI, Using research to improve quality and service provision, Paper at SMI Conference, January 1997.

Hutton, R.B., D'Antonio, L., and Johnsen, T.(1998). Socially responsible investing. *Business and Society*, 37:3, 281 - 305.

Hylton, M.O.B.(1992). Socially responsible investing: Doing good versus doing well in an efficient market. *The American University Law Review*, 42:1, 1 - 52.

Ibikunle, Gbenga and Tom Steffen.(2017). European green mutual fund performance: A comparative analysis with their conventional and black peers. *Journal of Business Ethics* 145(2). 337-355. doi 10.1007/s10551-015-2850-7.

Impact Partners, http://impactpartners.iixglobal.com/, 2019-1-10 접속.

Interfaith Center on Corporate Responsibility(ICCR), https://www.iccr.org/about-iccr, 2018-5-16 접속.

International Finance Corporation,(2011). *Assessing and Unlocking the Value of Emerging Markets Sustainability Indices*, Washington.

Jensen, M. C.(1968), The performance of mutual funds in the period 1945 - 64, *Journal of Finance* 23(2), 389 - 449.

Jin, H.H., Mitchell, O.S., and Piggott, J.(2006). Socially responsible investment in Japanese pensions. *Pacific–Basin Finance Journal*, 5, 427 - 438.

Jin, Y.(2014), *Meta–analysis using STATA*, Korea University Press, Seoul.

Jones, S., Van der Laan, S., Frost, G. and Loftus, J.(2008). The investment performance of socially responsible investment in Australia. *Journal of Business Ethics*, 80:2, 181 - 203.

Judd, E.(1990), *Investing with a Social Conscience*(Pharos Books, New York).

Kacperczyk, M., Sialm, C., & Zheng, L.(2005). On the industry concentration of actively managed equity mutual funds. *Journal of Finance*, 60(4), 1983 - 2011.

Karolyi, G.A.(2008). An assessment of terrorism–related investing strategies. *Journal of Portfolio Management*, pp. 108–115.

Kempf, A. and Osthoff, P.(2007). The effect of socially responsible investing on portfolio performance. *European Financial Management*, 13:5, 908 - 922.

Kempf, A. and Osthoff, P.(2008). SRI funds: Nomen est omen. *Journal of Business Finance and Accounting*, 35(9 - 10), 1276 - 1294.

Kim, Chang–Soo,(2019), Can socially responsible investments be compatible with financial performance? *A meta–analysis, Asia–Pacific Journal of Financial Studies*, pp. 1–35. doi 10.1111/ajfs.12244.

Kinder, P., Lydenberg, S., and Domini, A.(1992). *The social investment almanac: A comprehensive guide to socially responsible investing*. New York: Henry Holt and Company.

Kinder, P., Lydenberg, S., and Domini, A.(1993). *Investing for good: Making money while being socially responsible*. New York: Harper Collins.

Koellner, T., Suh, S., Weber, O., Mozer, C. and Scholz, R.W.(2007). Environmental impacts of conventional and sustainable investment funds compared using input–output life–cycle assessment. *Journal of Industrial Ecology*, 11:3, 41 - 60.

Kreander, N., Gray, R.H., Power, D.M. and Sinclair, C.D.(2002). The financial performance of European ethical funds 1996 - 1998. *Journal of Accounting and Finance*, 1, 3 - 22.

Kreander, N., Gray, R.H., Power, D.M. and Sinclair, C.D.(2005). Evaluating the performance of ethical and non-ethical funds: A matched pair analysis. *Journal of Business Finance & Accounting*, 32:7 - 8, 1465 - 1493. doi 10.1111/j.0306-686X.2005.00636.x.

Kryzanowski, L., Ayadi, M., and Ben-Ameur, H.(2011). Luck versus skill in the cross-section of ethical mutual funds. Montreal: Working paper, Concordia University.

Kurtz, L.(1997). No effect, or net effect? Studies on socially responsible investing. *Journal of Investing*, 6:4, 37 - 49.

Kurtz, L.(2005). Answers to four questions. *Journal of Investing*, 14:3, 125 - 139.

Kurtz, Lloyd and diBartolomeo, Dan.(2011). The long-term performance of a social investment universe, *Journal of Investing* 20(3) 95-102. doi https://doi.org/10.3905/joi.2011.20.3.095.

Lamb, D.(1991). Morals and money. *Money Management*, September, 39 - 46.

Lang, P.(1996), *Ethical Investment: A Saver's Guide*(Jon Carpenter Publishing, Charlbury, Oxfordshire).

Laurel, D.(2011). Socially responsible investments in Europe: The effects of screening on risk and the clusters in the fund space. Working paper, Politecnico di Milano.

Law Commission.(2014). Fiduciary duties of investment intermediaries. Law Com No. 350.

Le Maux, J. and Le Saout, E.(2004). The performance of sustainability indexes. *Finance India*, 18, 737 - 750.

Le Sourd, V.(2010). The performance of socially responsible investment - A study of the French market. *Bankers, Markets and Investors*,

106, 15 - 40.

Le Sourd, V.(2011). Performance of socially responsible investment funds against an efficient SRI index: The impact of benchmark choice when evaluating active managers. Nice: EDHEC-Risk and Asset Management Research Centre.

Lee, D. D. and R. W. Faff.(2009). Corporate sustainability performance and idiosyncratic risk: A global perspective. *The Financial Review*, 44(2): 213-237.

Lee, D.D., Humphrey, J.E., Benson, K.L. and Ahn, J.Y.K.(2010). Socially responsible investment fund performance: The impact of screening intensity. *Accounting and Finance*, 50:2, 351 - 370.

Levy, H.(1978), Equilibrium in an imperfect market: A constraint on the number of securities in the portfolio, *American Economic Review*(September), 643-658.

Lewis, Alan and Juravle, Carmen.(2010). Morals, markets and sustainable investments: A qualitative study of 'champions', *Journal of Business Ethics*(2010) 93:483 - 494.

Lewison, M.(1999). Conflicts of interests? The ethics of usury. *Journal of Business Ethics* 22(4), 327 - 339.

Liedekerke, L. Van, L. De Moor, and D. Van Walleghem.(2007). Risk-return of Belgian SRI funds, Tijdschrift voor Economie en Management Vol. LII, 4.

Lipsey, M.W. and Wilson, D.B.(2001). *Practical Meta-Analysis*. Thousand Oaks, CA: Sage.

López-Arceiz, F.J., Bellostas-Pérezgrueso, A. J., and Moneva, J. M.(2018), Evaluation of the cultural environment's impact on the performance of the socially responsible investment funds, *Journal of Business Ethics*, 259-278.

Louche, C. and Lydenberg, S.(2006). Socially responsible investment: Differences between Europe and United States. Gent: Working paper,

Vlerick Leuven Gent Management School.

Lowry, R. P.(1993), *Good Money - A Guide to Profitable Social Investing in the '90s*(W. W. Norton, New York).

Lozano, J.M., Albareda, L., and Balaguer, M.R.(2006). Socially responsible investment in the Spanish financial market. *Journal of Business Ethics*, 69:3, 305 - 316.

Luther, R.G., Matatko, J., and Corner, D.C.(1992). The investment performance of UK ethical unit trusts. *Accounting, Auditing and Accountability Journal*, 5:4, 57 - 70. doi 10.1108/09513579210019521.

Luther, R.G. and Matatko, J.(1994). The performance of ethical unit trusts: Choosing an appropriate benchmark. *The British Accounting Review*, 26:1, 77 - 89.

MacLeod, Michael, R.(2014). Mobilizing SRI through investor governance networks: The politics of collective investor action, in Céline Louche, Tessa Hebb(ed.) *Socially Responsible Investment in the 21st Century: Does it Make a Difference for Society?(Critical Studies on Corporate Responsibility, Governance and Sustainability, Volume 7)*. Emerald Group Publishing Limited, 23 - 42.

Mallin, C.A., Saadouni, B. and Briston, R.J.(1995). The financial performance of ethical investment funds. *Journal of Business Finance & Accounting*, 22:4, 482 - 496. doi 10.1111/j.1468-5957.1995.tb00373.x.

Manescu, C.(2011). Stock returns in relation to environmental, social, and governance performance: Mispricing or compensation for risk? *Sustainable Development*, 19:2, 95 - 118.

Marco, I., Munoz, F., & Vargas, M.(2011). Do ethical and conventional mutual fund managers show different risk-taking behavior? *The Spanish Review of Financial Economics*, 9(1), 11 - 19.

Margolis, J. and Walsh, J.(2003). Misery loves companies: Rethinking social initiatives by business. *Administrative Science Quarterly*, 48, 268 - 305. doi 10.2307/3556659.

Margolis, J.D., Elfenbein, H. and Walsh, J.(2007). Does it pay to be good? A Meta-analysis and redirection of research on the relationship between corporate social and financial performance. 67th Meeting of the Academy of Management Conference, Philadelphia, USA.

Markowitz, H.(1952). Portfolio selection. Journal of Finance, 7:1, 77-99.

McMillan, Steven G.(1996). Corporate social investments: Do they pay? *Journal of Business Ethics* 15: 309-314.

Melton, J. and M. Keenan.(1994), *The Socially Responsive Portfolio: Balancing Politics and Profits*(Probus Publishing, Chicago).

Merton, R.C.(1987). A simple model of capital market equilibrium with incomplete information. *Journal of Finance*, 42, 483-510.

Miglietta, F.(2005). Socially responsible investments in continental Europe: A multifactor style analysis. 10th Symposium of Finance, Bank and Insurance, University of Karlsruhe, Germany.

Mill, G.A.(2006). The financial performance of a socially responsible investment over time and a possible link with corporate social responsibility. *Journal of Business Ethics*, 63, 131-168.

Miller, A. J.(1991), *Socially Responsible Investing: How to Invest with Your Conscience*(New York Institute of Finance, New York).

Miralles-Quirós, María del Mar and José Luis Miralles-Quirós,(2017). Improving diversification opportunities for socially responsible investors. *Journal of Business Ethics* 140(2):339-351, doi 10.1007/s10551-015-2691-4.

Moskowitz, M.R.(1972). Choosing socially responsible stocks. *Business and Society Review*, 1, 71-75.

MSCI, https://www.msci.com/msci-kld-400-social-index, 2019-1-12 접속.

MSCI KLD 400 Social Index(USD), 2018. 12. 31.

Mueller, S.A.(1991). The opportunity of cost of discipleship: Ethical mutual funds and their returns. *Sociological Analysis*, 52:1, 111-124.

Munnell, A. H. and Sundén A.(2005), Social investing: Pension plans should just say 'No', in J. Entine(ed.), *Pension Fund Politics*(AEI Press, Washington, D.C.).

Muñoz–Torres, M.J., Fernandez–Izquierdo, M.A. and Balaguer–Franch, M.R.(2004). The social responsibility performance of ethical and solidarity fund: an approach to the case of Spain. *Business Ethics: A European Review*, 13:2 - 3, 200 - 217.

Muñoz, F., Vargas, M., and Marco, I.(2014). Environmental mutual funds: Financial performance and managerial abilities, *Journal of Business Ethics* 124:551 - 569.

Muñoz, F., Vicente, R., and Ferruz, L.(2015). Stock–picking and style–timing abilities: A comparative analysis of conventional and socially responsible mutual funds in the US market. *Quantitative Finance*, 15(2), 345 - 358.

M'Zali, B. and Turcotte, M.F.(1998). The financial performance of Canadian and American environmental and social mutual funds. 7th international conference on the Greening of Industry Network, Rome, Italy.

Nainggolan, Yunieta, How, J., and Verhoeven, P.(2016). Ethical screening and financial performance: The case of Islamic equity funds, *Journal of Business Ethics* 137:83 - 99. doi 10.1007/s10551–014–2529–5.

Newell, G. and Acheampong, P.(2002). The role of property in ethical managed funds. Conference of Pacific Rim Real Estate Society(PRRES), Christchurch, New Zealand.

O'Connor, K., 2003, Dialectic,(The Chicago School of Media Theory, Keywords Glossary).

OECD,(2017), *Investment Governance and the Integration of Environmental, Social and Governance Factors*.

Ooi, Elizabeth and Lajbcygier, Paul.(2013). Virtue remains after removing sin: Finding skill amongst socially responsible investment managers. *Journal of Business Ethics* 113:199 - 224. doi 10.1007/s10551–012–

1290–x.

Opler, T.C. and Sokobin, J.(1995). Does coordinated institutional activism work? An analysis of the activities of the council of institutional investors. Working paper, Ohio State University.

Orlitzky, M., Schmidt, F.L. and Rynes, S.L.(2003). Corporate social and financial performance: A meta–analysis. *Organization Studies*, 24:3, 403 – 441. doi 10.1177/0170840603024003910.

Ortas, E., Burritt, R. L., & Moneva, J. M.(2013). Socially responsible investment and cleaner production in the Asia Pacific: Does it pay to be good? *Journal of Cleaner Production*, 52, 272 – 280.

Ortas, E., Moneva, J. M., Burritt, R., & Tingey–Holyoak, J.(2014). Does sustainability investment provide adaptive resilience to ethical investors? Evidence from Spain. *Journal of Business Ethics*, 124(2), 297 – 309.

Ortas, E., Moneva, J. M., & Salvador, M.(2012). Does socially responsible investment equity indexes in emerging markets pay off? Evidence from Brazil. *Emerging Markets Review*, 13(4), 581 – 597.

Ortas, E., Moneva, J. M., & Salvador, M.(2014). Do social and environmental screens influence ethical portfolio performance? Evidence from Europe, *BRQ Business Research Quarterly* 17, 11–21

Otten, R. and Koedijk, K.(2001). Beleggen met een Goed Gevoel. Study published in *Economische Statistische Berichten(ESB)*, April 13th(English summary in ABM–AMRO 2001: 91 – 92).

Owen, D.(1990). Towards a theory of social investments: A review essay. *Accounting, Organizations and Society*, 15(3), 249 – 265.

Peiris, D. and Evans, J.(2010). The relationship between environmental social governance factors and US stock performance. *Journal of Investing*, 19:3, 104 – 112.

Plantinga, A. and Scholtens, B.(2001). Socially responsible investing and management style of mutual funds in the Euronext stock markets.

Working paper, University of Groningen.

Polanyi, Karl.(1944). *The Great Transformation: The Political and Economic Origins of Our Time*, New York: Farrar & Rinehart.

Porter, M. E. and Kramer, M. R.(2006). Strategy and society: The link between competitive advantage and corporate social responsibility. *Harvard Business Review*, 84(12), 78 - 92.

Powers, C. W.(1971). *Social Responsibility and Investments*(Abingdon Press, Nashville).

PRI & MSCI.(2016). *Global Guide to Responsible Investment Regulation*.

Principles for Responsible Investment(PRI), Annual Report, 2018.

Principles for Responsible Investment(PRI), *Fiduciary Duty In The 21st Century*. 2015.

Rathner, S.(2013). The influence of primary study characteristics on the performance differential between socially responsible and conventional investment funds: A meta-analysis. *Journal of Business Ethics*, 118, 349 - 363.

Renneboog, L. and Szilagyi, P.G.(2011). The role of shareholder proposals in corporate governance. *Journal of Corporate Finance*, 17, 167 - 188.

Renneboog, L., Ter Horst, J., and Zhang, C.(2008a). Socially responsible investments: Institutional aspects, performance, and investor behavior. *Journal of Banking & Finance*, 32(9), 1723 - 1742.

Renneboog, L., Ter Horst, J. and Zhang, C.(2008b). The price of ethics and stakeholder governance: The performance of socially responsible mutual funds. *Journal of Corporate Finance*, 14:3, 302 - 322.

Renneboog, L., Ter Horst, J. and Zhang, C.(2011). Is ethical money financially smart? Nonfinancial attributes and money flows of socially responsible investment funds. *Journal of Financial Intermediation*, 20, 562 - 588.

Revelli, C. and Viviani, J.(2015). Financial performance of socially responsible investing(SRI): What have we learned? A meta-analysis, *Business Ethics: A European Review* 24(2), 158–185.

Responsible Investment Association, *2018 Canadian Responsible Investment Trends Report*. 2018.

Responsible Investment Association Australasia, *Responsible Investment Benchmark Report 2016 Australia*.

Responsible Investment Association Australasia, *Responsible Investment Benchmark Report 2016 New Zealand*.

Reyes, M.G. and Grieb, T.(1998). The external performance of socially responsible mutual funds. *American Business Review*, 16:1, 1-6.

Robinson, L. D.(2002). Doing good and doing well: Shareholder activism, responsible investment, and mainline Protestantism. In R. Wuthnow & J. H. Evans(Eds.), *The quiet hand of god: Faith-based activism and the public role of mainline Protestantism*(pp. 343-363). Berkeley, CA: University of California Press.

Roman, R.M., Hayibor, S., and Agle, B.R.(1999). The relationship between social and financial performance: Repainting a portrait. *Business and Society*, 38:1, 109-125.

Rosenthal, R. 1984. *Meta-Analytic Procedures for Social Research*. Beverly Hills, CA: Sage Publications.

Rosenthal, R. and Rosnow, R.L.(2008). *Essentials of Behavioral Research: Methods and Data Analysis*, 3rd edition. New York: McGraw-Hill.

Saadaoui, K.(2009). L'engagement éthique pénalisetil la performance? La performance financière des FSR. *Revue Française de Gestion*, 196, 15-28.

Salaber, J.(2007). The determinants of sin stock returns. Evidence on the European market. Working Paper, University of Paris Daufine.

Sanchez, J.L.F. and Sotorrio, L.L.(2009). Performance of European SRI funds vs conventional funds. Working paper, University of Cantabria, Santander.

Sandberg, J., Juravle, C., Hedesström, T. M., and Hamilton, I.(2009). The heterogeneity of socially responsible investment, *Journal of Business*

*Ethics* 87:519 - 533. doi 10.1007/s10551-008-9956-0.

SASIX. http://www.sasix.co.za/about-us/ 2019-1-10 접속.

Sauer, D. A.(1997), The impact of social-responsibility screens on investment performance: Evidence from the Domini 400 Social Index and Domini Equity Mutual Fund, *Review of Financial Economics* 6(2), 137 - 149. doi 10.1016/S1058-3300(97)90002-1.

Sawilowsky, S.(2009). New effect size rules of thumb. *Journal of Modern Applied Statistical Methods.* 8(2): 467 - 474.

Scholtens, B.(2005). Style and performance of Dutch socially responsible investment funds. *Journal of Investing*, 14:1, 63 - 72.

Scholtens, B.(2007). Financial and social performance of socially responsible investments in the Netherlands. *Corporate Governance: An International Review*, 15:6, 1090 - 1105.

Scholtens, B. and Zhou, Y.(2008). Stakeholder relations and financial performance. *Sustainable Development*, 16, 213 - 232.

Schreiner, Mark.(2003). The performance of subsidized microfinance organization: BancoSol of Bolivia and the Grameen Bank of Bangladesh. *Mellen Studies in Economics* 19:3.

Schröder, M.(2003). Socially responsible investments in Germany, Switzerland and the United States: An analysis of investment funds and indices. *Working Paper*, ZEW Discussion Papers, No. 03-10, Center for European Economic Research.

Schröder, M.(2004). The performance of socially responsible investments: Investment funds and indices. *Financial Markets and Portfolio Management*, 18:2, 331 - 348. doi 10.1007/s11408-004-0202-1.

Schröder, M.(2007). Is there a difference? The performance characteristics of SRI equity indices. *Journal of Business Finance & Accounting*, 34:1 - 2, 122 - 142.

Shank, T.M., Manullang, D.K. and Hill, R.P.(2005). Is it better to be naughty or nice? *Journal of Investing*, 14:3, 82 - 87.

Shapiro, E. RJR Nabisco may issue separate class of stocks tied to firm's food business, *Wall Street Journal*, February 1, 1993.

Shleifer, A. and Vishny, R.W.(1997). A survey of corporate governance. *Journal of Finance*, 52:2, 737-783.

Simon, J. G., Powers, C. W. and Gunnemann, J. P.(1972), *The Ethical Investor: Universities and Corporate Responsibility*(Yale University Press, London).

Simpkins, Amy, Community Development Venture Capital: Producing Results for Entrepreneurs, Investors and Communities, *Bridges*, Summer 2006.

Smith, M.P.(1996). Shareholder activism by institutional investors: Evidence from CalPERS. *Journal of Finance*, 51:1, 227-252.

Song, F., Easterwood, A., Gilbody, S., Duley, L. and Sutton, A.J.(2000). Publication and other selection biases in systematic reviews. *Health Technology Assessment*, 4:10, 1-115.

Sourd, V.(2012). Performance of socially responsible investment funds against an efficient SRI Index: The impact of benchmark choice when evaluating active managers - An update. An EDHEC-Risk Institute Publication.

Sparkes, R.(1995). *The Ethical Investor*(Harper Collins, London).

Sparkes, R.(2002). *Socially Responsible Investment: A Global Revolution*. John Wiley & Sons, London, UK.

Spekl, A.(2009). European evidence on SRI mutual fund performance. Maastricht: Unpublished master thesis, Universiteit Maastricht.

Stanley, T.D.(2005). Beyond publication bias. *Journal of Economic Survey*, 19, 309-337.

Statman, M.(1999). Behavioral Finance. Past Battles and Future Engagements. *Financial Analysts Journal*, 18-27.

Statman, M.(2000). Socially responsible mutual funds. *Financial Analysts Journal*, 56:3, 30-39.

Statman, M.(2006). Socially responsible indexes: Composition, performance and tracking–error. *Journal of Portfolio Management*, 32:3, 100 – 109.

Statman, M., Fisher, K.L. and Anginer, D.(2008). Affect in a behavioral asset–pricing model. *Finandai Analysts Journal*, pp. 20–29.

Statman, M. and Glushkov, D.(2009). The wages of social responsibility. *Financial Analysts Journal*, 65:4, 20 – 29.

Stenström, C. and Thorell, J.J.(2007). Evaluating the performance of socially responsible investment funds: A holding data analysis. Unpublished Master's Thesis, Stockholm School of Economics, Stockholm.

Stone, B.K., Guerard, J.B. Jr. Gultekin, M.N. and Adams, G.(2001). Socially responsible investment screening: Strong empirical evidence of no cost for actively managed value–focused portfolios. Working paper, Marriott School of Finance, Brigham Young University.

Sullivan, R. and Mackenzie C.(2006), *Responsible Investment*(Greenleaf Publishing, Sheffield, UK).

Sustainability Accounting Standards Board(SASB), https://www.sasb.org/, 2018. 5. 17 접속.

Sustainalytics.(2017). *ESG spotlight, game of bond: Reassessing sovereign credit ratings*. Sustainalytics Thematic Research.

Tepper, J .A.(1993), Evaluating the cost of socially responsible investing, in P.D. Kinder, S.D. Lydenberg and A.L. Domini(eds.), *The Social Investment Almanac*(New York: Henry Holt and Company), 340–349.

Thomas, D. C. and Au, K.(2002), The effect of cultural differences on behavioral responses to low job satisfaction, *Journal of International Business Studies* 33(2), 309 – 326.

TIAA–CREF Asset Management, *Socially Responsible Investing: Delivering Competitive Performance*(2014).

Tippet, J. 2001. Performance of Australia's ethical funds. *The Australian Economic Review*, 34:2, 170 – 178.

Trinks, P. J., & Scholtens, B.(2017). The opportunity cost of negative screening in socially responsible investing. *Journal of Business Ethics*, 140(2),

193 - 208.

Turban, Daniel B. and Greening, Daniel W.(1996). Corporate social performance and organizational attractiveness to prospective employees. *Academy of Management Journal*. Vol. 40. No. 3. 658–672.

UNEP FI.(2005). *A legal framework for the integration of environmental, social and governance issues into institutional investment.*

US SIF Foundation,(2016a), *Biennial Report on US Sustainable, Responsible and Impact Investing Trends.*

US SIF Foundation,(2016b), *The Impact of Sustainable and Responsible Investment.*

US SIF Foundation,(2018), *Report on US Sustainable, Responsible and Impact Investing Trends.*

Vaihekoski, M.(2004). Portfolio construction for tests of asset pricing models. *Financial Markets, Institutions & Instruments.*

Van de Velde, E., Vermeir, W. and Corten, F.(2005). Corporate social responsibility and financial performance. *Corporate Governance*, 5:3, 129 - 138.

Van Liedekerke, L., De Moor, L. and Vanwalleghem, D.(2007). Risk–return of Belgian SRI funds. Working paper, Centrum voor Economie en Management, Hogeschool, Universiteit Brussel.

Vance, S.C.(1975). Are socially responsible corporations good investment risks? *Management Review*, 64, 18 - 24.

Varma, A. and Nofsinger, J. R.(2012). Socially responsible funds and market crises. In Midwest Finance Association 2013 Annual Meeting. Chicago, IL, USA.

Vermeir, W., Van de Velde, E., and Corten, F.(2005). Sustainable and responsible performance. *Journal of Investing*, 14:3, 94 - 100.

Vermeir, W. and Friedrich, C.(2006). La performance de l'ISR. *Revue d'Économie Financière*, 85, 1 - 14.

Visaltanachoti, V., Zou L., Zheng Q.(2009). The performances of sin stocks in China, Working Paper, Massey University.

Ward, S.(1991), *Socially Responsible Investment*(Directory of Social Change, London).

Weber, O., Mansfeld, M. and Schirrmann, E.(2010). The financial performance of SRI funds between 2002 and 2009. Working paper, University of Waterloo.

Wheat, D.(2002). Performance of socially and environmentally screened mutual funds. Working paper, SRI World Group. http://www.ishareowner.com/pdf/Performance-of-Screened-Mutual-Funds.pdf.

Wood, K.(1992), Ethical Investments in the UK–The BARRA/EIRIS Study, *BARRA Newsletter*(March/April), 5–8.

Wu, M.L.(2006). Corporate social performance, corporate financial performance, and firm size: A meta-analysis. *Journal of American Academy of Business*, 8:1, 163 – 171.

Xiao, Yuchao, Faff, R., Gharghori, P., and Lee, D.(2013), An empirical study of the world price of sustainability, *Journal of Business Ethics* 114:297 – 310, doi 10.1007/s10551-012-1342-2.

Xiao, Yuchao, Robert Faff, Philip Gharghori, and Byoung-Kyu Min,(2017). The financial performance of socially responsible investments: Insights from the intertemporal CAPM, *Journal of Business Ethics* 146(2), 353 – 364. doi 10.1007/s10551-015-2894-8.

Young, K. and Proffitt, D.(2003). 'Socially responsible mutual funds: Recent performance and other issues relating to portfolio choice'. Working paper, Grand Canyon University.

Yunus, Muhammad and Weber, Karl. *Creating a World without Poverty: Social Business and the Future of Capitalism*, 2007, Public Affairs, New York.

Zandee, D. P.(2004), BOVESPA and the social stock exchange: Mobilizing the financial market for development. Commissioned by the United

Nations Global Compact Office, http://www.unglobalcompact.org/docs/news_events/9.1_news_archives/2004_10_11/bovespa_cs.pdf.

Ziegler, A., Schröder, M. and Rennings, K.(2007). 'The effect of environmental and social performance on the stock performance of European corporations'. *Environmental and Resource Economics*, 37:4, 661–680.

Zivney, Terry I. and Bertin, William J.(1992). Publish or perish: What the competition is really doing? *Journal of Finance*. Vol. 47 Issue 1, 295–329.

# Index

## 숫자



## ㄱ



## ㄴ



## ㄷ

ㄹ



ㅁ



ㅂ



ㅅ

ㅇ



ㅈ